Hauk

Prozesse mit BPMN managen und gestalten

Klemens Hauk

Prozesse mit BPMN managen und gestalten

Praxisbuch mit Lexikon, Aufgaben und Lösungen

HANSER

Dipl.-Ing. Klemens Hauk studierte Nachrichtentechnik an der RWTH Aachen. Er ist ein erfahrener IT-Experte mit langjähriger Praxis in der Optimierung von Geschäftsprozessen. Als IT-Projektleiter und Dozent hat er zahlreiche Unternehmen erfolgreich bei der Einführung von BPMN unterstützt.

Aus Gründen der besseren Lesbarkeit wird auf die gleichzeitige Verwendung der Sprachformen männlich, weiblich und divers (m/w/d) verzichtet.
Sämtliche Personenbezeichnungen gelten gleichermaßen für alle Geschlechter.

Print-Exemplar und E-Book-Exemplar weichen layouttechnisch voneinander ab. Beim Zitieren des Werks wird daher empfohlen, die Ausgabeform mit anzugeben.

Print-ISBN: 978-3-446-48186-2
E-Book-ISBN: 978-3-446-48215-9

MIX
Papier aus verantwortungsvollen Quellen
FSC www.fsc.org
FSC® C083411

Bibliografische Information der Deutschen Nationalbibliothek:
Die Deutsche Nationalbibliothek verzeichnet diese Publikation in der Deutschen Nationalbibliografie; detaillierte bibliografische Daten sind im Internet unter http://dnb.d-nb.de abrufbar.

Kolbergerstraße 22 | 81679 München | info@hanser.de
www.hanser-fachbuch.de
Lektorat: Lisa Hoffmann-Bäuml, Sophia Zschache
Herstellung: Carolin Benedix
Covergestaltung: Max Kostopoulos
Titelmotiv: © stock.adobe.com/Jira und Max Kostopoulos
Satz: Eberl & Kœsel Studio GmbH, Kempten
Druck: CPI Books GmbH, Leck
Printed in Germany

Inhalt

Vorwort XV

Themenübersicht XVIII

BPMN-Übersicht XVIII

Methoden und allgemeine Begriffe XIX

BPMN-Elemente XX

Swimlanes XX

Flussobjekte XX

Verbindende Objekte XXI

Daten XXI

Artefakte XXII

Unterprozesse XXII

Sonderthemen XXII

Teil 1 Lexikon 1

A

Adhoc-Unterprozess 3

Aktivität 5

Angeheftetes Ereignis 6

1. Beispiel Rechnungsprüfung 8

2. Beispiel Fehlerhandling 9

Artefakte 9

Attribute 10

Aufgabe 12
Aufrufaktivität 12
Ausführungsumgebung 13
Austauschformat 14
1. Speicherung der Prozessdaten 14
2. Speicherung der Diagrammdaten 15

B

Blackbox Pool 17
Blockade 18
1. Auflösung der Blockade durch ein inklusives Gateway 18
2. Auflösung der Blockade durch Terminierung 19
BPMN 20
BPMN-Diagramme 21
BPMN-Elemente 21
BPMN-Konformität 22
1. Konformität im Bereich Prozessmodellierung 23
2. Konformität im Bereich Prozessausführung 24
3. Konformität im Bereich Prozessausführung mit BPEL 25
4. Konformität im Bereich Choreografie 25
BPMN-Modell 26
BPMN-Spezifikation 27
BPMN-Umfang 27
BPMN-Ziele 28

C

Choreografiediagramm 30

D

Daten 32
1. Elemente der Kategorie „Daten“ 32
2. Nachricht 33
3. Attribute 33
Datenmodellierung 33

Datenobjekt 35
1. Datenobjekte und wiederverwendbare Unterprozesse (Aufrufaktivitäten) 38
2. Datenobjekte und Ereignisse 38
3. Datenobjekte zur Visualisierung des Belegflusses 39
Datenschnittstelle 40
Datenschnittstelle und Aufrufaktivität 43
Datenspeicher 44
Datenstatus 46
Datenverbindung 47
DMN 49

E

Eingebetteter Unterprozess 52
1. Hierarchische Modellierung 52
2. Zusammenfassung von Abläufen 54
Einsatz von Ereignissen 55
Einsatz von Gateways 56
1. Parallele Aufteilung *(split)* 56
2. Synchronisation *(join)* 57
3. Schleife 58
Endereignis 58
Ereignis 60
Ereignis-Unterprozess 61
Ereignisgesteuertes Gateway 62
Ereignisgesteuertes Gateway prozessauslösend 65
Erweiterung 67
Beispiel: Telefonische Bestellung mit Erweiterungen 68
Exklusives Gateway 70

F

Flussobjekte 72

G

Gateway 74
Geschäftsprozessanalyse 75
1. Analyse der Ist-Situation 76
2. Analyse der Schwachstellen 76
3. Maßnahmen und Soll-Konzept 76
4. Kennzahlenmanagement 77
Geschäftsprozessanwendung 77
Geschäftsprozessmanagement 78
Globale Aufgabe 79
Gruppe 79

H

Hauptprozess 81
Hierarchisierung 82

I

Inklusives Gateway 84
Instanz 86
Instanziierung 87
IT-System 89

K

Kollaboration 90
Kollaborationsdiagramm 95
Kompensation 97
1. Auslösen der Kompensation 98
2. Beispiele 98
Kompensations-Ereignis-Unterprozess 101
Komplexes Gateway 102
Konversationsdiagramm 103

L

Lane 105

M

Markierung von Aktivitäten ... 107

1. Schleifenaktivität *(Standard loop)* ... 108

2. Sequenzielle Mehrfachaktivität *(Multi-instance sequential loop)* ... 109

3. Parallele Mehrfachaktivität *(Multi-instance parallel loop)* ... 110

4. Kompensation ... 110

Mehrfachinstanziierung ... 112

Beispiele: Prozess „Ausschreibung" in zwei Varianten ... 112

Methode ... 115

Modellierungsregeln ... 115

N

Nachricht ... 117

Nachrichtenfluss ... 118

Beispiel: Nachrichtenflüsse zwischen dem Pool „Gast" und dem Pool „Hotel" ... 119

O

OMG ... 121

P

Paralleles Gateway ... 123

Ereignis und Gateways ... 124

Pool ... 125

Beispiele: Kollaborationsdiagramme mit unterschiedlicher Nutzung von Pools ... 126

Prozess ... 128

Prozessdiagramm ... 129

Prozessebene ... 131

R

Reduzierter/Erweiterter Unterprozess ... 133

Beispiel: Logistikprozess in mehreren Varianten ... 134

Repository ... 136

Beispiel: Wiederverwendung eines Elements aus einem Repository ... 136

S

Schleife 138
Semantik 140
Sequenzfluss 142
Signal 143
Startereignis 144
Stil 146
Swimlanes 149
Syntax 149

T

Teilnehmer 151
Textzusatz 151
Token 153
Transaktions-Unterprozess 153
1. Beispiel: Transaktions-Unterprozess als Banktransaktion 155
2. Beispiel: Speichern von Kundendaten als Transaktion 156
Typen von Aufgaben 157
1. Benutzer *(User)* 158
2. Empfangen *(Receive)* 158
3. Geschäftsregel *(Business Rule)* 159
4. Manuell *(Manual)* 159
5. Senden *(Send)* 160
6. Service 161
7. Skript *(Script)* 161
8. Unbestimmt *(Abstract)* 162
Typen von Endereignissen 162
1. Abbruch *(Cancel)* 163
2. Eskalation *(Escalation)* 163
3. Fehler *(Error)* 164
4. Kompensation *(Compensation)* 164
5. Mehrfach *(Multiple)* 165
6. Nachricht *(Message)* 165
7. Signal 166
8. Terminierung *(Terminate)* 166
9. Unbestimmt *(None)* 168

Typen von Sequenzflüssen ... 168
1. Normaler Sequenzfluss ... 168
2. Kontrollierter Sequenzfluss ... 168
3. Unkontrollierter Sequenzfluss ... 169
4. Bedingter Sequenzfluss ... 169
5. Standardsequenzfluss ... 169
6. Ausnahmesequenzfluss ... 171
Typen von Startereignissen ... 172
1. Bedingung *(Conditional)* ... 172
2. Eskalation *(Escalation)* ... 173
3. Fehler *(Error)* ... 173
4. Kompensation *(Compensation)* ... 173
5. Mehrfach *(Multiple)* ... 174
6. Parallel-Mehrfach *(Parallel Multiple)* ... 175
7. Nachricht *(Message)* ... 176
8. Signal ... 176
9. Timer ... 177
10. Unbestimmt *(None)* ... 177
Typen von Zwischenereignissen ... 177
1. Abbruch *(Cancel)* ... 179
2. Bedingung *(Conditional)* ... 180
3. Eskalation *(Escalation)* ... 180
4. Fehler *(Error)* ... 181
5. Kompensation *(Compensation)* ... 182
6. Link ... 182
7. Mehrfach *(Multiple)* ... 183
8. Nachricht *(Message)* ... 183
9. Parallel-Mehrfach *(Parallel Multiple)* ... 184
10. Signal ... 184
11. Timer ... 185
12. Unbestimmt *(None)* ... 186

U

Unkontrollierte Abläufe ... 187
Unterprozess ... 189
Unterprozess-Nachrichten ... 190

V

Verbindende Objekte 192
Verbindung 193

W

Whitebox Pool 194
Wiederverwendbarer Unterprozess 194

Z

Zwischenereignis 197

Literatur 200

Teil 2 Übungen und Lösungen 201

Übungen 202

Einleitung zum Übungsteil 202
Rechnungsprüfung 204
Übung 1: Einfache Rechnungsprüfung 204
Übung 2: Einfache Rechnungsprüfung mit Verantwortlichen und Dokumenten 204
Übung 3: Erweiterte Rechnungsprüfung – Three way match 205
3.1 Ohne Unterprozesse 205
3.2 Mit wiederverwendbarem Unterprozess 206
3.3 Mit Unterprozessen 206
Übung 4: Rechnungsprüfung mit Stapelverarbeitung und Schleifen 206
4.1 Mit Markierungen 206
4.2 Mit Schleife 206
4.3 Mit angeheftetem Ereignis 207
Versandhandel 207
Übung 5: Einfacher Ablauf 207
Übung 6: Erweiterter Ablauf 207
Übung 7: Kassenvorgang 208
Dienstreise 209
Übung 8: Dienstreiseantrag 209
Übung 9: Dienstreiseantrag mit erweiterter Administration 209

Beherbergungsvertrag 210
Fallbeschreibung 210
Übung 10: Hotelbuchung 210
Übung 11: Erweiterte Hotelbuchung 211
Übung 12: Hotelsystem und Check-in 212
Übung 13: Check-out 212
Buchhandlung 212
Fallbeschreibung 212
1. Wertschöpfungskette „Ladenverkauf" 213
2. Wertschöpfungskette „Telefonische Bestellung" 214
3. Prozess „Telefonische Bestellung" 214
4. Prozess „Ladenverkauf" 215
5. IT-Prozesse mit Systemen und Buchhaltung 216
6. Unterprozess „Kassieren" 217
7. Schwachstellenanalyse und Soll-Prozess 217

Lösungen 218

Lösung Rechnungsprüfung 218
Übung 1: Einfache Rechnungsprüfung 218
Übung 2: Einfache Rechnungsprüfung mit Verantwortlichen und Dokumenten 219
Übung 3: Erweiterte Rechnungsprüfung – Three way match 220
3.1 Ohne Unterprozesse 220
3.2 Mit wiederverwendbarem Unterprozess 221
3.3 Mit Unterprozessen 223
Übung 4: Rechnungsprüfung mit Stapelverarbeitung und Schleifen 225
4.1 Mit Markierungen 225
4.2 Mit Schleife 226
4.3 Mit angeheftetem Ereignis 227
Lösung Versandhandel 228
Übung 5: Einfacher Ablauf 228
Übung 6: Erweiterter Ablauf 229
Übung 7: Kassenvorgang 231
Lösung Dienstreise 234
Übung 8: Dienstreiseantrag 234
Übung 9: Dienstreiseantrag mit erweiterter Administration 235

Lösung Beherbergungsvertrag 237
Übung 10: Hotelbuchung 237
Übung 11: Erweiterte Hotelbuchung 240
Übung 12: Hotelsystem und Check-in 241
Übung 13: Check-out 242
Lösung Buchhandlung 243
1. Wertschöpfungskette „Ladenverkauf“ 243
2. Wertschöpfungskette „Telefonische Bestellung“ 245
3. Prozess „Telefonische Bestellung“ 246
4. Prozess „Ladenverkauf“ 251
5. IT-Prozesse mit Systemen und Buchhaltung 254
6. Unterprozess „Kassieren“ 255
Lösung Buchhandlung Soll 257
7. Schwachstellenanalyse und Soll-Prozess 257
Soll-Prozess 263

Index 269

Vorwort

Warum ein neues Buch zu BPMN? Hat sich die Modellierungssprache nach ihrer Entstehung in der Version 2.0 Ende 2013 nicht soweit etabliert, dass schon alles zu ihr gesagt wurde? Sind nicht andere Themen der Digitalisierung aktueller, wie z. B. Automatisierung der Prozesse mithilfe Künstlicher Intelligenz und Robotik? Können wir in der Zwischenzeit nicht durch „Process Mining“ und KI die Prozesse im IST und SOLL automatisch generieren?

Ja, es mag aktuellere Themen geben, die insbesondere von den Toolherstellern und Beraterfirmen propagiert werden. Aber nach meinen Erfahrungen bei Schulungen in der Industrie und in der Verwaltung kämpft man im Alltag mit anderen Herausforderungen. Oft ist das Geschäftsprozessmanagement und die Prozessmodellierung eben nicht Unternehmensstrategie, sondern vielleicht Hobby der IT. Oft werden IT-Anwendungen nicht prozessorientiert eingeführt und die Projekte werden unnötig teuer oder scheitern sogar. Oft wird Prozessmodellierung mit Zeichnen in Visio gleichgesetzt. Oft wird am Tool gespart oder es werden Tools eingesetzt, die über den BPMN-Standard hinaus nur schöne neue bunte Symbole bereitstellen.

Am Ende stehen vielleicht viele eindrucksvoll aussehende Prozessdiagramme zur Verfügung, die aber mit der Realität nichts zu tun haben und irgendwann als PDF-Dateien in den Tiefen der Dateienlandschaft auf zentralen Shares oder in einem Dokumentenmanagementsystem vergessen werden. Prozesse werden dann „hands on“ gemanagt, vielleicht noch mit vereinzelten komplizierten Beschreibungen in Excel oder Word. Und wenn die Prozesse schlecht laufen, ist häufig der spontane Lösungsansatz die Automatisierung. Für die Automatisierung wird dann erst mal eine neue Workflowengine gekauft und der schlechte Prozess dort unter Einsatz aufwändiger, proprietärer Mittel abgebildet. Kein Wunder, dass die erhofften Verbesserungen ausbleiben.

Auch in der schulischen und universitären Ausbildung wird das Thema Geschäftsprozessmanagement eher stiefmütterlich oder zu theoretisch und abgehoben behandelt.

BPMN wird nicht als Sprache angesehen, die jeder beherrschen sollte, der z. B. Wirtschaftsinformatik studiert hat.

Daher wollen wir mit diesem Buch nochmals zurück zu den Wurzeln der Prozessmodellierung mit BPMN gehen und allen ein Nachschlagwerk an die Hand geben, das sich strikt an dem BPMN-Standard orientiert und gleichzeitig mit vielen Beispielen und Übungen den praktischen Einsatz demonstriert.

Das Buch besteht aus zwei Teilen: einem Lexikon und einem Beispiel- und Übungsteil.

Es richtet sich an Mitarbeiterinnen und Mitarbeiter in Organisationen, die sich mit dem Geschäftsprozessmanagement als Unternehmensstrategie und als Teil von Business-Reengineering-Projekten beschäftigen, die an Qualitätssicherungsprojekten arbeiten oder auch nur schlicht Werkzeuge haben wollen, um den Prozessalltag zu verbessern. Es richtet sich allgemein an alle, die an der Neuaufstellung, Optimierung und Digitalisierung von Prozessen arbeiten oder später Prozessbeteiligte sind.

Sie haben schon selbst BPMN-Diagramme gebaut oder wollen diese als Grundlage für die Abläufe in Fachabteilungen nutzen und verstehen. Sie sind mit Prozessmodellen konfrontiert, die von Beraterfirmen als Referenzmodelle vorgelegt werden oder im Auftrag neu entwickelt worden sind.

Aber auch der BPMN-Spezialist oder die BPMN-Spezialistin kann das Buch nutzen, um spezifische Fragestellungen nachzuschlagen, ohne diese in der manchmal nicht so leicht zu verstehenden OMG-Spezifikation zu suchen.

Der erste Teil besteht aus einem Lexikon zu BPMN (Business Process Model and Notation). Alle wesentlichen Begriffe zum Verständnis der BPMN entsprechend der OMG-Spezifikation 2.0 werden mit vielen Beispielen erklärt. Demzufolge ist dieser Teil weniger zum Lesen wie ein Buch vom Anfang bis zum Ende geeignet, sondern zum Nachschlagen.

Die Reihenfolge der Begriffe ist alphabetisch, um sich in der gedruckten Version zurechtzufinden. Dadurch sind allerdings Themen auseinandergerissen. Um diesem Mangel zu begegnen, werden im Kapitel „Themenübersicht" zusammengehörende Themen unter Hauptüberschriften zusammengeführt. Der Leser kann so auch BPMN von Grund auf lernen, wenn er die Stichworte in der Reihenfolge der Haupt- und Unterthemen liest.

Das Lexikon versucht, auch eher seltener vorkommende Aspekte der OMG-Spezifikation zu berücksichtigen. Da die OMG-Spezifikation nur in Englisch vorliegt, werden in Klammern häufig zu den deutschen Übersetzungen auch die englischen Originalbegriffe genannt.

Das vorliegende Lexikon wird aus einem vom Autor im Internet *(https://bpmn.hauk-online.com)* bereitgestellten Wiki zu BPMN generiert. Eigenschaften von Wikis sind u. a. Verlinkungen. Von dieser Funktionalität wird in der gedruckten Version in Form von hervorgehobenen Querverweisen Gebrauch gemacht.

Die Beispiele wurden bis auf wenige Ausnahmen mit Tools der ARIS-Familie von der Software AG modelliert. Diese Ausnahmen sind entsprechend dokumentiert.

Der zweite Teil des Buches besteht aus Übungsaufgaben, die vom einfachen bis hin zum fortgeschrittenen Niveau reichen und wesentliche BPMN-Konzepte berücksichtigen. Diese Aufgaben basieren auf realen betrieblichen Szenarien und erfordern die Umsetzung textueller, manchmal kniffliger Beschreibungen in BPMN-Diagramme. Abschließend präsentiert das Buch das Fallbeispiel eines Buchladens, dessen vorhandene Prozesse zunächst strukturiert und analysiert und dann als Kollaborations- und Prozessdiagramm abgebildet werden müssen. Aufbauend auf einer Schwachstellenanalyse sind die Soll-Prozesse zu analysieren und Soll-Prozess-Modelle zu entwickeln. Die Lösungen zu den Übungsaufgaben sind separat verfügbar, sodass Leserinnen und Leser die Aufgaben eigenständig bearbeiten und dann ihre Lösungen überprüfen können.

Die Inhalte dieses Buches wurden in vielen Seminaren und Lehrveranstaltungen verwendet. An dieser Stelle vielen Dank an die vielen Teilnehmerinnen und Teilnehmer an meinen Seminaren und Kursen für die Diskussionen, Verbesserungsvorschläge und Anregungen, die in dieses Buch eingeflossen sind.

Es hat sich gezeigt, dass zu einzelnen Themen durchaus unterschiedliche Meinungen existieren können und dass bei der BPMN-Modellierung auch Stilfragen eine wesentliche Rolle spielen. Trotz gründlicher Überprüfung sind sowohl formale als auch inhaltliche Fehler möglich. Fehler und Stilfragen können im Forum „Anmerkungen und Fragen rund um das Thema Prozessmodellierung“ der oben genannten Webseite gemeldet und diskutiert werden. Ich freue mich dort auf eine anregende Diskussion.

Berlin, Herbst 2024

Klemens Hauk

Themenübersicht

Die Themenübersicht startet mit allgemeinen Erklärungen. Was ist eigentlich BPMN und was sind die Ziele der Modellierung auf Basis der BPMN-Spezifikation? Anschließend werden ausgehend vom Aufbau eines BPMN-Modells die unterschiedlichen Diagrammtypen beschrieben. Das Lexikon konzentriert sich auf den Typ „Kollaborationsdiagramm“ und die eingeschränkte Form des „Prozessdiagramms“.

Unter der nächsten Hauptüberschrift werden zunächst allgemeine Begriffe zu den Themen Prozess, Geschäftsprozessmanagement und der Geschäftsprozessanalyse beschrieben. Auch Stichworte zum allgemeinen Verständnis der Prozessmodellierung (Tokenkonzept, Instanz, Instanziierung) sowie IT-System und Geschäftsprozessanwendung können dort nachgeschlagen werden. Dann geht es um Methoden der Modellierung wie Hierarchisierung, Einhaltung von Regeln (Syntax und Semantik) und Stilfragen.

Die Beschreibung der BPMN-Elemente beginnt mit Pools und Lanes, gefolgt von den Flussobjekten, zu denen Aktivitäten, Ereignisse und Gateways gehören. Die weiteren Kategorien der Elemente folgen in der Reihenfolge Verbindende Objekte, Daten und Artefakte. Im Thema „Unterprozesse“ werden die unterschiedlichen Typen ausführlich behandelt. Dort finden sich auch Erklärungen zum Konzept der Kompensation. Zum Abschluss folgen Sonderthemen, u. a. mit einer kleinen Einführung zu DMN.

BPMN-Übersicht

- BPMN
- OMG
- BPMN-Spezifikation

- BPMN-Umfang
- BPMN-Ziele
- BPMN-Konformität
- BPMN-Modell
- BPMN-Diagramme
  - Prozessdiagramm
  - Kollaborationsdiagramm
  - Choreografiediagramm
  - Konversationsdiagramm

Methoden und allgemeine Begriffe

- Prozess
- Geschäftsprozessmanagement
- Geschäftsprozessanalyse
- IT-System
- Geschäftsprozessanwendung
- Token (Marke)
- Instanziierung
- Mehrfachinstanziierung
- Instanz
- Methode
  - Hierarchisierung
  - Hauptprozess
  - Prozessebene
  - Syntax
  - Semantik
  - Modellierungsregeln
  - Stil

BPMN-Elemente

- BPMN-Elemente

Swimlanes

Swimlanes

- Pool
  - Teilnehmer *(participant)*
  - Blackbox Pool
  - Whitebox Pool
- Lane

Flussobjekte

Flussobjekte *(flow objects)*

- Aktivität *(activity)*
  - Aufgabe *(task)*
  - Typen von Aufgaben
  - Markierung von Aktivitäten
- Ereignis *(event)*
  - Startereignis
  - Typen von Startereignissen
  - Zwischenereignis
  - Typen von Zwischenereignissen
  - Endereignis
  - Typen von Endereignissen
  - Angeheftetes Ereignis
  - Einsatz von Ereignissen
- Gateway
  - Einsatz von Gateways
  - Ereignisgesteuertes Gateway

- Ereignisgesteuertes Gateway prozessauslösend
- Exklusives Gateway
- Inklusives Gateway
- Komplexes Gateway
- Paralleles Gateway

Verbindende Objekte

Verbindende Objekte *(connecting objects)*

- Sequenzfluss *(sequence flow)*
- Nachrichtenfluss *(message flow)*
- Nachricht *(message)*
- Signal *(signal)*
- Verbindung *(association)*
- Datenverbindung *(data association)*
- Schleife

Daten

Daten

- Datenmodellierung
- Datenspeicher *(data store)*
- Datenobjekt *(data object)*
- Datenschnittstelle *(data input/data output)*
- Datenstatus
- Attribute

Artefakte

- Artefakte *(artifacts)*
  - Gruppe
  - Textzusatz *(text annotation)*

Unterprozesse

- Unterprozess *(sub-process)*
  - Reduzierter/Erweiterter Unterprozess
  - Eingebetteter Unterprozess
  - Unterprozess-Nachrichten
  - Adhoc-Unterprozess
  - Ereignis-Unterprozess
  - Kompensation
  - Kompensations-Ereignis-Unterprozess
  - Transaktions-Unterprozess
  - Aufrufaktivität *(call activity)*
  - Wiederverwendbarer Unterprozess
  - Globale Aufgabe

Sonderthemen

- Kollaboration
- Blockade
- Unkontrollierte Abläufe
- Ausführungsumgebung
- Austauschformat
- Erweiterung *(extensibility)*
- Repository
- DMN

Literatur

Teil 1
Lexikon

A

Adhoc-Unterprozess

Ein Adhoc-Unterprozess enthält wie der eingebettete Unterprozess einen zwar eigenständigen, aber vom aufrufenden Prozess abhängigen Prozess. Beim Adhoc-Unterprozess ist die Reihenfolge der Aktivitäten nicht oder nur teilweise definiert. Er wird durch die Symbole in Bild 1 dargestellt.

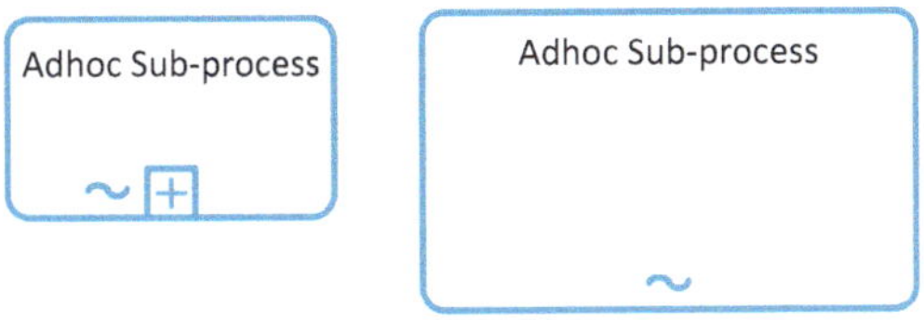

Bild 1
Symbole für den Adhoc-Unterprozess reduziert und erweitert

Der Adhoc-Unterprozess erhält im Symbol zur Kennzeichnung eine Tilde. Es stehen wie bei allen Unterprozessen die reduzierte (collapsed) und erweiterte (expanded) Form (siehe Reduzierter/Erweiterter Unterprozess) zur Verfügung. Es ist nur ein eingeschränkter Satz von Elementen erlaubt:

- In jedem Fall: Aktivitäten
- Bedarfsweise: Gateways, Zwischenereignisse, Datenobjekte, Sequenzflüsse, Verbindungen, Datenverbindungen, Nachrichtenflüsse
- Nicht erlaubt: Startereignis, Endereignis, Konversationen, Choreografie-Aktivitäten

Die Aktivitäten werden nicht durch Sequenzflüsse miteinander verbunden, wenn die Reihenfolge der Bearbeitung beliebig ist. Wenn sie verbunden sind, muss die Folgeaktivität in jedem Fall, aber nicht zwingend unmittelbar, ausgeführt werden. Die Endebedingung des Unterprozesses kann nicht durch einen Sequenzfluss definiert werden, sondern durch das Attribut *completionCondition*. Dieses Attribut sollte im Diagramm angezeigt werden.

1. Beispiel: Design Thinking

Design Thinking ist ein kreativer Prozess, der aus den nachfolgenden Aufgaben besteht:

- Verstehen
- Beobachten
- Sichtweise definieren
- Ideen finden
- Prototypen entwickeln
- Testen

Die Aufgaben werden ohne bestimmte Reihenfolge ausgeführt. Nur die Aufgaben „Protoypen entwickeln“ und „Testen“ müssen nacheinander ausgeführt werden. Daraus ergibt sich das in Bild 2 gezeigte Modell.

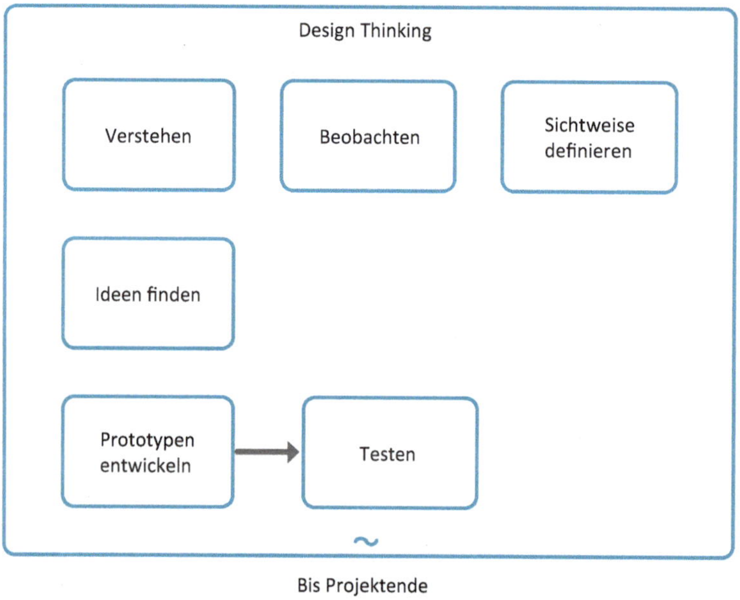

Bild 2 Design-Thinking-Prozess modelliert als Adhoc-Unterprozess

2. Beispiel: Hotelsuche

Das Vorgehen bei der Hotelsuche in einem Internet-Reiseportal ist häufig je nach Zweck der Reise unterschiedlich. Es ist nicht festgelegt, ob die Hotelauswahl zunächst über den Termin eingeschränkt wird, oder zunächst das Hotel nach Preis, Ort und Ausstattung gesucht wird. Der Unterprozess wird verlassen, wenn ein Hotel gefunden wurde (Endebedingung „Bis Hotel gefunden“) oder über das angeheftete Ereignis „Nichts Passendes gefunden“ (Bild 3).

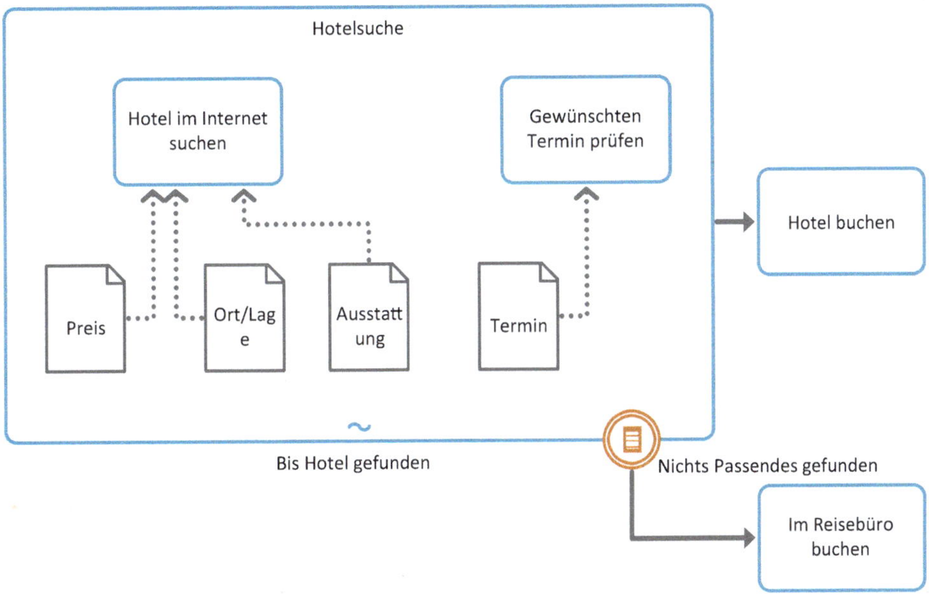

Bild 3 Hotelsuche im Internet als Adhoc-Unterprozess mit teilweise nicht festgelegter Reihenfolge der Aufgaben

Aktivität

Eine Aktivität *(activity)* ist ein allgemeiner Begriff für die Arbeit, die innerhalb eines Prozesses verrichtet wird. Zu den Aktivitäten gehört die Aufgabe *(task)*, der Unterprozess *(sub-process)* und die Aufrufaktivität *(call activity)*. Die Aktivität gehört zu den BPMN-Elementen der Kategorie Flussobjekte, wie Ereignisse und Gateways. Die Symbole sind in Bild 4 dargestellt.

Unterprozesse und Aufrufaktivitäten stehen in der erweiterten Form und in der reduzierten Form zur Verfügung. Das Rechteck der erweiterten Form kann beliebig vergrößert werden, um den Unterprozess oder den von der Aufrufaktivität aufgerufenen Prozess innerhalb *(inline)* des Symbols darzustellen.

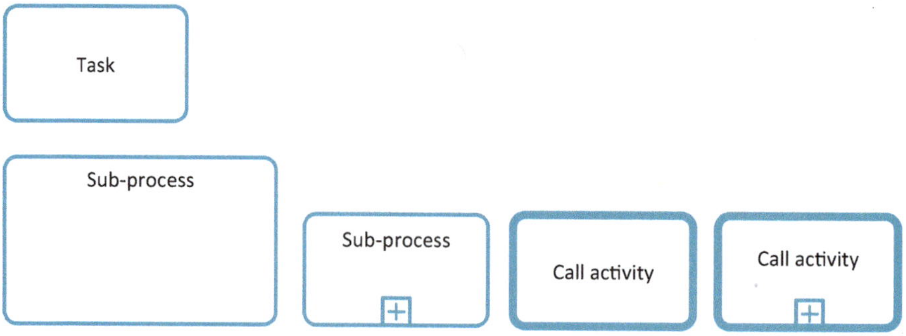

Bild 4 Verschiedene Symbole für die Aktivität

Angeheftetes Ereignis

Angeheftete Ereignisse sind Zwischenereignisse, die am Rand von Aktivitäten (Aufgaben und Unterprozessen) „angeheftet" *(attached to boundary)* werden. Sie ermöglichen die Modellierung von Ausnahmebedingungen der Aufgaben oder reagieren auf Ereignisse innerhalb des Unterprozesses. Sie sind immer „empfangend". Es wird zwischen unterbrechenden *(interrupting)* und nicht unterbrechenden *(non interrupting)* Zwischenereignissen unterschieden. Bei unterbrechenden Zwischenereignissen wird die Ausführung der Aktivität unterbrochen, sobald das Ereignis aktiv wird und der Prozess über den vom Zwischenereignis ausgehenden Ausnahmesequenzfluss fortgesetzt wird. Im nicht unterbrechenden Fall wird die Ausführung fortgesetzt, und es wird ein weiterer parallel laufender Ausnahmesequenzfluss ausgelöst (ein weiterer Token generiert). Es können mehrere Zwischenereignisse an eine Aktivität angeheftet werden.

Angeheftete Zwischenereignisse können wie folgt typisiert werden:

- Nachricht
- Timer
- Bedingung
- Signal
- Fehler (immer unterbrechend)
- Eskalation
- Kompensation (immer unterbrechend)
- Mehrfach
- Parallel-Mehrfach

In Bild 5 sind alle möglichen Fälle dargestellt. Die Typen werden unter dem Stichwort Typen von Zwischenereignissen im Einzelnen beschrieben. Dort finden sich neben den Prozessen in Bild 6 und Bild 7 auch weitere Beispiele.

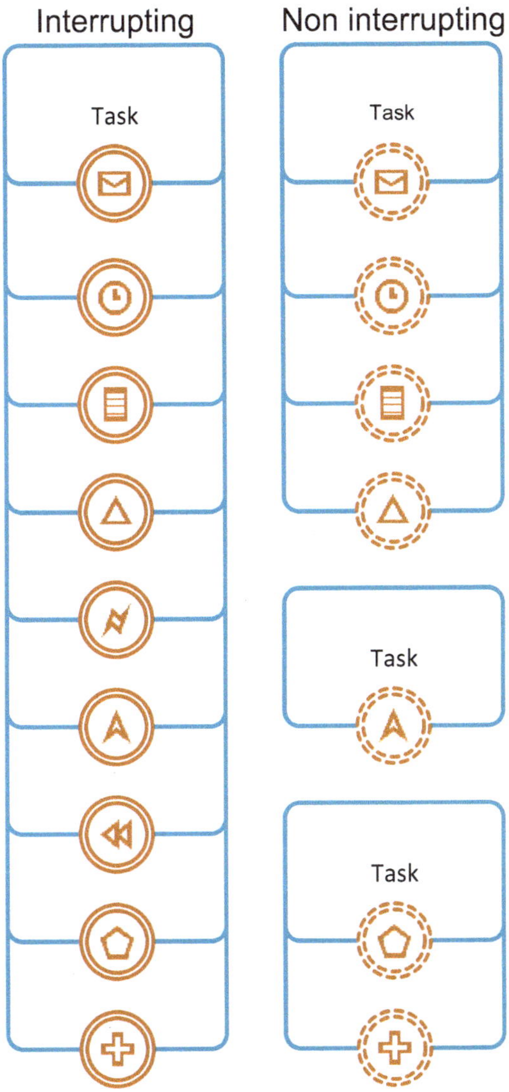

Bild 5
Angeheftete Ereignisse (unterbrechend/nicht unterbrechend)

1. Beispiel Rechnungsprüfung

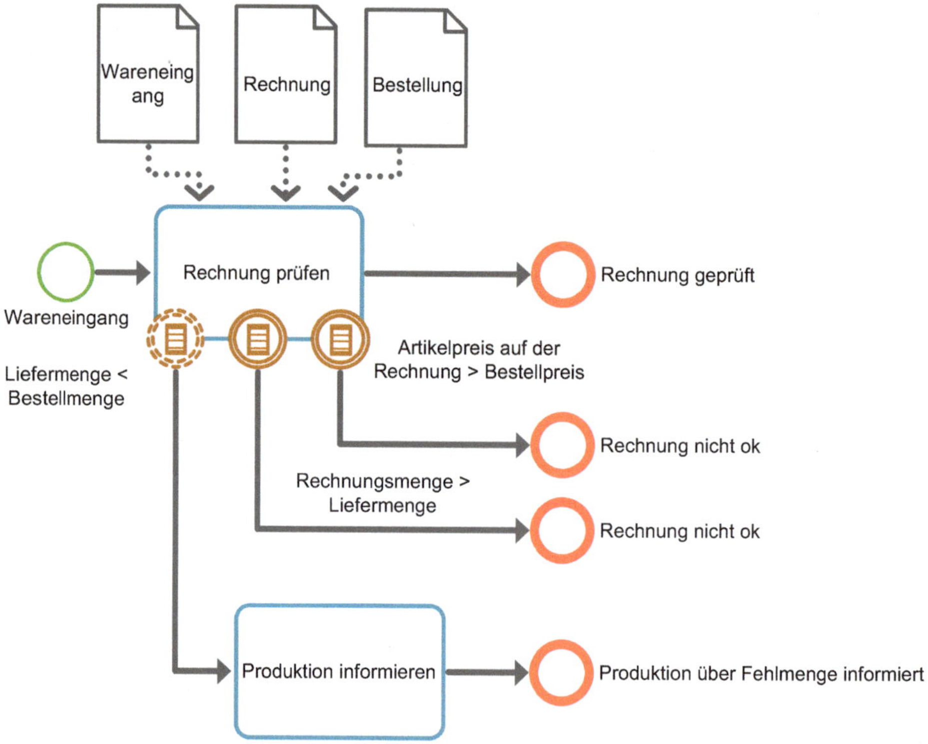

Bild 6 Rechnungsprüfungsprozess mit angehefteten Ereignissen

Der in Bild 6 gezeigt Rechnungsprüfungsprozess beinhaltet eine zentrale Aufgabe „Rechnung prüfen", in der die Rechnung gegen Wareneingang und Bestellung geprüft wird. Die verschiedenen möglichen Fälle werden durch angeheftete Zwischenereignisse modelliert. Wenn der Artikelpreis auf der Rechnung größer als der Bestellpreis ist oder die in der Rechnung ausgewiesene Menge größer als die Liefermenge ist, wird die Aufgabe durch Bedingungs-Zwischenereignisse abgebrochen und der Prozess endet mit dem Endereignis „Rechnung nicht ok". Wenn die Liefermenge kleiner als die Bestellmenge ist, wird durch ein nicht unterbrechendes Bedingungs-Zwischenereignis die Produktion über die Fehlmenge informiert, die Rechnungsprüfung läuft aber weiter.

2. Beispiel Fehlerhandling

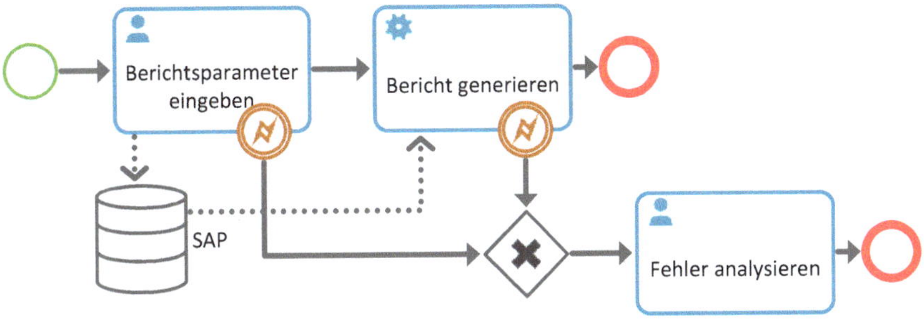

Bild 7 Fehlerhandling bei der Berichtsgenerierung

Es wird ein Bericht automatisch durch die Service-Aufgabe „Bericht generieren" generiert (Bild 7). Die Berichtsparameter werden vorher in der Aufgabe „Berichtsparameter eingeben" erfasst. Beide Aufgaben besitzen ein angeheftetes Fehler-Zwischenereignis, das im Fehlerfall die Aufgabe abbricht und eine Fehleranalyse veranlasst.

Artefakte

Artefakte *(artifacts)* wird eine Kategorie der Elemente bezeichnet, durch die der Modelltyp Kollaborationsdiagramm beschrieben wird. Der Standard kennt die Artefakte Gruppe *(group)* und Textzusatz *(text annotation)*, deren Symbole in Bild 8 zu sehen sind.

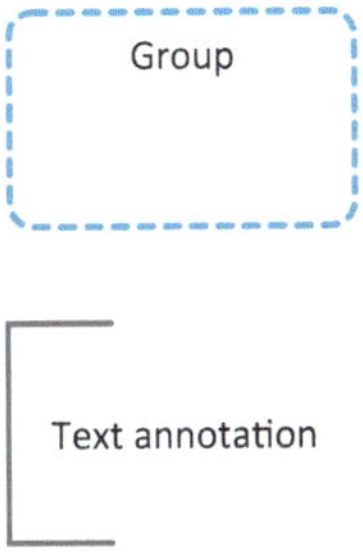

Bild 8
Symbole für die Artefakte „Gruppe" und „Textzusatz"

Durch diese Element können zusätzliche Informationen zum Prozess hinzugefügt werden, die den eigentlichen Ablauf mit der Instanziierung nicht betreffen. Die BPMN-Spezifikation erlaubt, zusätzliche Artefakte über Erweiterungen *(extensibility)* zu definieren.

Attribute

Attribute *(attributes)* sind Daten, die neben der grafischen Darstellung des Symbols weitere Eigenschaften *(properties)* von Elementen beschreiben, wie z. B. der Name eines Gateways. Sie definieren neben dem grafischen Symbol die Semantik der Elemente. Sie werden teilweise auch zur Automatisierung der Prozesse benötigt. Attribute können bezogen auf die BPMN-Konformität zwingend *(required)*, obligatorisch *(mandatory)* oder optional sein und sind Bestandteil des Datenmodells, das hinter der grafischen Darstellung als Diagramm liegt.

Zwingend heißt, dass in jedem Fall ein Wert erfasst oder vorbelegt oder generiert wird.

Das Attribut „ID" ist zwingend und muss zusätzlich ein eindeutiger Schlüssel sein, über den das Element oder der Prozess eindeutig identifiziert wird. Es wird vom Modellierungstool generiert. Eindeutigkeit bezieht sich mindestens auf alle Modelle der Datenbank eines Tools, damit die Elemente modellübergreifend referenziert werden können. Um die Austauschbarkeit der Modelle toolübergreifend zu garantieren, verwenden in der Zwischenzeit nahezu alle Tools die sogenannte GUID *(globally unique ID)*, die aufgrund des Generierungsalgorithmus praktisch global eindeutig ist (theoretisch könnte es Dubletten geben). In Bild 9 ist die GUID im Format 8-4-4-4-12 in der XML-Notation des Austauschformats zu sehen.

Das Attribut „name" gehört ebenfalls zu den zwingenden, allerdings nicht notwendigerweise eindeutigen Attributen. Der Name wird in der Regel mit Defaultwerten vorbelegt. Gateways zum Beispiel können den Standardnamen „Gateway" haben. Arbeitet das Tool mit einem Verzeichnis aller Elemente (Objekte), auch Repository genannt, sollten Defaultnamen durch sprechende Namen ersetzt werden, um die wiederverwendbaren Elemente eindeutig zu identifizieren und die Wiederverwendbarkeit zu erleichtern. In Bild 9 ist das Attribut „name", hier speziell „task name", mit dem Wert „System nutzen" belegt.

Obligatorisch heißt, dass das Tool, wenn es eine konforme BPMN-Implementierung garantiert, das Attribut als Datenfeld zur Verfügung stellen muss mit entsprechenden Ein-/Ausgabemechanismen. Ein Beispiel ist das Attribut „documentation".

Optional heißt, dass zur Herstellung der Konformität das Attribut nicht unterstützt werden muss. Wenn es aber bereitgestellt wird, muss dies entsprechend den Regeln der Spezifikation erfolgen.

Daneben gibt es noch zusätzlich Attribute, die in der BPMN-Spezifikation nicht definiert sind, aber als Erweiterung toolspezifisch hinzugefügt werden.

Für die Ausgabe einiger Attribute definiert die Spezifikation auch grafische Symbole, die das Symbol des Elements um eine zusätzliche grafische Darstellung erweitern. Ein Beispiel ist die Typisierung eines Datenobjekts als Sammlung mit der grafischen Darstellung durch drei vertikale Striche oder die erweiterte Semantik einer Aufgabe als

Wiederholung durch ein Schleifensymbol (siehe Bild 10). Darüber hinaus legen die Modellierungstools fest, welche Attribute als Datenwerte im Diagramm beim Modellieren automatisch ausgegeben werden (z. B. der Name der Aufgabe) oder über entsprechende Funktionen durch den Anwender im Diagramm platziert werden können (z. B. Name des Sequenzflusses nach Gateways). So ist in Bild 9 der Prozessname „Demonstration des eindeutigen Schlüssels“ als Überschrift manuell im Digramm platziert worden.

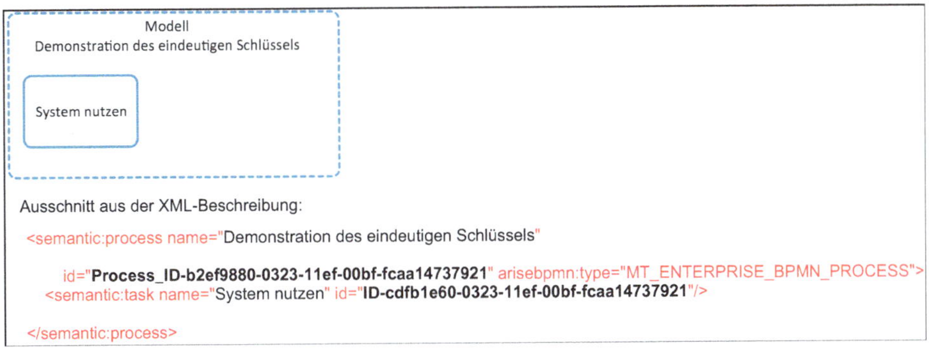

Bild 9 Attribut „ID“ als zwingender und eindeutiger Schlüssel, Attribut „task name“ als zwingender Schlüssel

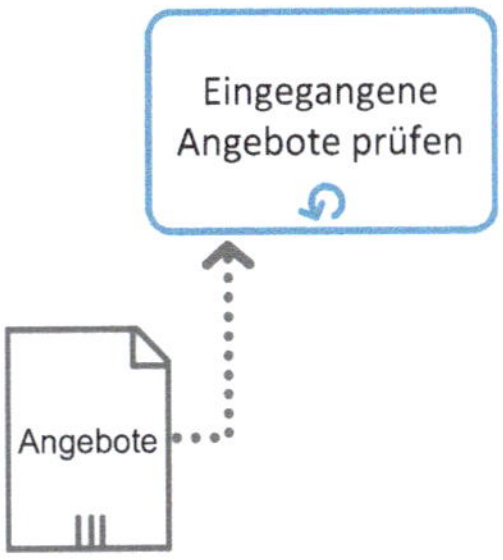

Bild 10
Attribute dargestellt als grafische Symbole für die Schleife in der Aufgabe und die Sammlung im Datenobjekt

Ein ausführlicheres Beispiel zu Attributen ist unter dem Stichwort Repository abgebildet.

Aufgabe

Eine Aufgabe *(task)* beschreibt eine Arbeit, die ausgeführt wird. Die Aufgabe ist nicht weiter unterteilbar (atomar, *atomic*).

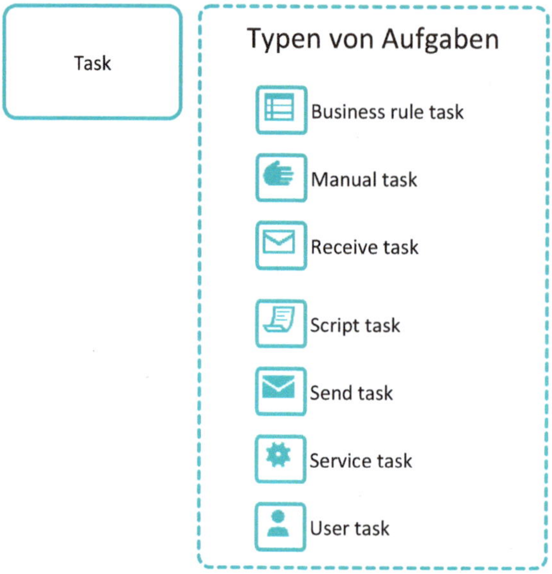

Bild 11
Symbol für die Aufgabe mit der Liste von möglichen Typen (zeigt hier oben links eine abstrakte Aufgabe)

Es gibt unterschiedliche Typen von Aufgaben. Aufgaben können zusätzlich eine Markierung haben. Dadurch haben sie eine weitergehende Semantik. Typen und Markierungen werden durch zusätzliche Symbole innerhalb des Rechtecks dargestellt. Bild 11 zeigt eine „nichttypisierte" abstrakte bzw. unbestimmte Aufgabe ohne Markierung.

Aufgaben können auch global sein (Globale Aufgabe).

Hinweis: Die BPMN-Spezifikation benutzt den übergeordneten Begriff „Activity" und fasst damit die Elemente „Sub-process", „Task" und „Call Activity" zusammen. In diesem Nachschlagwerk werden die allgemein üblichen deutschen Übersetzungen Aktivität, Unterprozess, Aufgabe und Aufrufaktivität verwendet.

Aufrufaktivität

Eine Aufrufaktivität *(call activity)* ist eine Aktivität mit einer Referenzierung auf

- einen globalen Prozess als wiederverwendbaren Unterprozess oder
- eine globale Aufgabe.

Bei Ausführung der Aufrufaktivität wird die Kontrolle an diesen Prozess oder an diese Aufgabe übergeben.

Das Symbol entspricht dem Symbol des eingebetteten Unterprozesses (erweitert oder reduziert) bzw. der Aufgabe, es hat aber zur Unterscheidung einen fetten Rand wie in Bild 12 gezeigt.

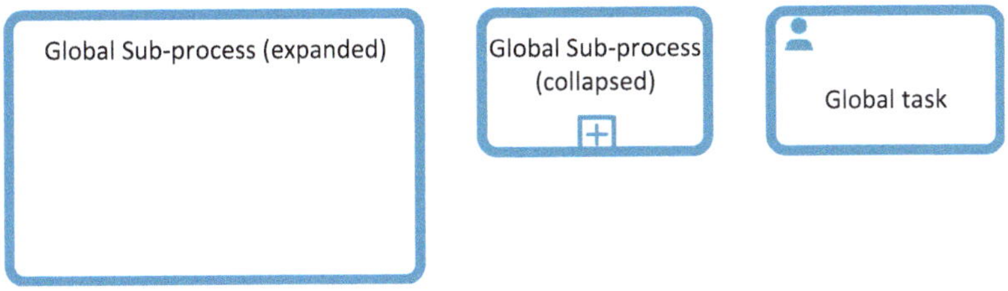

Bild 12 Verschiedene Varianten von Aufrufaktivitäten

Wenn die Aufrufaktivität einen Prozess referenziert, kann auch etwas ungenauer gesagt werden, dass die Aufrufaktivität einen Prozess als globalen Unterprozess aufruft. In der BPMN 1.2 war das korrespondierende Element der wiederverwendbare Unterprozess *(reusable sub-process)*. Diese Begrifflichkeit wird auch in diesem Werk weiterverwendet, da sie die Funktionalität verständlicher und eindeutiger beschreibt. Es sind die gleichen Markierungen verwendbar, wie beim eingebetteten Unterprozess bzw. wie bei der Aufgabe.

Der durch die Aufrufaktivität referenzierte Prozess kann auch ein Prozess der obersten Ebene *(top level process)* sein, der dann aber mindestens ein unbestimmtes Startereignis haben muss.

Die globale Aufgabe wird in ausführbaren Modellen eingesetzt.

Ausführungsumgebung

Eine Prozess-Ausführungsumgebung *(process engine)* ist ein IT-System, in dem Prozesse, die als BPMN-Modelle modelliert wurden, automatisch oder teilautomatisch ausgeführt werden können. Die BPMN-Spezifikation stellt dazu die notwendigen Elemente und Attribute der Elemente zur Verfügung, um den Prozess zu automatisieren. Diese Erweiterungen wurden mit der Version 2.0 eingeführt. Die Ausführungsumgebung kann Teil der Modellierungssoftware sein oder unabhängig von dieser existieren. Unabhängige Ausführungsumgebungen können den zu automatisierenden Prozess eigenständig definieren oder sie greifen auf die Daten des standardisierten Austauschformats der Modellierungssoftware zu. Die BPMN-Spezifikation spezifiziert auch als weitere Variante ein Mapping auf die standardisierten Sprachen BPEL/

WS-BPEL *(Web Services Business Process Execution Language)*, sodass als Datenbasis zur Automatisierung auch diese Sprachen genutzt werden können.

Austauschformat

Die BPMN-Spezifikation definiert seit der Version 2.0 ein auf XML basierendes Standardformat für die Speicherung von Prozessen und zwar sowohl für die Struktur der Elemente und deren Daten, als auch für das Layout und die visuelle Erscheinung des Diagramms. Es können auch syntaktisch fehlerhafte Modelle, die sich noch in der Entwicklung befinden, ausgetauscht werden.

Viele Toolhersteller unterstützen in der Zwischenzeit dieses Format, sodass die Modelle untereinander über einen dateispezifischen Export/Import ausgetauscht werden können und damit eines der wichtigen Ziele der Toolunabhängigkeit mit der Version 2.0 erreicht wurde. Um diese Eigenschaft der Interoperabilität uneingeschränkt zu erhalten, empfiehlt es sich, bei den durch die BPMN-Spezifikation definierten Elementen zu bleiben und keine toolspezifischen Varianten zu nutzen.

Die Spezifikation sieht allerdings auch ausdrücklich das Konzept der Erweiterungen *(extensibility)* vor, um zum Beispiel die Modellierung branchenspezifisch zu erweitern. Diese Erweiterungen werden in der Regel beim Export in das Standardformat ignoriert, sodass sie nach dem Import nicht verfügbar sind und möglicherweise die Lesbarkeit des übertragenen Modells einschränken oder manuelle Nacharbeiten erfordern.

Die Exportdatei hat die Dateierweiterung .bpmn.

1. Speicherung der Prozessdaten

Ein BPMN-Modell ist ein gerichteter Graph mit Elementen, die über gerichtete Kanten miteinander verbunden sind. Die Elemente werden durch Symbole und Daten (Attribute) definiert. Bei der Speicherung der Prozessdaten geht es ausschließlich um die Speicherung der Struktur des Netzes und der zugehörigen Daten, also nicht um die visuelle Darstellung. Sie ist die Voraussetzung für den automatischen oder teilautomatischen Ablauf des Prozesses in einer Ausführungsumgebung.

Wie ein einfacher Prozess im BPMN-Austauschformat (XML vereinfacht) abgebildet wird, zeigt das Beispiel in Bild 13.

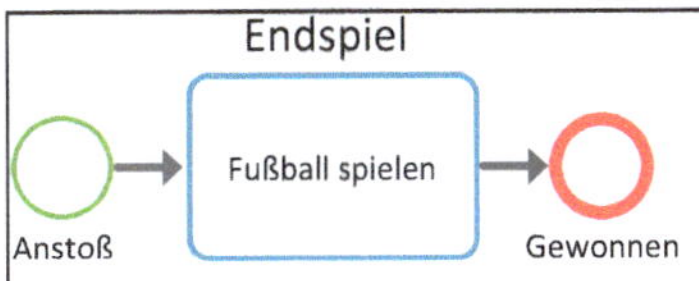


```
<process name="Endspiel" id="Process_ID-1">
  <startEvent name="Anstoß" id="ID-1">
    <outgoing>ID-2</outgoing>
  </startEvent>
  <task name="Fußball spielen" id="ID-3">
    <incoming>ID-2</incoming>
    <outgoing>ID-4</outgoing>
  </task>
  <endEvent name="Gewonnen" id="ID-5">
    <incoming>ID-4</incoming>
  </endEvent>
  <sequenceFlow sourceRef="ID-1" targetRef="ID-3" id="ID-2"/>
  <sequenceFlow sourceRef="ID-3" targetRef="ID-5" id="ID-4"/>
</process>
```

Bild 13 Prozess mit dem entsprechenden Austauschformat (vereinfacht)

Jedes Element hat eine eindeutige Identifikationsnummer (ID). Als ID wird heute in den Tools in der Regel eine GUID *(globally unique ID)* benutzt, die praktisch global eindeutig ist (s. a. Attribute). Zur Lesbarkeit des Beispiels in Bild 13 wurde die GUID durch eine laufende Nummer [1,2 …] ersetzt. Das Startereignis mit dem Namen „Anstoß“ hat die Nummer ID-1, der ausgehende Sequenzfluss die Nummer ID-2 und die Aufgabe mit dem Namen „Fußball spielen“ die Nummer ID-3. Der ausgehende Sequenzfluss hat die Nummer ID-4 und das abschließende Endereignis mit dem Namen „Gewonnen“ die Nummer ID-5. Die Sequenzflüsse ID-2 und ID-4 sind am Ende mit der Nummer des Quellelements und der Nummer des Zielelements eindeutig definiert. Diese Art der Abbildung von grafischen Netzen wird auch Serialisierung *(serialization)* genannt.

2. Speicherung der Diagrammdaten

Zur Speicherung der Diagrammdaten, also der visuellen Darstellung des Netzes, ist ein Diagrammaustauschformat *(BPMN Diagram interchange (DI))* definiert worden, das ebenfalls auf XML basiert. Das DI speichert das Layout und die Symbole des Diagramms, legt aber nicht zwingend die Farben fest. Dies kann aber toolspezifisch erfolgen. Ein vereinfachtes Beispiel für das Diagrammaustauschformat basierend auf dem Prozess in Bild 13 zeigt Bild 14.

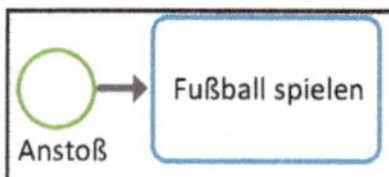


```
<bpmndi:BPMNShape bpmnElement="ID-1" id="Shape_ID-1" color:background-color="#ffffff" color:border-color="#72ab16">
  <dc:Bounds x="39.4" y="53.57" width="34.58" height="34.58"/>
  <bpmndi:BPMNLabel labelStyle="ArisFontStyleSheet_0_d7b815f4-04df-4971-8f01-03fe21c67159" color:color="#000000">
    <dc:Bounds x="33.45" y="90.99" width="46.77" height="11.34"/>
  </bpmndi:BPMNLabel>
</bpmndi:BPMNShape>
<bpmndi:BPMNShape bpmnElement="ID-3" id="Shape_ID-3" color:background-color="#ffffff" color:border-color="#00a2ce">
  <dc:Bounds x="102.33" y="38.83" width="104.31" height="64.06"/>
  <bpmndi:BPMNLabel labelStyle="ArisFontStyleSheet_0_d7b815f4-04df-4971-8f01-03fe21c67159" color:color="#000000">
    <dc:Bounds x="114.52" y="65.2" width="79.94" height="11.34"/>
  <bpmndi:BPMNLabel>
</bpmndi:BPMNShape>
<bpmndi:BPMNEdge bpmnElement="ID-2" id="Edge_ID-2" color:border-color="#666666">
  <di:waypoint x="73.98" y="70.87"/>
  <di:waypoint x="102.33" y="70.87"/>
</bpmndi:BPMNEdge>
```

Bild 14 Diagrammaustauschformat

Die Elemente in Bild 14 sind durch ihre Nummern (IDs) in den Prozessdaten eindeutig definiert. ID-1 ist das Startereignis, ID-3 die Aufgabe und ID-2 der Sequenzfluss zwischen Startereignis und Aufgabe. Es wird das Symbol *(shape)*, der Sequenzfluss bzw. die Kante *(edge)* und das Namensfeld *(label)* beschrieben. Festgelegt ist die Position *(bounds)* der oberen linken Ecke in einem x/y-Koordinatensystem relativ zu 0,0 als obere linke Ecke des gesamten Diagramms; bei Symbolen und Namensfeldern zusätzlich die Breite *(width)* und Höhe *(height)*; bei Kanten Start- und Endekoordinaten *(waypoint)*. Weiterhin ist die Farbe *(color)* als toolspezifische Erweiterung (hier durch das Tool ARIS) definiert, sowie der Stil des Namensfeldes *(labelStyle)* als Zusammenfassung von Schriftart, Schriftgröße, Schriftschnitt. Die Darstellung der Symbole (Startereignis mit dünnem Rand, Endereignis mit fettem Rand, Aktivität als Rechteck mit abgerundeten Kanten und dünnem Rand usw.), die Icons für die Typisierung, die Anordnung der Markierungen usw. sind generell definiert. Das Modell ist auch ein Beispiel, dass Syntaxfehler (hier fehlendes Endereignis) beim Speichern toleriert werden.

Hinweis: Die Beispiele in Bild 13 und Bild 14 und die dazugehörenden Beschreibungen sollen nur einen Eindruck von der in der BPMN-Spezifikation definierten Vorgehensweise für die Spezifikation des Austauschformats geben. Die vollständigen Details können in der BPMN-Spezifikation nachgelesen werden. Für den Modellierer – auch den fortgeschrittenen Modellierer – ist die Kenntnis dieser Details für seine Arbeit nicht relevant. Wichtig ist nur zu verstehen, dass BPMN-Modelle zwischen den Tools ohne Darstellungs- und Datenverluste ausgetauscht werden können, wenn man im Rahmen des Standards bleibt und auf toolspezifische Erweiterungen verzichtet (siehe dazu auch das Stichwort Erweiterung).

B

Blackbox Pool

Ein Blackbox Pool ist ein leerer Pool, d. h. er beinhaltet (im Gegensatz zum Whitebox Pool) keinen Prozess, sondern stellt nur den Teilnehmer *(participant)* an einer Kollaboration innerhalb eines Kollaborationsdiagramms dar. Die Kommunikation mit anderen Teilnehmern und Prozessen erfolgt über Nachrichtenflüsse, die an der Kante des Pools angeheftet sind.

Bild 15 zeigt ein Beispiel für ein Kollaborationsdiagramm einer Hotelbuchung mit Blackbox Pools.

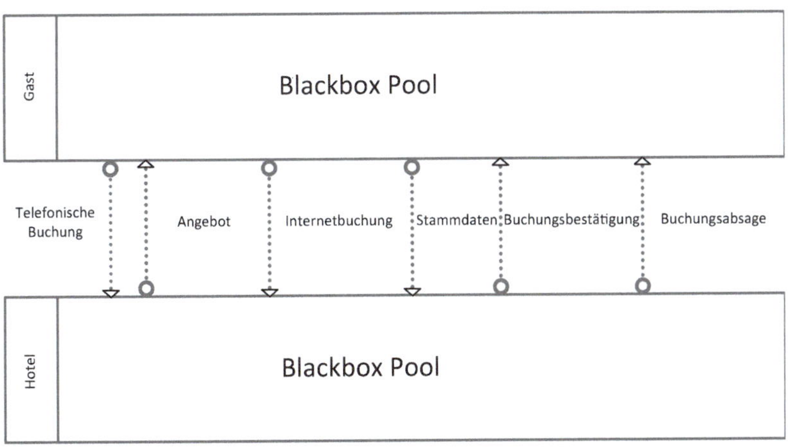

Bild 15 Kollaborationsdiagramm mit Blackbox Pools

Blockade

Eine Blockade entsteht, wenn der Prozess nicht zu Ende geführt werden kann. Bei der Instanziierung entsteht ein Zustand, der den weiteren Ablauf blockiert. Blockaden können nur an einem zusammenfassenden parallelen Gateway entstehen. An diesem Gateway wird der Prozess nach dem Gateway erst fortgesetzt, wenn alle Durchläufe über die Sequenzflüsse (Token) das Gateway erreicht haben. Wenn dies aufgrund eines exklusiven Gateways nicht möglich ist, liegt die Blockade vor.

In Bild 16 entsteht eine Blockade am AND 2, wenn die Instanziierung entsprechend den roten Linien verläuft. An AND 1 werden drei Durchläufe (Token) über die Sequenzflüsse ausgelöst, nur zwei erreichen das AND 2 Gateway, der dritte wird am XOR 1 Richtung Endereignis E2 ausgesteuert.

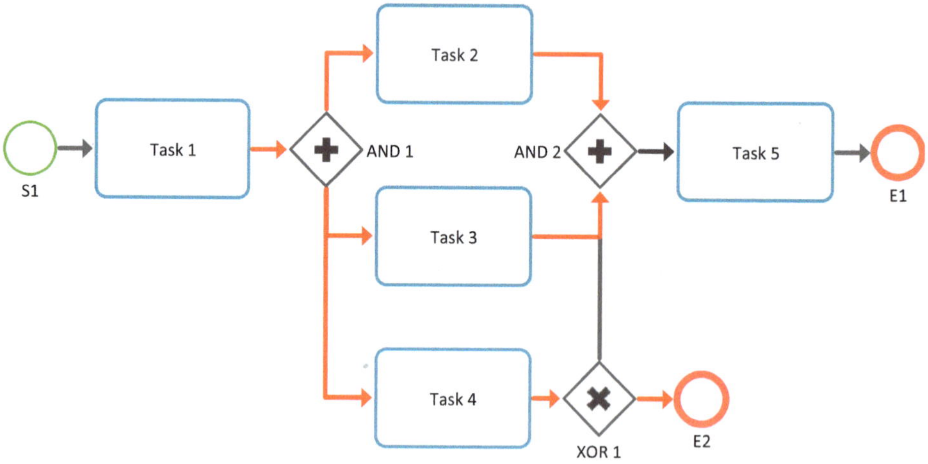

Bild 16 Beispiel für eine Blockade

Um das Problem zu beheben, muss analysiert werden, welcher Ablauf vorliegt. Soll unbedingt Task 5 ausgeführt werden (Variante 1) oder soll Task 5 nicht ausgeführt werden, wenn der Sequenzfluss am E2 endet (Variante 2)?

1. Auflösung der Blockade durch ein inklusives Gateway

In Bild 17 wird das Problem durch Einsatz eines inklusiven Gateways anstelle von AND 2 behoben. Das zusammenfassende inklusive Gateway hat ähnlich wie das parallele Gateway eine Synchronisationsfunktion, die aber nur auf alle gemäß Prozessverlauf noch möglichen (im aktuellen Beispiel zwei) Durchläufe (Token) wartet, bis der Prozess nach dem Gateway fortgesetzt wird.

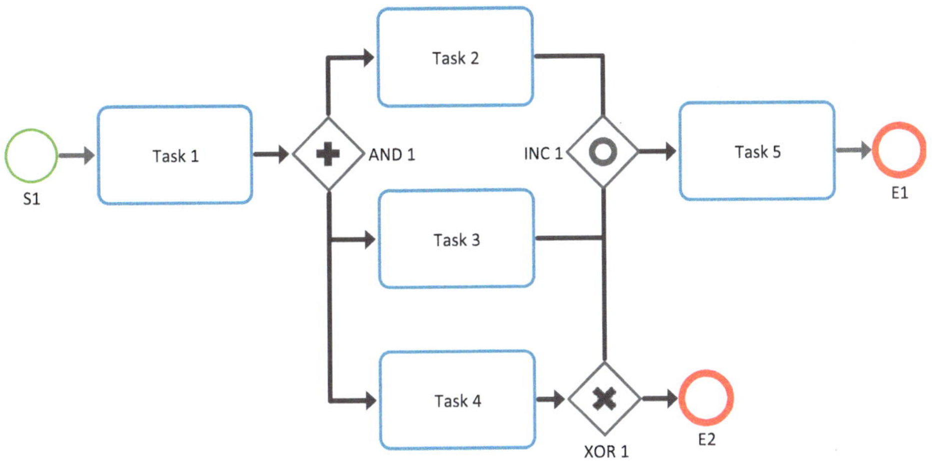

Bild 17 Auflösung einer möglichen Blockade durch Nutzung eines inklusiven Gateways INC 1

2. Auflösung der Blockade durch Terminierung

In Bild 18 wird E2 als Endereignis vom Typ „Terminierung“ modelliert. Erreicht der Prozess E2, werden die am AND 2 wartenden Durchläufe (Token) abgebrochen und der Prozess endet ohne Ausführung von Task 5.

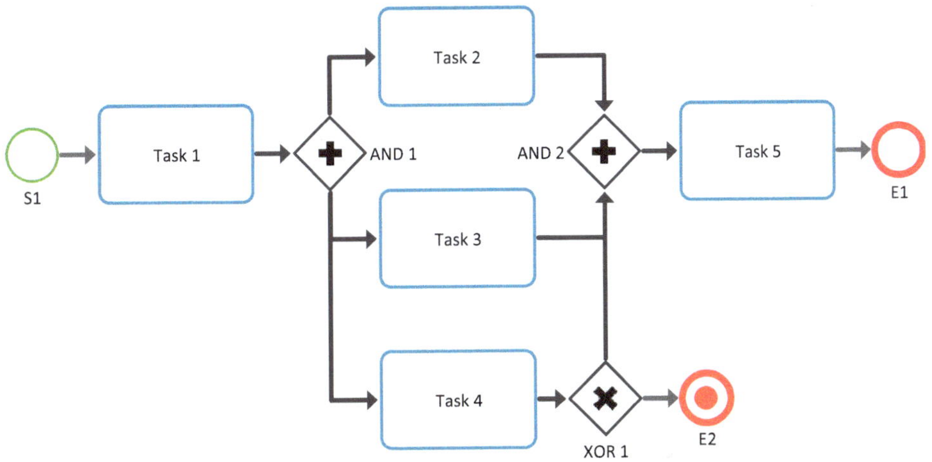

Bild 18 Auflösung einer möglichen Blockade durch Einsatz eines terminierenden Endereignisses E2

BPMN

BPMN ist die Abkürzung für **B**usiness **P**rocess **M**odel and **N**otation.

Die BPMN ist eine Spezifikationssprache zur Modellierung von Geschäftsprozessen im Rahmen des Geschäftsprozessmanagements (GPM). Die Ziele umfassen dabei

- die Dokumentation mit Visualisierung durch grafische Notation und Auswertungen über modellspezifische Daten (Attribute),
- die Analyse von Geschäftsprozessen im Ist und Soll unter Einbeziehung von Geschäftsprozessanwendungen (Informationssystemen),
- die Entwicklung von Informationssystemen,
- die automatische oder teilautomatische Ausführung von Geschäftsprozessen.

Die Speicherung der Modelle erfolgt in einem standardisiertem, auf XML basierendem Format:

- zum Austausch der Modelle zwischen unterschiedlichen Modellierungstools
- zum Lesen der Modelldaten durch eine Ausführungsumgebung zur Prozessautomatisierung

Weitere Eckdaten:

- 2002 von IBM entwickelt, wird jetzt von der OMG (Object Management Group – Konsortium von 800 Unternehmen) weiterentwickelt
- Aktuelle Version 2.02 aus dem Jahr 2013 (insbesondere Erweiterungen für die Prozessautomatisierung)
- Veröffentlicht als ISO Norm (ISO/IEC 19510)

Die BPMN-Spezifikation definiert die Sprache über ein Metamodell mithilfe von UML-Klassendiagrammen. Sie konzentriert sich auf die Modellierung von Geschäftsprozessen und weniger auf die Modellierung technischer Architekturen für die Programmentwicklung.

Weiterführende Themen sind:

- Geschäftsprozessmanagement
- BPMN-Umfang
- BPMN-Ziele
- BPMN-Diagramme

BPMN-Diagramme

Die BPMN-Spezifikation kennt nachfolgende Diagrammtypen, mithilfe derer Prozesse dargestellt werden können:

- Prozessdiagramm
  - privat *(private)*
  - öffentlich *(public)*
- Kollaborationsdiagramm
- Choreographiediagramm
- Konversationsdiagramm

Die Diagramme bestehen aus Elementen, die durch Objekttypen, Symbole und Attributstypen definiert sind, wie unter dem Stichwort „BPMN-Modell" beschrieben.

Diagramme sind die optische Darstellung (Visualisierung) von Modellen. Modell ist der allgemeinere Begriff. Ein Modelltyp ist durch den Diagrammtyp und weitergehende Daten zur Prozesssteuerung und Automatisierung gekennzeichnet. Ein Prozess wird mithilfe von BPMN „modelliert", wozu das Zeichnen gehört, aber nicht nur *(both domain model and diagram layout)*. Diese Unterscheidung ist seit BPMN 2.0 und dem zusätzlichen Fokus auf „ausführbare Prozesse" *(executable)* zum Verständnis wichtig. Das Diagramm ist nicht ausführbar, sondern nur das Modell. Im allgemeinen Sprachgebrauch – auch in diesem Text – werden häufig beide Begriffe, Modell und Diagramm, synonym gebraucht.

Hinweis: In diesem BPMN-Lexikon wird schwerpunktmäßig das Kollaborationsdiagramm und das Prozessdiagramm behandelt. Prozessdiagramme sind eine Untermenge von Kollaborationsdiagrammen.

BPMN-Elemente

BPMN-Modelle werden durch ihre Elemente (Objekte), die wiederum in Kategorien unterteilt sind, beschrieben.

Kollaborationsdiagramme sind durch folgende Kategorien der Elemente definiert:

- Flussobjekte *(flow objects)*
- Daten *(data)*
- Verbindende Objekte *(connecting objects)*
- Swimlanes
- Artefakte *(artifacts)*

Es ergibt sich für Kollaborationsdiagramme eine Struktur nach Bild 19.

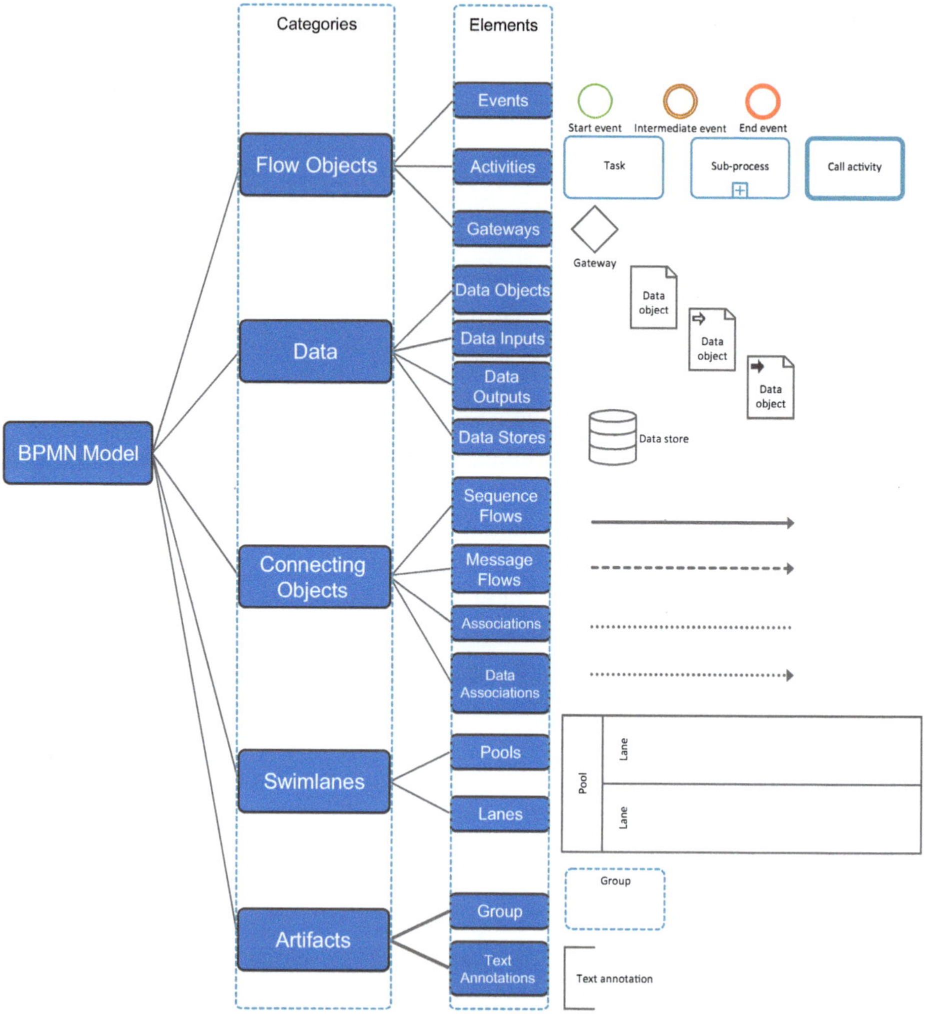

Bild 19 Struktur von Kollaborationsdiagrammen

BPMN-Konformität

Konformität *(conformance or compliance)* ist ein Merkmal der Modellierungssoftware und definiert, welche Regeln der BPMN-Spezifikation implementiert worden sind. Es sind vier Konformitätsklassen definiert:

1. Konformität im Bereich Prozessmodellierung *(Process modeling conformance)*

2. Konformität im Bereich Prozessausführung *(Process execution conformance)*
3. Konformität im Bereich Prozessausführung mit BPEL *(BPEL process execution conformance)*
4. Konformität im Bereich Choreografie *(Choreography modeling conformance)*

Konformitätsklassen sind mit einer Ausnahme unabhängig voneinander, d. h. die Modellierungssoftware kann alle Klassen unterstützen oder auch nur einzelne. Eine Ausnahme ist die Konformitätklasse 3 (BPEL-Ausführung). Die Konformitätsklasse 3 setzt die Konformitätsklasse 2 voraus. Wenn die Software den Anspruch erhebt, konform bzgl. einer Klasse zu sein, müssen auch alle Vorgaben und Regeln dieser Klasse vollständig eingehalten werden. Anderenfalls gilt die Software nur „als basierend *(based)* auf dem internationalen Standard“.

1. Konformität im Bereich Prozessmodellierung

Es müssen im Einzelnen die Vorgaben in nachfolgenden Bereichen eingehalten werden:

- BPMN-Prozesstypen
  - BPMN-Kernelemente definiert als formale UML-Definition mit Klassendiagrammen und Paketen
  - Prozessdiagramm
  - Kollaborationsdiagramm
  - Konversationsdiagramm
- BPMN-Prozesselemente (Diagrammelemente)
- Visualisierung der Prozesselemente
- Strukturelle Konformität (Verbindungen zwischen den Diagrammelementen)
- Semantik der Prozesselemente
- Attribute
- Erweiterte und optionale Attribute
- Modellaustausch zwischen Tools (Modell inkl. optischer Darstellung) zur Gewährleistung der Interoperabilität

Bei den **Prozesselementen** wird zwischen „deskriptiver Unterklasse“, „analytischer Unterklasse“, der „Ausführungsunterklasse“ und „Sonstiges“ unterschieden. Die deskriptive Unterklasse definiert einen minimalen Satz von Elementen, um Modelle auf einer höheren Ebene zu modellieren. Sie enthält z. B. keine Sendeaufgaben, keine Empfangsaufgaben, kein inklusives Gateway, keine Zwischenereignisse und keine Markierungen. Die analytische Unterklasse enthält die Elemente der deskriptiven Unterklasse und weitere in der BPMN-Spezifikation beschriebene grafische Elemente, die sich auf Basis der früheren BPMN-Spezifikation als praxisrelevant herausgestellt haben. Die Ausführungsunterklasse definiert zusätzliche Attribute und Elemente zur automatischen Ausführung des BPMN-Modells. Konformität kann sich auch auf diese Unterklassen beziehen. Wenn eine Modellierungssoftware sich zum Beispiel auf die grafische Modellierung spezialisieren und keine volle Konformität im Bereich Prozessmodellierung und Prozessausführung erreichen will, kann sie sich auf die Konformität im Bereich der analytischen Unterklasse ohne Ausführungsunterklasse und ohne Prozessausführungskonformität (also ohne Konformitätsklassen 2 und 3) beschränken.

Hinweis: Die in der BPMN-Spezifikation gewählten Unterklassen haben für die praktische Modellierungsarbeit nicht unbedingt eine Bedeutung. Die Vorteile der standardisierten BPMN würden nur unzureichend zur Geltung kommen, wenn bei der Modellierung nur die deskriptive Unterklasse eingesetzt und auf „elegantere", für den Laien vielleicht nicht sofort durchschaubare Konstrukte zur übersichtlichen und unmißverständlichen Abbildung komplexerer Prozesse verzichtet wird. Unabhängig von den in der Norm definierten Unterklassen kann es sinnvoll sein, in Modellierungsprojekten unternehmensspezifisch festzulegen, dass im Rahmen der Hierarchisierung die oberste Ebene (das „big picture") mit einfachen Elementen modelliert wird und die weiteren Detailebenen unter Nutzung der vollen Palette modelliert werden.

Zur **Visualisierung** der Prozesselemente sind im Standard nur grundlegende Festlegungen getroffen worden, um einerseits das Verständnis und die Lesbarkeit toolunabhängig zu gewährleisten und andererseits der Modellierungssoftware eine Flexibilität der visuellen Gestaltung zu ermöglichen. Die Standardformen und grafischen Elemente sind schwarz-weiß. Die Flexibilität bezieht sich auf die Größe, die Farbe, den Linientyp und die Textpositionen der Diagrammelemente und kann auch benutzerbezogen sein.

Hinweis: Die Modellierungstools haben in der Regel eine eigene Farbpalette und bieten darüberhinaus benutzerspezifische Veränderungen an, die im Rahmen der Konformität erlaubt sind. Wenn diese Flexibilität überzogen wird, kann es sein, dass das Ziel der toolübergreifenden Lesbarkeit nicht mehr erreicht wird. Daher gilt die Empfehlung, mit diesen Möglichkeiten sparsam umzugehen und in Modellierungsprojekten unternehmensspezifische Standards zu definieren. Dazu dient am besten ein Modellierungshandbuch.

2. Konformität im Bereich Prozessausführung

Siehe „3. Konformität im Bereich Prozessausführung mit BPEL".

3. Konformität im Bereich Prozessausführung mit BPEL

Bei den Vorgaben und Regeln der beiden Konformitätsklassen „Prozessausführung" und „Prozessausführung mit BPEL" geht es um BPMN-Modelle, die als Workflows automatisch in einer Ausführungsumgebung ablaufen. Dazu gibt es einige spezielle Elemente und Konstrukte wie z. B. die Skript-Aufgabe, die globale Aufgabe oder auch die Gültigkeit von Datenobjekten auf verschiedenen Modellierungsebenen oder die Reihenfolge der zu kompensierenden Aufgaben (Aufgaben, die rückgängig gemacht werden) beim Auslösen der Kompensation. Wichtiger für die Ausführung sind aber eine Vielzahl zusätzlicher Attribute, die den Prozessablauf steuern. Der Vorteil einer Modellierungssoftware, die neben der Konformität im Bereich der Prozessmodellierung auch die Konformitätsklassen der Ausführung unterstützt, ist, dass der Prozess für die Visualisierung und Automatisierung nur einmal modelliert werden muss. Dies war auch eines der BPMN-Ziele bei der Erweiterung zur BPMN 2.0.

Die BPMN-Spezifikation sieht dabei mehrere Vorgehensweisen vor. Das Tool kann erstens eine eigene Ausführungsumgebung bereitstellen. Wenn es keine eigene Ausführungsumgebung gibt, können zweitens externe Tools über das standardisierte Austauschformat auf die Daten zugreifen und den Prozess automatisieren. Drittens kann das Tool ein Mapping auf die Sprache WS-BPEL zur Verfügung stellen. WS-BPEL *(Web Services Business Process Execution Language)* ist eine genormte, auf XML basierende Sprache, die Geschäftsprozesse beschreibt, wobei die Aktivitäten durch Webservices ausgeführt werden. Sie stammt aus dem Jahr 2002 mit Weiterentwicklungen bis 2007 und wird von vielen Toolherstellern international unterstützt. Ein Modellierungstool kann sich auf die Automatisierung von BPMN-Modellen spezialisieren und muss keine Konformität im Bereich Prozessmodellierung oder Choreografie (also die Konformitätsklassen 1 und 4) bereitstellen. Eine Visualisierung des Prozessmodells ist dann nicht vorgesehen.

4. Konformität im Bereich Choreografie

Die Vorgaben und Regeln ermöglichen das Erstellen von Choreografiediagrammen, d. h. sie stellen die relevanten Prozesselemente, deren Visualisierung und Semantik, sowie die notwendigen Definitionen für das Datenaustauschformat zur Gewährleistung der Interoperabilität zur Verfügung.

BPMN-Modell

Die mit BPMN erstellten Modelle stellen Prozesse mit ihrem Ablauf von Aktivitäten grafisch dar, sie enthalten aber auch Daten zur Prozessanalyse und zur Prozessautomatisierung. Der Aufbau eines BPMN-Modells ist in Bild 20 dargestellt.

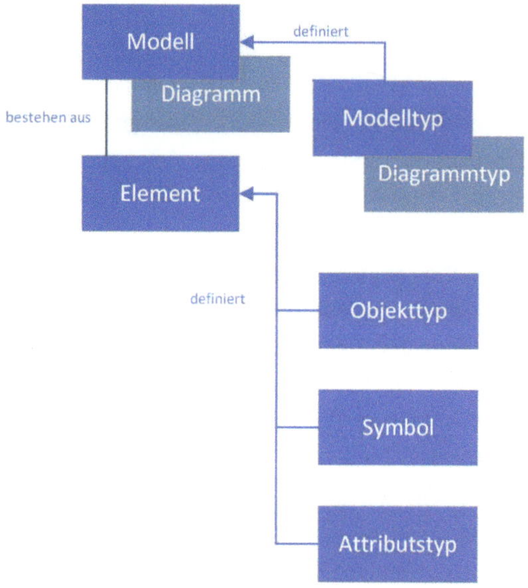

Bild 20
Struktur eines Modelltyps

- Jedes BPMN-Modell ist durch einen Modelltyp und zur Visualisierung durch einen Diagrammtyp definiert.
- Jedes BPMN-Modell besteht aus BPMN-Elementen.
- Jedes BPMN-Element ist durch seinen Objekttyp, sein Symbol und durch Attributstypen definiert (statt Element kann man auch „Objekt“ als Ausprägung des Objekttyps sagen).
- Eine wesentliche Kategorie von Elementen sind die Flussobjekte *(flow objects)*, zu denen die Aktivitäten, Ereignisse und Gateways gehören.
- Flussobjekte sind durch Sequenzflüsse (Linie mit Pfeil) miteinander verbunden.
- Je nach Element sind die Attribute unterschiedlich und können im BPM-Tool zusätzlich frei definiert werden (Erweiterung *(extensibility)*).
- Die Anordnung der Elemente unterliegt Regeln (Syntax), die Elemente haben eine Bedeutung (Semantik) und modellieren einen Geschäftsprozess (erweiterte Semantik).

- Die für die Zielgruppe relevanten Varianten eines Geschäftsprozesses sind auf diese Weise abzubilden.
- Zur Automatisierung der Modelle muss eine weitergehende Semantik mit zusätzlichen Attributen zur Prozesssteuerung definiert werden.
- Für jeden Geschäftsvorfall (z. B. eine einzelne Rechnung bei der Rechnungsprüfung) gibt es einen spezifischen Durchlauf durch den Prozess (Instanziierung), d. h. nur bestimmte Pfade werden durchlaufen und bilden eine Instanz.

Ziel ist es, Geschäftsprozesse durch BPMN-Modelle zu modellieren, zum einen zur Visualisierung und Dokumentation in einem der Zielgruppe angepassten Detaillierungsgrad, und zum anderen zum teilautomatischen oder zum vollautomatischen Ablauf.

BPMN-Spezifikation

OMG Object Management Group

Business Process Model and Notation (BPMN)

Version 2.0.2

Publication Date: January 2014

OMG Document Number: formal/2013-12-09

Standard document URL: http://www.omg.org/spec/BPMN

ISO/IEC 19510

Information technology – Object Management Group Business Process Model and Notation

First edition 2013-07

Reference number ISO/IEC 19510:2013(E)

Web: http://www.iso.org/standard/62652.html

BPMN-Umfang

Der BPMN-Umfang *(scope)*, spezifiziert in der BPMN-Spezifikation, dient dazu, Geschäftsprozesse zu modellieren und in einer definierten Notation als Diagramme darzustellen. Durch die Verwaltung von im Standard definierten Modellierungsdaten, die die Ausführungssemantik aller Elemente beschreiben, wird es ermöglicht, BPMN-Prozesse mithilfe einer entsprechenden Prozessengine automatisch oder halbautomatisch als Workflows auszuführen.

Weiterhin gehört zum Umfang ein Austauschformat, durch das Prozesse toolübergreifend portiert und so in unterschiedlichen Kundenumgebungen genutzt werden können. Voraussetzung ist, dass die Tools entsprechend definierte Konformitätsklassen (siehe BPMN-Konformität) einhalten.

BPMN unterstützt das Konzept der Modellierung von Geschäftsprozessen. Modelltypen zur weitergehenden Beschreibung von im Geschäftsumfeld genutzten Strukturen, Systemen und Strategien sind nicht Bestandteil des BPMN-Umfangs. Dazu gehören die im Folgenden aufgezählten Themen, die in der BPMN-Spezifikation als „out-of-scope" aufgelistet werden:

- Organisationsstrukturen und Ressourcen z. B. in Form von Organigrammen
- Modellierung von Funktionsbäumen
- Modellierung von Datenstrukturen z. B. in Form eines ERM (Entity-Relationship-Modell)
- Modellierung von Systemstrukturen
- Modellierung von Entscheidungstabellen (siehe dazu die Spezifikation der DMN)
- Simulation, Monitoring und Ausrollen von Prozessen

BPMN-Ziele

Zur Beschreibung der Ziele der BPMN in der aktuellen Version kann man am besten den entsprechenden Absatz aus der von der OMG *(Object Management Group)* erstellten BPMN-Spezifikation ([6] S. 1.) zitieren:

„The primary goal of BPMN is to provide a notation that is readily understandable by all business users, from the business analysts that create the initial drafts of the processes, to the technical developers responsible for implementing the technology that will perform those processes, and finally, to the business people who will manage and monitor those processes. Thus, BPMN creates a standardized bridge for the gap between the business process design and process implementation."

Es geht also darum, eine visuelle Prozessdarstellung bereitzustellen, die Prozesse so beschreibt, dass sie von allen an den Prozessen Beteiligten, zusammenfassend als Geschäftsanwender bezeichnet, leicht verstanden wird. Als Geschäftsanwender werden die Analysten, die die ersten Entwürfe der Prozesse erstellen, die technischen Entwickler, die für die Implementierung der Technologie zur Durchführung dieser Prozesse verantwortlich sind, und die Anwender, die diese Prozesse verwalten und überwachen, genannt. Als Fazit heißt es: „Die BPMN schlägt somit eine standardisierte Brücke zwischen dem Geschäftsprozessdesign und der Prozessimplementierung." Bild 21 veranschaulicht die Beteiligten an der Prozessmodellierung, wobei hier zusätzlich die Rolle des Managements hervorgehoben wird. Das Management gibt über die Festlegung der Vision und der Mission die Unternehmensstrategie vor, die wiederum die Prozessziele beeinflusst.

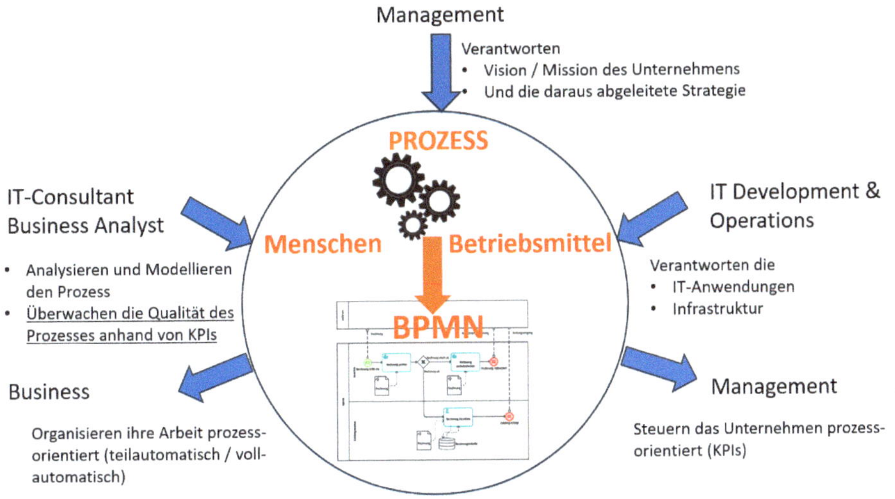

Bild 21 Prozessmodellierung als Unternehmensstrategie

Neben diesem Hauptziel wird als weiteres Ziel, das aber als nicht weniger wichtig bezeichnet wird *(„not less important")*, die Prozessausführung *(execution of business processes)* genannt. Die Notation soll beides können: den Prozess visuell darstellen und gleichzeitig Basis für die Prozessautomatisierung sein. Neben der Prozessoptimierung ist die Automatisierung ein wesentlicher Faktor zur Effizienzsteigerung durch digitale Prozesse.

Die OMG mit den beteiligten Firmen und Experten hat versucht, die bis zur Verabschiedung der Spezifikation gesammelten *„best practice"*-Erfahrungen mit Prozessmodellierungstechniken und -tools zusammenzuführen und unterschiedliche Sichten auf das Thema Prozessmodellierung zu berücksichtigen. Am Ende soll BPMN die Kommunikation zwischen allen Prozessbeteiligten, und dazu gehören auch Kunden und Lieferanten als externe Partner, erheblich verbessern und vereinfachen *(„provide a simple means of communicating process information")*.

C

Choreografiediagramm

Der Fokus von Choreografiediagrammen liegt auf der Modellierung der Art und Weise, wie Partner ihre Tätigkeiten und Geschäfte untereinander koordinieren. Dies erfolgt über Choreografieaktivitäten. Jede Aktiviät hat dabei zwei oder mehr Partner. Choreografiediagramme werden zum Beispiel auch eingesetzt, um komplexe Austauschprotokolle zu modellieren.

Prozessdiagramme beschreiben Prozesse als Folge von Aktivitäten ohne Partnerbeziehungen. Kollaborationsdiagramme beschreiben das Zusammenwirken der Aktivitäten von Prozessen mehrerer Partner über Nachrichten. Bei Konversationsdiagrammen geht es ausschließlich um die Art der Beziehungen zwischen Partnern ohne Aktivitätsfluss.

In Bild 22 wird gezeigt, wie einerseits Kunde und Buchladen bei einer Buchbestellung und andererseits Buchladen und Großhändler bei einer Nachbestellung miteinander kommunizieren. Die Nachricht, symbolisiert durch das Element „Nachricht" als Briefumschlag, löst die koordinierte Aktivität zwischen den Partnern aus. In der ersten Choreografieaufgabe ist es die Nachricht „Buchbestellung" vom Kunden (Partner 1), die die Aufgabe „Buch bestellen" beim Buchladen (Partner 2) auslöst.

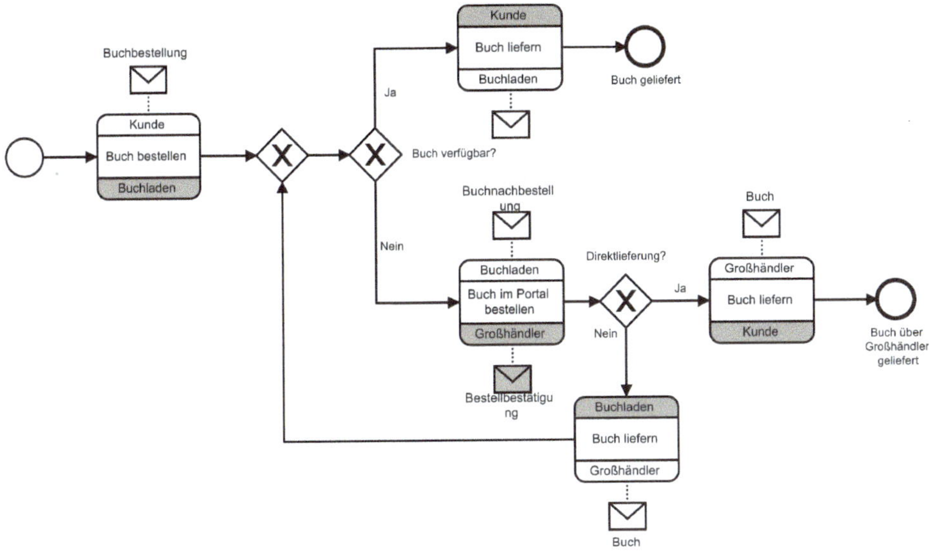

Bild 22 Beispiel für ein Choreografiediagramm bei einer Buchbestellung und Lieferung (Modell erstellt mit Camunda chor-js)

Hinweis: Die Choreografiediagramme haben sich bislang in der betrieblichen Praxis des Geschäftsprozessmanagements nicht durchgesetzt.

D

Daten

Daten *(data)* im Sinne der BPMN-Spezifikation werden wie folgt unterschieden:

1. BPMN-Elemente der Kategorie „Daten“
2. Nachricht *(message)*
3. Eigenschaften, im Folgenden Attribute *(properties)* genannt

Daten und Datenverbindungen *(data association)* dienen zur Datenmodellierung innerhalb der Modellierung von Geschäftsprozessen. Datenverbindungen legen die Richtung des Datenflusses zu den Aktivitäten und Ereignissen fest.

1. Elemente der Kategorie „Daten“

Für die Modelltypen Prozessdiagramm und Kollaborationsdiagramm stehen nachfolgende Elemente, deren Symbole in Bild 23 gezeigt werden, zur Verfügung:

- Datenspeicher *(data store)*
- Datenobjekt *(data object)*
- Datenschnittstelle mit Dateneingang *(data input)* und Datenausgang *(data output)*

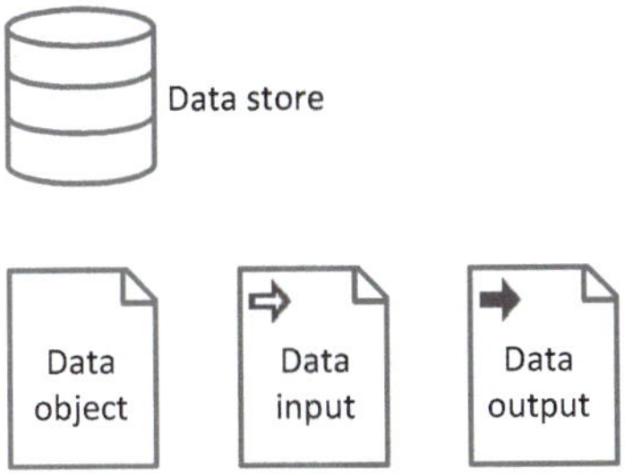

Bild 23
Symbole für die Elemente der Kategorie „Daten"

2. Nachricht

Insbesondere für den Modelltyp Choreografiediagramm steht das Element Nachricht *(message)* zur Verfügung. Es kann auch in Kollaborationsdiagrammen eingesetzt werden, um den Inhalt der Kommunikation zwischen Partnern zu modellieren.

3. Attribute

Attribute sind keine Elemente, sondern Eigenschaften von Prozessen oder Elementen. Sie können bei Bedarf im Diagramm als Text oder Symbol dargestellt werden.

Datenmodellierung

Zur Modellierung von Prozessen gehört neben der Festlegung der Abfolge und der logischen Zusammenhänge von Aktivitäten und Ereignissen, sowie dem Austausch von Nachrichten mit externen Teilnehmern auch die Modellierung der Daten an der Prozessschnittstelle und im Verlauf des Prozesses, sowie die Definition der Attribute von Elementen. Sie spielen für ausführbare BPMNs eine entscheidende Rolle, sie sind aber auch zum Verständnis der BPMN-Diagramme und bei Prozessauswertung und beim Prozessmonitoring unverzichtbar.

Es gibt aber Grenzen des Modells: Zum BPMN-Umfang gehört nicht die Strukturierung der Daten und der technische Zugriff. Dafür gibt es spezielle Datenmodelle wie z. B. ERM *(Entity-Relationship-Model)* oder für Datenmanipulation und Abfrage die Sprache SQL. Die BPMN-Spezifikation empfiehlt darüber hinaus, ein XML-Schema und XPath für Datenbeschreibungen zu nutzen.

Bestandteil der BPMN-Spezifikation ist die Behandlung (Anlegen, Ändern, Lesen) der Datenspeicher, Datenobjekte und der Datenschnittstelle durch die Aktivitäten des Prozesses. Die Daten sind über Datenflüsse, grafisch modelliert durch Datenverbindungen, mit den Aktivitäten und Ereignissen verbunden. Dabei werden unter Daten sowohl elektronisch vorliegende Informationen als auch „physisch“ vorliegende Informationen (Papierbelege) verstanden *(physical or information items)*. Die BPMN 2.0 ist hier gegenüber der Vorgängerversion erheblich erweitert worden, da Daten für die Ausführung von Modellen unverzichtbar sind. Viele Festlegungen sind allerdings für die grafische Modellierung nicht relevant. In BPMN 1.2 war das zur Darstellung definierte Symbol des Datenobjekts ein Artefakt als Zusatzinformation ohne Beeinflussung des Prozessablaufs.

Prozessabläufe werden insbesondere in Prozessen mit vielen manuellen Aktivitäten durch die Weiterleitung von Belegen gesteuert. Belege können elektronisch sein oder auch Papierdokumente. Sie sind Input des Prozesses, können den Prozess bzw. eine Instanziierung auslösen oder Input einzelner Aktivitäten und Ereignisse sein. Umgekehrt sind sie Ergebnis des Prozesses oder Ergebnis von Aktivitäten. Dies soll im nachfolgenden Beispiel der Abwicklung eines Bestellauftrags in Bild 24 erläutert werden.

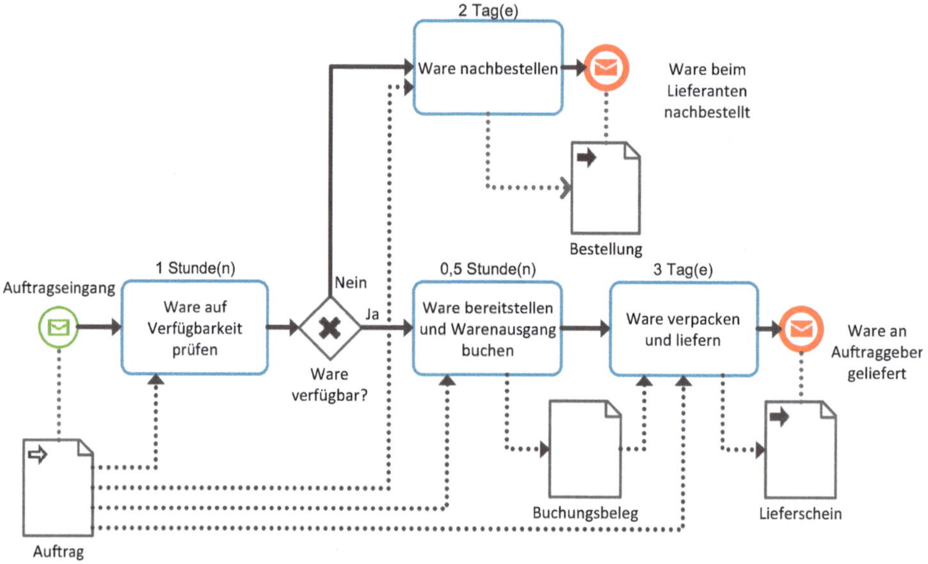

Bild 24 Abwicklung eines Bestellauftrags mit Dateneingang, Datenobjekt und Datenausgang

Der Prozess beschreibt einen Bestellauftrag vom Auftragseingang bis zur Lieferung oder Warennachbestellung. Der Auftrag löst den Prozess über das Nachrichten-Startereignis aus und ist die Datenschnittstelle des Prozesses. Er ist Dateneingang der Aufgaben „Ware auf Verfügbarkeit prüfen“, „Ware nachbestellen“, „Ware bereitstellen und Warenausgang buchen“ und „Ware verpacken und liefern“. Der Auftrag ist Input für den Prozess, d. h. der Dateneingang stellt nur Informationen zur Verfügung und kann nicht verändert oder gelöscht werden. „Bestellung“ und „Lieferschein“ sind die

Datenausgänge der Datenschnittstelle, d. h. hier werden Informationen durch die Aufgaben als Prozessergebnis bereitgestellt. Der „Buchungsbeleg" ist ein Datenobjekt, das beim Buchen des Warenausgangs angelegt und beim Liefern der Ware gelesen wird. Datenobjekte können angelegt, verändert und gelesen werden. Die Flussrichtung der Daten *(data flow)* wird durch die Datenverbindung festgelegt.

Das Prozessmodell macht keine Aussage, ob es sich bei den „Daten" um Informationen auf Papier oder um elektronische Daten handelt, da es keine Typen von Aufgaben gibt. Bei manuellen Aufgaben kann es sich nur um Papierbelege handeln. Bei Benutzeraufgaben ist dies unklar. Im Zweifelsfall wird empfohlen, die Art von Dateneingang, Datenobjekt und Datenausgang durch einen Textzusatz zu beschreiben.

Als Beispiel für Attribute sind in dem Modell neben dem Namen der Elemente die Bearbeitungszeiten für die einzelnen Aufgaben definiert worden, sodass die Durchlaufzeiten für bestimmte Fälle aus dem Diagramm ermittelt oder im Rahmen einer Auswertung berechnet werden können. Sie können auch als Kennzahl *(KPI = Key Performance Indicator)* zum Monitoring genutzt werden.

Datenobjekt

Das Datenobjekt *(data object)* gehört zu den Elementen der Kategorie Daten und wird zur Modellierung von Informationen (siehe Datenmodellierung) eingesetzt. Es kann eine einzelne Information *(single instance)* oder mehrere gleichartige Informationen als Sammlung *(collection)* repräsentieren. Die entsprechenden Symbole werden in Bild 25 gezeigt. Bei der Sammlung hat das Datenobjekt als Markierung drei vertikale Striche.

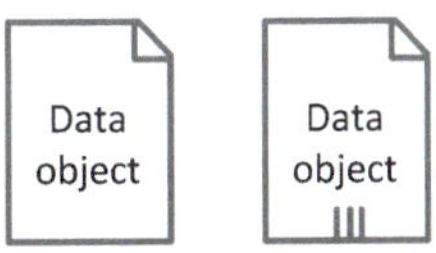

Bild 25
Symbole für das Datenobjekt – links einzeln, rechts als Sammlung

Das Datenobjekt ermöglicht die Modellierung sowohl physisch auf Papier vorhandener Belege *(physical items)* als auch elektronisch verarbeiteter Daten *(information items)*, die unstrukturiert (z. B. WORD-Dokument) oder strukturiert als Datenfelder vorliegen. Die BPMN-Spezifikation spricht von *„item-aware elements"*, berücksichtigt dann aber aus Sicht ausführbarer BPMNs nur noch die elektronische Form. Sie definiert, dass Datenobjekte nur zur Laufzeit des Prozesses und Unterprozesses (analog lokaler Variablen in einem Programm) existieren und lässt die Inkonsistenz zu, dass dies nicht für physisch vorliegende Informationen gelten kann.

Datenspeicher dagegen speichern Daten permanent, d. h. die Daten bleiben über die Prozesslaufzeit erhalten.

Für die genaue zeitliche Verfügbarkeit der Datenobjekte und die Existenz innerhalb der Ebenen der Hierarchisierung der Modelle sind in der BPMN-Spezifikation genaue Vorgaben gemacht, die aber für die grafische Modellierung keine entscheidende Rolle spielen und vielmehr für ausführbare Modelle interessant sind.

Das Datenobjekt ist durch eine Datenverbindung *(data association)* mit der Aufgabe verbunden, in der die Daten erzeugt, verändert oder gelesen werden. Die Datenverbindung stellt den Datenfluss dar. In Bild 26 sind die möglichen Fälle der Verbindung von Datenobjekt und Aufgabe modelliert. Datenverbindungen sind typisiert als „ist Eingabe für" und „hat als Ausgabe".

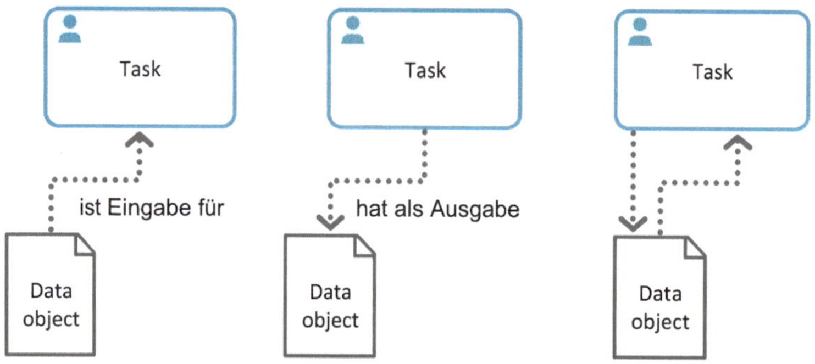

Bild 26 Verbindungen zwischen Datenobjekt und Aufgabe

Die Pfeilrichtung gibt dabei an, ob zur Durchführung der Aufgabe Informationen benötigt werden (Pfeil zeigt auf die Aufgabe) oder Informationen Ergebnis einer Aufgabe sind (Pfeil zeigt auf das Datenobjekt). Falls von derselben Aufgabe sowohl geschrieben als auch gelesen wird, müssen zwei Datenverbindungen gezeichnet werden, da die Spezifikation nur einseitig gerichtete Datenverbindungen (Linie mit einem Pfeil) vorsieht. Datenobjekte können auch Datenverbindungen mit mehreren Aufgaben haben, wobei es keine Einschränkungen gibt, ob mehrfach lesend, mehrfach schreibend oder eine Aufgabe schreibend und die andere Aufgabe lesend.

In Bild 27 ist als Beispiel das Schreiben einer Klausur modelliert. Im oberen Fall ist das Datenobjekt Klausur nur einmal vorhanden mit den entsprechenden Datenflüssen von und zu den Aufgaben. Es handelt sich, genauer gesagt, um Referenzierungen auf dasselbe Datenobjekt. Der Fall unten ist prozessual gleich, das Datenobjekt ist aber visuell zweimal vorhanden. Durch den Namen „Klausur" ist sichergestellt, dass es sich um dasselbe Datenobjekt handelt (bei Vorhandensein eines Repositorys im Tool ist es auch tatsächlich dasselbe Objekt in der Datenbank).

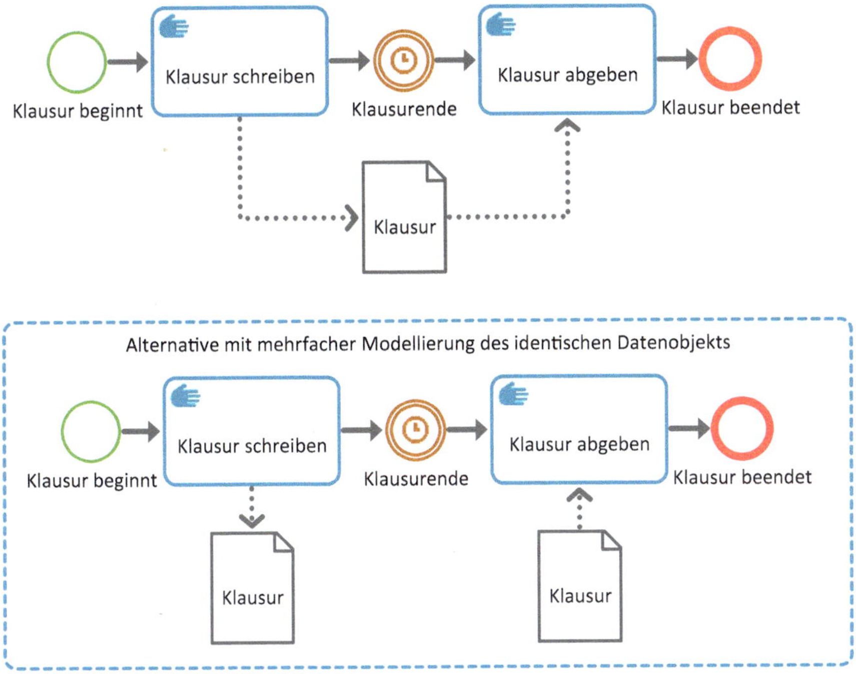

Bild 27 Beispielprozesse mit Nutzung des Datenobjekts „Klausur" in zwei Varianten

Hinweis: Die BPMN-Spezifikation unterscheidet zwischen dem Datenobjekt und einer Referenz (Zeiger) auf das Datenobjekt *(data object reference)*. In Bild 27 handelt es sich in beiden Fällen um Referenzen. Ob wir im Modell im Einzelfall das Datenobjekt selbst oder die Referenz darauf abbilden, ist in der Praxis in der Regel unerheblich und visuell auch nicht unterscheidbar. Wenn das Datenobjekt mit einem Datenstatus verwaltet wird oder ein physisches Objekt abbilden soll, kann es sich allerdings nicht um eine Referenz handeln.

Da die BPMN-Spezifikation kein Element für Produkte kennt, wird empfohlen, das Datenobjekt auch zur Darstellung von Liefergegenständen wie Produkte und Dienstleistungen zu nutzen. Häufig sehen die Tools entsprechend Erweiterungen vor, die aber beim Export/Import über das Austauschformat ignoriert werden. Diese Empfehlung liegt aufgrund der im Englischen verwendeten Begrifflichkeit „physical item" nahe.

1. Datenobjekte und wiederverwendbare Unterprozesse (Aufrufaktivitäten)

Ein wiederverwendbarer Unterprozess (Aufrufaktivität) kann ebenfalls Datenobjekte als Eingang oder Ausgang haben, die über Datenverbindungen am Rand verbunden werden (siehe Bild 28). Dies ist nicht bei Unterprozessen möglich, die nicht als eigenständiger Prozess existieren, sondern nur im Kontext des aufrufenden Prozesses (eingebetteter Unterprozess). Sobald die Instanziierung des wiederverwendbaren Unterprozesses abgeschlossen ist, sind auch die Daten der Datenobjekte nicht mehr gültig. Sollen die Daten erhalten bleiben, müssen sie an den aufrufenden Prozess übergeben werden. Der Datenfluss wird über eine von der Prozessgrenze abgehende Datenverbindung („hat als Ausgabe"), wie in Bild 28 gezeigt, modelliert. Datenverbindungen über Unterprozessgrenzen sind nicht erlaubt, d. h. es kann nicht von einer Aufgabe innerhalb des Unterprozesses ein Datenobjekt im aufrufenden Prozess referenziert werden. Um trotzdem eine eindeutige Zuordnung der Datenobjekte im aufrufenden und aufgerufenen Prozess zu ermöglichen, gibt es das Konzept der Datenschnittstelle mit den innerhalb der Aufrufaktivität verwendeten Datenelementen Dateneingang und Datenausgang.

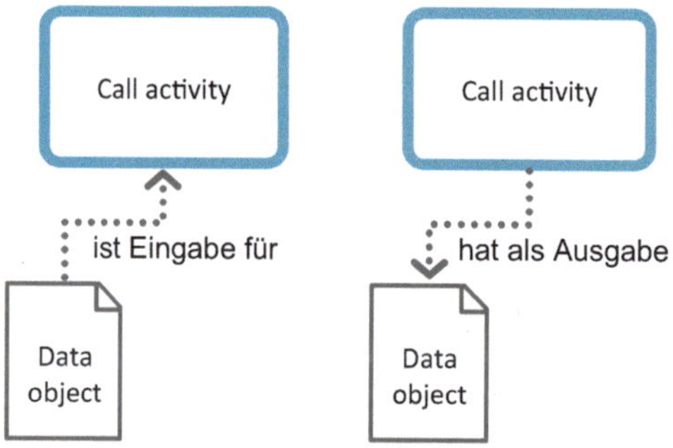

Bild 28
Verbindung zwischen Datenobjekt und Aufrufaktivität

2. Datenobjekte und Ereignisse

Datenobjekte können auch mit Ereignissen (Start-/End-/Zwischenereignisse) vom Typ Nachricht oder Signal verbunden werden. Bei empfangenden Ereignissen werden die Nachrichten oder Signale an das Datenobjekt weitergegeben, bei sendenden Ereignissen werden die Daten als Nachricht oder Signal versendet.

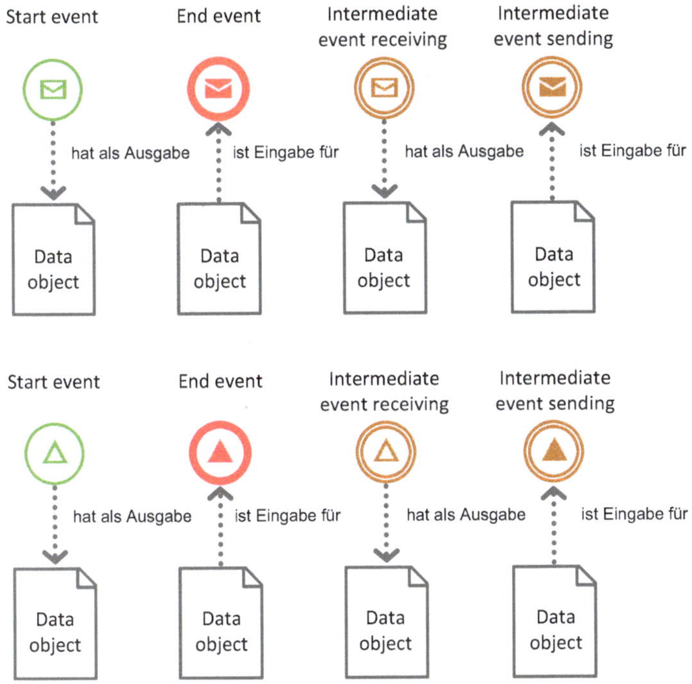

Bild 29 Verbindungen von Datenobjekten mit Ereignissen – oben mit Nachrichten, unten mit Signalen

3. Datenobjekte zur Visualisierung des Belegflusses

Datenobjekte sind unverzichtbare Elemente, um in einem Prozess den Belegfluss zu zeigen. Dies gilt insbesondere für die Ist-Analyse von papiergesteuerten Prozessen, die optimiert und für die Digitalisierung vorbereitet werden sollen. In Bild 30 wird ein Prozess gezeigt, bei dem es um eine manuelle Rechnungsverarbeitung geht.

Im Prozess in Bild 30 wird das Datenobjekt als einzelner Beleg (Rechnung) und als Stapel von Belegen (Tagespost, Stapel Rechnung, Stapel Rechnung ok) genutzt. Aus der Tagespost sortiert die Poststelle die Eingangsrechnungen und legt sie auf einen Rechnungsstapel. Sie macht das mithilfe der Schleifenaufgabe „Rechnungen sammeln". Der Rechnungsstapel wird an die Kreditorenabteilung weitergegeben, die jede einzelne Rechnung aus dem Stapel prüft. Ist die Rechnung nicht in Ordnung, wird sie sofort an die Poststelle zum Rückversand an den Lieferanten gegeben. Wenn sie in Ordnung ist, wird sie auf einen neuen Stapel „Stapel Rechnung ok" gelegt. Wenn der Rechnungsstapel abgearbeitet worden ist (hier als Schleife modelliert), wird der Stapel mit korrekten Rechnungen an das Zahlungswesen zur Bezahlung gegeben, die dazu die sequenzielle Mehrfachaufgabe „Rechnungen bezahlen" nutzt.

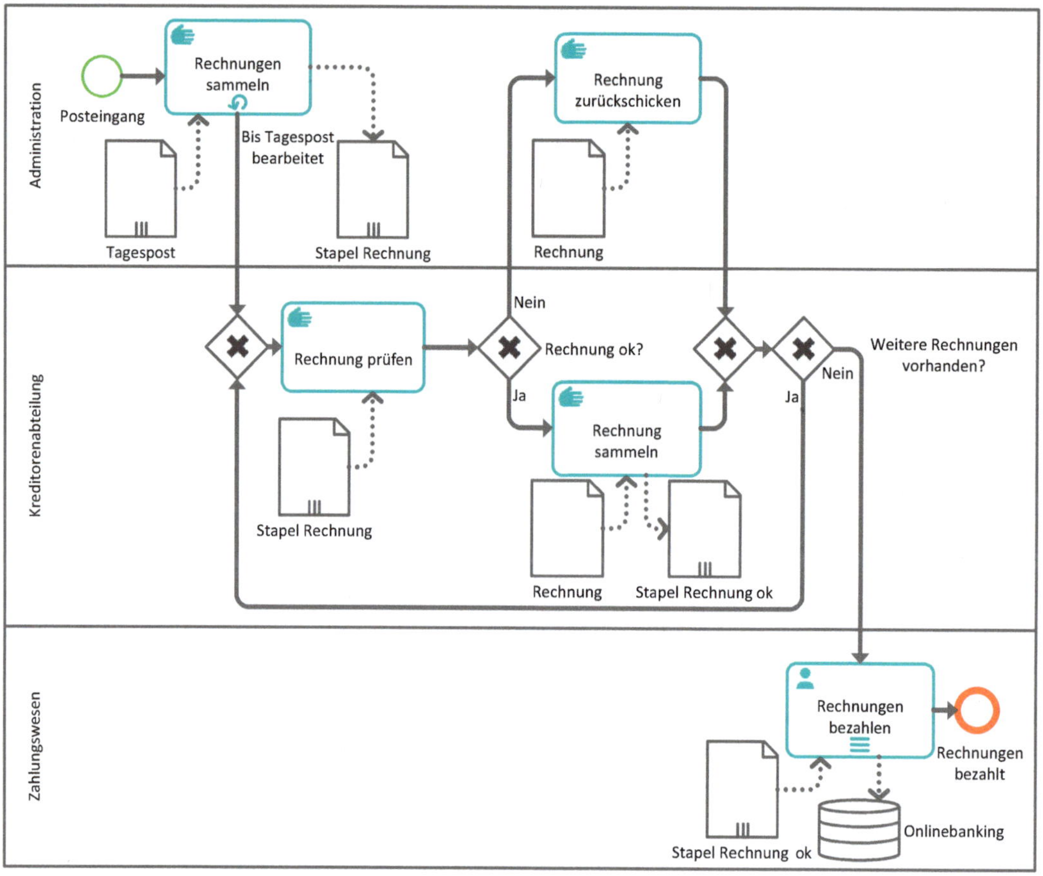

Bild 30 Rechnungsprüfung als Stapelverarbeitung

Dieses Modell hat einige Besonderheiten: Es zeigt den Einsatz von Schleifenaufgaben in Zusammenhang mit Sammlungen von Datenobjekten und eine klassische Schleife für die Einzelbearbeitung eines Datenobjekts. Die Bedingung für das Ende der Schleife wird hier nicht mit einer gesonderten Aufgabe ermittelt, sondern sie wird im Modell über das Datenobjekt „Stapel Rechnung“ als bekannt vorausgesetzt. Eine Sammlung hat eine bekannte Anzahl von Objekten (hier Rechnungen), die die Anzahl der Schleifendurchläufe bestimmt.

Datenschnittstelle

Die Datenschnittstelle beschreibt die Eingangs- und Ausgangsschnittstelle der Prozesse. Sie wird durch zwei Elemente der Kategorie Daten modelliert und zwar der Eingang durch das Element Dateneingang *(data input)* und der Ausgang durch das

Element Datenausgang *(data output)*. Auch wenn es semantische Ähnlichkeiten gibt und es sich um ähnliche Symbole handelt, sollten die Elemente nicht mit dem Element Datenobjekt verwechselt werden. Es sind neben einem einzelnen Schnittstellensatz auch mehrere Schnittstellensätze als Sammlung *(collection)* möglich. Die entsprechenden Symbole werden in Bild 31 gezeigt. Bei der Sammlung haben die Elemente als Markierung drei vertikale Striche.

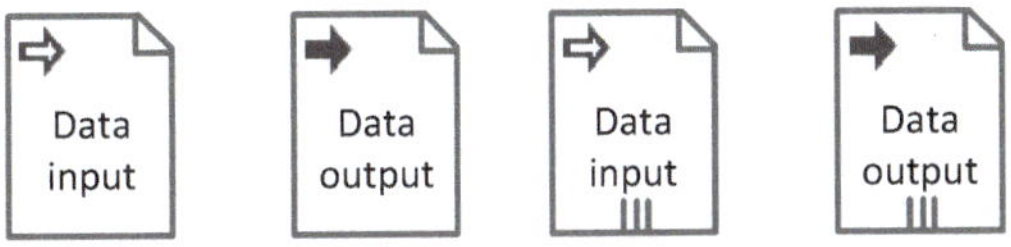

Bild 31 Symbole für die Elemente Dateneingabe und Datenausgabe – links einzeln, rechts als Sammlung

Wie bei Datenobjekten sind Dateneingang und Datenausgang über Datenverbindungen *(data associations)* mit Aktivitäten und Ereignissen verknüpft. Dabei sind jedoch einige Besonderheiten zu beachten. Zunächst geht es ausschließlich um die Modellierung der Schnittstelle zum Prozess, wobei es sich auch um einen Prozess handeln kann, der über eine Aufrufaktivität *(call activity)* aufgerufen wird (sog. wiederverwendbarer Unterprozess). Die anderen Typen von Unterprozessen, wie z. B. der eingebettete Unterprozess, gehören aber nicht dazu, da diese keine unabhängigen Prozesse sind. Es geht auch nicht um die Datenverwaltung innerhalb von Prozessen, die über Datenobjekte modelliert wird. In Bild 32 wird der Einsatz an einem Beispielprozess einer Lieferkette gezeigt.

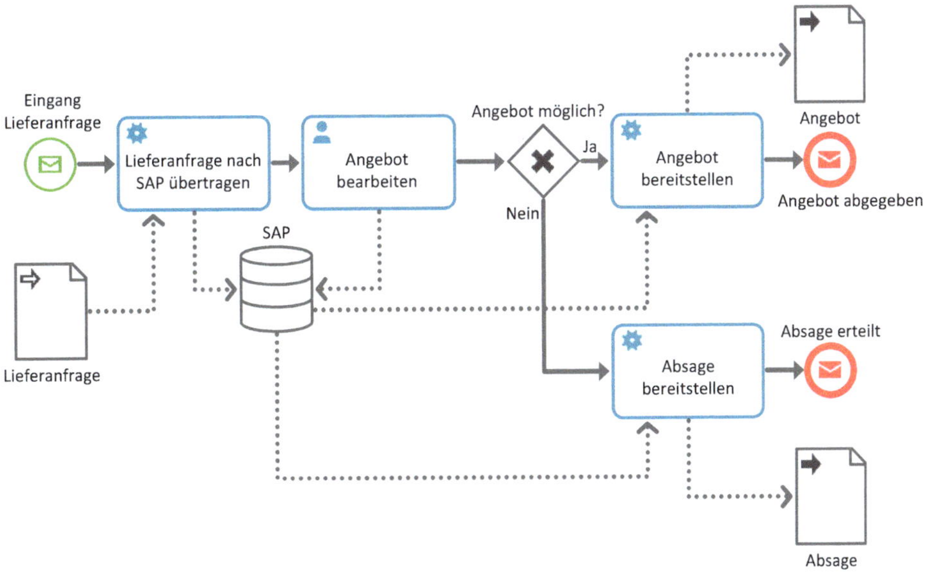

Bild 32 Einsatz der Datenschnittstelle als Dateneingang und Datenausgang

In diesem Prozess ist unterstellt, dass es eine Austauschplattform zwischen Lieferant und Sublieferant im Rahmen einer Lieferkette *(supply chain)* gibt. Modelliert ist der Prozess des Sublieferanten. Die Lieferanfrage wird als Dateneingang vom Lieferanten bereitgestellt und dort über einen Service (Serviceaufgabe „Schnittstelle lesen und nach SAP übertragen") nach SAP übertragen und anschließend bearbeitet. Je nach Ergebnis der Bearbeitung wird ein Angebot oder eine Absage über entsprechende Services als Datenausgang in der Austauschplattform für den Lieferanten bereitgestellt. Das Nachrichtenstartereignis und die Nachrichtenendereignisse lösen separate Nachrichten aus, die die Geschäftspartner über Dateneingang bzw. Datenausgang informieren (der Nachrichtenaustausch im Rahmen eines Kollaborationsdiagramms mit Pools für die Geschäftspartner ist hier zur Vereinfachung weggelassen worden.)

Bild 33 zeigt ein weiteres Beispiel, und zwar einen E-Mail-Prozess.

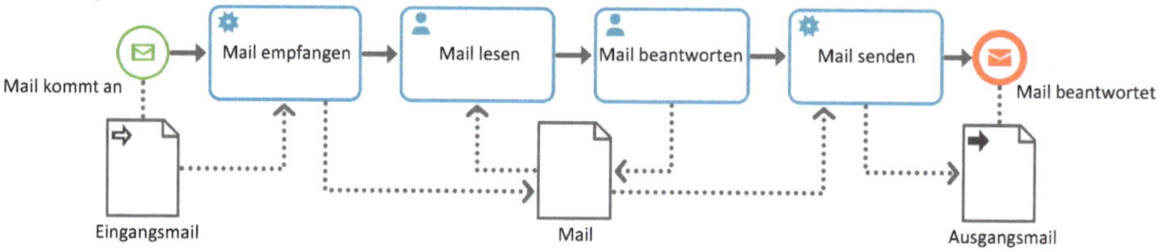

Bild 33 Einsatz der Datenschnittstelle bei einer E-Mail-Bearbeitung

Im Posteingang eines Mailclients kommt über „Mail empfangen" eine Eingangsmail an, die vom Benutzer der Aufgabe „Mail lesen" gelesen wird. Sie wird vom Benutzer über die Aufgabe „Mail beantworten" bearbeitet und nach Fertigstellung als Ausgangsmail durch „Mail senden" über den Postausgang versandt. Innerhalb des Prozesses wird die E-Mail als Datenobjekt modelliert. Als Besonderheit sind die Ereignisse mit der Schnittstelle gekoppelt (dies ist optional möglich, aber nicht zwingend). Die gestrichelte Linie zwischen Ereignis und Dateneingang bzw. Datenausgang wird vom Tool als „Verbindung" und nicht als Datenverbindung vorgegeben, obwohl nach unserer Interpretation der BPMN-Spezifikation auch eine eingehende Datenverbindung möglich wäre (die Spezifikation [6] S. 212 ist hier etwas schwer zu interpretieren).

Den Prozess könnte man klassisch mit Datenobjekten ohne Nutzung der BPMN-Datenschnittstelle und technischer Details auch wie in Bild 34 gezeigt modellieren.

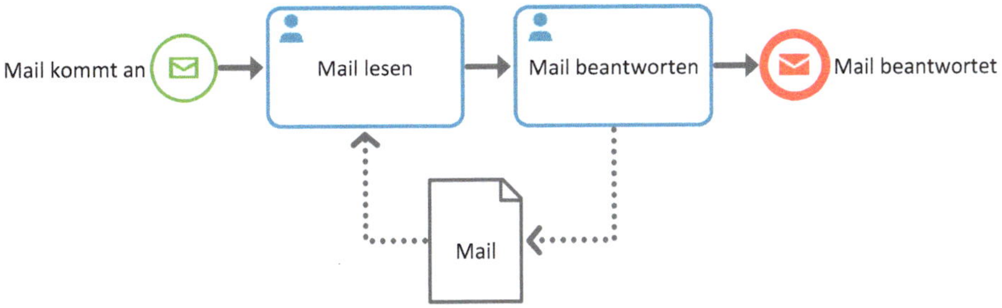

Bild 34 Prozess der E-Mail-Bearbeitung mit Datenobjekt ohne Datenschnittstelle

Datenschnittstelle und Aufrufaktivität

Wie beschrieben, kann die Datenschnittstelle auch bei Prozessen, die über Aufrufaktivitäten aufgerufen werden, zum Einsatz kommen (siehe Bild 35).

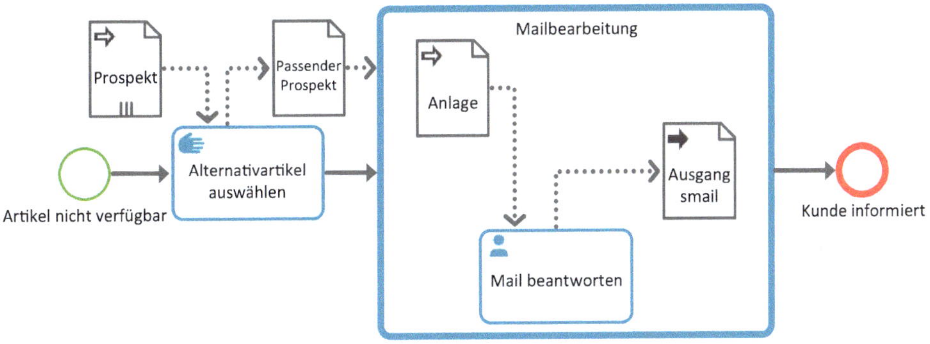

Bild 35 Datenschnittstelle eines wiederverwendbaren Unterprozesses

Der Prozessauslöser ist die Nichtverfügbarkeit eines Artikels. In der manuellen Aufgabe „Alternativartikel auswählen" wird aus einer Sammlung von Prospekten als Dateneingang des Hauptprozesses ein Prospekt eines passenden Alternativartikels als Datenobjekt „Passender Prospekt" ausgesucht. In der Aufrufaktivität ist eine Mailbearbeitung als wiederverwendbarer Prozess modelliert. Sie hat einen Dateneingang „Anlage" und einen Datenausgang „Ausgangsmail". Als Anlage wird beim Aufruf das Datenobjekt „Passender Prospekt" übergeben. Dies wird durch die Datenverbindung zum Rand der Aufrufaktivität modelliert. Datenverbindungen über die Grenzen der Aufrufaktivität sind nicht erlaubt, da beide Prozesse unabhängig voneinander ausgeführt werden.

Hinweis: Nach Veröffentlichung der BPMN-Spezifikation gab es eine Diskussion unter Experten (u. a. wiedergegeben in [1] S. 221 ff.) zur Semantik von Dateneingang und Datenausgang. Sind Dateneingang und Datenausgang im technischen Sinne Schnittstellen oder gespeicherte Variablen wie das Datenobjekt? Die Diskussion mag für die Toolhersteller und insbesondere für ausführbare BPMNs interessant sein, für die visuelle Darstellung als Diagramm ist sie nicht wesentlich. Im Zweifelsfall sollte man Datenobjekte benutzen.

Datenspeicher

Der Datenspeicher *(data store)* gehört zu den Elementen der Kategorie Daten. Er wird zur Modellierung von permanenten Speichern, wie Datenbank, Tabelle, Datei eingesetzt, im Gegensatz zum Datenobjekt, das die Daten temporär zur Laufzeit der Prozesse speichert. Datenspeicher werden in der Regel zur Modellierung elektronisch verarbeiteter Daten *(information items)* eingesetzt. Obwohl die BPMN-Spezifikation die Modellierung von physischen Objekten (z. B. Aktenordner) nicht ausschließt, wird diese Nutzung nicht empfohlen. Der Datenspeicher ist durch eine Datenverbindung *(data association)* mit der Aufgabe verbunden, in der Daten gespeichert oder gelesen werden. Die Datenverbindung stellt den Datenfluss dar. In Bild 36 sind die möglichen Fälle der Verbindung von Datenspeicher und Aufgabe modelliert. Datenverbindungen sind typisiert als „liefert Input für“ und „erzeugt Output auf“.

Die Pfeilrichtung der Datenverbindung gibt dabei an, ob durch die Aufgabe Daten gelesen werden (Pfeil zeigt auf die Aufgabe) oder Daten geschrieben werden (Pfeil zeigt auf den Datenspeicher). Falls von derselben Aufgabe sowohl geschrieben als auch gelesen wird, können auch zwei Datenverbindungen gezeichnet werden. Die Daten gelten als permanent (persistent) gespeichert und sind auch außerhalb des Prozesses gültig (wichtig bei ausführbaren BPMNs). Entsprechend der Empfehlung, den Datenspeicher als elektronisches Medium zu nutzen, sollte er nicht mit manuellen Aufgaben verbunden werden (s. a. Typen von Aufgaben).

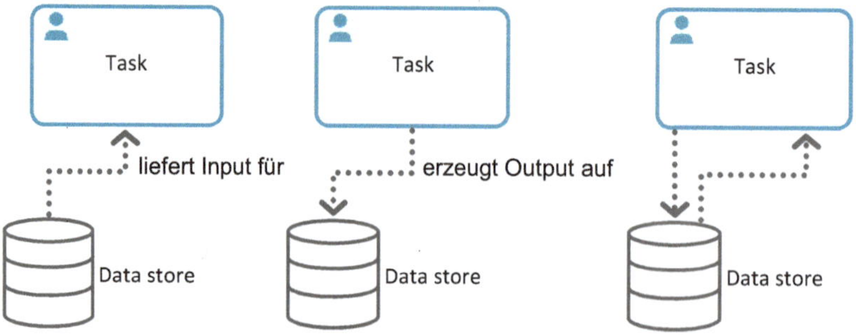

Bild 36 Verbindungen zwischen Datenspeicher und Aufgabe

In Bild 37 ist ein Beispiel einer telefonischen Bestellaufnahme gezeigt, bei der die Kundendaten in einer Kundendatei und die Bestelldaten in einer Bestelldatei gespeichert werden. Hier wird außerdem von der Möglichkeit Gebrauch gemacht, identische Datenspeicher nur einmal zu modellieren und die Datenflüsse in Form der Datenverbindungen von verschiedenen Aufgaben aus zu zeichnen.

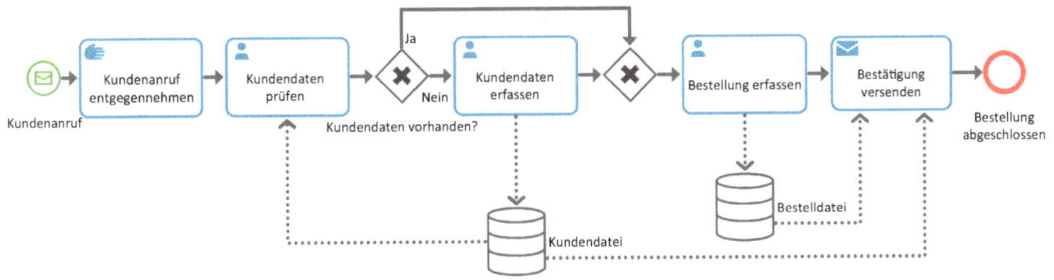

Bild 37 Beispielprozess einer telefonischen Bestellaufnahme

Hinweis: Die BPMN-Spezifikation unterscheidet zwischen dem Datenspeicher und einer Referenz (Zeiger) auf den Datenspeicher *(data store reference)*. Was wir im Modell abbilden, ist, genau gesagt, nicht der Datenspeicher selbst, sondern die Referenz auf ihn. Dies spielt aber nur für ausführbare BPMNs eine Rolle.

Da die BPMN-Spezifikation kein Element für IT-Systeme kennt, wird empfohlen, den Datenspeicher auch zur Darstellung von IT-Systemen zu nutzen. Häufig sehen die Tools entsprechende Erweiterungen vor, die aber beim Export/Import über das Austauschformat ignoriert werden. Im Beispiel in Bild 38 wird Outlook als Datenspeicher modelliert.

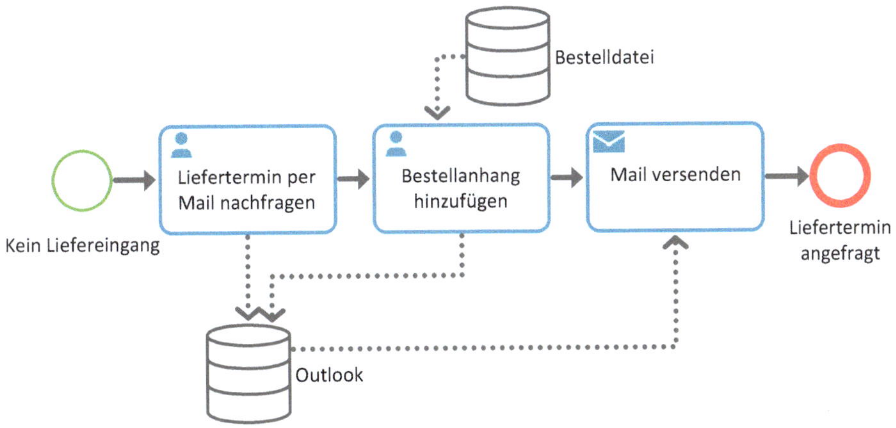

Bild 38 Nutzung des Datenspeichers zur Modellierung von IT-Systemen

Datenspeicher können auch mit wiederverwendbaren Unterprozessen (Aufrufaktivitäten) über Datenverbindungen am Rand verbunden werden, insbesondere dann, wenn die reduzierte Form zur Modellierung genutzt wird (siehe Bild 39). Im Übrigen spielt das bei Datenobjekten – sie existieren nur temporär zur Laufzeit der Prozesse – kritische Thema der Datenübergabe hier keine Rolle, da jederzeit von allen Stellen in den Prozessen auf die Daten über den permanenten Datenspeicher zugegriffen werden kann.

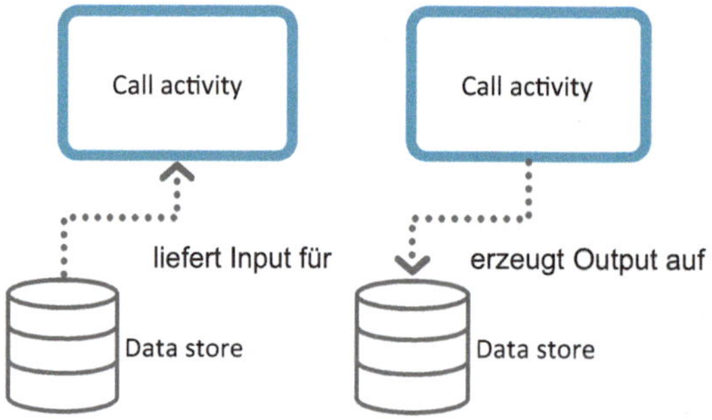

Bild 39
Verbindung zwischen Datenspeicher und Aufrufaktivität

Datenstatus

Der Datenstatus ist eine Eigenschaft von Datenobjekten oder der Datenschnittstelle mit Dateneingang und Datenausgang und beschreibt, in welchem Status sich zum Beispiel ein Dokument in seinem durch verschiedene Bearbeitungsschritte definiertem Lebenszyklus befindet. Typische Werte sind [Initial], [In Progress], [Approved], [Released]. Die Werteliste ist nicht Gegenstand der BPMN-Spezifikation und kann im Rahmen der Erweiterung toolspezifisch definiert oder auch im Modellierungshandbuch als Konvention festgelegt werden. In Bild 40 ist ein Beispielprozess mit einem Datenobjekt „Anfrage“ zu sehen. Die Anfrage hat gemäß dem Verlauf der Bearbeitung einen entsprechenden Datenstatus.

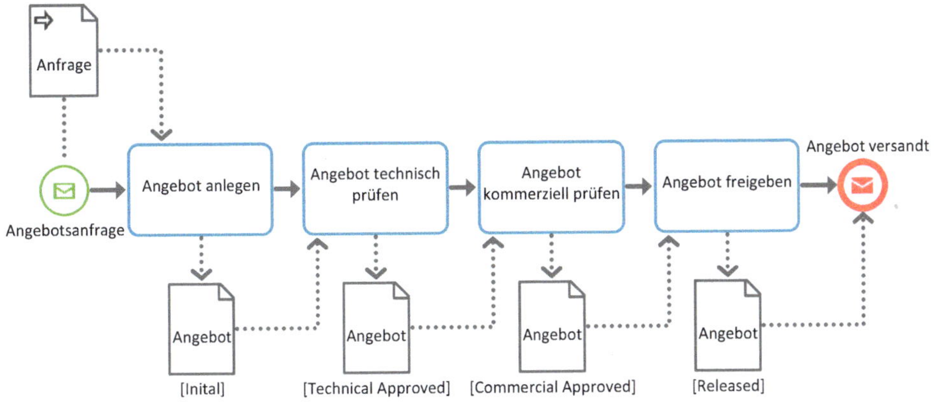

Bild 40 Lebenszyklus des Datenobjekts „Anfrage"

Datenverbindung

Die Datenverbindung *(data association)* dient zur Modellierung der Datenübertragung zwischen Datenelementen (Datenspeicher, Datenobjekt, Datenschnittstelle) auf der einen Seite und Prozessen, Aktivitäten (Aufgaben und Aufrufaktivitäten) und Ereignissen auf der anderen Seite. Es handelt sich um eine gerichtete Verbindung (gestrichelte Linie mit Pfeil), wobei der Pfeil die Datenrichtung (Input oder Output) definiert. Bei bidirektionalem Datenaustausch, d.h. die Aufgabe schreibt Daten in das Datenobjekt und liest Daten aus dem Datenobjekt, sind zwei Datenverbindungen zu modellieren. Eine ungerichtete Verbindung oder Verbindung mit Doppelpfeil ist laut BPMN-Spezifikation nicht vorgesehen. In Bild 41 und Bild 42 werden einige Beispiele für Datenverbindungen gezeigt.

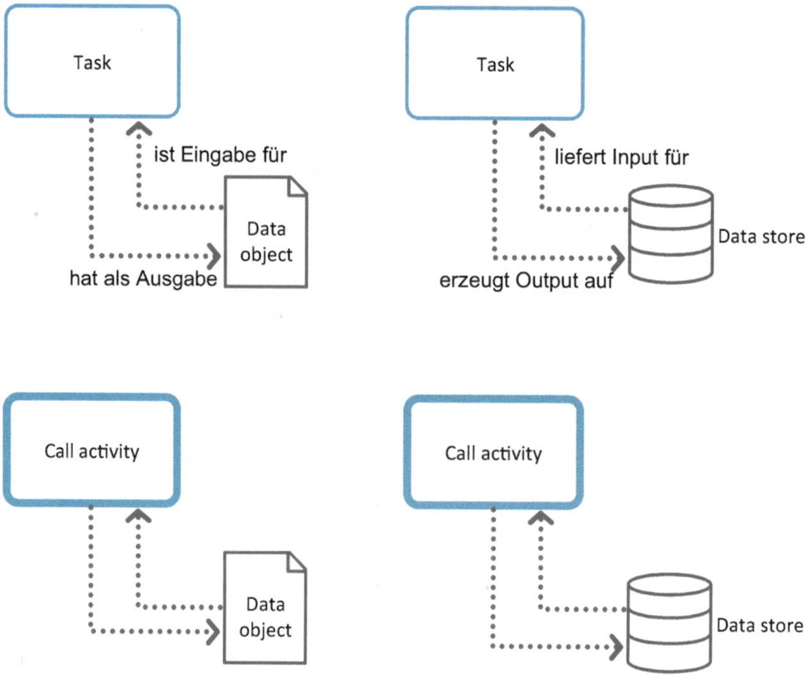

Bild 41 Datenverbindungen bei Aufgaben und Aufrufaktivitäten

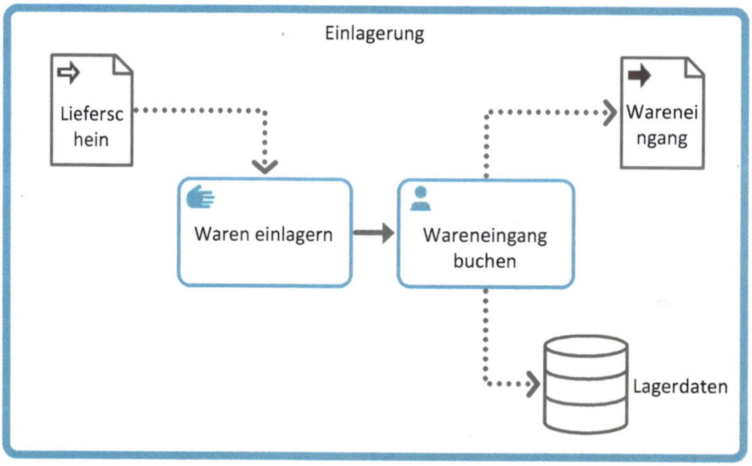

Bild 42 Datenverbindungen bei Dateneingang (Lieferschein) und Datenausgang (Wareneingangsbeleg) und zum Datenspeicher (Lagerdaten)

In Bild 43 wird dreimal der gleiche Prozess gezeigt mit unterschiedlicher Handhabung von Datenverbindungen. Die zweite Variante könnte zu dem Missverständnis führen, dass Datenverbindungen Abläufe ersetzen können und dass der Sequenzfluss zwischen den Aufgaben weggelassen werden kann. Die dritte Variante ist eine Kurzvariante, die ausdrücklich in der BPMN-Spezifikation beschrieben wird ([6] S. 223 f.), aber selten in den Tools implementiert wird.

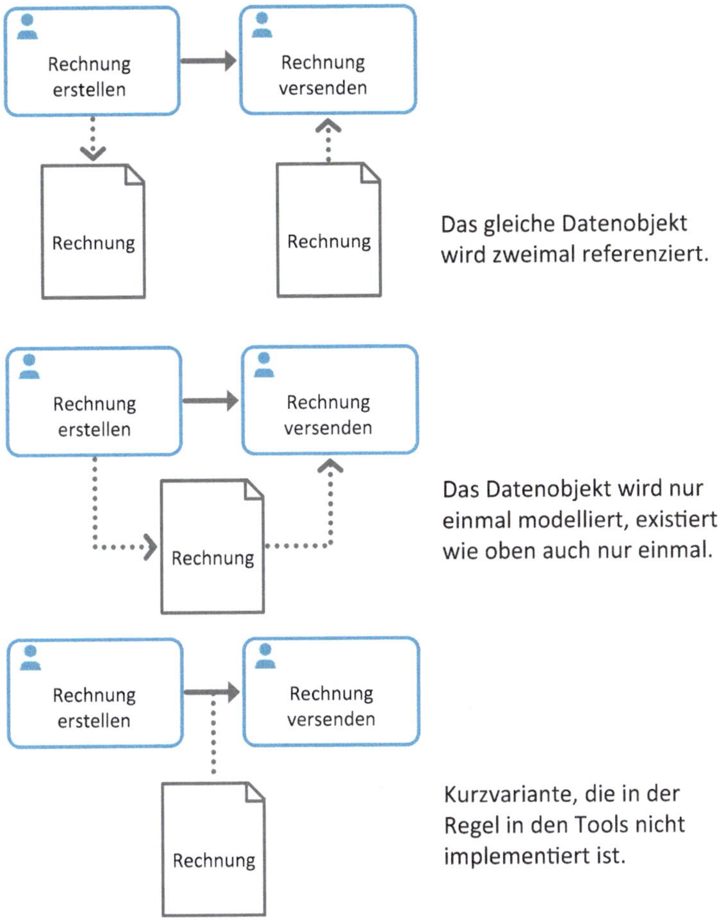

Bild 43 Varianten des Einsatzes von Datenverbindungen

DMN

DMN steht für **D**ecision **M**odel and **N**otation. Es handelt sich um eine Modellierungssprache, die entwickelt wurde, um Entscheidungslogik und -regeln zu modellieren und gegebenenfalls zu automatisieren. Die Notation ist standardisiert und wird wie die BPMN von der OMG [8] verwaltet.

Eine DMN besteht aus

- einer Entscheidungslogik *(decision logic)*, definiert durch Regeln *(rules)*, dargestellt durch Tabellen *(decision table)* und/oder einer Programmiersprache (FEEL) (Bild 44),
- den Entscheidungsanforderungen *(decision requirements)*, visualisiert durch ein Entscheidungsdiagramm (DRD = **D**ecision **R**equirements **D**iagram) (Bild 45).

Die Hauptelemente der grafischen Notation sind Entscheidung *(Decision)*, Unternehmenswissen *(Business knowledge)*, Eingangsdaten *(Input data)* und Wissensquelle *(Knowledge source)*. Diese sind über Beziehungen *(Requirements)* (Informationsbeziehung, Wissensbeziehung, Hierarchiebeziehung) miteinander verbunden. In Bild 44 wird eine Entscheidungstabelle gezeigt. In der Tabelle wird je nach Art der Rechnung (Investition oder Expense) in Verbindung mit dem Wert der Rechnung festgelegt, wer eine zusätzliche manuelle Kontrolle durchführt. Im Beispiel muss eine Investitionsrechnung mit einem Wert größer oder gleich 10 000 € von der Geschäftsführung geprüft werden.

U	Input		Output	Annotations
	Art der Rechnung	**Wert der Rechnung**	**Manuelle Kontrolle**	**Bemerkungen**
1	Investition	<= 800 €		GWG
2	Investition	> 800 € und < 10.000 €	Fachbereichsleitung	Stichprobe
3	Investition	>= 10.000 €	Geschäftsführung	Alle
4	Expense	< 10.000 €		Nur automatische Prüfung (3-way-match)
5	Expense	>= 10.000 € und < 20.000 €	Kostenleiter/in	Stichprobe
6	Expense	> 20.000 €	Geschäftsführung	Alle

Bild 44 Entscheidungstabelle einer Rechnungsprüfung

In Bild 45 wird ein Entscheidungsdiagramm gezeigt. Um ein Restaurant zu wählen, ist zwischen drei Kriterien zu entscheiden: „Speisen“, „Getränke“ und „Umgebung“. Bei der Entscheidung zu den Speisen werden drei Eingangsdaten berücksichtigt „Preis“, „Vorlieben“, „Anzahl Gäste“. Für die Entscheidung zur Umgebung wird die „Jahreszeit“ und das „Wetter“ berücksichtigt. Die Information zum Wetter kommt von der Wissensquelle „Wetterbericht“.

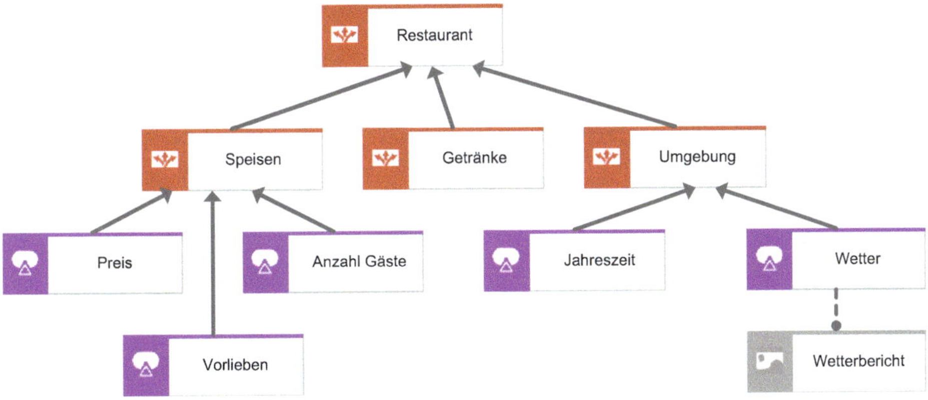

Bild 45 Entscheidungsdiagramm zur Restaurantauswahl

Die DMN ist eine alleinstehende Notation, sie wird aber häufig zusammen mit BPMN-Diagrammen eingesetzt. Die BPMN hat ihren Schwerpunkt in der Modellierung von Abläufen, die DMN definiert die Logik, die zu Entscheidungen führt. Eine Schnittstelle zwischen BPMN und DMN ist z. B. die Aufgabe vom Typ „Geschäftsregel“ (siehe Typen von Aufgaben), wie in Bild 46 modelliert.

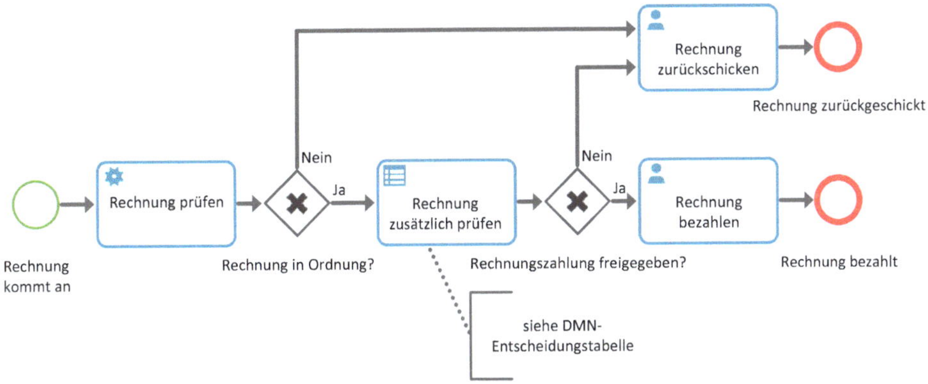

Bild 46 BPMN-Prozessdiagramm mit Schnittstelle zu DMN über die Geschäftsregelaufgabe

E

Eingebetteter Unterprozess

Eingebettete Unterprozesse werden hauptsächlich zur hierarchischen Modellierung und zur Zusammenfassung von Abläufen mit gemeinsamen Eigenschaften oder Ausnahmebedingungen eingesetzt.

1. Hierarchische Modellierung

Der eingebettete Unterprozess *(embedded sub-process)*, im Folgenden auch nur Unterprozess genannt, dient vorwiegend zur hierarchischen Modellierung von komplexeren Prozessen. Ausgehend von der Regel, dass jede Prozessebene auf einem DIN-A4-Blatt darstellbar sein sollte, wird auf der oberen Ebene der Prozess auf Basis von reduzierten Unterprozessen dargestellt (siehe auch Hierarchisierung). Die Unterprozesse können dann separat mit den notwendigen Details modelliert werden. Der Unterprozess gilt als „eingebettet", da er Teil des aufrufenden Prozesses ist und dessen Eigenschaften erbt. Der Unterprozess enthält nur eine Lane, nämlich genau die, aus der der Unterprozess aufgerufen wird. Die Lane wird in der Regel im Unterprozess dann nicht dargestellt. Es ist also keine weitere Differenzierung von Verantwortlichkeiten oder Kollaboration mit Partnern über Pools vorgesehen. Er wird in der Regel in der reduzierten Form dargestellt. Er muss entweder ein unbestimmtes Startereignis haben oder kein Startereignis. Ohne Startereignis werden alle Aktivitäten und Gateways ohne eingehenden Sequenzfluss instanziiert.

Flexiblere Modellierungsmöglichkeiten stehen mit dem Typ wiederverwendbarer Unterprozess zur Verfügung.

Als Beispiel soll der Ablauf der Erstellung einer Steuererklärung (Bild 47) dienen. Im Hauptprozess mit dem Pool „Steuerberater" wird der Unterprozess „Steuererklärung" aufgerufen. Der Hauptprozess tauscht Informationen mit dem Teilnehmer „Klient“ aus. Der Prozessauslöser ist die Übersendung der Belege mit dem Nachrichten-Startereignis „Belegeingang“. Im Unterprozess „Steuererklärung“ wird der Ablauf weiter differenziert durch Aufgaben wie „Vollständigkeit prüfen“, „Belege beim Klienten anfordern“ und „Steuerklärung erstellen“. Die Kommunikation mit dem Klienten kann hier nur aus Sicht des Steuerberaters modelliert werden. Eine Lane „Klient“ oder ein Pool „Klient“ ist nicht erlaubt. Der Unterprozess „erbt“ die Eigenschaften des Hauptprozesses, seine Daten und auch den Verantwortlichen.

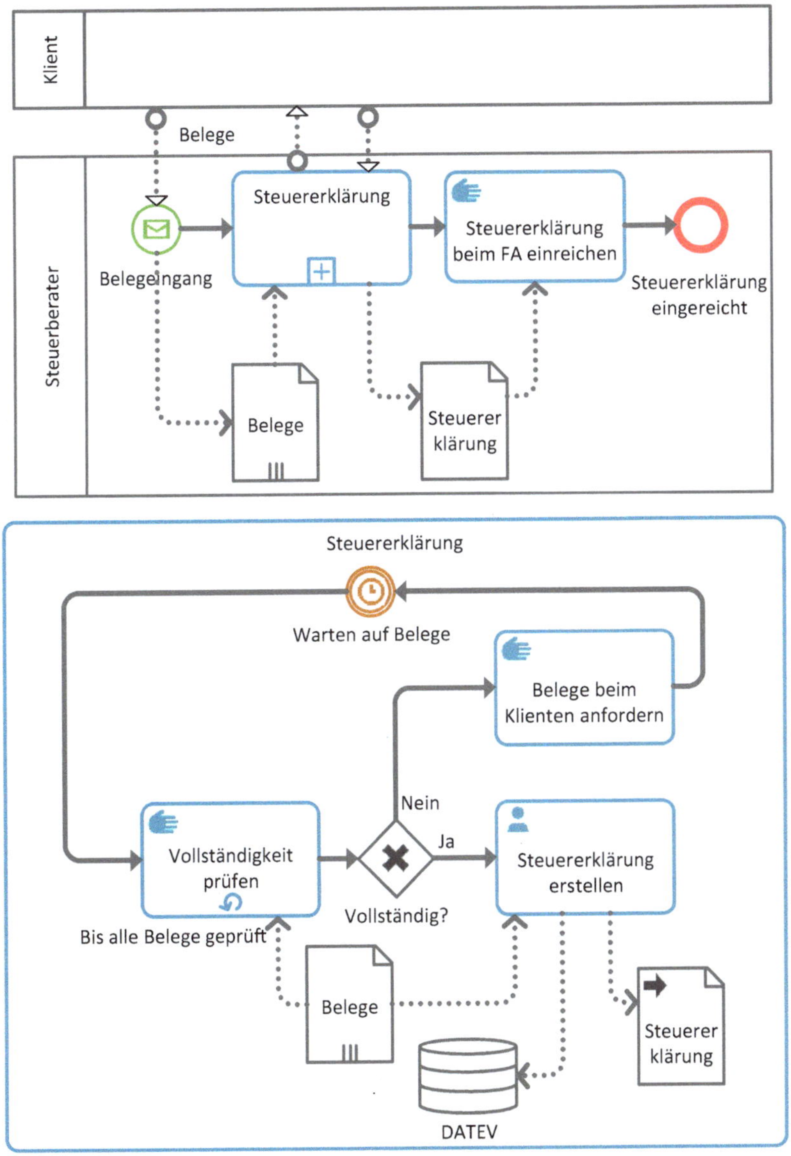

Bild 47 Prozess „Steuererklärung“ mit Haupt- und Unterprozess

2. Zusammenfassung von Abläufen

Eine weitere Nutzung von eingebetteten Unterprozessen liegt vor, wenn Aufgaben für Wiederholungen mit Schleifen, parallelen oder sequenziellen Mehrfachaktivitäten zusammengefasst werden sollen (s. a. Markierung von Aktivitäten) oder eine Gruppierung mit gemeinsamen Ausnahmebedingungen über ein angeheftetes Ereignis modelliert werden soll. In diesen Fällen wird auch häufig der Unterprozess aufgeklappt.

Bild 48 zeigt einen Unterprozess, der wiederholt wird, bis alle Rechnungen geprüft worden sind. Der Unterprozess ist als Schleifenaktivität mit der Schleifenmarkierung modelliert.

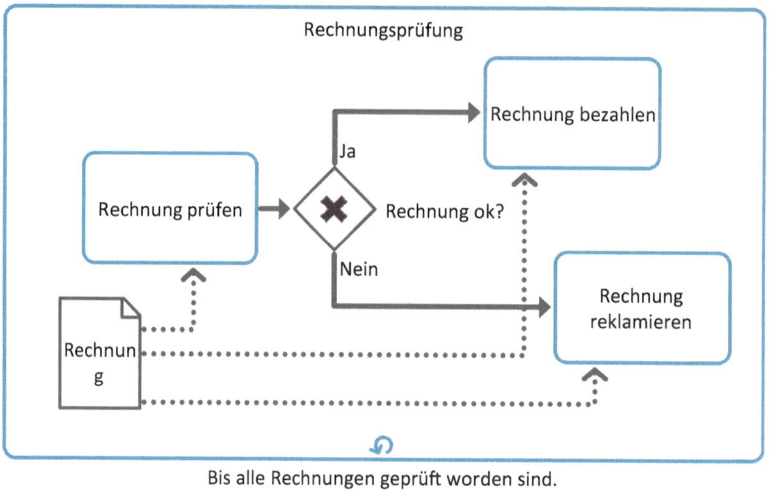

Bild 48 Rechnungsprüfung als Schleifenaktivität

Bild 49 zeigt den gleichen Prozess einer Hotelsuche in einem Reiseportal in zwei Varianten mit und ohne Unterprozess. Im oberen Bild wird ein Unterprozess gezeigt, der die Aufgaben „Hotel suchen“, „Gewünschten Termin prüfen“ und „Hotel buchen“ zusammenfasst. Das angeheftete Fehlerereignis reagiert, wenn bei einer der Benutzeraufgaben technisch ein Fehler passiert (Internet ausgefallen). Das Timer-Ereignis wird ausgelöst, wenn nach einer Stunde im Reiseportal kein Hotel gefunden wurde. In beiden Fällen wird entnervt das Reisebüro aufgesucht. Der untere Prozess in Bild 49 zeigt den gleichen Ablauf ohne Gruppierung über einen Unterprozess.

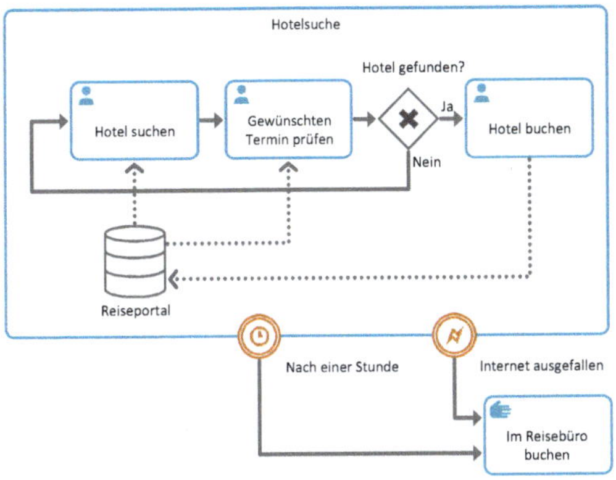

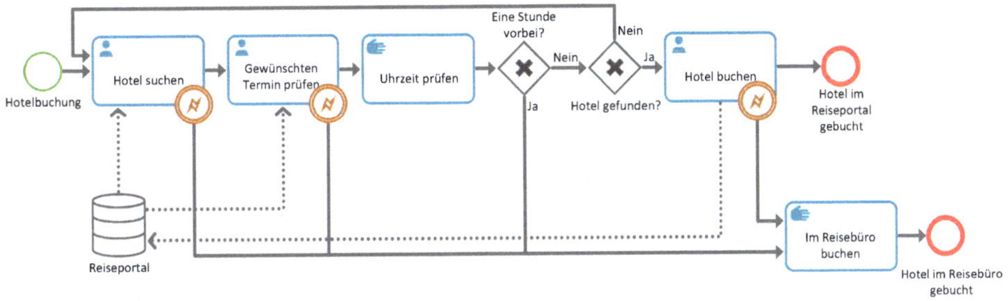

Bild 49 Prozess „Hotelsuche" mit (oben) und ohne Unterprozess (unten)

Die Alternative ohne Unterprozess zeigt die Vorteile einer Gruppierung durch einen Unterprozess. Die Fehlerbedingung muss dreimal an allen Aufgaben modelliert werden und die Aufgabe „Uhrzeit prüfen" ist etwas „künstlich", denn niemand schaut laufend auf die Uhr.

Einsatz von Ereignissen

Startereignisse und Endereignisse sollten möglichst typisiert und mit einer sprechenden, spezifischen Bezeichnung versehen werden, sodass die Bedingungen für den Start des Prozesses eindeutig sind und der Status am Ende des Prozesses vom Leser verstanden werden kann. Insofern ist es guter Stil, die Endereignisse nur dann zusammenzuführen, wenn der Status gleich ist, bzw. getrennt zu lassen, wenn der Prozess (bzw. die Instanz des Prozesses) mit unterschiedlichen Ergebnissen endet.

Beim Start kann man mit einem allgemeinen Startereignis starten und dann unterschiedliche Fälle durch Gateways differenzieren. Besser ist es aber häufig, gleich mit mehreren Startereignissen entsprechend den unterschiedlichen Startbedingungen zu beginnen. Dabei muss aber beachtet werden, dass jeder Start eine voneinander unabhängige Instanziierung auslöst.

Zwischenereignisse sollten innerhalb des Sequenzflusses sparsam eingesetzt werden, da sie selten eine zusätzliche Information enthalten, die nicht aus der vorangegangenen Aufgabe ersichtlich ist. Hier unterscheidet sich die BPMN von der EPK, die in der reinen Lehre fordert, immer Funktion und Ereignis abwechselnd zu modellieren. Es ist auch in der Regel besser, für sendende/empfangende Ereignisse die analogen sendenden/empfangenden Aufgaben in Kollaborationsdiagrammen zu nutzen.

Zwischenereignisse haben ihre Stärke beim Konzept der angehefteten Ereignisse bzw. beim ereignisgesteuerten Gateway. Auch bei Zwischenereignissen gilt, möglichst zu typisieren und einen sprechenden, spezifischen Namen zu vergeben.

Startereignisse können mehrere ausgehende Sequenzflüsse haben, Zwischenereignisse mehrere eingehende und ausgehende Sequenzflüsse und Endereignisse mehrere eingehende Sequenzflüsse. Von diesen theoretischen Möglichkeiten sollte man aber sehr sparsam Gebrauch machen, da die Semantik sich insbesondere für den ungeübten Leser nicht sofort erschließt bzw. das Verhalten des Prozesses undefiniert werden kann (siehe Unkontrollierte Abläufe). Besser ist es, mit Gateways den Prozessdurchlauf aufzuteilen und wieder zusammenzuführen.

Einsatz von Gateways

Beim Modellieren des Prozessablaufs ist es „guter Stil", Verzweigungen und Zusammenführungen von Sequenzflüssen über Gateways zu realisieren. Die BPMN-Spezifikation erlaubt, ohne Gateways mit mehreren Ein- und Ausgängen an Aktivitäten und Ereignissen zu arbeiten. Dies wird nur in Ausnahmefällen empfohlen, da ansonsten Missverständnisse oder nicht erwünschte Abläufe entstehen können. Im Folgenden werden dazu einige Beispiele gezeigt.

1. Parallele Aufteilung *(split)*

Die beiden in Bild 50 gezeigten Prozesse sind gleich. Im linken Fall werden ausgehend von der Task parallel drei Sequenzflüsse zu Task 1 bis Task 3 durchlaufen. Im rechten Fall wird für die Parallisierung ein paralleles Gateway (UND) genutzt. Der rechte Fall ist anschaulicher und wird für einen guten Stil empfohlen.

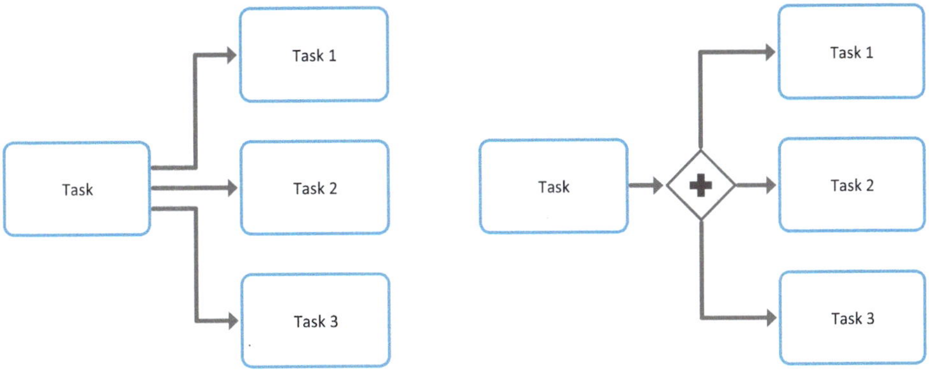

Bild 50 Parallele Aufteilung ohne und mit Gateway

2. Synchronisation *(join)*

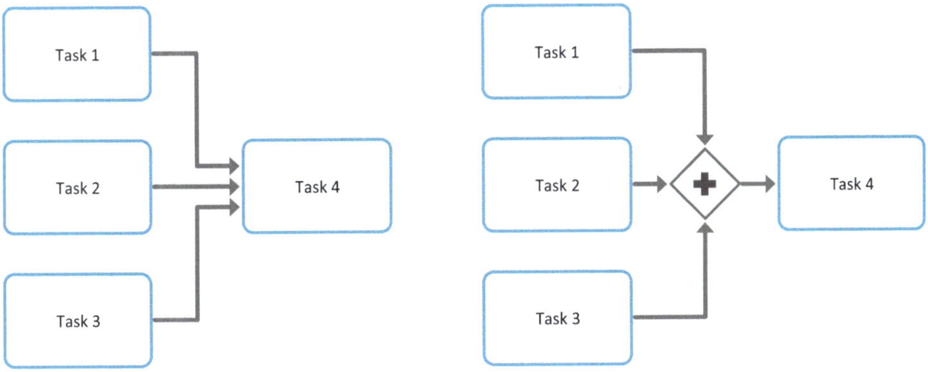

Bild 51 Synchronisation ohne und mit Gateway

Im linken Fall in Bild 51 wird Task 4 dreimal ausgeführt nach jeweiliger Beendigung von Task 1, Task 2 und Task 3. Im rechten Fall laufen die drei Sequenzflüsse aus Task 1, Task 2 und Task 3 an dem parallelen Gateway zusammen, und erst, wenn alle vor dem Gateway liegenden Aufgaben ausgeführt sind, wird der ausgehende Sequenzfluss aktiviert und Task 4 **einmal** ausgeführt. Das heißt, dass die getrennten Sequenzflüsse an dieser Stelle synchronisiert werden. Es ist hier also nicht eine Frage des Stils, sondern eine Frage, wie der Prozess abläuft oder ablaufen soll. In der Regel wird der Modellierer vermutlich abbilden wollen, dass die Task 4 nur einmal ausgeführt wird.

3. Schleife

Schleifen im Prozessablauf kann man ebenfalls mit oder ohne Gateways modellieren.

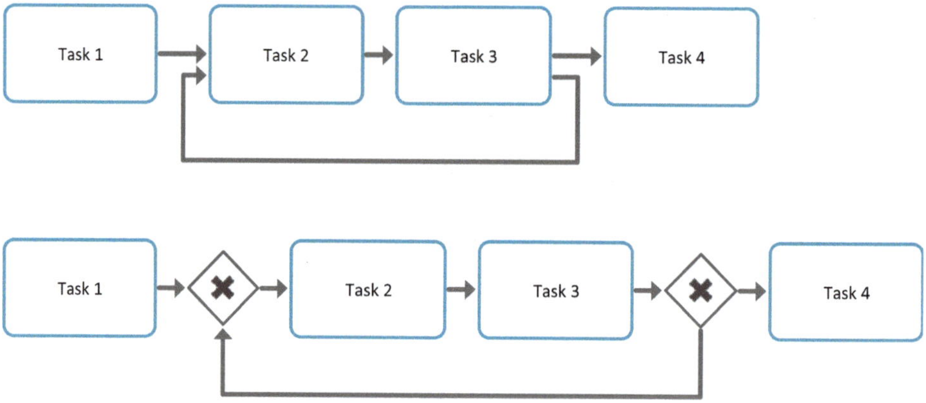

Bild 52 Schleife ohne und mit Gateway

Die beiden in Bild 52 gezeigten Prozesse sind gleich. Wenn Gateways zum Einsatz kommen, sind nur exklusive Gateways sinnvoll. Stilistisch sind hier beide Fälle akzeptabel, da auch ohne Gateways die Semantik eindeutig ist und etwas Platz gespart wird. Näheres findet sich auch unter dem Stichwort Schleife.

Endereignis

Ein Prozessmodell wird mit einem oder mehreren Endereignis(sen) *(end event)* beendet. Endereignisse haben einen eingehenden Sequenzfluss oder mehrere eingehende Sequenzflüsse. Sie haben keine ausgehenden Sequenzflüsse und stehen am Ende eines Prozessdurchlaufs oder Pfades. Der Prozess kann mehrere Endereignisse haben, sodass je nach Geschäftsvorfall bzw. Instanziierung unterschiedliche Endereignisse erreicht werden. Es besteht kein Zwang, Endereignisse wieder zusammenzuführen, insbesondere dann nicht, wenn der Geschäftsvorfall mit unterschiedlichen Zuständen endet. Dann ist es sogar guter Stil die Endereignisse getrennt zu lassen.

Wenn der Prozess mehrere Pfade hat, die parallel laufen und die nicht zu einem Status zusammengeführt werden, kann es sein, dass nach Erreichen des ersten Endereignisses der Prozess noch weiterläuft. Parallele Pfade werden durch parallele (UND) oder inklusive (ODER) Gateways ausgelöst oder auch durch ein nicht unterbrechendes angeheftetes Ereignis. In solchen Fällen ist der Prozess erst beendet, wenn die Endereignisse aller aktiven Pfade erreicht worden sind (Bild 54). Hilfreich zum Verständnis ist hier das Token-Konzept. Alle noch im Prozess befindliche Token müssen durch Endereignisse konsumiert worden sein.

Endereignisse können typisiert werden (siehe Bild 53 mit der Liste der Typen von Endereignissen).

Bild 53
Symbol für das Endereignis (zeigt hier oben links ein unbestimmtes Endereignis) mit der Liste der möglichen Typen

Ein Endereignis vom Typ Cancel ist nur in Transaktions-Unterprozessen erlaubt.

Zur „best practice"-Nutzung von Endereignissen siehe auch Einsatz von Ereignissen.

Im Beispiel in Bild 54 wird durch das nicht unterbrechende angeheftete Bedingungsereignis ein weiterer Sequenzfluss ausgelöst, der zur Aufgabe „Rechnung an Einkaufsleiter schicken" führt. Der Prozess ist erst zu Ende, wenn sowohl das Endereignis „Einkauf informiert" als auch eines der beiden Endereignisse „Rechnung in Ordnung", „Rechnung nicht in Ordnung" ausgelöst wurde.

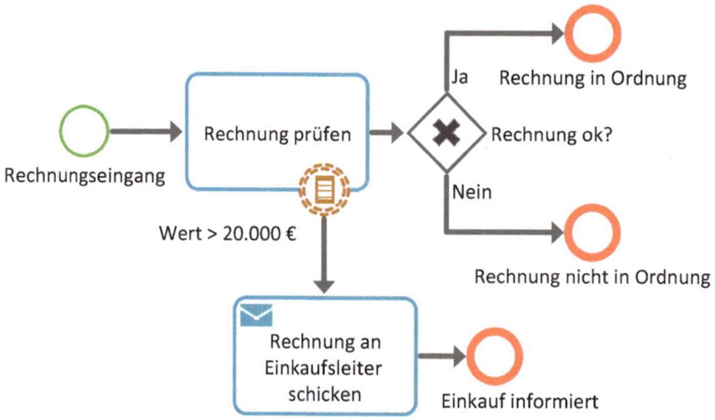

Bild 54 Beispielprozess „Rechnungsprüfung" mit drei Endereignissen

Hinweis: Es sind auch Prozesse ohne Endereignis im grafischen Modell erlaubt. Sie haben aber im Prozessmodell implizit ein Endereignis, auch wenn es optisch nicht dargestellt wird. Eine Aktivität ohne ausgehenden Sequenzfluss ist dann das Ende des Prozesses oder Prozesspfades. Wenn im grafischen Modell ein Startereignis modelliert wurde, muss allerdings mindestens auch ein Endereignis modelliert werden. Prozesse ohne Start- und Endereignis werden häufig in erweiterten Unterprozessen genutzt, die den Prozess innerhalb des Unterprozesses zeigen.

Ereignis

Ereignisse *(events)* sind Geschehnisse, die Sequenzflüsse und Nachrichtenflüsse als Eingang bzw. Ausgang haben. Innerhalb eines Prozessdurchlaufs lösen sie eine Aktivität aus oder sie sind das Ergebnis einer Aktivität. Über Nachrichtenflüsse empfangen sie Nachrichten bzw. Signale oder senden diese aus. Allgemeiner gesagt sind sie Eingangspunkt von Geschehnissen von außen oder Ausgangspunkt von Geschehnissen *(trigger)*. Sie sind BPMN-Elemente und gehören wie die Aktivität und das Gateway zu den Flussobjekten.

Es wird unterschieden zwischen Startereignis *(start event)*, Zwischenereignis *(intermediate event)* und Endereignis *(end event)* mit den entsprechenden Symbolen (Bild 55). Startereignisse starten den Prozess und haben demzufolge keinen Sequenzfluss als Eingang. Zwischenereignisse werden innerhalb des Prozessablaufs mit eingehenden und ausgehenden Sequenzflüssen eingesetzt oder sind an der Grenze *(boundary)* von Aktivitäten angeheftet. Als angeheftetes Ereignis lösen sie bei der Aktivierung einen Prozesspfad mit Ausnahmebedingungen aus. Endereignisse beenden den Prozess und haben keinen Sequenzfluss als Ausgang.

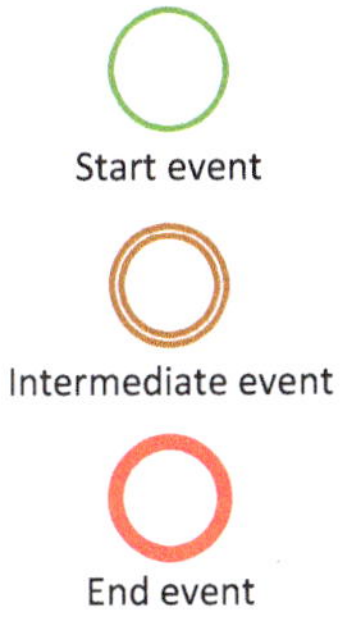

Bild 55
Symbole des Start-, Zwischen- und Endereignisses

Ereignisse können wie Aufgaben typisiert werden und haben dadurch eine weitergehende Semantik. Die Typen werden durch zusätzliche Symbole innerhalb des Kreises dargestellt. In Bild 55 sind die „nichttypisierten“ bzw. abstrakten Ereignisse dargestellt.

Ereignis-Unterprozess

Der Ereignis-Unterprozess wird nicht über den Sequenzfluss ausgelöst, sondern durch das Auftreten eines Ereignisses. Der Ereignis-Unterprozess hat keine direkte Verbindung zum aufrufenden Prozess durch ein- oder ausgehende Sequenzflüsse und ist gültig, solange der aufrufende Prozess aktiv ist. Der aufrufende Prozess kann ein Hauptprozess oder auch ein Unterprozess sein. Wenn es ein Unterprozess ist, ist der Ereignis-Unterprozess Bestandteil dieses Unterprozesses.

Als Startereignisse sind die Typen Nachricht, Timer, Signal, Mehrfach, Bedingung, Eskalation (unterbrechend und nicht unterbrechend), Fehler, Kompensation (unterbrechend) erlaubt.

Der Kompensations-Ereignis-Unterprozess ist ein spezieller Unterprozess, dessen Funktionalität unter seinem Stichwort und im Kapitel Kompensation im Einzelnen beschrieben wird.

In Bild 56 (nach [2] Abbildung 143) ist es das nicht unterbrechende Startereignis „Änderungswunsch eingegangen“, das den Ereignis-Unterprozess „Change Management“ startet. Während der Hauptprozess läuft, können immer wieder Änderungswünsche eingehen, die entsprechend dem Ablauf im Unterprozess bearbeitet werden.

In Bild 56 unten ist der Sonderfall eines reduzierten Ereignis-Unterprozesses zu sehen. Dabei wird das Startereignis oben links in der Ecke dargestellt. Der Inhalt wird über den Namen beschrieben. Einsatzmöglichkeiten sind in Übersichtsdiagrammen („big picture“) im Rahmen der Hierarchisierung denkbar.

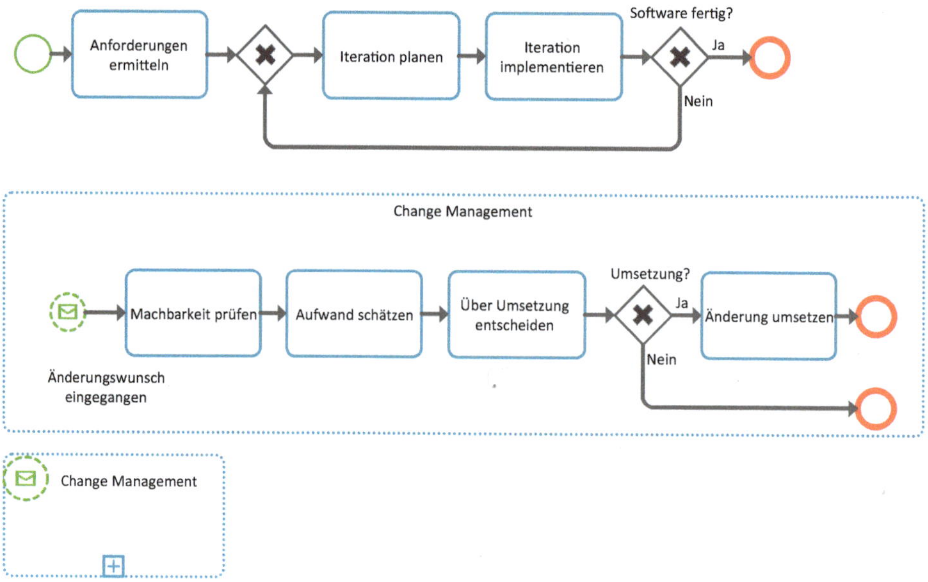

Bild 56 Beispiel für einen Softwareentwicklungsprozess

Die beschriebene Semantik des Ereignis-Unterprozesses entspricht der in Bild 57 gezeigten alternativen Modellierung mit einem angehefteten Ereignis. Dazu muss der Hauptprozess allerdings als Unterprozess, hier „Softwareentwicklung" genannt, gekapselt werden.

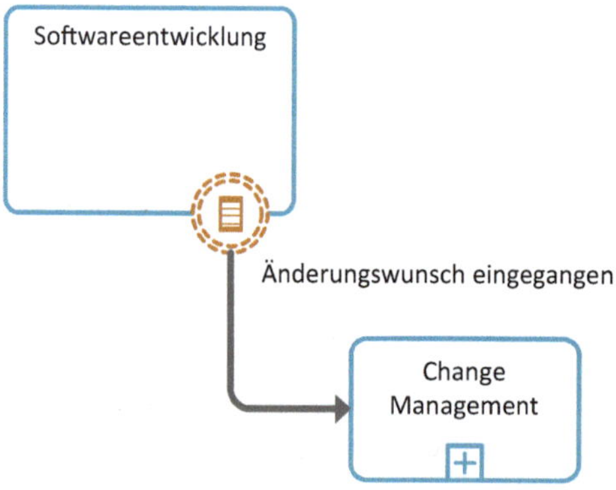

Bild 57 Alternatives Modell zu einem Ereignis-Unterprozess

Ereignisgesteuertes Gateway

Ein ereignisgesteuertes Gateway *(event-based gateway)* teilt den Sequenzfluss in Abhängigkeit davon auf, welches von mehreren möglichen extern gesteuerten Ereignissen als erstes eintritt. Das Symbol wird in Bild 58 dargestellt.

Bild 58
Symbol für ein exklusives ereignisgesteuertes Gateway

Das Gateway hat einen Eingang und mehrere Ausgänge. An den Ausgängen sind Zwischenereignisse vom Typ Nachricht, Signal, Timer, Bedingung oder Mehrfach erlaubt. Alternativ können statt der Nachrichtenereignisse auch nachrichtenempfangende Aufgaben eingesetzt werden. Die Aufgaben dürfen aber kein angeheftetes Ereignis haben. Nachrichtenaufgaben und Nachrichtenereignisse dürfen nicht gemischt werden.

Das Gateway ist zusammen mit den Ereignissen bzw. Aufgaben eine Gateway-Konfiguration *(gateway configuration)* und bildet insgesamt eine XOR-Logik (Exklusiv-ODER-Logik) ab. Die Entscheidung ist aber nicht datengesteuert, wie beim klassischen exklusiven Gateway, sondern wird durch das Eintreten eines Ereignisses oder einer nachrichtenempfangenden Aufgabe getroffen. Sobald das erste Ereignis eintritt, werden alle sonstigen aktiven (wartenden) Ereignisse oder Aufgaben abgebrochen.

Nach dem Token-Konzept löst das Gateway Token aus, die an den Ereignissen/Aufgaben warten. Sobald ein Token weiterläuft, werden die anderen Token gelöscht. In Bild 59 wird ein Prozess mit drei Ereignissen und in Bild 60 die Variante mit Aufgaben gezeigt. Die Gruppe „Gateway configuration" ist nicht zwingend, sondern dient nur dazu, zu veranschaulichen, welche Elemente zur Gateway-Konfiguration gehören.

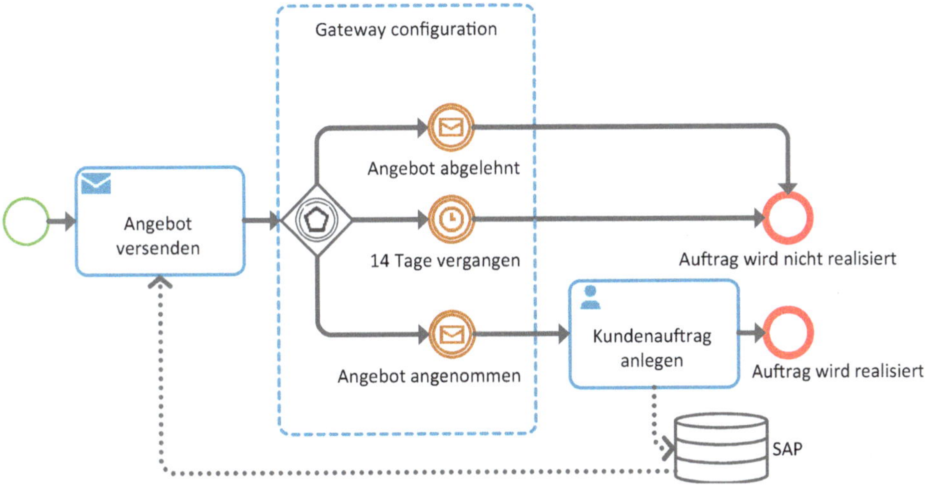

Bild 59 Angebotsprozess als Beispiel für ein ereignisgesteuertes Gateway mit Ereignissen

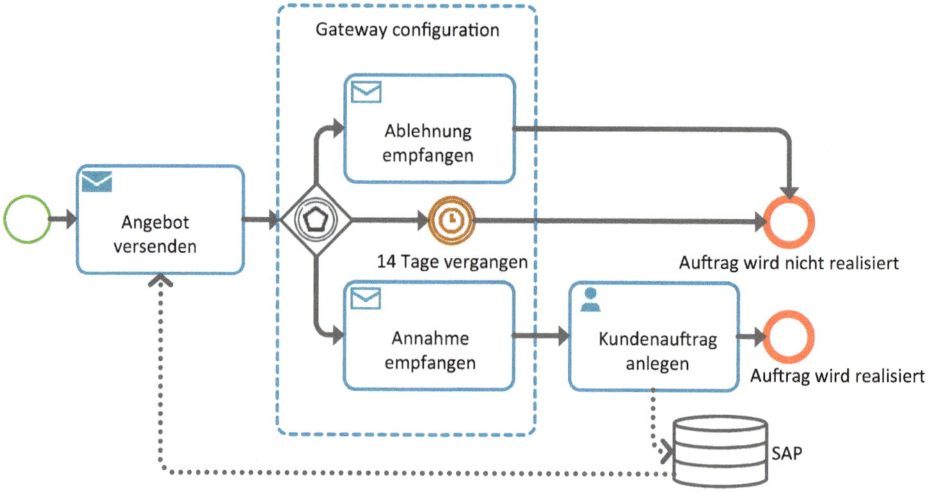

Bild 60 Angebotsprozess als Beispiel für ein ereignisgesteuertes Gateway mit Aufgaben

Nach der Aufgabe „Angebot versenden" wartet der Prozess auf das Eintreten eines Ereignisses: Das Angebot wird abgelehnt, ein Zeitraum von 14 Tagen ist vergangen oder das Angebot wird angenommen.

Bei Annahme des Angebots (Nachrichtenereignis „Angebot angenommen" bzw. Nachrichtenaufgabe „Annahme empfangen") wird die Aufgabe „Kundenauftrag anlegen" ausgeführt und der Auftrag wird realisiert. In den beiden anderen Fällen läuft der Prozess auf das Endereignis „Auftrag wird nicht realisiert". Generell gilt: Sobald eine Nachricht eingetroffen ist bzw. das Timer-Ereignis „14 Tage vergangen" durch den Ablauf der Zeit ausgelöst wird, werden die anderen parallelen Sequenzflüsse abgebrochen. Wegen der kompakteren und übersichtlicheren Darstellung wird empfohlen, in der Gateway-Konfiguration ausschließlich Ereignisse wie in Bild 59 zu nutzen.

In Bild 61 ist eine scheinbare Alternative mit dem klassischen Gateway vom Typ paralleles Gateway modelliert.

Diese UND-Variante geht davon aus, dass die an den Ereignissen wartenden, übrig bleibenden Sequenzflüsse (Token) durch Terminierungs-Endereignisse abgebrochen werden, wenn eines der drei Ereignisse eintrifft. Es ist richtig, dass Terminierungs-Endereignisse (siehe Typen von Endereignissen) aktive Sequenzflüsse und Aktivitäten abbrechen, allerdings kommt es hier auf den Zeitpunkt an. Beim ereignisgesteuerten Gateway werden alle aktiven Sequenzflüsse mit Eintreten des Ereignisses sofort abgebrochen (Token konsumiert), bei der UND-Variante erst später beim Erreichen des Terminierungs-Endereignisses. Unterstellen wir, dass in unserem Fall das Angebot angenommen wird. Dann folgt das Anlegen des Kundenauftrags und in der Realität weitere Aktivitäten, die im Beispiel nicht modelliert wurden, bevor das Endereignis „Auftrag wird realisiert" mit Abbruch der wartenden Sequenzflüsse erreicht wird. In der Zwischenzeit könnte aber das Timer-Zwischenereignis „14 Tage vergangen“ eintreten und das Terminierungs-Endereignis den gesamten Prozess vorzeitig abbrechen. Daher ist diese Modellierung bei genauer Interpretation der Semantik falsch. Dies mag als Fehler tolerabel erscheinen, wenn es nur um die Visualisierung des Prozesses geht. Bei automatisierten Prozessen funktioniert diese Modellierung auf jeden Fall nicht.

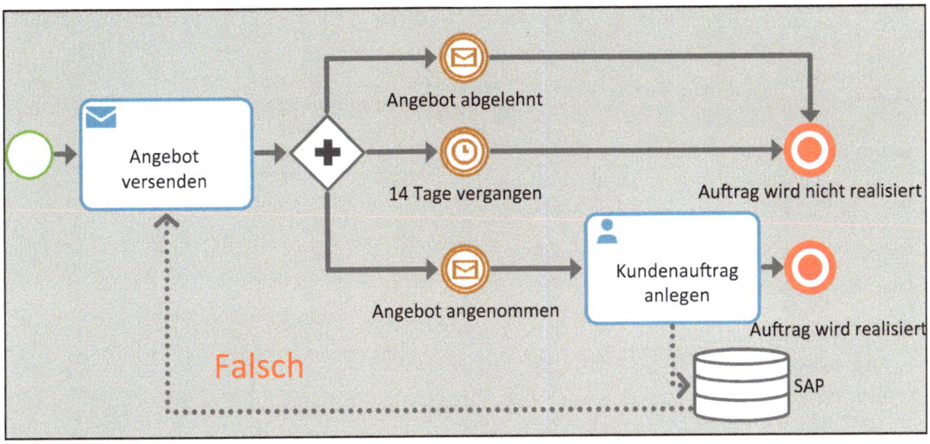

Bild 61 Falsche Alternativmodellierung mit UND-Gateway

Ereignisgesteuertes Gateway prozessauslösend

Ereignisgesteuerte Gateways können am Anfang eines Prozesses stehen und sind dann wie Startereignisse prozessauslösend (instanziierend). Es stehen dazu die ereignisgesteuerten Gateways in der exklusiven und parallelen Variante zur Verfügung (Symbole in Bild 62).

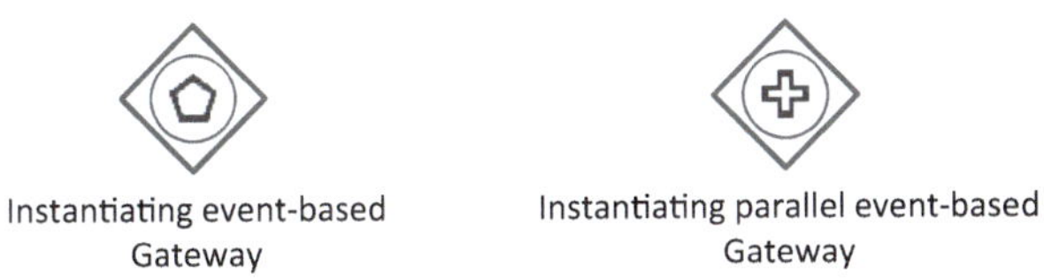

Bild 62 Symbole für prozessauslösende Gateways

Die Gateway-Konfiguration entspricht der Modellierung, wie sie unter dem Stichwort ereignisgesteuertes Gateway beschrieben wird, d. h. Gateway und Ereignisse gehören logisch zusammen.

- **Exklusiv:** Wenn eines der Ereignisse eintritt, wird der Prozess gestartet.
- **Parallel:** Beide Ereignisse müssen eintreten, damit der Prozess gestartet wird.

Es wird jeweils eine Instanziierung gestartet. Nach dem Token-Konzept heißt das, dass im exklusiven Fall ein Token ausgelöst wird, im parallelen Fall zwei Token, die an den empfangenden Ereignissen bis zum Eintritt der Bedingung warten. Beispiele dafür sind in Bild 63 dargestellt.

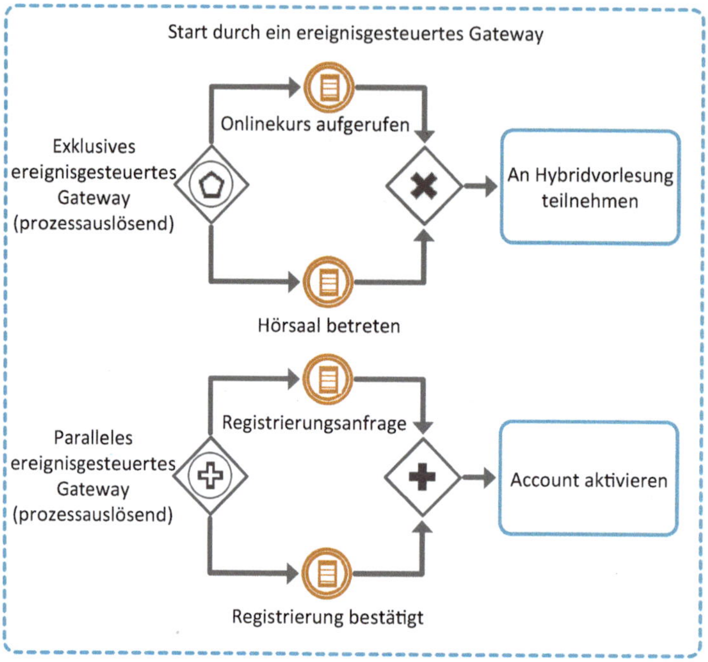

Bild 63 Beispiele für prozessauslösende Gateways

Der obere Fall in Bild 63 könnte auch durch ein Modell wie in Bild 64 umgesetzt werden.

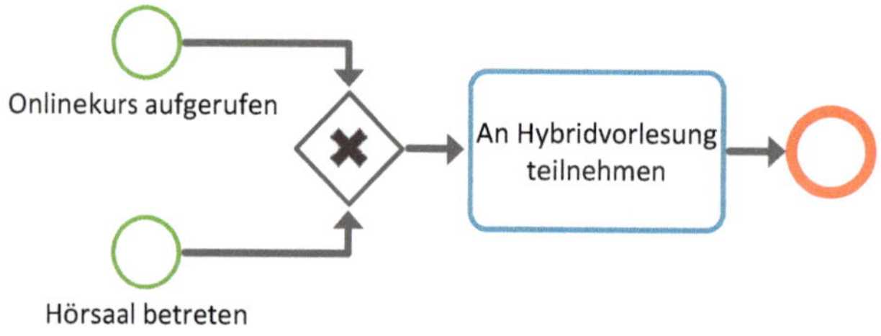

Bild 64 Alternative für ein prozessauslösendes Gateway durch Startereignisse

Die in Bild 64 gezeigte Variante mit Startereignissen ist genauso gut, für den ungeübten Leser sogar transparenter. Der Prozess wird entweder durch „Onlinekurs aufgerufen" oder „Hörsaal betreten" instanziiert.

Der Fall unten in Bild 63 ist nicht so leicht durch Startereignisse zu ersetzen. Die Modellierung in Bild 65 bildet den Prozess nicht korrekt ab.

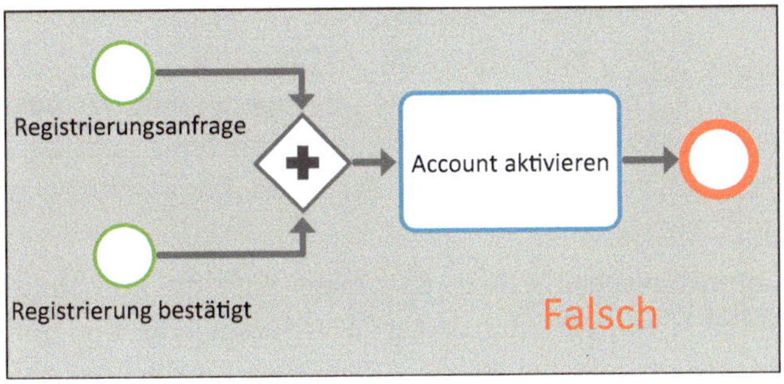

Bild 65 Fehlerhafte Alternativmodellierung für ein paralleles prozessauslösendes Gateway

Der in Bild 65 gezeigte Prozess kann nicht funktionieren, da hier zwei Instanziierungen notwendig wären, um den Prozess am parallelen Gateway fortzusetzen. Das ist aber nicht möglich, da beide Instanzen nicht korreliert sind und demnach Registrierungsanfrage und Registrierungsbestätigung nicht zusammengehören. Dieses Modell ist daher zwar syntaktisch korrekt, aber semantisch falsch.

Hier kommt als Alternative zum parallelen ereignisgesteuerten Gateway nur das parallele mehrfache Startereignis mit Beschreibung der Bedingungen über den Namen oder einen Textzusatz infrage (Bild 66).

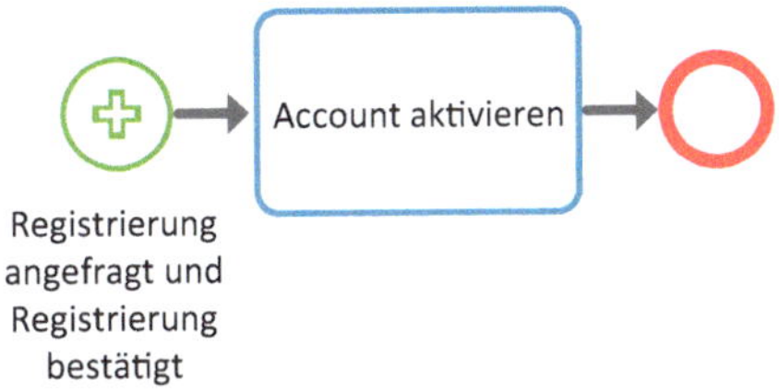

Bild 66 Alternativmodellierung für ein paralleles prozessauslösendes Gateway mit einem parallelen mehrfachen Startereignis

Erweiterung

Erweiterung *(extensibility)* ist ein Mechanismus, der es toolspezifisch ermöglicht,

- Elemente um Daten (Attribute, *properties*) zu erweitern oder
- neue Elemente oder Artefakte hinzuzufügen.

Die BPMN-Spezifikation sieht ausdrücklich solche Erweiterungen unter Beibehaltung des BPMN-Kerns vor. Es gibt allerdings einige Einschränkungen zu berücksichtigen:

Die in der BPMN-Spezifikation definierte Semantik der Elemente darf nicht verändert werden. Das grundsätzliche „Look-and-feel" eines BPMN-Modells muss erhalten bleiben. Die BPMN-Ziele der einfachen und toolunabhängigen Verständlichkeit beim Lesen der Diagramme durch BPMN-kundige Geschäftsanwender und -analytiker soll erhalten bleiben.

Das Konzept der Erweiterung ist so spezifiziert, dass die Interoperabilität mit Austausch von Modellen zwischen unterschiedlichen, BPMN-konformen Tools garantiert wird. Dies wird durch ein von den Erweiterungen nicht berührtes Austauschformat umgesetzt.

Erweiterungen ermöglichen branchenspezifische Anpassungen oder die Aufnahme von Modelldaten, die über den BPMN-Umfang hinausgehen. Sie können als optional oder obligatorisch *(mandatory)* gekennzeichnet werden. Dies spielt für die über den Standard hinausgehende Konformität der Tools eine Rolle. Durch obligatorische Erweiterungen wird ein neuer Konformitätslevel definiert. Ein Tool ist dann konform *(compliant)* mit einem anderen Tool, wenn es die obligatorischen Erweiterungen verarbeiten kann.

Als Beispiel für Erweiterungen seien hier die Themen „Schwachstellenanalyse", „Prozesskennzahlen (KPIs = *Key Performance Indicators*)", „Risikomanagement", „Stakeholdermanagement" oder technische Daten für die Systemimplementierung genannt. Damit wird das Ziel verfolgt, alle für die Modellierung relevanten Informationen (Diagramme und Daten) an einer Stelle verwalten und im Zusammenhang auswerten zu können.

Beispiel: Telefonische Bestellung mit Erweiterungen

In einem Ist-Prozess, der den Ablauf einer telefonischen Bestellung in einem Buchladen modelliert, gibt es die Aufgabe „Buch extern bestellen". Als Erweiterung sind zu dieser Aufgabe Daten zum Risikomanagement erfasst, hier im Beispiel das Risiko „Kundenunzufriedenheit" und das Risiko „Lange Lieferzeit" mit der Kritikalität „normal" und einem beschreibenden Text.

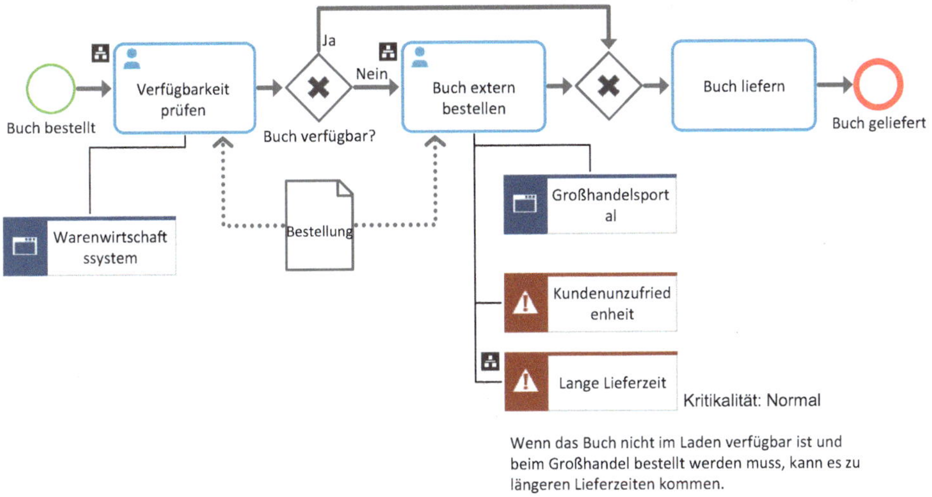

Bild 67 Ist-Prozess einer telefonischen Bestellung im Buchladen mit Erweiterungen

Im Beispiel in Bild 67 sind neben den Risikodaten auch die Elemente zur Modellierung der Systeme „Warenwirtschaftssystem" und „Großhandelsportal" Erweiterungen, wobei nicht nur zusätzliche Daten zu einem Standardelement definiert worden sind, sondern auch ein neues grafisches Element „IT-System" eingeführt wurde.

Dabei ist zu beachten, dass bei einer möglichen Übernahme des Prozessmodells in ein anderes Tool diese Erweiterungen **nicht** übernommen werden, da sie kein Teil des standardisierten Austauschformats sind. Es fehlen dadurch nicht nur Modelldaten, sondern auch möglicherweise zum Verständnis des Diagramms notwendige Informationen (hier: welches Anwendungssystem genutzt wird).

Der in Aris modellierte Prozess sieht nach Übergabe an Camunda über das Austauschformat wie in Bild 68 dargestellt aus. Beim Export mit Erstellen des BPMN-Austauschformats werden entsprechende Warnungen ausgegeben, wenn Elemente verwendet wurden, die nicht Standard sind.

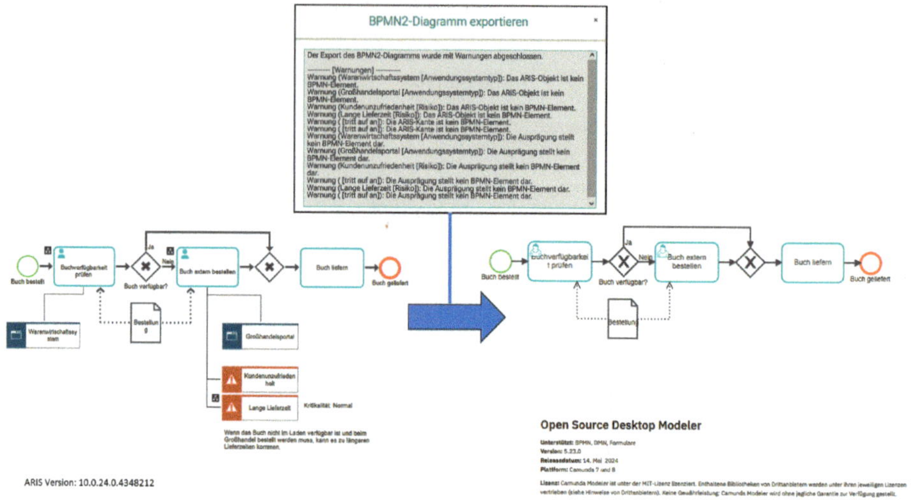

Bild 68 Export/Import von BPMN-Modellen

Wenn der Modellaustausch zwischen unterschiedlichen Tools innerhalb eines Modellierungsprojekts häufiger vorkommt oder z. B. in einem internationalen Umfeld zwingend ist, sollte zumindest auf Erweiterungen der Symbolpalette verzichtet werden. Im konkreten Fall kann anstelle des toolspezifischen IT-Symbols auch der Datenspeicher verwendet werden.

Exklusives Gateway

Ein exklusives Gateway – auch Entweder-Oder-Gateway (XOR-Gateway) genannt – wird durch eine Raute mit oder ohne „X" dargestellt (Symbol in Bild 69).

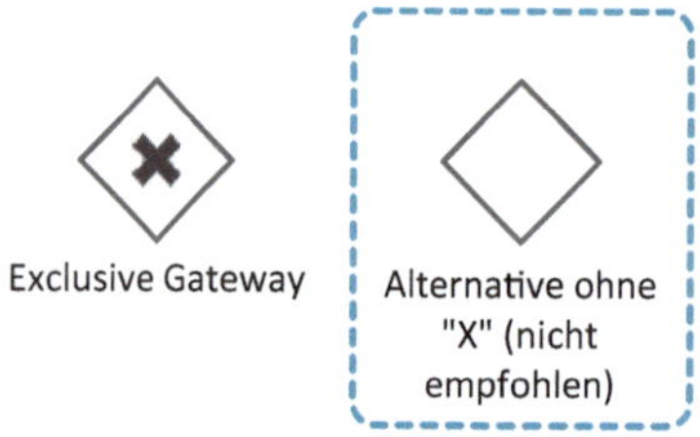

Bild 69 Symbol für das exklusive Gateway

Die beiden Alternativen dürfen in einem Diagramm nicht gemischt eingesetzt werden. Die Nutzung des Symbols ohne „X" wird nicht empfohlen (aus historischen und Kompatibilitätsgründen noch vorhanden).

Ein exklusives Gateway wird bei alternativen Abläufen genutzt, um den Sequenzfluss aufzuteilen *(split)*. Nur ein Fall kann auftreten. Dies sollte durch eine Beschriftung dokumentiert werden. Ein guter Stil ist es, die Entscheidung als Frage zu formulieren (die Frage ist dann der Name des Gateways) und die Alternativen als Kantenrolle zu benennen, wie in Bild 70 gezeigt. Schleifen und Rücksprünge werden in der Regel über exklusive Gateways modelliert. Wird das Gateway als zusammenführendes *(merge)* Gateway eingesetzt, wird der Prozess nach dem Gateway fortgesetzt, sobald der Prozess das Gateway erreicht. Eine Benennung des zusammenführenden Gateways ist nicht notwendig.

Im Token-Konzept läuft ein Token durch das aufteilende Gateway entsprechend der Entscheidung in der davor liegenden Aktivität und durch das zusammenführende Gateway, sobald es erreicht wird. Gateways können auch miteinander verkettet werden, wie in Bild 70 zu sehen.

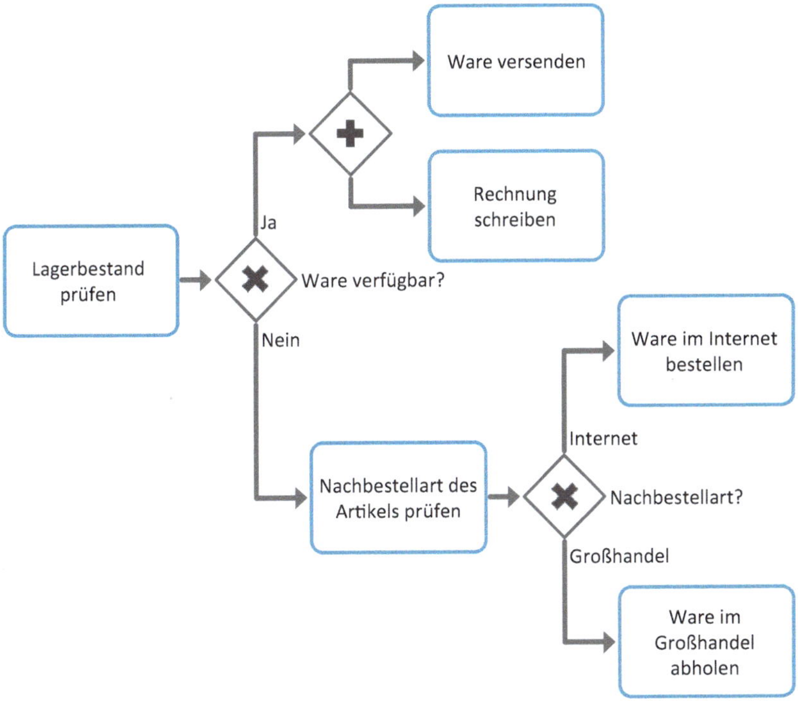

Bild 70 Beispiel für den Einsatz des exklusiven Gateways und Verkettung von Gateways

Nach dem exklusiven Gateway mit der Frage „Ware verfügbar" und den Entscheidungen „Ja" oder „Nein" wird im Ja-Fall zusätzlich ein paralleles Gateway eingesetzt, um zu modellieren, dass der Versand der Ware und das Schreiben der Rechnung parallel erfolgt. Eine Aktivität zur Entscheidung über den weiteren Ablauf ist nicht notwendig, da der Prozess über alle ausgehenden Pfade des parallelen Gateways fortgesetzt wird.

F

Flussobjekte

Flussobjekte *(flow objects)* sind eine Kategorie der Elemente, durch die das Kollaborationsdiagramm bzw. das Prozessdiagramm beschrieben wird. Es sind die Knoten in einem Diagramm:

- Ereignis *(event)*
- Aktivität *(activity)*
- Gateway

Die Flussobjekte werden über Sequenzflüsse miteinander verbunden und bilden dadurch BPMN-Diagramme als gerichtete Graphen.

Eine Übersicht ist in Bild 71 zusammengestellt.

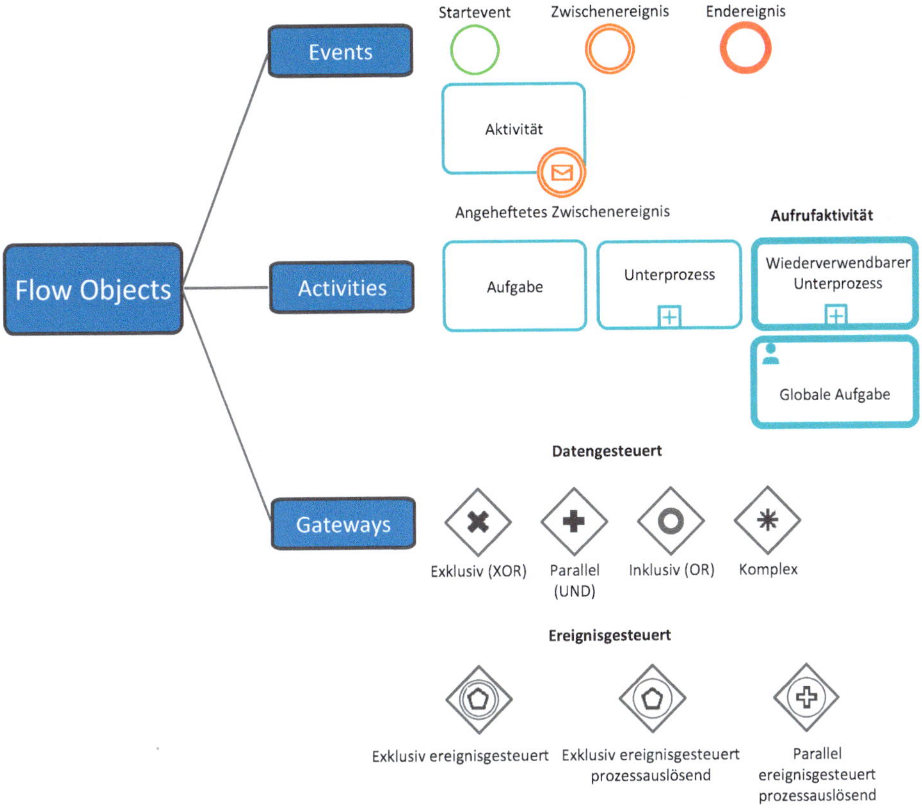

Bild 71 Übersicht über die Flussobjekte

G

Gateway

Das Gateway dient innerhalb des Prozesses zur Verzweigung und Zusammenführung von Sequenzflüssen. Man unterscheidet datengesteuerte und ereignisgesteuerte Gateways. Bei datengesteuerten Gateways wird durch eine vor dem Gateway liegende Aktivität entschieden, welche Sequenzflüsse durchlaufen werden. Bei ereignisgesteuerten Gateways wird die Entscheidung durch von außen gesteuerte Ereignisse getroffen.

Gateways sind BPMN-Elemente der Kategorie Flussobjekte, wie die Aktivitäten und Ereignisse.

Bei den Gateways werden unterschiedliche Typen unterschieden, wie in Bild 72 in der Übersicht dargestellt.

- Exklusives Gateway (XOR), Variante ohne Kreuz wird nicht empfohlen
- Paralleles Gateway (UND/AND)
- Inklusives Gateway (ODER/OR)
- Komplexes Gateway
- Ereignisgesteuertes Gateway
- Ereignisgesteuertes Gateway prozessauslösend

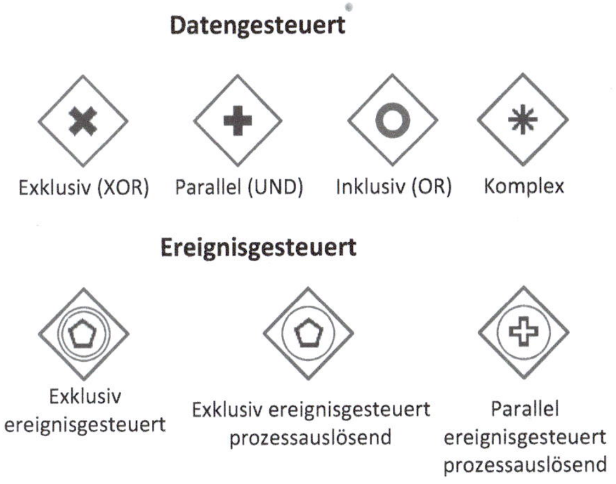

Bild 72
Übersicht über die Typen von Gateways

Gateways teilen *(split, fork)* den Sequenzfluss auf oder führen ihn zusammen *(join, merge)*. Die BPMN-Spezifikation unterscheidet sprachlich zwischen:

- Aufteilen *(split)* = Aufteilen eines Sequenzflusses in ein oder mehrere Sequenzflüsse
- Aufteilen *(fork)* = Aufteilen eines Sequenzflusses durch ein paralleles Gateway
- Synchronisieren *(join)* = Synchronisieren der Sequenzflüsse nach einem Aufteilen *(fork)* durch ein paralleles Gateway
- Zusammenführen *(merge)* = Zusammenführen der Sequenzflüsse nach einem Aufteilen durch ein exklusives Gateway oder ein inklusives Gateway

Beim Aufteilen hat das Gateway einen Eingang und zwei oder mehrere Ausgänge, beim Join/Merge hat das Gateway zwei oder mehrere Eingänge und einen Ausgang. Nach einem aufteilenden Gateway sollte in der Regel der gleiche Gatewaytyp für die Synchronisation bzw. Zusammenführung verwendet werden, ansonsten kann es zu Blockaden kommen. Gateways können auch verkettet werden.

Hinweis: Es hat sich durchgesetzt, den englischen Begriff „Gateway" nicht zu übersetzen, da es mehr ist als ein Tor, eine Einfahrt oder eine Durchfahrt. Als Begriff der EDV ist er im Duden als Substantiv, Neutrum aufgenommen worden. Wir sagen also „das" Gateway und nicht „der" Gateway.

Geschäftsprozessanalyse

Die Geschäftsprozessanalyse ist Teil des Geschäftsprozessmanagements (GPM) oder Business Process Managements (BPM) und umfasst nachfolgende Schritte.

1. Analyse der Ist-Situation

Gibt es neue Ziele in der Organisation basierend auf einer veränderten Vision („was will die Organisation langfristig erreichen")? Gibt es eine neue oder veränderte Strategie in der Organisation? Kann die Mission („welches Versprechen gibt die Organisation gegenüber ihren Kunden") nicht mehr erfüllt werden? Gibt es im Umfeld der Organisation neue politische, soziale, technologische oder vertriebliche Anforderungen? Gibt es innerhalb der Organisation kulturelle (Führungs-, Unternehmenskultur), personelle (Fluktuation, Wissensverlust, fehlendes Know-how), organisatorische (Zukäufe, Fusion, Expansion) oder technologische (IT, Maschinen, Robotik, Automatisierung) Defizite oder Anforderungen zur Optimierungen?

All dies sind Fragestellungen in der Ist-Analyse, die nicht nur allgemein beantwortet werden sollten, sondern je nach Ziel und Zielgruppe bis in das kleinste Detail auf der Ebene von Arbeitsabläufen analysiert werden müssen. Dabei hilft die Geschäftsprozessmodellierung mit BPMN und der richtigen Methode. Die Prozessaufnahme kann dabei konventionell in Form von Dokumentenanalyse, Interviews und Workshops aber auch durch IT-unterstützte Verfahren wie Process Mining mit automatischer Analyse vorhandener Transaktionen und Daten erfolgen.

2. Analyse der Schwachstellen

Mit der Ist-Analyse eng zusammenhängend ist die Schwachstellenanalyse. Häufig sind der Ausgangspunkt von Prozessmaßnahmen nicht neue Ziele sondern Schwachstellen. Schwachstellen müssen analysiert und klassifiziert werden. Was ist die tatsächliche Ursache des Problems („root cause analysis")? Wie lässt sich das Problem einordnen? Nicht jede Schwachstelle ist kritisch und muss sofort behoben werden.

3. Maßnahmen und Soll-Konzept

Je nachdem, ob man sich nach der Ist-Analyse zu einem radikalen Neuanfang, also einem „disruptiven" Ansatz entscheidet, der alles Vorhandene infrage stellt, oder ob einzelne Schwachstellen durch Optimierungsmaßnahmen behoben werden können, ist das Vorgehen unterschiedlich.

Bei der Optimierung versucht man einzelnen Teile des Prozesses zu verbessern. Hier kommen auch Ansätze der „generativen KI" zum Einsatz.

Beim Neuanfang, auch „Business Process Reengineering" genannt, kann der Prozess ...

... auf dem „leeren Zeichenblatt" neu entworfen werden, d. h. Input und gewünschten oder notwendigen Output bestimmen und alle Aktivitäten, die von Input zu Output führen, radikal neu und ökonomisch in der logisch minimalen möglichen Form „konstruieren“ (ohne Vorbelastung, wie bisher!).

... nach dem „best practice“-Ansatz realisiert werden, d. h. basierend auf Erfahrungen anderer Organisationen oder in der Literatur verfügbarer Referenzprozesse den Prozess entsprechend den Besonderheiten und Stärken der eigenen Organisation aufstellen.

Referenzprozesse werden oft von Softwareherstellern von Geschäftsprozessanwendungen zusammen mit ihren Systemen angeboten. Es geht bei der Einführung dieser Standardsoftware selten darum, den Referenzprozess eins zu eins zu übernehmen, sondern als Vorlage zu verwenden und ihn so zu modifizieren, dass das spezifische Know-how und alle Anforderungen, die die Organisation von Mitbewerbern unterscheidet, berücksichtigt werden.

4. Kennzahlenmanagement

Im Rahmen der skizzierten Vorgehensweise ist es sinnvoll, wenn nicht sogar zwingend, dass Kennzahlen *(KPI = Key Performance Indicator)* definiert werden, die die Zielerreichung des Prozesses beschreiben. Dies können qualitative (hohe Kundenzufriedenheit) oder besser quantitative Ziele (Umfrageergebnis der Kundenzufriedenheit verbessert sich von 3,4 auf 8,9 Punkte, Ergebnisverbesserung um 3 %) sein, die beim laufenden Prozesse kontinuierlich im Ist gemessen und mit dem Soll verglichen werden. So kann durch das Qualitätsmanagement rechtzeitig eingegriffen werden, um den Prozess zu korrigieren und weiter zu optimieren.

Geschäftsprozessanwendung

Geschäftsprozessanwendungen sind spezielle IT-Systeme, die betriebswirtschaftliche Prozesse bis hin zur (Teil-)Automatisierung unterstützen.

- Sie haben Benutzerschnittstellen, Ausführungslogik, Programmschnittstellen, Datenhaltung.
- Sie haben bidirektionale Schnittstellen zu Maschinensteuerungen und verarbeiten insbesondere die dort über Sensoren anfallenden Daten (IoT).

Aus **Entstehungssicht** können sie nach den Kategorien Standardsoftware, individual entwickelte Software oder Mischformen unterteilt werden.

Aus **funktionaler Sicht** unterscheidet man zum einen Anwendungen, die für den einzelnen Geschäftsprozess optimiert sind und die über Schnittstellen (z. B. Webservices) interagieren („lose Kopplung“). Zum anderen gibt es die integrierten, prozessübergreifenden Systeme mit einer gemeinsamen Datenbank („starke Kopplung"). Zu dieser Kategorie gehören typischerweise die ERP-Systeme (Enterprise Resource Planning), aber auch CRM, SRM, PLM, CAD.

Aus **Betriebssicht** lassen sich die Kategorien On-Premises, Hosting, Cloud und Edge unterscheiden mit beliebigen Kombinationen und Mischformen.

Geschäftsprozessmanagement

Die Komponenten des Geschäftsprozessmanagements (GPM), auch häufig Business Process Management (BPM) genannt, werden in Bild 73 gezeigt. Die Geschäftsprozessanalyse der Ist- und Soll-Situation mit Modellierung über ein BPMN-Modell und Visualisierung über BPMN-Diagramme ist ein zentraler Bestandteil. Welche Vision hat die Organisation und welche Strategie leitet sich daraus ab? Wie sehen die Prozesse im Ist aus und wie sollen sie zukünftig aussehen, damit die Strategie optimal umgesetzt wird? Was kann automatisiert werden?

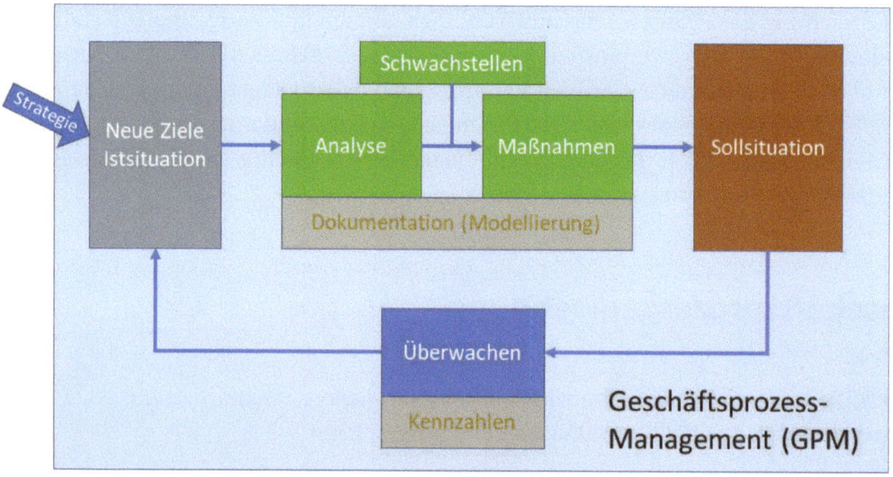

Bild 73 Vorgehen beim Geschäftsprozessmanagement

Ausgehend von der Strategie und den Zielen des Unternehmens erfolgt im ersten Schritt eine Ist-Prozessanalyse mit Erhebung und Dokumentation der Ist-Prozesse, die von automatischen Datenanalysen (Process Mining) unterstützt werden kann. Auf Basis dieser Erhebung werden im zweiten Schritt die Schwachstellen ermittelt, dokumentiert und hinsichtlich ihrer Kritikalität bewertet. Im dritten Schritt werden Maßnahmen zur Behebung der Schwachstellen und weitere Verbesserungspotenziale erarbeitet. Dies ist schon Teil der Soll-Prozessanalyse, die im vierten Schritt zum

Soll-Prozess führt. Ist-Prozess und Soll-Prozess werden neben einer textuellen Beschreibung hauptsächlich durch BPMN-Diagramme dokumentiert. Nach Implementierung des Soll-Prozesses, in der Regel über eine Geschäftsprozessanwendung, folgt die Überwachung des laufenden Betriebs anhand von Kennzahlen, die aus Strategie und Zielen und im Detail aus der Soll-Prozess-Implementierung definiert werden müssen. Sollten hier Abweichungen auftreten, die nicht akzeptabel sind, müssen diese wiederum analysiert und behoben werden. Damit schließt sich der Kreis des Geschäftsprozessmanagements.

Prozesse können auch teil- bzw. vollautomatisiert werden. Die Modellierung der Prozesse kann dabei über die visuelle Darstellung durch Diagramme hinaus die technischen Grundlagen legen. Die mit BPMN erstellten Modelle laufen dazu als Workflows in einer Ausführungsumgebung ab.

Globale Aufgabe

Eine globale Aufgabe ist eine wiederverwendbare Aufgabe. Sie wird innerhalb eines Prozesses über eine Aufrufaktivität aufgerufen. Das Symbol ist wie in Bild 74 zu sehen definiert.

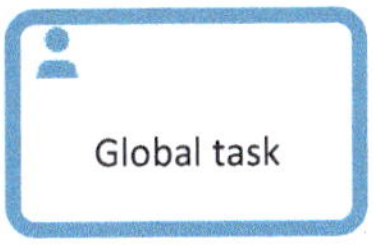

Bild 74
Symbol für die globale Aufgabe

Die globale Aufgabe muss typisiert und kann markiert werden. Es sind nur die Typen Benutzer, Manuell, Skript und Geschäftsregel erlaubt (s. a. Typen von Aufgaben). Bei den Markierungen gibt es gegenüber den Aufgaben keine Einschränkungen (Markierung von Aktivitäten).

Die Nutzung der globalen Aufgabe ist nur in ausführbaren Modellen sinnvoll. In Diagrammen bietet sich, soweit eine Toolunterstützung vorliegt, die Nutzung eines Repositorys (Verzeichnisses) an, in dem Elemente zur Wiederverwendung mit ihren Attributen gespeichert werden.

Gruppe

Die Gruppe *(group)* gehört zu den BPMN-Elementen der Kategorie Artefakte. Es ist ein visuelles Element, welches inhaltlich zusammenhängende Elemente (auch Pool-übergreifend) gruppiert. Die Gruppe dient lediglich dem besseren Verständnis des Modells ohne Auswirkung auf die Ablauflogik. In Bild 75 wird ein Beispiel gezeigt, in dem die zur Rechnungsprüfung gehörenden Aufgaben durch eine Gruppe zusammengefasst werden.

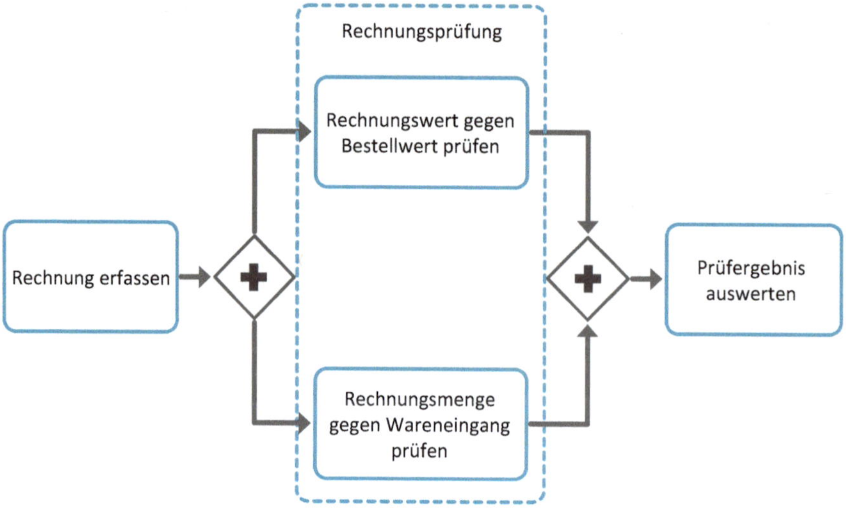

Bild 75 Einsatz der Gruppe „Rechnungsprüfung", um zur Rechnungsprüfung gehörende Aufgaben zusammenzufassen

Die Gruppe darf nicht mit dem Unterprozess verwechselt werden. Insbesondere sieht ein Ereignis-Unterprozess mit dem gestrichelten Rand ähnlich aus.

H

Hauptprozess

Bei umfangreichen Modellierungsprojekten gehört es zu den Aufgaben, dass die Modelle strukturiert werden. Dies erfolgt in der Regel über eine Hierarchisierung. Der übergeordnete Prozess auf der obersten Ebene ist der **Hauptprozess**, von dem aus die nächsten Ebenen über eingebettete Unterprozesse aufgerufen werden. Dadurch entstehen mehrere Prozessebenen (Bild 76).

Der Hauptprozess ist oftmals auch der End-to-End-Prozess einer Wertschöpfungskette eines Unternehmens.

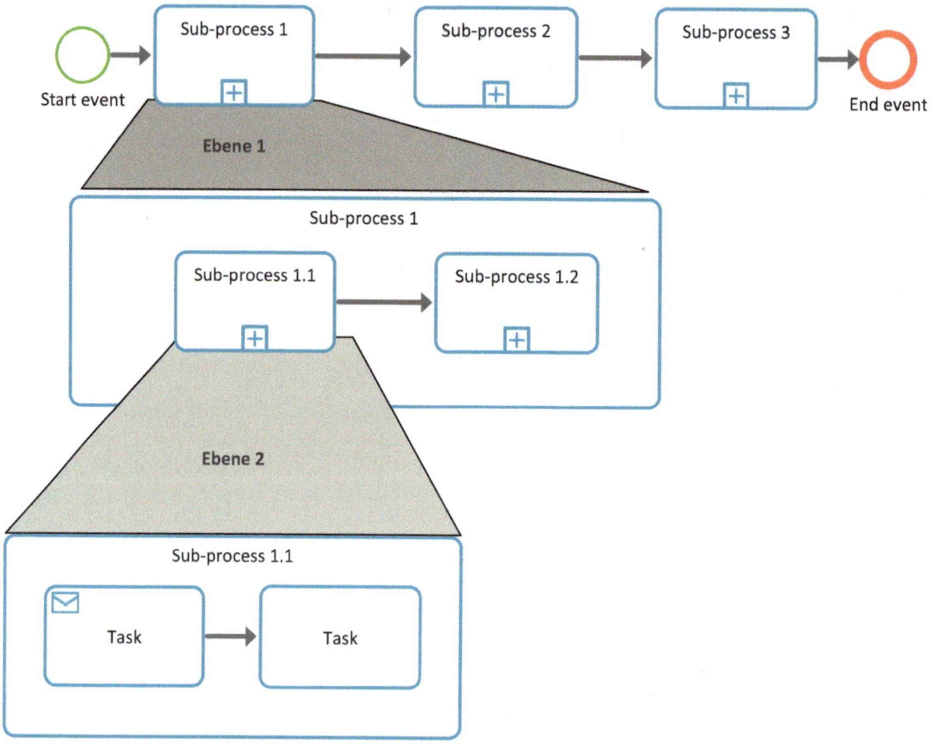

Bild 76 Hierarchisierung von Prozessen mit dem Hauptprozess als Wertschöpfungskette

Hierarchisierung

Unter Hierarchisierung oder hierarchischer Modellierung wird Folgendes verstanden:

- Modellierung erfolgt ausgehend von einem Hauptprozess in mehreren Prozessebenen unter Verwendung von Unterprozessen (Typ: eingebetteter Unterprozess) oder wiederverwendbaren Unterprozessen oder Transaktions-Unterprozessen.
- Als grobe Richtlinie gilt, dass jede Prozessebene in lesbarer Form auf einem DIN-A4-Blatt ausdruckbar sein sollte.
- Die oberste Ebene zeigt den vollständigen End-to-End-Prozess (Hauptprozess).
  - Aktivitäten werden hauptsächlich durch Unterprozesse in der reduzierten *(collapsed)* Form dargestellt.
  - Beziehungen zwischen den Aktivitäten werden deutlich durch die wesentlichen Instanzen.

  - Daten/Belegfluss werden abgebildet.
  - Wesentliche Beziehungen zu den Kollaborationspartnern werden deutlich unter Nutzung von Pools und Nachrichtenflüssen.
  - Auslösende Geschäftsvorfälle (Startereignisse) und der Status des Prozessendes mit einem oder mehreren Endereignissen werden sichtbar.
  - Dieser Hauptprozess wird häufig auch „big picture“ genannt.
- Unterprozesse werden in separaten BPMN-Diagrammen dargestellt.
  - Bezug zu den Unterprozessen erfolgt durch einen aussagefähigen, eindeutigen Namen als Verbindung zum End-to-End-Prozess. Auch bei BPM-Tools, die eine interne bidirektionale Verlinkung (down-up) ermöglichen, sind übereinstimmende Beschriftungen für das Verständnis und für einen möglichen Ausdruck (print oder PDF) wichtig.
  - Die gewünschten Details mit den durch Sequenzflüsse verbundenen Aktivitäten, Ereignissen und Gateways werden modelliert. Es können abhängige oder unabhängige Unterprozesse verwendet werden.
  - Abhängige Unterprozesse werden als eingebettete Unterprozesse realisiert. Zusätzliche Lanes oder Pools sind nicht erlaubt, da diese vom aufrufenden Prozess vererbt werden.
  - Unabhängige Unterprozesse mit zusätzlichen Verantwortlichen (zusätzliche Lanes) und Kollaboration mit Partnern (zusätzliche Pools), die im aufrufenden Prozess nicht so detailliert dargestellt worden sind, können durch wiederverwendbare Unterprozesse realisiert werden.
- Außerdem ist zu beachten:
  - Aktivitäten zum übergeordneten Prozess werden nicht wiederholt, es sei denn, es ist für das Verständnis der Anbindung an den aufrufenden Prozess zwingend notwendig (siehe Unterprozess).
  - Weitere Verschachtelung (Unterprozess ruft weiteren Unterprozess auf) ist möglich, insbesondere bei Prozessabläufen, die kritisch in Bezug auf mögliche Schwachstellen im Ist-Prozess oder kritisch bei weitgehenden Veränderungen im Soll-Prozess sind. Auch eine Differenzierung zwischen fachlicher und technischer Sicht (IT-Themen im Unterprozess gegenüber der Fachabteilung „verstecken“) kann so abgebildet werden.
  - Durch zu tiefe Verschachtelung kann die Übersichtlichkeit leiden.

I

Inklusives Gateway

Ein inklusives Gateway – auch ODER-Gateway (OR) genannt – wird durch das Symbol in Bild 77 dargestellt.

Bild 77
Symbol für das inklusive Gateway

Das inklusive Gateway wird eingesetzt, wenn nach dem aufteilenden *(split)* Gateway der Prozess über ein oder mehrere Sequenzflüsse fortgesetzt werden kann. Dies folgt der ODER-Logik. Bei der Instanziierung werden je nach Geschäftsvorfall die Sequenzflüsse (einer oder mehrere) unabhängig voneinander durchlaufen. Ein Beispielprozess einer Bewerbung findet sich dazu in Bild 78.

Nach Prüfung der Bewerbungsunterlagen wird festgestellt, dass entweder Lebenslauf, Zeugnisse oder Referenzen fehlen. Da auch mehreres fehlen kann (also Zeugnis und Lebenslauf oder Zeugnis und Referenzen oder Bewerbung ohne Unterlagen usw.) ist hier die ODER-Logik mit dem inklusiven Gateway die korrekte Modellierung. Beim Zusammenführen *(merge)* von Sequenzflüssen am inklusiven Gateway wird der Prozess nach dem Gateway erst fortgesetzt, wenn alle ausgelösten Durchläufe (einer oder mehrere) am Gateway angekommen sind. Es handelt sich daher um eine Synchronisation wie bei einem parallelen Gateway.

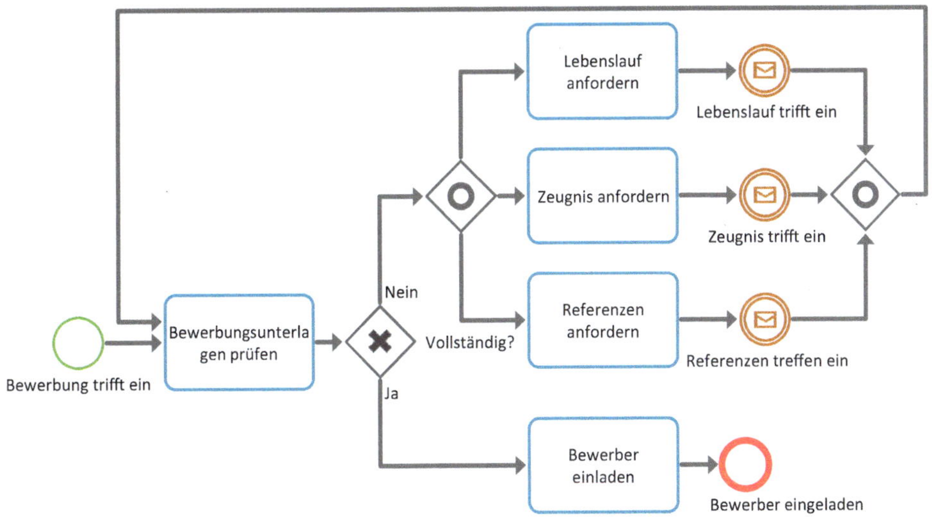

Bild 78 Bewerberprozess mit inklusiven Gateways

Im Token-Konzept heißt das, dass im aufteilenden Gateway entsprechend der Situation (Entscheidung/Status) in der davorliegenden Aktivität ein oder mehrere Token generiert werden. Erst wenn alle Token am synchronisierenden Gateway angekommen sind, werden sie verschmolzen und ein Token läuft im Prozess weiter. Also wenn Lebenslauf und Referenzen fehlen, werden am Gateway 2 Token generiert und beide Aufgaben „Lebenslauf anfordern" und „Referenzen anfordern" ausgeführt. Der Prozess wartet an den Zwischenereignissen. Der Lebenslauf trifft ein, der Token wandert zum Gateway und wartet dort. Etwas später treffen Referenzen ein, der Token wandert zum Gateway. Da keine weiteren Token generiert wurden, wird der Prozess jetzt mit einem Token fortgesetzt und die Bewerbungsunterlagen können geprüft werden.

Es gibt einen Sonderfall:

Wenn aufgrund von exklusiven Gateways der Durchlauf zwar vom aufteilenden inklusiven Gateway ausgelöst wurde, aber das zusammenfassende Gateway nicht mehr erreichen kann, wird der Prozess ohne diesen fortgesetzt. Das synchronisierende inklusive Gateway analysiert laufend den Prozessverlauf, um zu entscheiden, wann die Bedingung für das Fortsetzen des Prozesses erfüllt ist. Das wird am besten durch ein Beispiel verständlich (Bild 79).

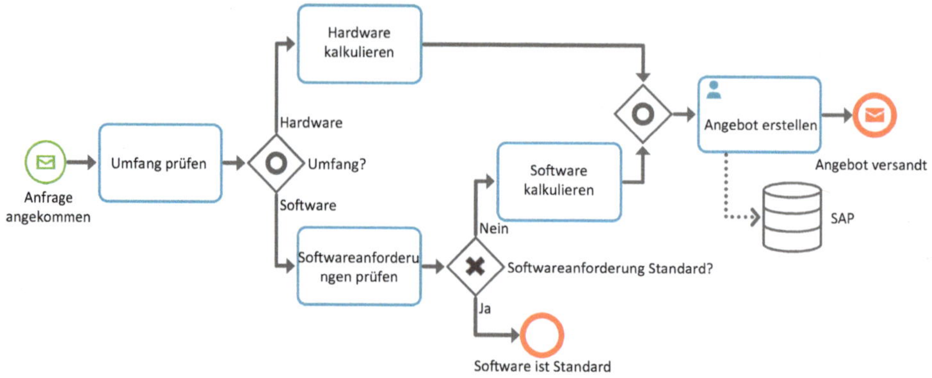

Bild 79 Anfrageprozess mit inklusiven Gateways

Bei dem Anfrageprozess in Bild 79 geht es um ein Systemhaus, das Hardware und Programmierung anbietet, aber keine Standardsoftware. Beim „Umfang prüfen“ wird entschieden, ob Hardware oder Software oder beides zum Umfang der Anfrage gehört. Wenn sowohl Hardware als auch Software angefragt wurde, sich aber beim „Softwareanforderungen prüfen“ herausstellt, dass die Softwareanforderungen durch ein Standardsystem abgedeckt werden können und daher keine weitere Softwarekalkulation erfolgt, kann nur ein Durchlauf am zusammenfassenden inklusiven Gateway ankommen, obwohl zwei ausgelöst wurden. Trotzdem bleibt der Prozess am inklusiven Gateway nicht stehen, sondern wird mit „Angebot erstellen“ fortgesetzt.

Diesen Ablauf kann man sich im Token-Konzept so vorstellen: Entsprechend der ODER-Logik werden beim Aufteilen ein oder zwei Token generiert, die unabhängig voneinander durch den Prozess laufen. Werden die Sequenzflüsse durch ein inklusives Gateway wieder zusammengefasst, läuft der Prozess weiter, wenn alle noch im Prozess existierenden Token das Gateway erreicht haben.

Instanz

Eine Instanz ist eine spezifische Ausprägung eines Geschäftsprozesses bezogen auf einen Geschäftsvorfall.

Der Geschäftsvorfall kann ein Angebot oder ein Auftrag, aber auch ein kompletter Finanzjahresabschluss sein. Oder es kann sich auch um ein spezifisches Dokument wie eine Rechnung bei einer Rechnungsprüfung handeln. Aufgabe einer Geschäftsprozessmodellierung ist es, alle bezogen auf das Ziel und die Zielgruppe relevanten Varianten eines Prozesses zu modellieren und grafisch darzustellen. Durch einen Geschäftsvorfall wird der Prozess entlang eines Pfades, möglicherweise auch entlang mehrerer Pfade bei parallelen oder inklusiven Gateways, durchlaufen. Die Pfade werden durch Sequenzflüsse realisiert. Dieser Durchlauf ist die Instanziierung eines Prozesses.

In Bild 80 wird eine vereinfachte Rechnungsprüfung gezeigt.

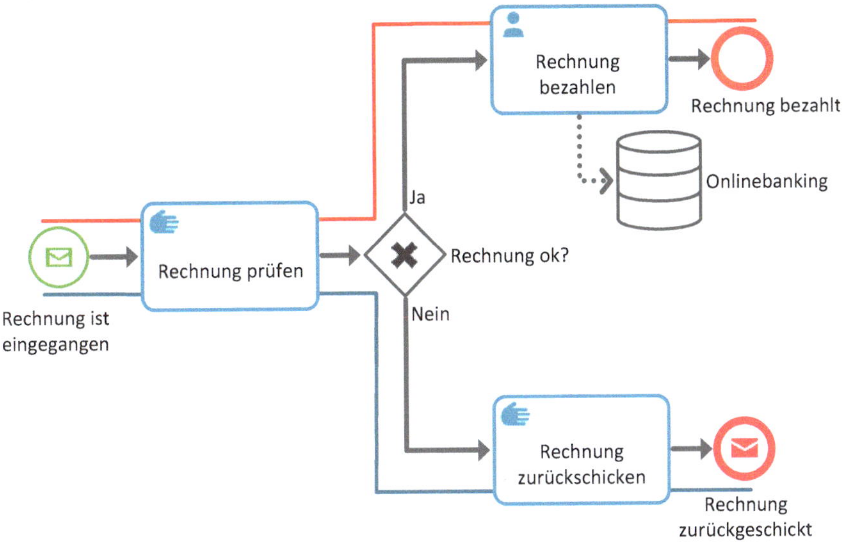

Bild 80 Rechnungsprüfungsprozess mit zwei Instanzen

Im Beispiel in Bild 80 sehen wir zwei Instanzen:

- Roter Pfad mit Geschäftsvorfall „korrekte Rechnung"
- Blauer Pfad mit Geschäftsvorfall „fehlerhafte Rechnung"

Eine Instanz kann den Prozess, aber auch den Unterprozess oder einzelne Aufgaben betreffen (siehe Mehrfachinstanziierung). Die Instanz eines aufrufenden Hauptprozesses kann in einem als Mehrfachaktivität gekennzeichneten Unterprozess dort zu mehreren Instanzen führen. Der Unterprozess wird verlassen, wenn alle internen Instanzen abgearbeitet sind, oder es einen Abbruch gibt (Ausnahme siehe Kompensation). Mehrfachaufgaben haben die gleiche inhaltliche Bedeutung, da sie aber nicht weiter unterteilbar sind (atomar), sind die Instanzen nicht explizit als Prozess sichtbar.

Instanziierung

Instanziierung eines Geschäftsprozesses ist ein spezifischer Durchlauf ausgehend von einem spezifischen Geschäftsvorfall. Der Durchlauf bildet eine Ausprägung oder Instanz des Geschäftsprozesses.

Der Durchlauf startet mit dem Startereignis und ist im einfachen Fall abgeschlossen, wenn das Endereignis erreicht wird. Bei parallelen Abläufen, die durch UND-/ODER-Gateways entstehen, kann auch das Erreichen mehrerer Endereignisse erst zum Prozessende führen. Ein Sonderfall ist dabei, dass durch Erreichen eines „terminierenden Endereignisses“ (siehe Typen von Endereignissen) der Prozess abgebrochen wird, auch wenn parallel laufende Pfade noch nicht beendet worden sind.

In der BPMN-Spezifikation wird zur Veranschaulichung mit dem Token-Konzept gearbeitet. Man kann sich den Geschäftsvorfall oder auch ein Dokument als Token (Marke) vorstellen, der durch den Prozess läuft:

- Beim Startereignis wird ein Token generiert.
- Beim exklusiven Gateway (XOR) verzweigt der Token in eine spezifische Richtung.
- Beim parallelen Gateway (UND) vervielfacht sich der Token entsprechend der Anzahl ausgehender paralleler Pfade. Bei der Zusammenführung der Pfade, z. B. über ein zusammenfassendes *(join)* UND-Gateway, verschmelzen alle Token wieder zu einem Token, bevor der Prozess weiterläuft. Die Aktivitäten in den parallelen Pfaden werden dadurch wieder synchronisiert. Es müssen alle ausgelösten Token das Gateway erreichen. Anderenfalls stoppt der Prozess, und es entsteht eine Blockade.
- Beim inklusiven Gateway (ODER), wenn mehr als ein Pfad gültig ist, entstehen ebenfalls mehrere Token, die bei der Zusammenfassung der Pfade *(merge)* wieder zu einem Token verschmelzen. Auch hier erfolgt eine Synchronisation, allerdings werden nur die Token berücksichtigt, die das ODER-Gateway noch erreichen können (s. a. inklusives Gateway).
- Das Endereignis konsumiert den Token, der das Endereignis erreicht.
- Beim Erreichen des „terminierenden Endereignisses“ werden alle Token im Prozess, unabhängig an welchem Ort sie sich im Sequenzfluss befinden, konsumiert und alle Aktivitäten abgebrochen.
- Der Prozess ist beendet, wenn alle Aktivitäten abgeschlossen sind und alle Token konsumiert worden sind.

Es ist zu beachten, dass sich alle Aussagen auf die jeweilige Instanziierung beziehen. Es können mehrere Instanziierungen gleichzeitig oder nacheinander im Prozess aktiv sein. Als Beispiel seien Rechnungen R1, R2 genannt, die gleichzeitig durch einen Rechnungsprüfungsprozess laufen. Wenn bei Rechnung R1 ein Abbruch durch eine Terminierung erfolgt, ist der Rechnungsprüfungsprozess von R2 davon nicht betroffen.

Alle oben gemachten Aussagen gelten auch entsprechend für Mehrfachinstanziierungen bei Unterprozessen. Beim Erreichen eines Terminierungs-Endereignisses wird nur die aktuelle Instanziierung innerhalb des Unterprozesses abgebrochen. Alle anderen Instanziierungen innerhalb des Unterprozesses und auf allen höheren Ebenen laufen weiter.

IT-System

IT-Systeme sind Softwaresysteme, die durch Daten und Algorithmen definierte Funktionen auf einem oder – bei verteilten Anwendungen – mehreren Rechnern ausführen. Datenursprung sind temporäre oder persistente (dauerhafte) Speicher, Datenerfassungssysteme wie Kamera, Mikrofon, IR-Sensoren, Schnittstellen *(interface)* von anderen Systemen über Netzwerke oder Dateneingaben durch Menschen. Sie können automatisiert ohne Anwendersteuerung *(human interaction)* ablaufen. Die Ergebnisse werden gespeichert, über eine Schnittstelle an andere IT-Systeme übertragen oder über Ausgabemedien wie Bildschirme beliebiger Endgeräte, Lautsprecher, Drucker für den Anwender bereitgestellt. Die Algorithmen werden durch eine Programmiersprache programmiert, die eine vorher definierte Funktionalität abbilden, oder sie sind so allgemeingültig, dass sie auf Basis der Daten selbst lernen können und damit neue Funktionalitäten bereitstellen (KI, künstliche neuronale Netze).

Eine Kategorie der IT-Systeme sind Geschäftsprozessanwendungen, die betriebswirtschaftliche Prozesse unterstützen.

IT-Systeme können in der BPMN durch Datenspeicher oder durch Lanes abgebildet werden. Die BPMN-Spezifikation sieht kein spezielles Element vor. In BPM-Tools wurden solche Elemente teilweise außerhalb der BPMN-Spezifikation hinzugefügt. Der Nachteil der Nutzung ist, dass die Modelle nur noch eingeschränkt zwischen den Tools austauschbar sind, da solche Erweiterungen vom standardisierten Austauschformat nicht unterstützt werden.

K

Kollaboration

Kollaboration ist der Nachrichtenaustausch zwischen Geschäftspartnern oder zwischen Prozessen, die eigenständig sind, d. h. nicht über Sequenzflüsse miteinander verbunden sind. Dazu stehen in der BPMN-Spezifikation die Kollaborationsdiagramme zur Verfügung.

Es gibt die Aktivitäten (Aufgaben und Unterprozesse) und Pools, die untereinander Nachrichten austauschen können. Es gibt die Startereignisse, die Zwischenereignisse und die Endereignisse vom Typ Nachricht, die untereinander oder mit Aktivitäten oder Pools durch eingehende oder ausgehende Nachrichtenflüsse verbunden werden können (Bild 81). Ein Grundsatz ist in jedem Fall zu beachten: Nachrichtenflüsse können nur Pool-übergreifend, also nicht innerhalb eines Pools verwendet werden.

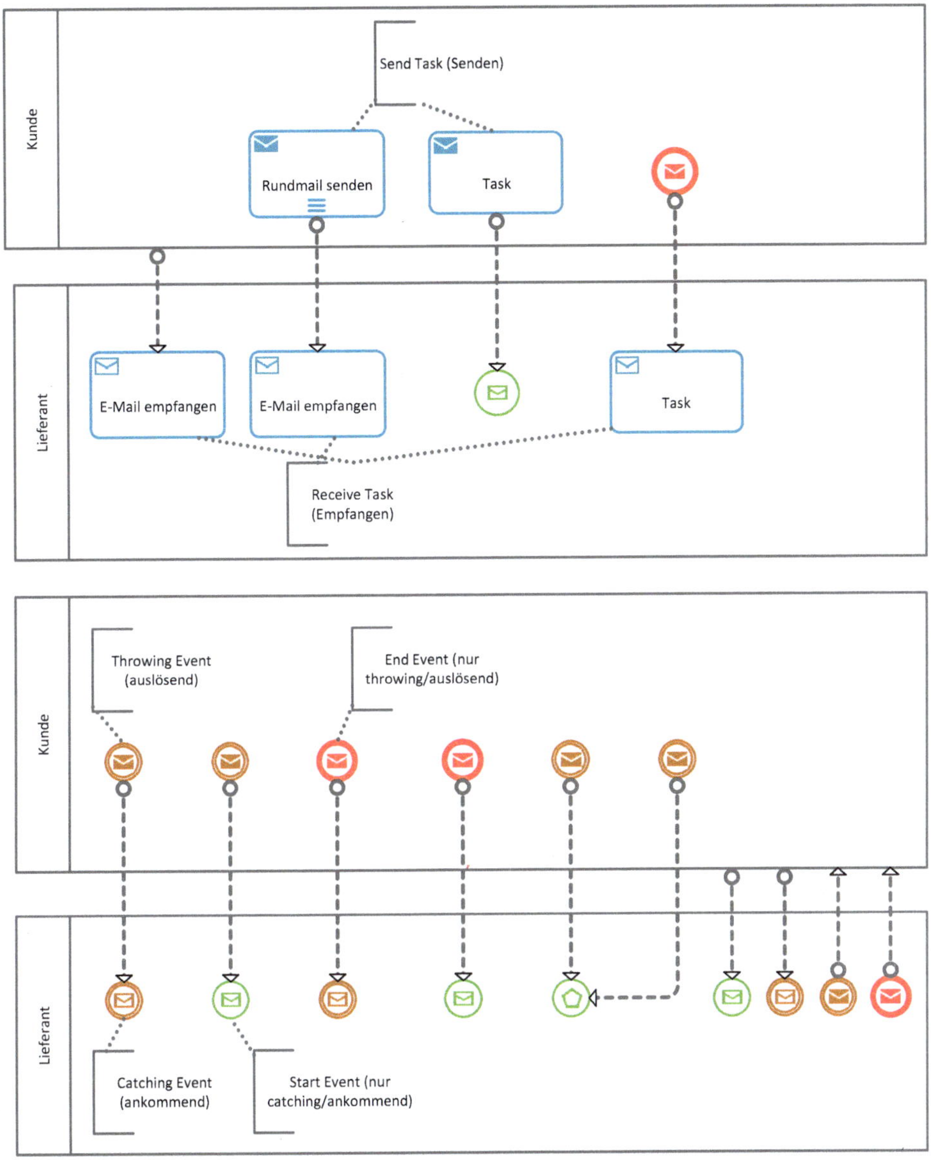

Bild 81 Nachrichtenflüsse in verschiedenen Varianten (nicht vollständig)

So stehen dem Modellierer vielfältige Kombinationen für den Austausch zur Verfügung:

- Aktivität schickt Nachricht an Aktivität.
- Sendeaufgabe schickt Nachricht an Empfangsaufgabe.
- Aktivität oder Sendeaufgabe schickt Nachricht an Nachrichten-Startereignis.

- Aktivität oder Sendeaufgabe schickt Nachricht an empfangendes Nachrichten-Zwischenereignis.
- Nachrichten-Endereignis schickt Nachricht an Nachrichten-Startereignis oder empfangendes Nachrichten-Zwischenereignis.
- Nachrichten-Endereignis schickt Nachricht an Aktivität oder Empfangsaufgabe.
- Sendendes Nachrichten-Zwischenereignis schickt Nachricht an Nachrichten-Startereignis.
- Sendendes Nachrichten-Zwischenereignis schickt Nachricht an Aktivität oder Empfangsaufgabe.
- Sendendes Nachrichten-Zwischenereignis schickt Nachricht an empfangendes Nachrichten-Zwischenereignis.

Nachrichtenflüsse können keine Signale repräsentieren, da Signale immer ungerichtet sind (siehe den Unterschied zwischen Nachricht und Signal). Die direkte Anbindung von Nachrichtenflüssen an Aufgaben, die nicht vom Typ „Nachricht" sind, ist platzsparend, aber für die Verständlichkeit des Diagramms nicht immer hilfreich. Daher sind diese Fälle in Bild 81 nicht modelliert. Zum Thema Nachrichtenflüsse und Unterprozess gibt es ein spezielles Stichwort Unterprozess-Nachrichten.

Sendeaufgaben und Empfangsaufgaben können wie Nachrichtenereignisse verwendet werden und mit diesen auch gemischt werden. Aufgaben sind flexibler als Ereignisse. So kann durch eine Markierung der Versand mehrerer Nachrichten modelliert werden (Bild 81, Aufgabe „Rundmail senden"), und es kann eine Fehlerbehandlung durch ein angeheftetes Ereignis erfolgen. Es empfiehlt sich, in Modellierungsprojekten eine einheitliche Vorgehensweise zu wählen und nicht alle Varianten beliebig zu mischen.

Wenn der Prozess nicht ausmodelliert ist (bei Nutzung von Whitebox Pools mit öffentlichem Prozess oder Blackbox Pools), können die Nachrichten auch vom Rand des Pools starten (sendend) oder am Rand des Pools ankommen (empfangend). Auch Kombinationen mit direktem Nachrichtenaustausch zwischen Aufgaben und Ereignissen verschiedener Pools und Nachrichtenaustausch über die Poolränder sind möglich.

In Bild 82 wird ein Beispiel für ein „reines" Kollaborationsdiagramm mit Blackbox Pools, bei dem die Kommunikation einer Supply Chain zwischen Lieferant und Sublieferant modelliert worden ist, gezeigt.

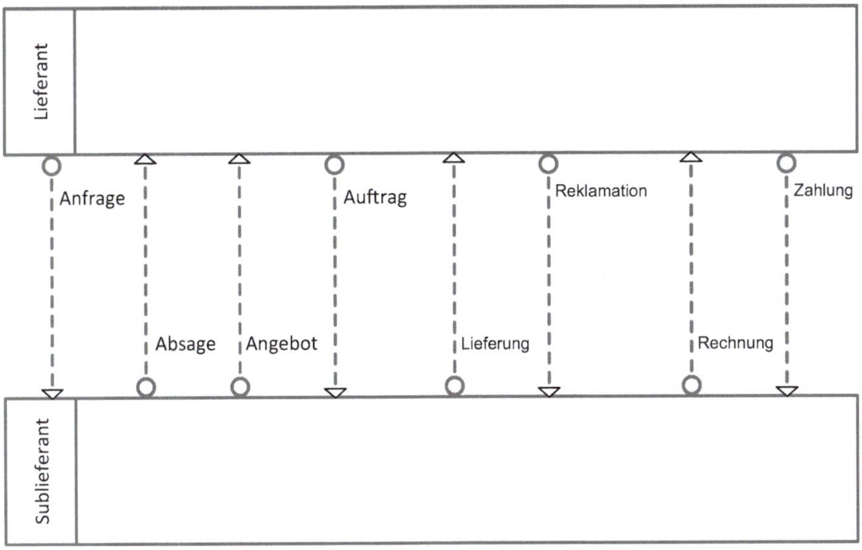

Bild 82 Kollaborationsdiagramm mit Nachrichtenaustausch zwischen leeren Pools

Abschließend zeigen Bild 83, Bild 84 und Bild 85 einen Prozess in drei Varianten, bei dem es um „Homeschooling" geht. Ein Lehrer erarbeitet eine Aufgabe, schickt seinem Schüler diese Aufgabe, die der Schüler nach Bearbeitung zurück an den Lehrer schickt, der sie benotet und dem Schüler zurückschickt. Die drei Varianten unterscheiden sich durch die Art des Nachrichtenaustausches.

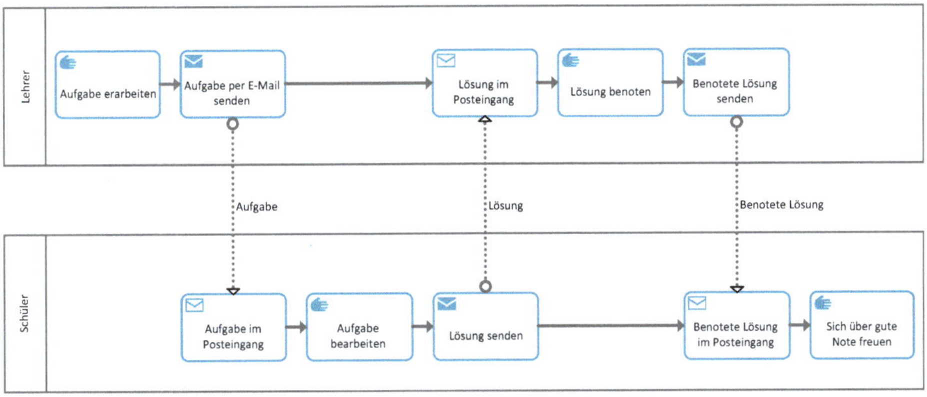

Bild 83 Kollaborativer Schüler-Lehrer-Prozess: Variante 1 mit Nachrichtenaufgaben

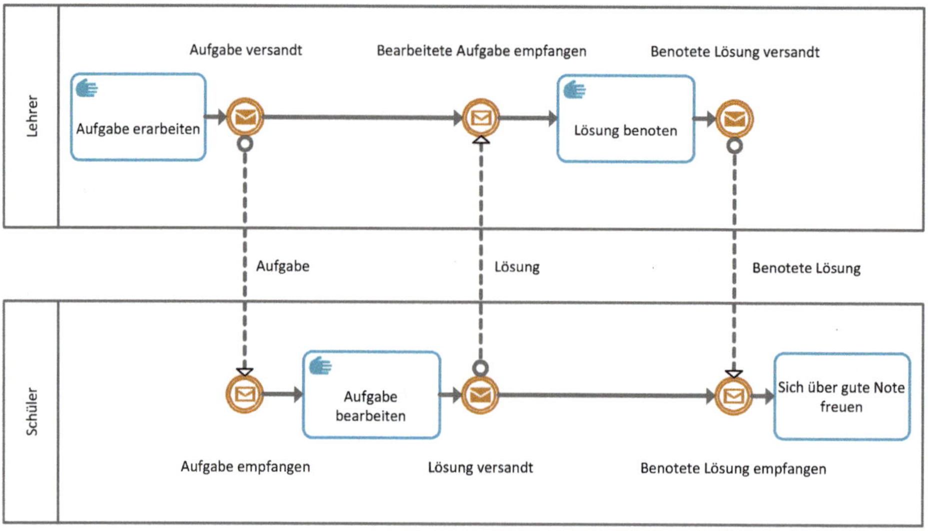

Bild 84 Kollaborativer Schüler-Lehrer-Prozess: Variante 2 mit Nachrichtenereignissen

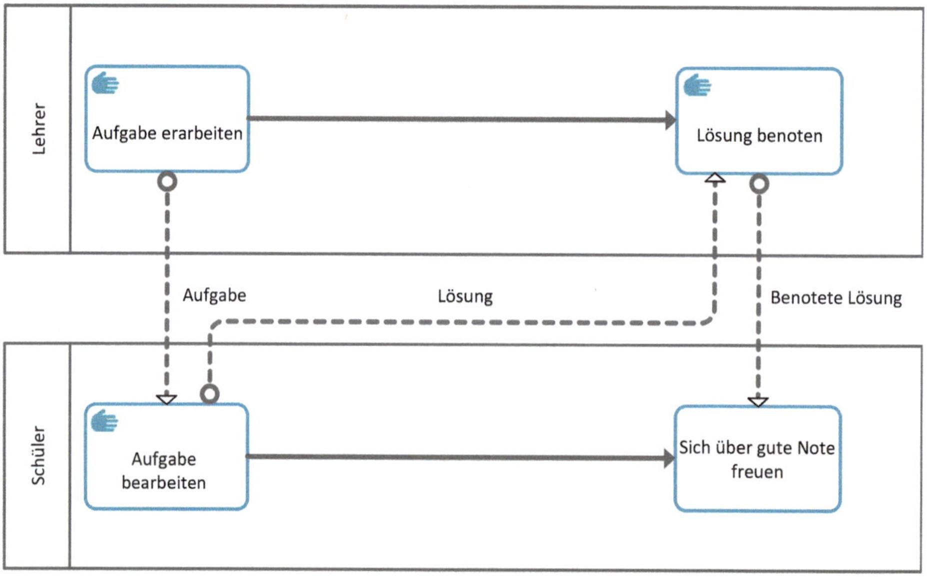

Bild 85 Kollaborativer Schüler-Lehrer-Prozess: Variante 3 ohne Nachrichtenaufgaben oder Nachrichtenereignisse

Bei Variante 1 ist der Nachrichtenaustausch am ausführlichsten modelliert. Die Sendeaufgaben und Empfangsaufgaben entsprechen einem automatisch ausgeführten IT-Programm (Senden und Empfangen einer Mail über Mail-Clients). Durch ein angeheftetes Ereignis könnte ein Fehlerhandling modelliert werden (Mail vom Lehrer kommt nicht an, Schüler fragt nach usw.). Variante 2 modelliert das Senden und Empfangen nur als logischen Zustand ohne realen Hintergrund. Variante 3 verkürzt das Thema Senden/Empfangen auf Nachrichtenflüsse, ohne in den Prozessen näher darauf einzugehen. Die Aufgaben warten jeweils, bis die Nachricht ankommt, und werden dann begonnen. Dazu sind keine Zwischenereignisse oder Nachrichtenaufgaben semantisch notwendig. Was die beste Lösung ist, hängt wie immer bei der Modellierung vom Ziel und der Zielgruppe ab.

Kollaborationsdiagramm

Das Kollaborationsdigramm wird zur Modellierung mehrerer Prozesse, die über Nachrichten interagieren, eingesetzt. Oftmals handelt es sich um die Zusammenarbeit (Kollaboration) mit Kunden oder mit externen Geschäftspartnern. Zur Trennung der Prozesse steht das Konzept der Pools und deren Teilnehmer *(participants)* zur Verfügung. Der Austausch der Nachrichten erfolgt über unterschiedliche Modellierungstechniken, die unter dem Stichwort Kollaboration beschrieben werden.

Wenn nur ein Prozess ohne Kollaborationspartner modelliert wird, reicht ein Prozessdiagramm aus.

In Bild 86 wird die Kommunikation des Versandhandels mit Kunde und Lieferant dargestellt. Es sind drei Pools vorhanden, ein Pool für den Kunden als Whitebox Pool mit einem öffentlichen Prozess, ein Pool für den Versandhandel als Whitebox Pool mit einem privaten Prozess und ein Pool für den Lieferanten als Blackbox Pool ohne Prozess. Zwischen den Prozessen bzw. Pools werden Nachrichten über Nachrichtenflüsse ausgetauscht. Der private Prozess des Versandhandels zeigt alle internen Abläufe und auch die Verantwortlichen „Versand“, „Logistik“ und „Einkauf“, modelliert als Lanes.

Der Kunde löst eine Bestellung aus, modelliert durch eine Nachricht, die den Prozess der Beschaffung innerhalb des Versandhandels durch ein Nachrichten-Startereignis instanziiert. Der Prozess des Versandhandels endet entweder mit der Warenlieferung an den Kunden und der parallelen Buchung des Warenausgangs oder mit der Kundeninformation, dass die bestellte Ware nicht mehr verfügbar ist. Im Kundenpool ist der öffentliche Prozess für die Bestellung modelliert.

Die Ware muss beim Lieferanten nachbestellt werden, wenn sie beim Versandhandel nicht verfügbar ist. Dazu gibt es Nachrichtenflüsse vom Unterprozess „Beschaffung“ zum Lieferanten als Bestellung und zurück zum Versandhandel als Lieferung. Als Endereignisse wurden „Ware versandt“ (Nachrichten-Endereignis), parallel dazu „Warenausgang gebucht“ (unbestimmt) und „Ware nicht lieferbar“ (unbestimmt) modelliert.

Die Typisierung von Start- und Endereignissen kann unter den Stichworten Typen von Startereignissen und Typen von Endereignissen nachgeschlagen werden.

Der Prozess hat noch zwei Besonderheiten: Wenn die Ware verfügbar ist, entweder direkt im Lager oder über den Unterprozess „Beschaffung“ vom Lieferanten geliefert, werden mit einem parallelen Gateway zwei Sequenzflüsse ausgelöst. Einer geht in die Lane „Versand" und dort wird die Ware an den Kunden versandt, der andere bleibt unter der Verantwortlichkeit der Logistik (die auch die Verfügbarkeit im Lager geprüft hat) und führt die Warenausgangsbuchung durch. Der Prozess ist erst zu Ende, wenn beide Endereignisse erreicht worden sind. Es kann also sein, dass die Warenausgangsbuchung sofort erfolgt, der Versand aber erst einen Tag später, da es Engpässe in der Versandabteilung gibt.

Die zweite Besonderheit ist ein angeheftetes Ereignis am Unterprozess „Beschaffung". Das Bedingungs-Zwischenereignis wird aktiv, wenn die Ware nicht mehr verfügbar ist. Es wird dann ein Ausnahmesequenzfluss (siehe Typen von Sequenzflüssen) durchlaufen, in dem die Aufgaben „Ware aus Katalog entfernen" und „Kunden informieren" ausgeführt werden. Der Prozess kommt dann zum Ende „Ware nicht lieferbar".

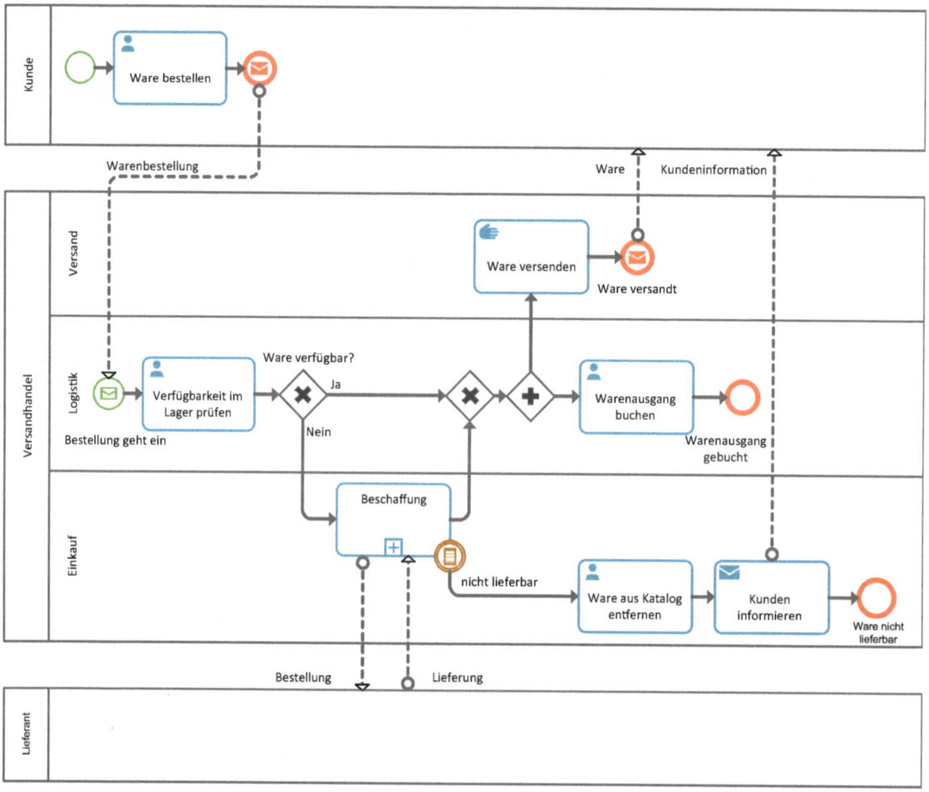

Bild 86 Beispiel für ein Kollaborationsdiagramm, das den Prozess einer Warenbestellung und der Kommunikation mit dem Kunden und mit dem Lieferanten zeigt

Im gezeigten Prozess wurde auf die Modellierung der Datenspeicher bzw. Systeme bei den Benutzeraufgaben wegen der Übersichtlichkeit verzichtet.

Kompensation

Kompensation *(compensation)* ist ein Konzept der BPMN, um bereits erfolgreich ausgeführte Aufgaben rückgängig zu machen. Es muss zu der Aufgabe eine Kompensationsaktivität hinzugefügt werden. Dies erfolgt über ein angeheftetes Kompensations-Zwischenereignis (siehe Typen von Zwischenereignissen) mit einer gerichteten Verbindung vom Zwischenereignis zur Kompensationsaktivität. Das Symbol für die Kompensationsaktivität ist das Symbol einer Aufgabe oder eines Unterprozesses, ergänzt durch ein „Rückspulzeichen" (Bild 87). Alternativ kann als kompensierender Prozess auch ein Kompensations-Ereignis-Unterprozess mit einem Kompensations-Startereignis dienen (Bild 87 unten).

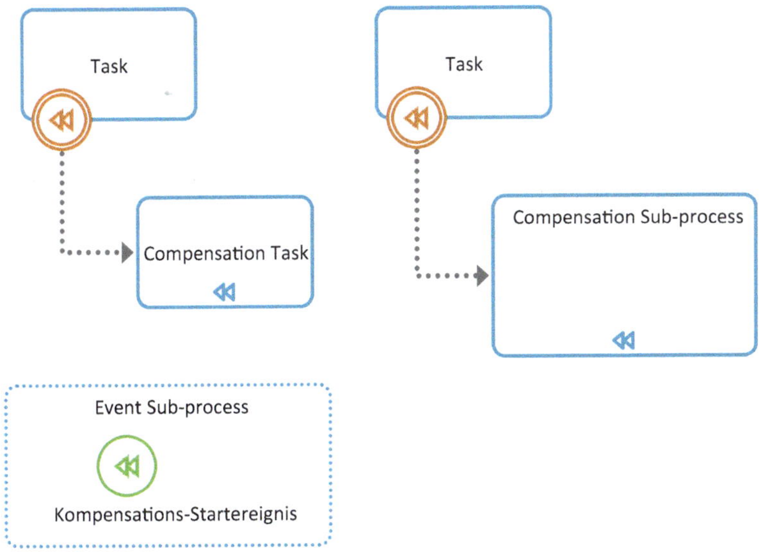

Bild 87 Einsatz von Kompensationsaktivitäten

Die Kompensationsaktivität macht, sobald sie ausgelöst worden ist, die Aufgabe wieder rückgängig. Die Verbindung zwischen Aufgabe und Kompensationsaktivität ist kein Sequenzfluss, der bei einer Instanziierung durchlaufen wird, sondern definiert nur die Beziehung zwischen Aufgabe und Kompensationsaktivität. Laufende Aufgaben können nicht kompensiert werden, sondern sie werden im Fall des Eintretens der Kompensation abgebrochen.

1. Auslösen der Kompensation

Das Auslösen der Kompensation erfolgt alternativ über drei Ereignisse, deren Symbole in Bild 88 gezeigt werden, sowie bei einem Transaktions-Unterprozess durch eine Abbruchnachricht über das Transaktionsprotokoll.

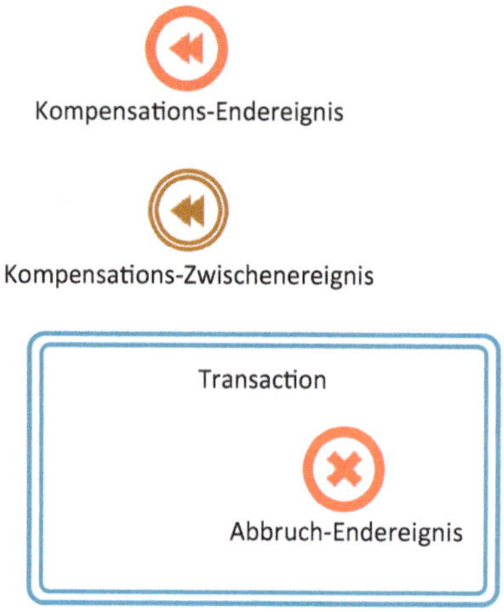

Bild 88
Ereignisse zur Kompensation

Wenn die Instanziierung ein Kompensations-Endereignis, ein Kompensations-Zwischenereignis oder innerhalb einer Transaktion ein Abbruch-Endereignis erreicht, wird die Kompensation ausgelöst. Wenn eine spezifische Zuordnung über die Benennung des auslösenden Ereignisses und der Kompensationsaktivität besteht, wird nur diese ausgelöst. Wenn es keine Zuordnung gibt, werden die Kompensationsaktivitäten in umgekehrter Reihenfolge zur Ausführung der zu kompensierenden Aufgaben bearbeitet. Es werden damit **alle** Kompensationen ausgelöst. Zu den Kompensationsaktivitäten gehört auch der Kompensations-Ereignis-Unterprozess, der mit einem unterbrechenden Kompensations-Startereignis beginnt.

2. Beispiele

Beispiel 1: Reise planen

Im Beispiel in Bild 89 wird die Aufgabe „Reise buchen“ ausgeführt. Zu dieser Aufgabe ist eine Kompensationsaufgabe „Reise stornieren“ definiert. Der Prozess wird über das parallele Gateway fortgeführt und bleibt sowohl am Timer-Ereignis „Auf Reise warten“ als auch am Bedingungsereignis „Krankheitsfall“ stehen. Je nachdem, was sich eher ereignet, passiert Folgendes:

- Läuft die Wartezeit ab, wird die Reise angetreten und der Prozess läuft danach zum terminierenden Ende (er löscht den Token am Bedingungsereignis).
- Tritt der Krankheitsfall ein, läuft der Prozess zum Kompensations-Endereignis „Krankheit eingetreten“ und löst die Kompensation „Reise stornieren“ aus und beendet damit den Prozess. Bei ausführbaren BPMN-Modellen kann noch definiert werden, ob der Prozess sofort zu Ende ist oder auf die Ausführung der Kompensationsaufgabe gewartet wird.

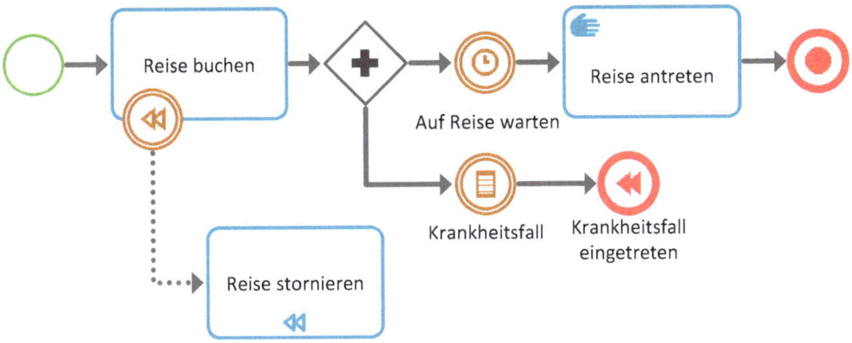

Bild 89 Prozess einer Reiseplanung mit Stornierung

Beispiel 2: Reise planen mit Kompensation über Unterprozess

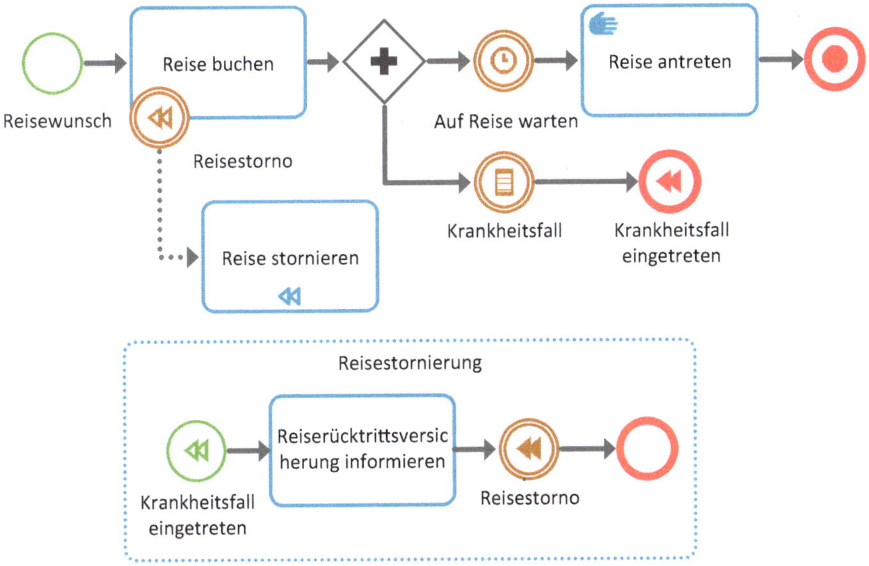

Bild 90 Prozess einer Reiseplanung mit Stornierung über Unterprozess

Im Beispiel in Bild 90 wird durch das Kompensations-Endereignis „Krankheitsfall eingetreten“ der Kompensations-Ereignis-Unterprozess „Reisestornierung“ ausgelöst. Die Referenzierung erfolgt durch die identische Benennung des Kompensations-Startereignisses „Krankheitsfall eingetreten“. Im Unterprozess können jetzt spezifische Aktivitäten im Fall des Stornos ausgeführt werden. Dazu gehört die Ausführung der Aufgabe „Reiserücktrittsversicherung informieren“ und das Auslösen der Kompensationsaufgabe „Reise stornieren“ über das Kompensations-Zwischenereignis „Reisestorno“.

Beispiel 3: Urlaubsplanung mit Unterprozessen und Kompensation

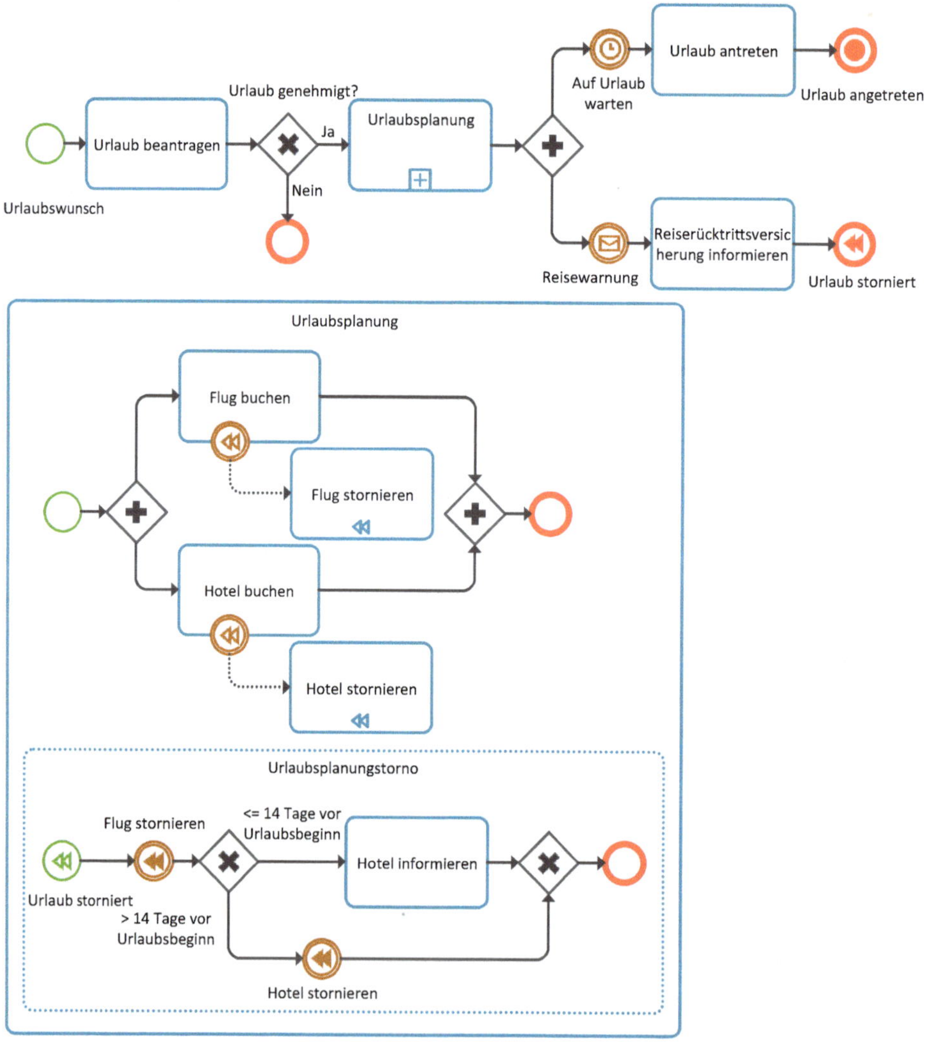

Bild 91 Prozess einer Urlaubsplanung mit Unterprozessen

Im Beispiel in Bild 91 werden die Aufgaben im Unterprozess „Urlaubsplanung“ kompensiert, wenn eine Reisewarnung eintrifft. Dazu ist zur Aufgabe „Flug buchen“ die Kompensationsaufgabe „Flug stornieren“ und zur Aufgabe „Hotel buchen“ die Kompensationsaufgabe „Hotel stornieren“ modelliert worden. Die Reisewarnung wird durch ein Nachrichten-Zwischenereignis „Reisewarnung“ im aufrufenden Prozess ausgelöst. Am Ende des anschließenden Sequenzflusses steht ein Kompensations-Endereignis „Urlaub storniert“. Dadurch wird der Kompensations-Ereignis-Unterprozess gestartet. Hier werden jetzt spezifische Aktionen ausgelöst: Der Flug wird sofort storniert, beim Hotel sind die Aktivitäten abhängig vom Zeitpunkt des Stornos. Bis 14 Tage vor Urlaubsbeginn kann auch das Hotel storniert werden durch Auslösen der Kompensationsaufgabe „Hotel stornieren“. Im anderen Fall wird das Hotel nur informiert durch die Aufgabe „Hotel informieren“.

Wenn die Reisewarnung nicht eintritt und die Zeit bis zum Urlaubsbeginn verstrichen ist (Timer „Auf Urlaub warten“) wird der Urlaub angetreten und danach durch das Terminierungs-Endereignis der Prozess insgesamt beendet. Das heißt, der noch wartende Token am Nachrichten-Zwischenereignis wird gelöscht.

Generell gilt: Ohne speziellen Prozess in einem Kompensations-Ereignis-Unterprozess werden bei Auslösen der Kompensation automatisch alle „sichtbaren“ Kompensationsaufgaben, egal ob im Haupt- oder im Unterprozess, nacheinander bearbeitet. Die Reihenfolge der Ausführung der Kompensationen ist von der Reihenfolge der ursprünglichen Bearbeitung der Aufgaben abhängig. Sie erfolgt in umgekehrter Reihenfolge. Wurde erst der Flug und danach das Hotel gebucht, wird erst das Hotel und anschließend der Flug storniert.

Kompensations-Ereignis-Unterprozess

Der Kompensations-Ereignis-Unterprozess ist ein spezieller Ereignis-Unterprozess, dessen Prozess durch ein Kompensations-Startereignis gestartet wird. Er wird also nicht durch einen Sequenzfluss gestartet. Relevante Symbole zeigt Bild 92.

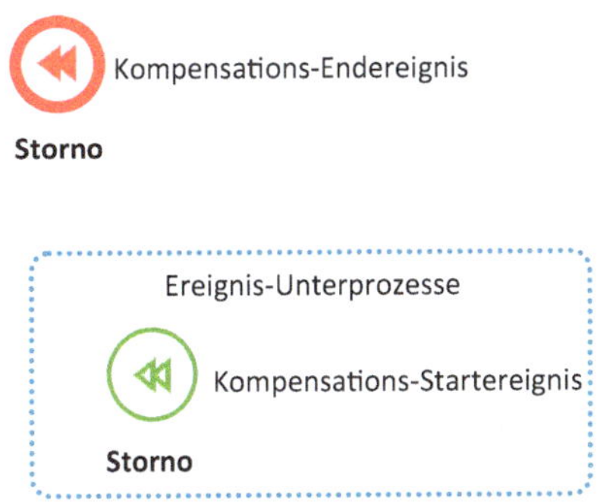

Bild 92
Symbole für den Kompensations-Ereignis-Unterprozess, ein Kompensations-Endereignis und ein Kompensations-Startereignis

In dem Unterprozess werden Abläufe modelliert, die im Fall einer Kompensation, also dem Rückgängigmachen von bereits ausgeführten Aktivitäten, zu durchlaufen sind. Das Kompensations-Startereignis trägt den Namen des auslösenden Kompensations-Ereignisses (in Bild 92 das Kompensations-Endereignis „Storno“), um die Verbindung herzustellen. In dem Unterprozess können jetzt neben den zu triggernden Kompensationsaufgaben weitergehende Aktivitäten modelliert werden, die im Fall der Kompensation zu durchlaufen sind. Die Kompensationsaufgaben können gezielt durch Kompensations-Zwischenereignisse ausgelöst werden. Der Unterprozess „kennt“ aber nur die Kompensationsaufgaben der aufrufenden Ebene und der darunterliegenden Ebenen.

Ein Beispiel ist dazu unter dem Stichwort Kompensation zu finden.

Komplexes Gateway

Ein komplexes Gateway wird durch das Symbol in Bild 93 dargestellt. Es kann entsprechend der Semantik nur als synchronisierendes Gateway zum Einsatz kommen *(to model complex synchronization behaviour).*

Bild 93
Symbol für das komplexe Gateway

Wenn der Verlauf des Prozesses über die Sequenzflüsse beim Zusammenführen durch die Logik von UND-/ODER-/XOR-Gateways nicht ohne Weiteres dargestellt werden kann, werden komplexe Gateways eingesetzt, wobei über den Textzusatz beschrieben wird, wie die Regel ist (Bild 94).

Es handelt sich hier um den Einsatzfall eines sogenannten Diskriminators (Trenner), der bei n von m eingehenden Sequenzflüssen dass Gateway freigibt (im Beispiel m = 4, n = 3). Das terminierende Endereignis sorgt dafür, dass weitere durch das parallele Gateway initiierte Fälle verworfen werden (d. h. übrig bleibende Token gelöscht werden). Solche Szenarien kann man mit der UND-/ODER-/XOR-Logik der anderen Gateways nicht abbilden.

Beim Anwendungsfall in Bild 92 werden vier Angebote eingeholt. Wenn davon drei Angebote eingegangen sind, wird der Prozess nach dem komplexen Gateway fortgesetzt.

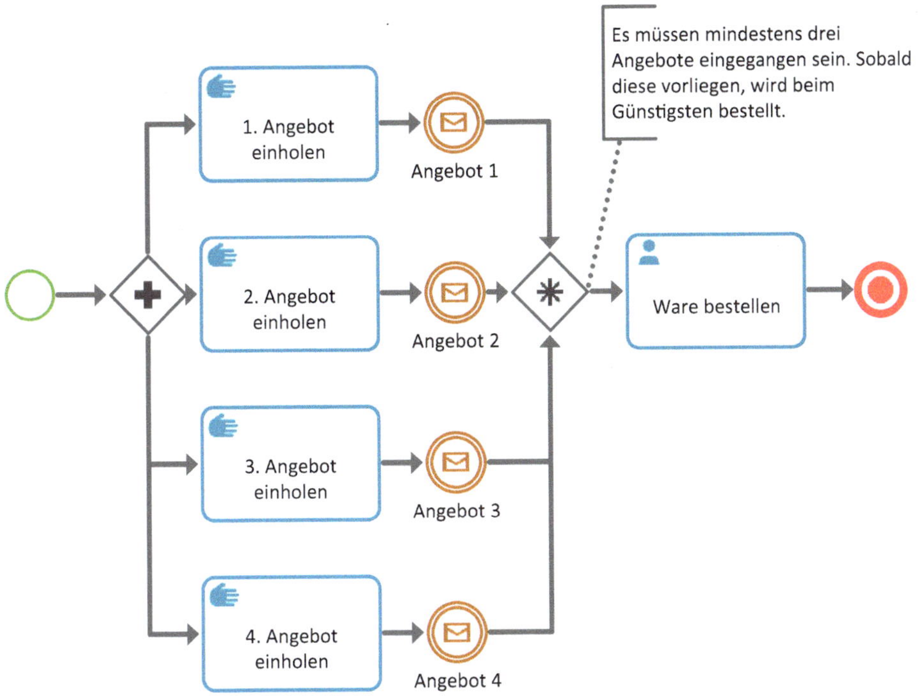

Bild 94 Beispiel für den Einsatz eines komplexen Gateways

Konversationsdiagramm

Bei Konversationsdiagrammen geht es primär um die Modellierung der Kommunikationsbeziehungen zwischen Partnern. Sie sind statisch und zeigen nur dann auch prozessuale Abläufe, wenn sie mit Prozessdiagrammen kombiniert werden.

In Bild 95 hat der Buchhandel eine Lieferbeziehung mit dem Großhandel, der wiederum sowohl den Buchhandel als auch per Direktlieferung den Kunden bedient. Zwischen Buchhandel und Kunde besteht eine Bestellbeziehung.

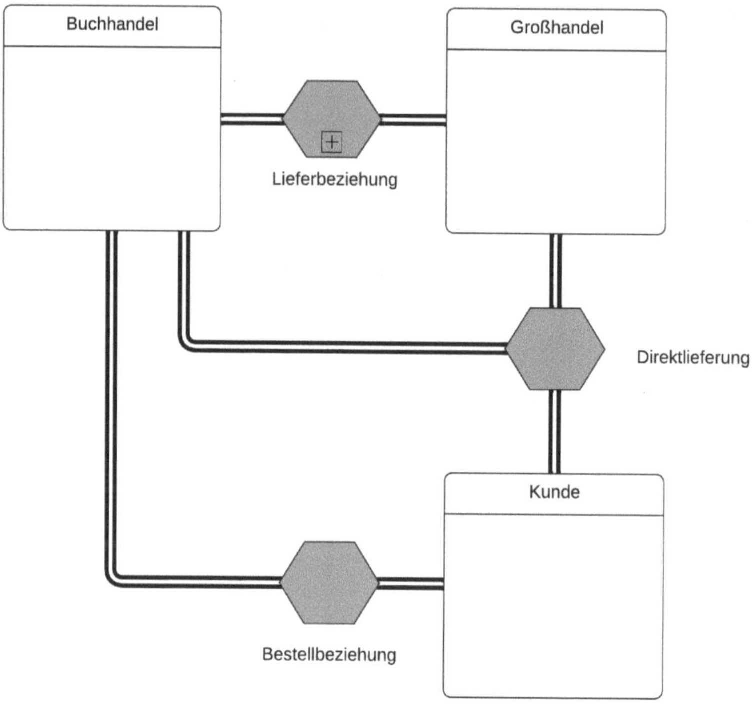

Bild 95 Beispiel für ein Konversationsdigramm mit Beziehungen zwischen Buchhandel, Großhandel und Kunden

Das Konversationsdiagramm kennt als neue Elemente den Konversationsknoten *(conversation node)* mit Konversation *(conversation),* Unterkonversation *(sub-conversation)* und Aufrufkonversation *(call conversation)* und die Konversationsverbindung *(conversation link).* Konversationen sind Gruppierungen von Nachrichten, die zwischen den Teilnehmern ausgetauscht werden. Teilnehmer *(participants)* werden als Pools dargestellt.

In Bild 95 ist zur Demonstration der Symbolik die „Lieferbeziehung" als Unterkonversation dargestellt.

Hier könnten z. B. Lieferbeziehungen für Bestellung und Rechnung mit unterschiedlichen Schlüsseln (Bestellnummer, Rechnungsnummer) modelliert werden, die wiederum aus einzelnen Nachrichten bestehen.

Es geht hier nicht um den prozessualen Ablauf. Dafür stehen die Prozessdiagramme, Kollaborationsdiagramme und die Choreografiediagramme zur Verfügung.

Konversationsdiagramme können aber auch mit Prozessdiagrammen kombiniert werden. Die Prozesse werden innerhalb des Pools als private oder öffentliche Prozesse dargestellt.

Hinweis: Konversationsdiagramme haben sich bislang in der betrieblichen Praxis des Geschäftsprozessmanagements nur bedingt durchgesetzt.

L

Lane

Lanes repräsentieren Abteilungen, Rollen, Personen oder auch IT-Systeme. Sie werden durch Rechtecke dargestellt, die als Container dienen, in denen modelliert wird. Läuft der Prozess im Wesentlichen von links nach rechts, spricht man von horizontaler Modellierung. Läuft er von oben nach unten, handelt es sich um eine vertikale Modellierung. Lanes ermöglichen es, den Aktivitäten Verantwortliche zuzuordnen. Alle Aktivitäten, die von demselben Verantwortlichen durchgeführt werden, werden in derselben Lane angeordnet. Sequenzflüsse überqueren dadurch die Lanegrenzen, wenn die Verantwortlichkeit wechselt. Lanes werden üblicherweise als Aufteilung von Pools eingesetzt. Dies ist aber nach der BPMN-Spezifikation nicht zwingend.

Lanes gehören wie die Pools zur Kategorie Swimlanes der BPMN-Elemente. Sie sind nicht typisiert, d.h. es gibt nicht den Typ Abteilung oder Rolle oder IT-System, sondern die Unterscheidung kann nur über Namenskonventionen oder Attribute erfolgen.

In Bild 96 sehen Sie den Pool „Fabrik“, bestehend aus den Lanes „Lager“ und „QS Management“ als Abteilungen. Die Abteilung „Lager“ ist in zwei weitere Lanes unterteilt, „Logistik“ und „Einkauf“ als Rollen. Die Unterscheidung erfolgt über die Attribute [Abteilung] bzw. [Rolle]. Eine vierte Lane heißt „SAP“ und repräsentiert ein System.

Wie in Bild 96 zu sehen ist, können Lanes verschachtelt werden *(nested lanes)*. Die Verschachtelungstiefe ist dabei nicht begrenzt.

Aktivitäten dürfen nicht laneübergreifend angeordnet werden, was in der Regel schon die Tools nicht zulassen. Häufig gibt es dann die Frage: Wie modelliere ich den Fall, dass mehrere Personen an einer Aufgabe arbeiten? Zur Beantwortung sollte eine genaue Analyse erfolgen, wie die Aufgabenverteilung aussieht. Zum einen werden normalerweise nicht Personen, sondern Rollen modelliert, wobei eine Rolle von mehreren Personen besetzt sein kann. Arbeiten also tatsächlich an einem eintreffenden Artikel mehrere Personen? Wenn ja, ist die Aufgabe möglicherweise zu allgemein formuliert. „Artikel reklamieren" bedeutet vielleicht, dass eine Rolle den Reklamationsbrief schreibt, die andere Rolle den Artikel verpackt und dem Versand übergibt. Dann sollte das auch so gegebenenfalls über parallele Pfade modelliert werden.

Wenn gemäß RACI (Responsible – Accountable – Consulted – Informed) neben dem Ausführenden (R) auch noch dokumentiert werden soll, wer die finanzielle Verantwortung hat (A) oder informiert werden muss (I), bieten sich entsprechende Attribute als Lösung an. Nach BPMN-Standard könnten diese Attribute neben der Aufgabe im Diagramm als Text ausgegeben werden. Grafische Elemente sind nach der BPMN-Spezifikation nicht vorgesehen, können aber toolspezifisch vorhanden sein (siehe Beispiel im Stichwort Repository).

Hinweis: Die englischen Begriffe „Lane" und „Pool" werden in der deutschen Literatur üblicherweise nicht übersetzt. Statt „Lane" findet sich manchmal der Begriff „Bahn".

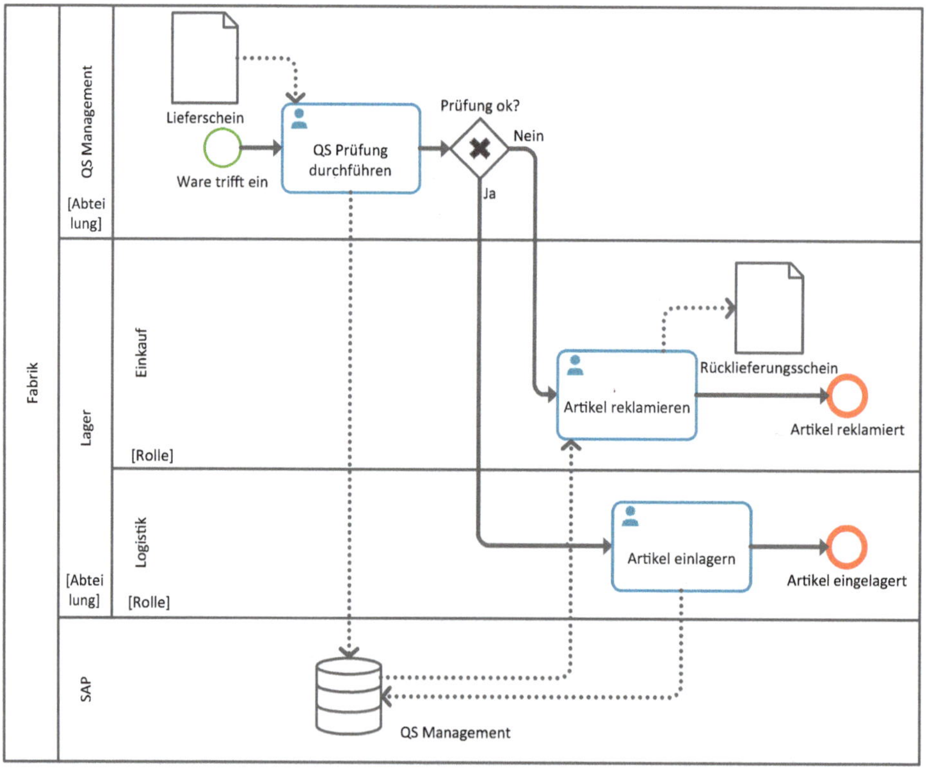

Bild 96 Beispiel eines Prozesses mit Lanes

M

Markierung von Aktivitäten

Aktivitäten (Aufgaben, Unterprozesse, Aufrufaktivitäten) können eine Markierung *(marker)* haben. Die Markierung bedeutet, dass die Aktivitäten mehrfach ausgeführt werden. Der Prozess bleibt so lange in der Aktivität „stehen“, bis alle Aufrufe abgearbeitet sind. Es sind Schleifen sowie sequenzielle und parallele Mehrfachaktivitäten definiert, die innerhalb der Aktivität zu mehreren Instanzen *(multi instances)* führen. Diese werden durch zusätzliche Symbole als Markierungen am unteren Rand der Aktivität angezeigt. Durch angeheftete unterbrechende Zwischenereignisse wird die Mehrfachaktivität mit allen Instanzen abgebrochen. Das Thema Instanzen wird auch unter dem Stichwort Mehrfachinstanziierung behandelt.

Themen zu diesem Stichwort

- Schleifenaktivität *(Standard loop)*
- Sequenzielle Mehrfachaktivität *(Multi-instance sequential loop)*
- Parallele Mehrfachaktivität *(Multi-instance parallel loop)*
- Kompensation

1. Schleifenaktivität *(Standard loop)*

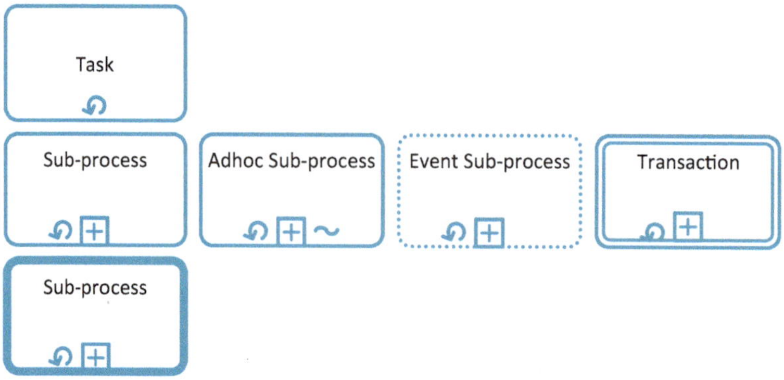

Bild 97 Markierung der Schleifenaktivität

Eine Schleifenaktivität, wie in Bild 97 gezeigt, wird so lange wiederholt, bis eine definierte Bedingung gilt oder nicht mehr gilt. Die Anzahl Durchläufe ist vor Aufruf der Aktivität nicht bekannt. Dadurch kann die Modellierung von Rücksprüngen vermieden und eine kompaktere Darstellung erzeugt werden. Die Bedingung für das Ende der Schleife kann durch ein Attribut „Loop condition“ oder durch einen Textzusatz formuliert werden wie im Beispiel in Bild 98. Zusätzlich ist dort die maximale Anzahl von Angeboten als maximale Anzahl von Schleifen mit dem Attribut „Loop maximum“ festgelegt. Voraussetzung ist, dass das BPM-Tool die erwähnten Attribute zur Verfügung stellt. Ansonsten bleibt die Nutzung des Textzusatzes.

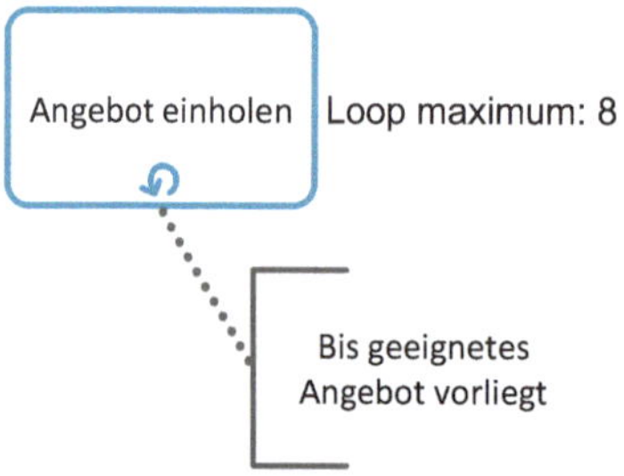

Bild 98
Beispiel für eine Schleifenaktivität

2. Sequenzielle Mehrfachaktivität *(Multi-instance sequential loop)*

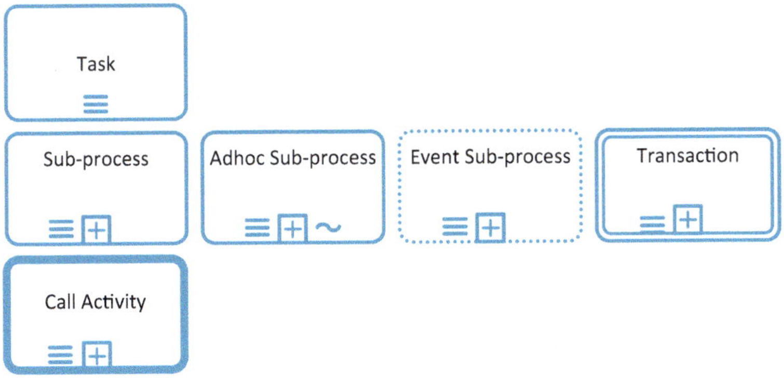

Bild 99 Markierung der sequenziellen Mehrfachaktivität

Eine Mehrfachaktivität, wie in Bild 99 gezeigt, wird mehrmals **nacheinander** ausgeführt. Die Anzahl der Ausführungszyklen muss vor dem Aufruf bekannt sein. Im Beispiel in Bild 100 liegt als Eingang zur Aufgabe „Rechnungen prüfen" ein Stapel Rechnungen vor, modelliert als Datenobjekt mit der Markierung „Sammlung". Die Anzahl der Rechnungen ist zum Start der Aufgabe bekannt. Die Aufgabe wird entsprechend der Anzahl Rechnungen mehrfach nacheinander ausgeführt. Dies sollte durch einen erklärenden Textzusatz oder durch Attribute (Schleifenbedingung, Schleifenanzahl) dokumentiert werden.

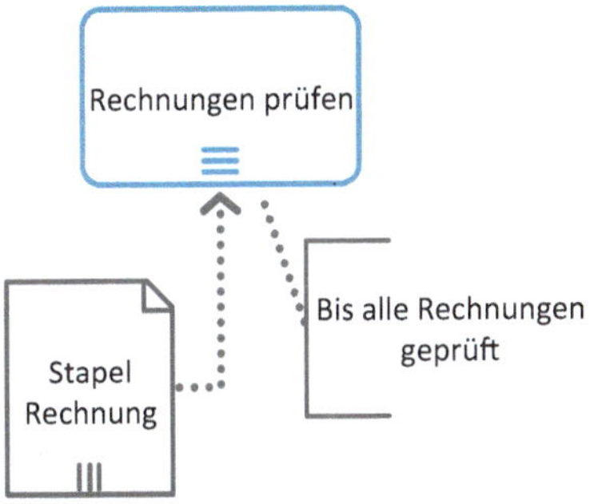

Bild 100
Beispiel für eine sequenzielle Mehrfachaktivität

3. Parallele Mehrfachaktivität *(Multi-instance parallel loop)*

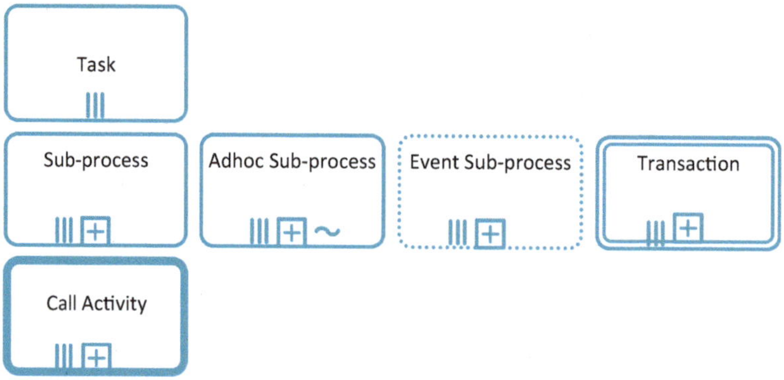

Bild 101 Markierung der parallelen Mehrfachaktivität

Eine Mehrfachaktivität, wie in Bild 101 gezeigt, wird mehrmals **parallel** ausgeführt. Die Anzahl der Ausführungszyklen muss vor dem Aufruf bekannt sein. Die Art der Aktivität sollte durch einen Textzusatz oder durch Attribute beschrieben werden. In Bild 102 ist ein Textzusatz „Alle Jurymitglieder" definiert worden und zusätzlich ist das Attribut „Schleifenanzahl" *(Loop cardinality)* auf 15 gesetzt und im Diagramm angezeigt worden.

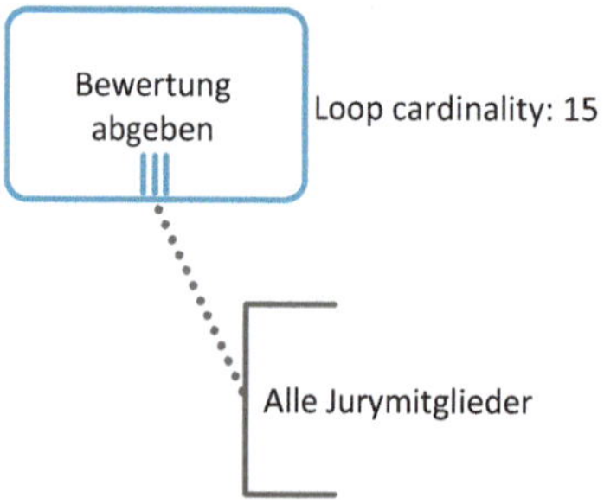

Bild 102
Beispiel für eine parallele Mehrfachaktivität

4. Kompensation

Die BPMN-Spezifikation erlaubt auch die Definition von Schleifen- und Mehrfachaktivitäten als Kompensation. Eine als Kompensation markierte Aktivität definiert, welche Schritte ausgeführt werden müssen, um eine bereits ausgeführte Aktivität wieder rückgängig zu machen. In Bild 103 sind alle möglichen Varianten zu sehen. Davon sind allerdings die wenigsten praxisrelevant.

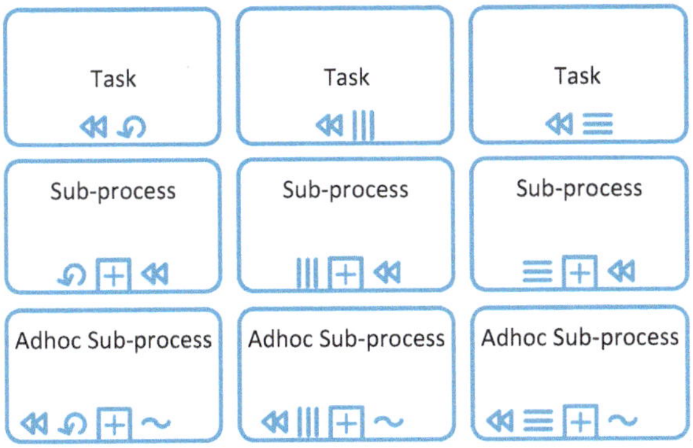

Bild 103
Schleifen- und Mehrfachaktivitäten in Kombination mit kompensierenden Aktivitäten

Ein praktisches Beispiel ist in Bild 104 modelliert. Buchungen eines Stapels von Belegen werden durch Löschen der Buchungen rückgängig gemacht. Es müssen alle bis zum Fehler gebuchten Belege wieder gelöscht werden. Dies kann bei einer Transaktion notwendig sein, die durch einen Fehler abgebrochen wird.

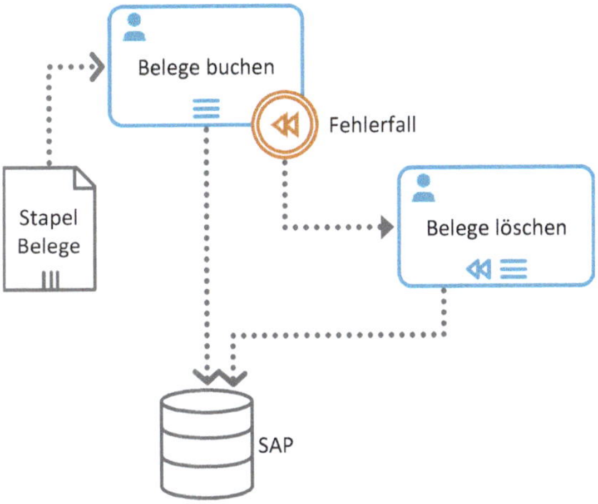

Bild 104
Beispiel für den Einsatz einer Kompensationsaktivität als sequenzielle Mehrfachaktivität

Hinweis: Im Token-Konzept bedeuten die Mehrfachaktivitäten, dass innerhalb der Aktivität mehrere Token generiert werden, nach Abschluss der Aktivität aber nur ein Token die Aktivität verlässt. Bei der sequenziellen Mehrfachaktivität werden die Token nacheinander, bei der parallelen Mehrfachaktivität gleichzeitig mit Beginn der Aktivität ausgelöst. Durch ein angeheftetes unterbrechendes Zwischenereignis werden alle Token innerhalb der Mehrfachaktivität konsumiert, sodass auch dann nur ein Token über das Zwischenereignis die Aktivität verlässt. Eine Ausnahme von dieser Regel gibt es bei Transaktions-Unterprozessen als Mehrfachaktivität. Das Abbruch-Zwischenereignis (als immer unterbrechend definiert), das nach einem Fehler ausgelöst wird, betrifft nur die fehlerhafte, abgebrochene Instanz, die dann kompensiert wird. Die weiteren Instanzen werden ausgeführt.

Mehrfachinstanziierung

Mehrfachinstanziierung *(multi instance)* bedeutet, dass eine Aktivität oder ein Pool intern mehrfach aufgerufen wird. Siehe dazu die Stichworte

- Instanz
- Instanziierung
- Markierung von Aktivitäten
- Pool

Bei den Mehrfachaktivitäten hängt die Anzahl der internen Durchläufe, auch Instanzen genannt, von der Art der Mehrfachaktivität ab. Es kann sich um eine Schleife *(loop)* handeln, die keine vorbestimmte Anzahl von Durchläufen hat und deren Ende durch Attribute (Name der Schleifen, Schleifenbedingung) beschrieben werden muss. Es können aber auch parallele *(multi-instance parallel loop)* oder sequenzielle *(multi-instance sequential loop)* Mehrfachinstanziierungen sein, bei denen die Anzahl durch Daten im Prozess bekannt ist. Beispielsweise kann dies die Anzahl der Belege in einem als Sammlung definierten Datenobjekt sein. Bei den als Mehrfachinstanz definierten Pools wird entweder die Partnerrolle mehrfach angesprochen oder der Prozess innerhalb des Pools wird mehrfach aufgerufen.

Neben den Beispielen in den oben aufgeführten Stichworten sollen hier zwei Beispiele in Bild 105 und Bild 106 gezeigt werden.

Beispiele: Prozess „Ausschreibung" in zwei Varianten

In beiden Beispielen ist der gleiche Prozess einer Ausschreibung modelliert, die an fünf Lieferanten versandt wird. Die fünf Lieferanten werden durch einen Pool mit Mehrfachinstanz modelliert. Der Prozess dazu ist zum einen in Bild 105 mit einer Mehrfachaufgabe und zum anderen in Bild 106 mit einem Mehrfach-Unterprozess realisiert.

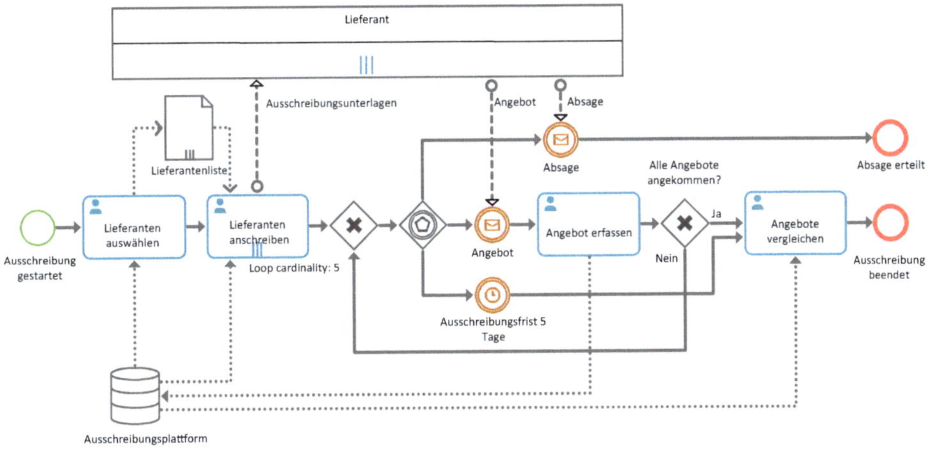

Bild 105 Prozess „Ausschreibung" mit einer Mehrfachaufgabe

Nach den in Bild 105 nicht modellierten Vorarbeiten mit Erstellung der Ausschreibungsunterlagen beginnt der Prozess mit „Lieferanten auswählen". Eine Ausschreibungsplattform ist als System verfügbar (hier als Datenspeicher modelliert). Die Mehrfachaufgabe „Lieferanten anschreiben" wird fünfmal parallel (Loop cardinality: 5) ausgeführt und die Partnerrolle „Lieferant" fünfmal angesprochen. Der Pool ist dementsprechend als Mehrfachinstanz gekennzeichnet. Es treffen maximal fünf Angebote oder Absagen ein, manche Lieferanten regieren vielleicht gar nicht. Diese Logik wird durch ein ereignisgesteuertes Gateway abgebildet. Kommt eine Absage, endet dieser Durchlauf des Prozesses – ausgelöst durch eine Instanz des Lieferantenpools – am Endereignis „Absage erteilt". Damit ist aber nicht der gesamte Prozess beendet, da andere Lieferanten noch Angebote senden können. Diese sind durch die eingehende Nachricht am Zwischenereignis „Angebot" modelliert. Vom Ereignis „Angebot" startend kommt eine durch Sequenzflüsse gebildete Schleife zum Einsatz, in der das Angebot nach Eintreffen in der Ausschreibungsplattform erfasst wird. Die Schleife endet entweder, wenn fünf Angebote eingetroffen sind (der Prozess „kennt" die Anzahl), oder wenn die Ausschreibungsfrist von fünf Tagen beendet ist, wobei davon ausgegangen wird, dass alle Lieferanten die Unterlagen zum selben Zeitpunkt bekommen haben und die Frist für alle zum selben Termin endet. Abschließend werden die Angebote verglichen. Was passiert, wenn kein Angebot eingeht oder kein Angebot akzeptabel ist, ist hier nicht weiter modelliert.

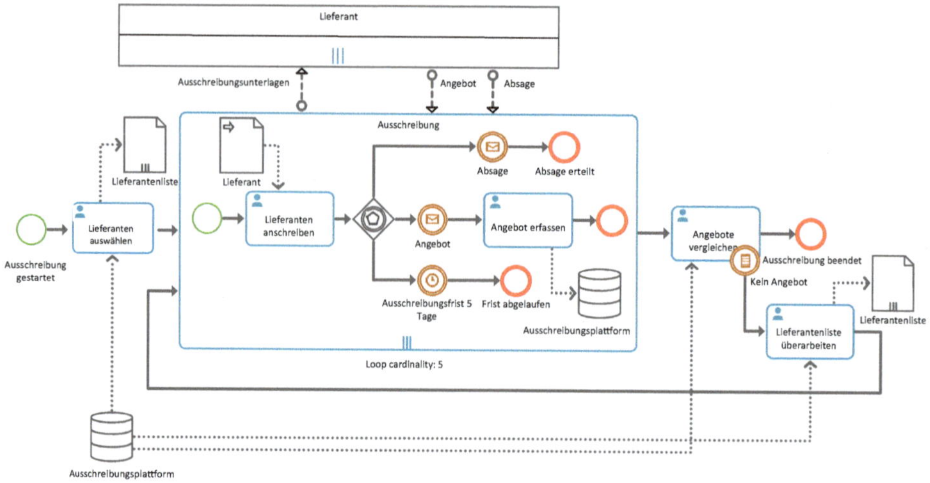

Bild 106 Prozess „Ausschreibung" mit einem Mehrfach-Unterprozess

Nach Auswahl der Lieferanten wird in Bild 106 die Lieferantenliste an den Unterprozess „Ausschreibung" übergeben. Der Unterprozess wird nach Aufruf fünfmal parallel instanziiert, d. h. fünf Lieferanten werden angeschrieben, und es wird jeweils auf eine Rückmeldung als Angebot oder Absage über die Nachrichtenereignisse des ereignisgesteuerten Gateways gewartet. Auch hier endet der Unterprozess nicht mit Erreichen des Endereignisses „Absage erteilt", sondern nur eine Instanz. Da der gesamte Ausschreibungsprozess fünfmal unabhängig voneinander läuft, können jetzt die fünf Tage Ausschreibungsfrist pro Lieferant zu unterschiedlichen Terminen führen, wenn die Ausschreibungsunterlagen zu unterschiedlichen Zeitpunkten versandt worden sind. Die Angebote werden in der Ausschreibungsplattform erfasst. Nachdem alle fünf Instanzen abgearbeitet worden sind, wird der Unterprozess beendet und die Angebote können verglichen werden. In diesem Beispiel wird durch ein angeheftetes Ereignis „Kein Angebot", das an der Grenze der Aufgabe „Angebote vergleichen" angeheftet ist, ein neuer Sequenzfluss ausgelöst, der im Fall der erfolglosen Ausschreibungsrunde aktiv wird. Nach Erstellung einer neuen Lieferantenliste wird der Unterprozess „Ausschreibung" nochmals aufgerufen.

Hinweis: Im Token-Konzept bedeuten die Mehrfachaktivitäten, dass innerhalb der Aktivität mehrere Token generiert werden. Die Spezifikation spricht hier von *„instances"* oder *„multi instances"*. Das ist im weiteren Sinne das, was wir hier im Lexikon unter dem deutschen Begriff Instanz vorgestellt haben. Instanz ist im Deutschen definiert als eine Ausprägung eines Geschäftsprozesses bezogen auf einen Geschäftsvorfall. Hier bezieht sich die Instanz auf das Innere einer Aufgabe oder auf den inneren Ablauf des Unterprozesses. Die Mehrfachaufgabe „Lieferanten anschreiben" bzw. der Unterprozess „Ausschreibung" hat als Ausprägung den einzelnen Lieferanten.

Methode

Um „gute“ BPMN-Diagramme zu modellieren, muss mit der richtigen Methode gearbeitet werden. Die wesentlichen Punkte sind:

- Sorgfältige Geschäftsprozessanalyse (Ist-Analyse/Schwachstellen/Maßnahmen/Soll-Konzept) mit intensiver Abstimmung zwischen Modellierern und Fachabteilung, um die korrekten **Inhalte** (allgemein auch Semantik genannt) zu erfassen.
- Top-down-Vorgehen mit dem Verfahren der Hierarchisierung zur Aufteilung der BPMN-Diagramme.
- Einhaltung der Regeln (Syntax) unter Berücksichtigung der Bedeutung (Semantik) der Elemente der BPMN-Spezifikation.
- Einhaltung der durch die BPMN-Spezifikation vorgegebenen und gegebenenfalls präzisierenden selbst definierten Modellierungsregeln.
- Einhaltung selbst definierter Stilregeln.
- Dokumentation der organisationsspezifischen Regeln in einem von der Organisation zu erstellenden Modellierungshandbuch.

Im Idealfall sollten die BPMN-Projekte im Rahmen des allgemeineren Geschäftsprozessmanagements durchgeführt werden und Teil der Unternehmensführung *(governance)* sein.

Modellierungsregeln

Modellierungsregeln beschreiben den Einsatz der BPMN-Elemente gemäß BPMN-Spezifikation. Nachfolgende Aufzählung gibt die wesentlichen Regeln zusammenfassend wieder (s. a. den Literaturhinweis unten):

- Aktivitäten (Aufgaben und Unterprozesse) werden aktiv ausgeführt. Im Gegensatz sind Ereignisse passiv; sie treten ein, halten den Prozess an oder sind Ein-/Ausgangspunkt von Geschehnissen.
- Prozesse werden innerhalb von Pools modelliert, die weiter in Lanes unterteilt werden, um Verantwortlichkeiten zu modellieren. Bei mehreren miteinander kommunizierenden Prozessen (Kollaboration) kann einer davon ohne Pool modelliert werden. Das gilt auch, wenn überhaupt nur ein Prozess vorhanden ist.
- Sequenzflüsse überschreiten die Grenzen von Lanes, wenn Verantwortlichkeiten wechseln, dürfen aber keine Poolgrenzen überschreiten.
- Sequenzflüsse „transportieren“ auch Nachrichten und Daten, z. B. eine Entscheidung, die zu einer Verzweigung im Sequenzfluss führt.

- Der Prozess bleibt in der Aufgabe „stehen“ so lange, bis sie ausgeführt worden ist bzw. ausgeführt werden kann, wenn sie auf eine Nachricht wartet. Timer-Zwischenereignisse müssen dafür nicht modelliert werden.
- Nachrichtenflüsse sind nur zum Nachrichtenaustausch zwischen Pools erlaubt und nicht innerhalb von Pools.
- Prozesse beginnen in der Regel mit einem oder mehreren Startereignis(sen) und enden mit einem oder mehreren Endereignis(sen). Dies ist syntaktisch nicht zwingend, aber dringend empfohlen. Wenn ein Startereignis modelliert wurde, muss mindestens auch ein Endereignis modelliert werden und umgekehrt. Dies gilt unabhängig voneinander für jede Prozessebene.
- Unterprozesse sind Teil des aufrufenden Prozesses und vererben die Eigenschaften des aufrufenden Prozesses. Sie bilden eine neue Prozessebene.
- Unterprozesse haben keine direkte Verbindung zum Hauptprozess über einen Sequenzfluss. Untergeordnete Prozessebenen kennen die Daten aller übergeordneten Ebenen.
- Zur Modellierung unabhängiger, wiederverwendbarer Unterprozesse dient die Aufrufaktivität.

Ergänzend gelten dazu die Stilregeln.

Literaturhinweis: [1] Silver, Bruce, BPMN Methode und Stil, Cody-Cassidy Press, 2. Auflage, 2012, S. 165 ff.

N

Nachricht

Eine Nachricht *(message)* ist der Inhalt einer Kommunikation zwischen zwei Partnern *(participants)* innerhalb eines Kollaborationsdiagramms oder eines Choreografiediagramms. Es kann sich dabei um Daten aber auch um Dokumente oder hilfsweise um physische Objekte (z. B. Produkte, wofür die BPMN-Spezifikation kein spezielles Element vorsieht) handeln. Nachrichten werden durch den Nachrichtenfluss repräsentiert. Durch den Namen des Nachrichtenflusses kann der Inhalt beschrieben werden. Zum Austausch dienen Aufgaben (Manuell, Benutzer, Empfangen, Senden, Service) oder nachrichtensendende/nachrichtenempfangende Ereignisse. Eine Nachricht ist im Gegensatz zum Signal eine gerichtete Information, d. h. die Information wird an einen bekannten Partner gesendet.

Innerhalb von Prozessen erfolgt der Nachrichtenaustausch implizit durch den Sequenzfluss. Eine explizite Modellierung durch ein Nachrichten-Element oder Nachrichtenflüsse ist nicht erlaubt.

Eine Nachricht kann optional auch durch ein Element modelliert werden mit dem Symbol in Bild 107.

Bild 107
Symbol für eine Nachricht

Dieses Symbol ist hauptsächlich in Choreografiediagrammen üblich, weniger in Kollaborationsdiagrammen, da sich dort keine Verbesserung der Lesbarkeit ergibt. In Bild 108 sind beide Fälle, mit und ohne Message-Symbol, im Vergleich abgebildet.

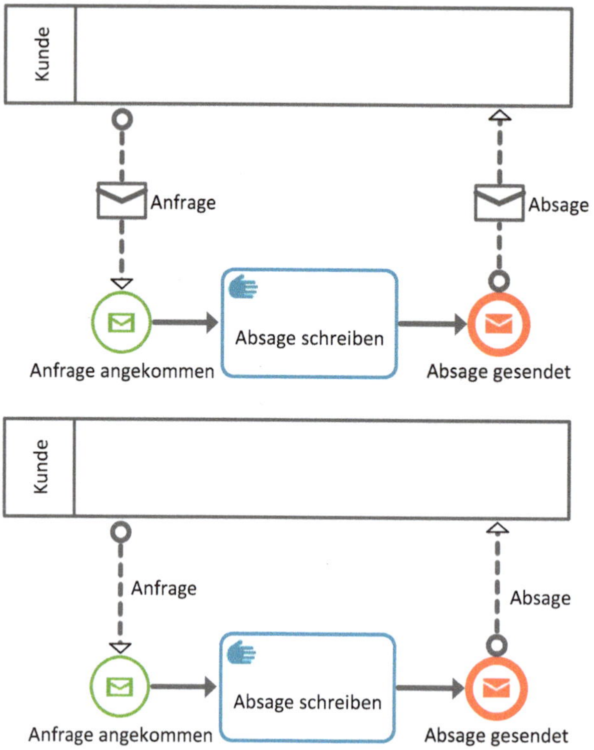

Bild 108
Nachrichtenaustausch mit und ohne Nachrichten-Element

Im oberen Fall in Bild 108 ist die Nachricht gekoppelt an den Nachrichtenfluss modelliert. Die Benennung erfolgt über das Nachrichten-Element (Anfrage/Absage). Das Nachrichten-Element hat eine eingehende ungerichtete und eine ausgehende gerichtete Verbindung. Nachricht und Verbindungen gehören zusammen, sie bilden als grafische Einheit den Nachrichtenfluss ab. Im unteren Fall sind nur Nachrichtenflüsse modelliert, wobei die Kantenrolle genutzt werden kann, um den Nachrichteninhalt zu beschreiben.

Nachrichtenfluss

Der Nachrichtenfluss *(message flow)* beschreibt den Austausch einer Nachricht zwischen Prozessen, die innerhalb von Pools eines Kollaborationsdiagramms modelliert sind. Er gehört zu den BPMN-Elementen der Kategorie verbindende Objekte wie Sequenzfluss, Datenverbindung und Verbindung. **Innerhalb** von Pools ist er nicht erlaubt. Dargestellt wird er als gestrichelte Linie mit einem Pfeil für die Nachrichtenrichtung (gerichtete Kante) wie in Bild 109 zwischen Pool und Startereignis.

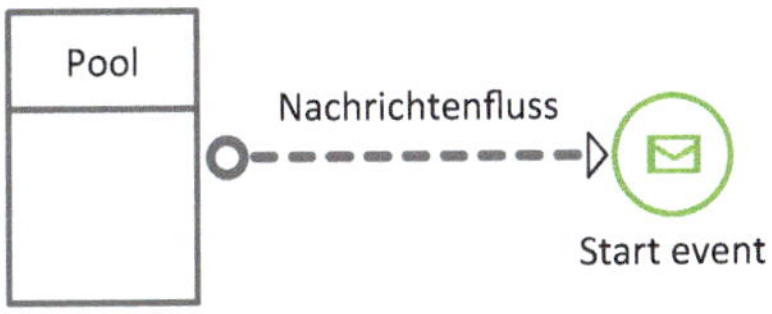

Bild 109
Symbol für den Nachrichtenfluss

Nachrichtenflüsse haben ihre Quelle bei einer sendenden Aktivität oder bei einem sendenden Ereignis. Ihr Ziel ist entweder die Grenze eines zweiten Pools oder empfangende Elemente (Aktivitäten, Ereignisse) innerhalb des zweiten Pools. Startereignisse können nur eingehende Nachrichtenflüsse, Endereignisse nur ausgehende Nachrichtenflüsse haben. Nachrichtenflüsse können auch nur von Poolgrenze zu Poolgrenze gehen. In Bild 110 sind alle möglichen Nachrichtenflüsse zwischen den Elementen zusammengestellt ([6], Tabelle 7.4). Es können je nach Element auch mehrere Nachrichtenflüsse verbunden werden.

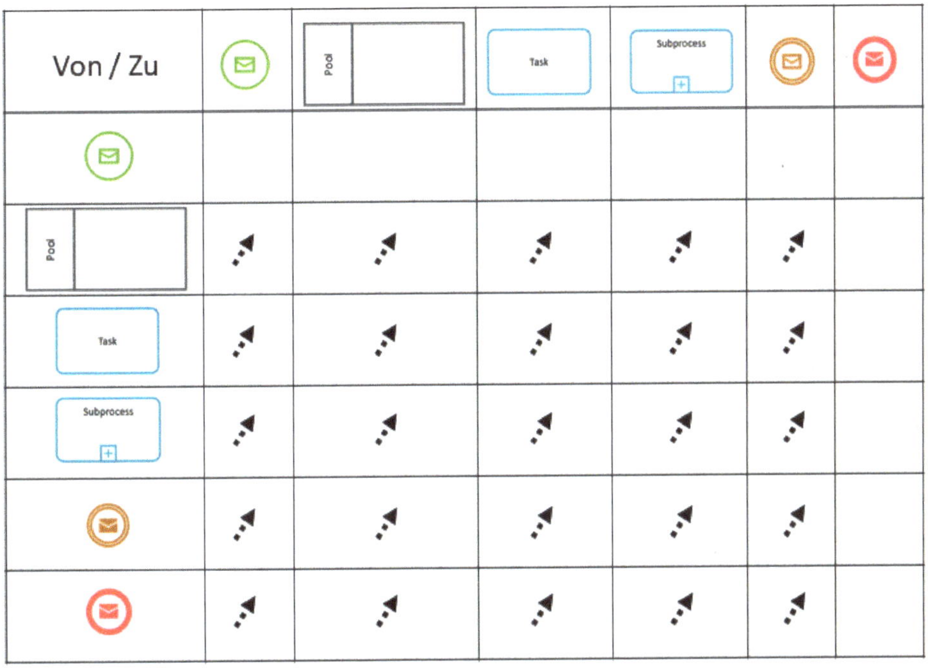

Bild 110 Tabelle der möglichen Nachrichtenflüsse

Beispiel: Nachrichtenflüsse zwischen dem Pool „Gast" und dem Pool „Hotel"

In Bild 111 wird ein vereinfachtes Kollaborationsdiagramm mit der Kommunikation zwischen Gast und Hotel gezeigt.

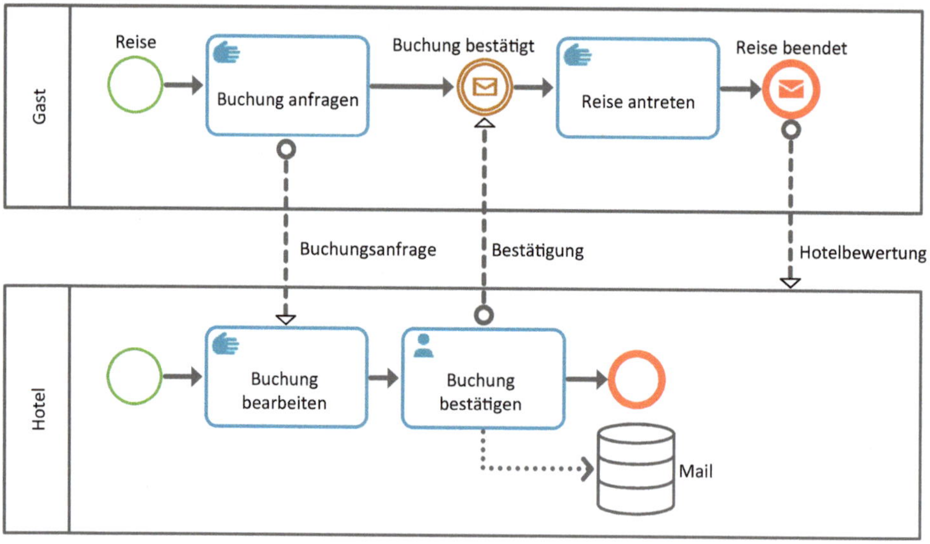

Bild 111 Beispielprozess mit Nachrichtenflüssen

Exemplarisch sind hier drei Nachrichtenflüsse zu sehen. Erstens die „Buchungsanfrage“ zwischen zwei Aufgaben, zweitens die „Bestätigung“ von einer Aufgabe zu einem Nachrichten-Zwischenereignis und drittens die „Hotelbewertung“ ausgehend vom Endereignis zum Rand des Pools.

Weitere Beispiele sind unter dem Stichwort Kollaboration zu finden.

O

OMG

OMG steht für **O**bject **M**anagement **G**roup®. Sie definiert ihre Vision und ihr Kundenversprechen gemäß Website (siehe *https://www.omg.org/about/index.htm*) wie folgt:

„Die Object Management Group® Standards Development Organization (OMG® SDO) ist ein internationales (27 Länder), mitgliedergesteuertes (230+ Organisationen) Nonprofit-Konsortium.

Mission

Entwicklung von Technologiestandards (250+), die allen vertikalen Branchen einen quantifizierbaren Mehrwert bieten. Deshalb widmen wir uns der Zusammenführung unserer internationalen Mitglieder-Community bestehend aus Endbenutzern, Forschern und Anbietern aus der akademischen Welt, Regierung und Industrie, um unsere Standards im Laufe der Zeit an sich verändernde Technologien anzupassen und zu überarbeiten.

Vision

Organisation eines neutralen Forums, in dem bewährte Praktiken aus einem breiten Spektrum von Bereichen diskutiert und Standards entwickelt werden können, die die Einführung und Innovation von Spitzentechnologie in verschiedenen Branchen weltweit vorantreiben. Unser standardisierter Prozess ist fair, robust, transparent und gut dokumentiert, während unsere Standards überall implementiert werden: Landwirtschaft (DDS), autonome Fahrzeuge (DDS), Avionik (SysML, UML), Geschäftswesen (BPMN), Energie (DDS), Finanzen (FIBO, FIGI), Gesundheitswesen (DDS), Militär (DDS, SysML, UML), Einzelhandel (UPOS), Telekommunikation, Transport (DDS) und Raumfahrt (DDS, SOLM, XTCE, XUSP). Unsere ‚Ein-Organisation-eine-Stimme-Richtlinie‘ gewährleistet, dass jede Mitgliedsorganisation ungeachtet ihrer Größe eine effektive Stimme in unserem Abstimmungsprozess hat.“

(Übersetzt durch den Autor.)

Die OMG hat u. a. die BPMN-Spezifikation veröffentlicht.

P

Paralleles Gateway

Ein paralleles Gateway – auch UND-Gateway (AND) genannt – wird durch das Symbol in Bild 112 dargestellt.

Bild 112
Symbol für das parallele Gateway

Es wird immer dann verwendet, wenn parallele Durchläufe modelliert werden sollen und alle Sequenzflüsse aktiv sind. Beim Aufteilen *(fork)* läuft der Prozess über alle Sequenzflüsse weiter. Beim Zusammenfassen *(join)* läuft der Prozess wieder zusammen. Die Pfade müssen nicht gleichzeitig durchlaufen werden. Die getrennten Durchläufe werden am Gateway synchronisiert. Erst wenn alle Durchläufe das Gateway erreicht haben, wird der Prozess mit der Aktivität nach dem Gateway fortgesetzt. Bei Geschäftsprozessen handelt es sich in der Regel um mehrere Abteilungen, die parallel (nicht unbedingt gleichzeitig) einen Geschäftsvorfall bearbeiten. Das „multi tasking" einer Person (Essen und Reden beim Geschäftsessen) ist damit nicht gemeint, da im Detail die Aufgaben doch nacheinander abgearbeitet werden. Ein klassischer Fall einer Bestellbearbeitung ist in Bild 113 modelliert.

Den Ablauf kann man sich im Token-Konzept wie folgt vorstellen: Entsprechend der Anzahl von Ausgängen werden beim Aufteilen Token generiert, die unabhängig voneinander durch den Prozess laufen. Werden die Sequenzflüsse durch ein paralleles Gateway wieder zusammengefasst, läuft der Prozess erst weiter, wenn alle Token das

Gateway erreicht haben. Im Gegensatz zum inklusivem Gateway müssen alle ausgelösten Token das parallele Gateway erreichen. Wenn dies nicht der Fall ist, weil z. B. über getrennte Pfade Token auf ein Endereignis laufen, entsteht eine Blockade. Das unterschiedliche Verhalten der zusammenführenden Gateways wird in der BPMN-Spezifikation durch die englischen Begriffe „merge" beim inklusiven Gateway und „join" beim parallelen Gateway unterschieden. Da die Semantik des parallelen Gateways eindeutig ist, muss normalerweise beim Zusammenführen das Gateway nicht benannt werden.

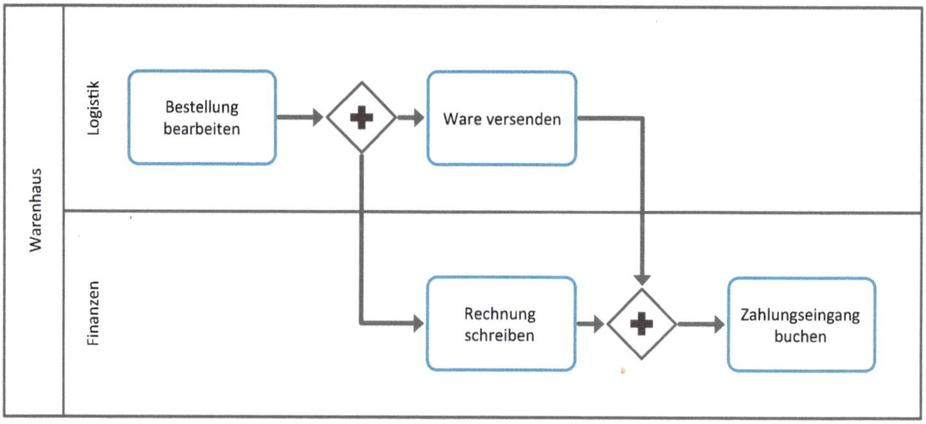

Bild 113 Bestellbearbeitung mit parallelen Aktivitäten von zwei Abteilungen

Ereignis und Gateways

Nach einem Startereignis oder Zwischenereignis kann auch direkt ein Gateway modelliert werden. Dies muss aber ein paralleles Gateway sein, wie Bild 114 zeigt. Da beim parallelen Gateway keine Entscheidung zum weiteren Prozessablauf getroffen werden muss, benötigt das Gateway nicht zwingend eine vor ihm liegende Aufgabe.

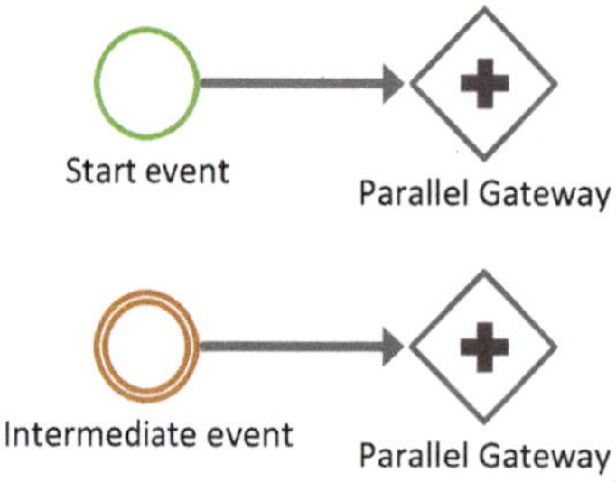

Bild 114
Paralleles Gateway nach einem Ereignis

Pool

Der Pool ist ein Bereich, der einen Teilnehmer *(participant)* einer Kollaboration repräsentiert und in dessen Grenzen in der Regel der Prozess modelliert wird. Dadurch entstehen Kollaborationsdiagramme. Der Pool ist eines der BPMN-Elemente der Kategorie Swimlanes. Das Symbol ist in Bild 115 dargestellt. Es ist ein beliebig großes Rechteck. Der Name kann an jeder Stelle platziert werden, muss aber durch eine Linie getrennt werden.

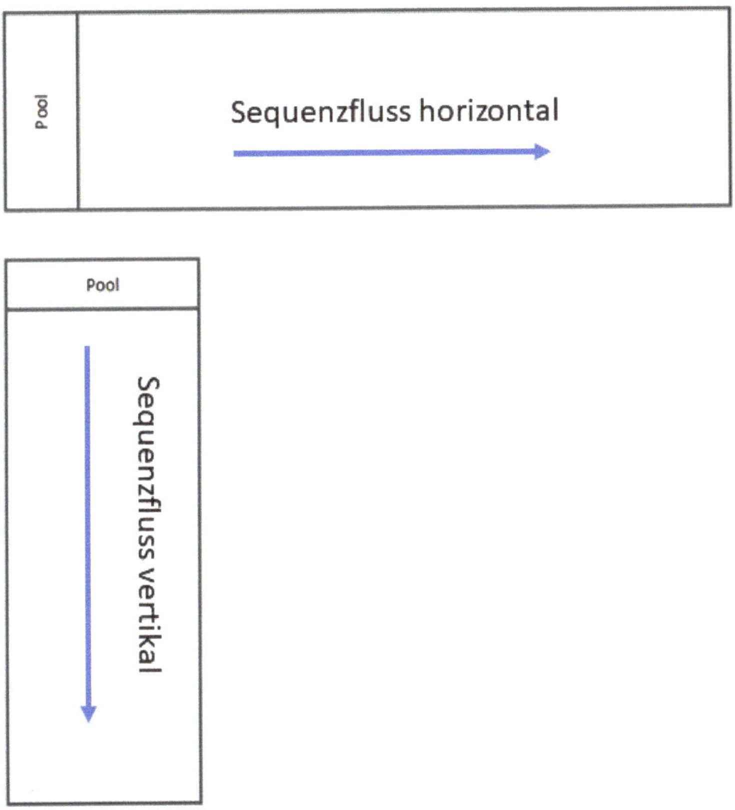

Bild 115 Symbol für den Pool

In den Grenzen dieses Rechtecks kann der Prozess modelliert werden. Die Größe (Länge – Breite) ist frei wählbar. Nach der BPMN-Spezifikation können in Pools die Prozesse sowohl horizontal als auch vertikal angeordnet werden, wobei übliche Praxis ist, horizontale Pools zu verwenden. Die Sequenzflüsse laufen dann vorwiegend von links nach rechts. Ein Prozess muss nicht zwangsläufig in einem Pool modelliert werden, d. h. der Pool kann weggelassen werden. Bei mehreren Pools darf aber nur ein Prozess ohne Pool modelliert werden. Für die Kollaborationspartner einer Organisation müssen aber in jedem Fall Pools angelegt werden. Ein Pool muss nicht zwangsläufig einen Prozess enthalten. Er wird dann Blackbox Pool oder leerer Pool genannt, im Gegensatz zum Whitebox Pool, der einen Prozess enthält.

Pools repräsentieren spezifische Organisationen *(PartnerEntity)* oder Rollen einer Organisation *(PartnerRole)* ähnlich wie Personen und Rollen in Organigrammen. Rollen sind zum Beispiel Lieferant, Produzent, Dienstleister, aber auch Kunde. Pools können weiter durch Lanes unterteilt werden. Es können so Prozesse modelliert werden, die eine unterschiedliche Sichtweise auf den Geschäftsvorfall haben, also zum Beispiel die Kundensicht und die Unternehmenssicht. Manchmal sieht man auch als Poolnamen einen Prozessnamen. Das ist formal nicht richtig, aber in manchen Fällen durchaus sinnvoll.

Die Prozesse in den Pools sind bezogen auf den Prozessdurchlauf unabhängig, sie kommunizieren (kollaborieren) aber über Nachrichtenflüsse miteinander. Sequenzflüsse dürfen Poolgrenzen nicht überschreiten, umgekehrt dürfen Nachrichtenflüsse nicht innerhalb des Pools benutzt werden.

Pools können mit einem Marker (drei vertikale Striche) als „Mehrfachinstanz“ *(multi-instance)* gekennzeichnet werden. Das bedeutet, dass im Prozess die Partnerrolle mehrfach angesprochen wird oder dass der Prozess innerhalb des Pools mehrfach aufgerufen wird (Bild 116). Dazu gibt es unter dem Stichwort Mehrfachinstanziierung weitergehende Beispiele. Ein ähnliches Konzept bei Aktivitäten wird durch die Markierung von Aktivitäten erreicht.

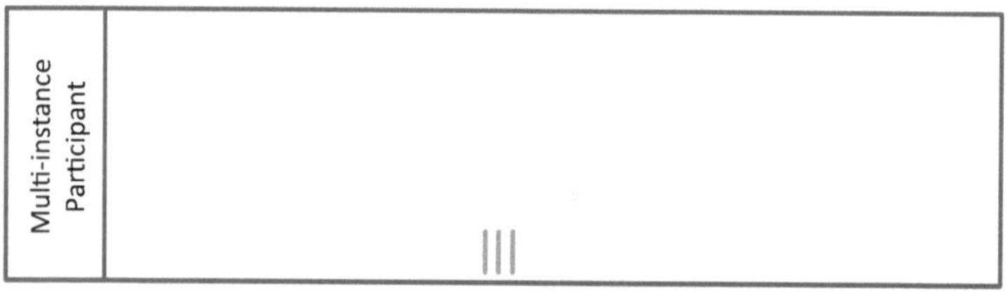

Bild 116 Markierung des Pools als Mehrfachinstanz

Beispiele: Kollaborationsdiagramme mit unterschiedlicher Nutzung von Pools

Das Beispiel in Bild 117 zeigt den Prozess der Zusammenarbeit zwischen Kunden, Buchladen und Handelsportal bei einer Buchbestellung. Eine Direktlieferung vom Handelsportal zum Kunden erfolgt, wenn im Buchladen das Buch nicht verfügbar ist und über das Portal nachbestellt wird. Der Kernprozess des Buchladens ist in der Mitte ohne Pool, die Partner „Kunde“ und „Handelsportal“ sind jeweils als Pool modelliert. Auch der Kernprozess könnte alternativ innerhalb eines Pools modelliert werden.

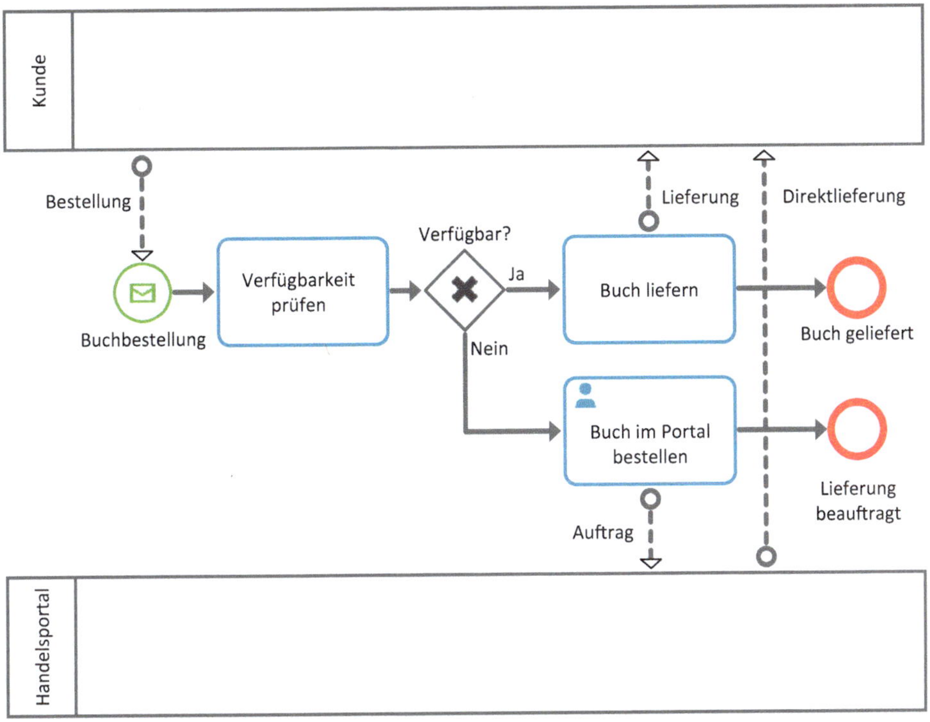

Bild 117 Kollaborationsdiagramm mit zwei Pools und einem Prozess ohne Pool

Ein weiteres Beispiel zeigt einen mehrfachen Aufruf eines Partners bei einer Anfrage eines Produzenten, die an mindestens drei und höchstens an acht Lieferanten gesendet wird (Bild 118). Die Anzahl drei und acht kann durch einen Textzusatz, besser aber durch Attribute definiert werden (im Beispiel „Minimum participant multiplicity" = 3 und „Maximum participant multiplicity" = 8).

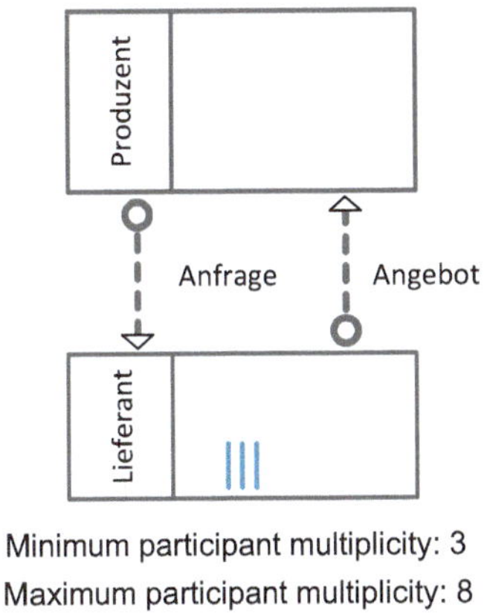

Bild 118 Mehrfacher Aufruf einer Partnerrolle

Hinweis: Die englischen Begriffe „Pool“ und „Lane“ werden in der deutschen Literatur üblicherweise nicht übersetzt. Pool gilt gemäß Duden als Kurzform für „Swimmingpool“.

Prozess

Prozesse oder genauer gesagt Geschäftsprozesse definieren die Arbeitsabläufe innerhalb einer Organisation. Organisationen können Unternehmen, Behörden, Verbände, Bildungseinrichtungen oder Vereine sein. Sie repräsentieren also alle Formen der Zusammenarbeit zwischen Menschen und Technologien (soziotechnisches System). Prozesse werden im Rahmen des Geschäftsprozessmanagements geplant, optimiert, in die Organisation eingeführt, überwacht und gesteuert. Ein wesentlicher Schritt ist die Geschäftsprozessanalyse mit Ist-Aufnahme und Soll-Konzepterstellung zur Erreichung der Ziele des Unternehmens.

Geschäftsprozesse ...

... dienen zur Umsetzung geschäftlicher Aktivitäten, die sich aus den strategischen und operativen Zielen der Organisation ergeben.

... bestehen jeweils aus mehreren Einzelschritten (Aktivitäten, Funktionen),

- wobei diese arbeitsteilig durch ein oder mehrere Personen, Rollen oder Abteilungen durchgeführt werden und
- in einer bestimmten Reihenfolge sequenziell oder parallel ausgeführt werden.

... werden regelmäßig, wiederholend ausgeführt.

... erfordern in der Regel Unterstützung durch materielle (wie Maschinen, Gebäude, Werkzeuge) und immaterielle (wie Daten, Informationen) Betriebsmittel.

... können manuell, halbautomatisch oder automatisch ohne menschliche Eingriffe ausgeführt werden.

... werden in technische und betriebswirtschaftliche Prozesse unterteilt:

- Betriebswirtschaftliche Prozesse verarbeiten Informationen als Input und führen zu einem gewünschten Ergebnis als Output.
- Technische Prozesse erzeugen Produkte oder Dienstleistungen als Output.

(s. a. [4] Kapitel 1)

Prozesse in Organisationen lassen sich kategorisieren in:

- Steuerungsprozesse (Management):
  - Regeln das Zusammenspiel aller Geschäftsprozesse.
  - Sorgen dafür, dass die Kernprozesse sich an den strategischen Zielen des Unternehmens orientieren.

- Kernprozesse (Leistung):
  - Sind wertschöpfend und erstellen damit eine Leistung des Unternehmens zum direkten Nutzen des Kunden.
  - Sind in der Regel wettbewerbskritisch.
  - Kennzeichnen das Geschäftsmodell des Unternehmens.
- Unterstützungsprozesse:
  - Haben keinen oder geringen Wertschöpfungsanteil.
  - Bieten Querschnittsleistungen an, ohne die die wertschöpfenden Prozesse nicht funktionieren.
  - Sind nicht direkt im Wahrnehmungsbereich des Kunden.

In Bild 119 sind die Hauptkategorien dargestellt mit weiteren Unterteilungen möglicher Unterkategorien wie „Strategische Planung“ als Teil der Steuerungsprozesse oder „Handel“ als Teil der Kernprozesse.

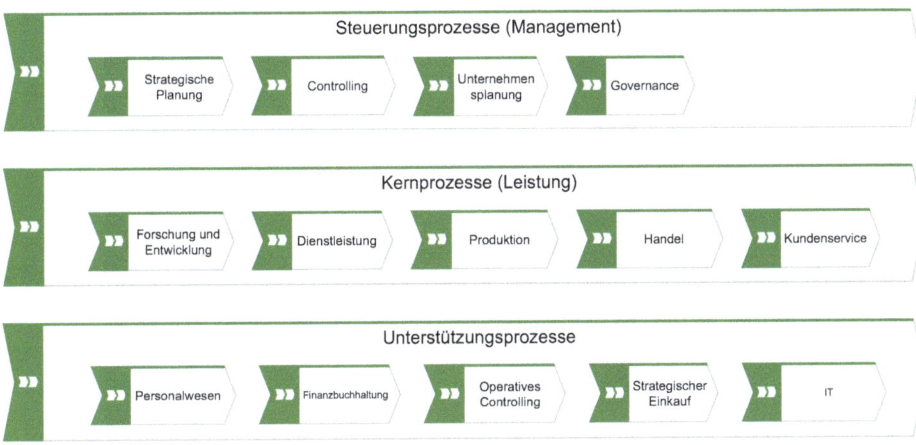

Bild 119 Kategorisierung der Prozesse in Unternehmen mit möglichen Unterkategorien

Prozessdiagramm

Mit einem Prozessdiagramm wird ein Geschäftsprozess modelliert. Die Modellierung des Ablaufs mit Ereignissen, Aktivitäten und Gateways und deren Verbindung über Sequenzflüsse erfolgt üblicherweise im Sinne von „best practices“ horizontal von links nach rechts. Um die Verantwortlichen für die Ausführung der Aktivitäten zu modellieren, steht das Konzept der Lanes als Zeilen (oder Spalten bei vertikaler Modellierung) innerhalb des Diagramms zur Verfügung.

Prozesse bilden die interne Ablauforganisation ab, wobei der Detaillierungsgrad davon abhängt, was mit dem Modell erreicht werden soll und welche Zielgruppe angesprochen wird. Es kann sich um eine visuelle Übersicht für das Management handeln oder im anderen Fall um eine Modellierung zur Automatisierung des Prozesses mit allen Varianten und entsprechenden Prozessdaten. Diese Prozesse werden auch „private" *(private)* Prozesse genannt, da sie unternehmensintern und typischerweise nicht für die Öffentlichkeit bestimmt sind. Im Gegensatz dazu gibt es die „öffentlichen" *(public)* Prozesse, die in der Regel weniger detailliert sind und nur den Ablauf zeigen, soweit er aus Sicht der privaten Prozesse für das Verständnis der Kommunikation zwischen den Prozessen notwendig ist.

Soll diese Kommunikation mit anderen Prozessen oder externen Partnern bzw. Teilnehmern *(participants)* dargestellt werden, müssen als Erweiterung der Prozessdiagramme Kollaborationsdiagramme genutzt werden, wobei die Prozesse durch Pools getrennt werden.

Der Prozess in Bild 120 zeigt einen vereinfachten Ablauf einer Rechnungsprüfung.

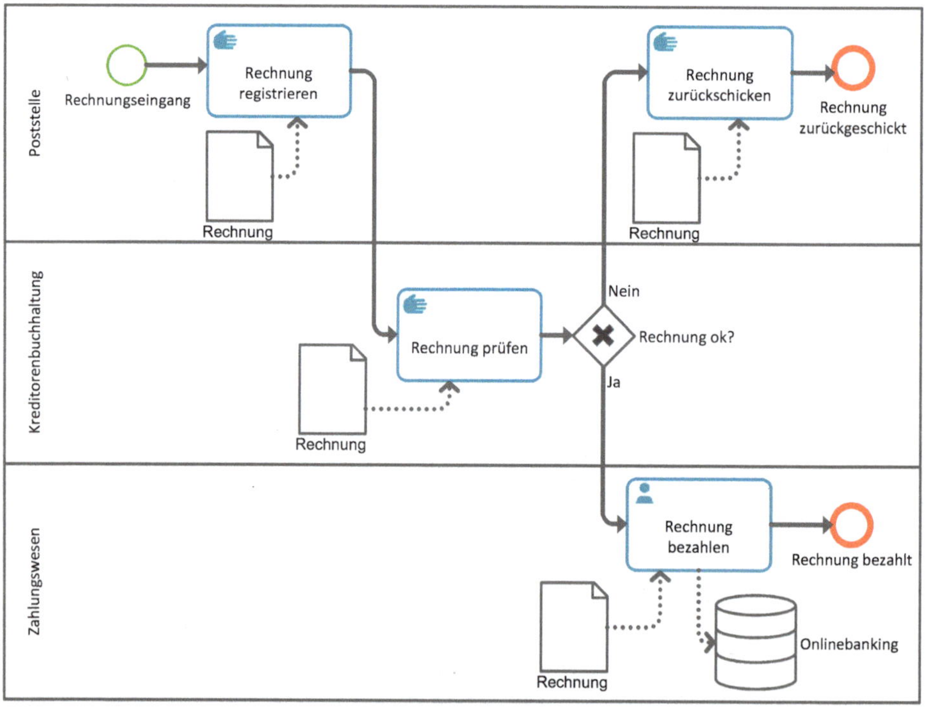

Bild 120 Beispiel für ein Prozessdiagramm mit einer manuellen Rechnungsverarbeitung

Das Prozessdiagramm besteht aus drei Lanes für die verantwortlichen Abteilungen „Poststelle“, „Kreditorenbuchhaltung“ und „Zahlungswesen“. Der Prozess beginnt in der Poststelle mit dem Startereignis „Rechnungseingang“. Die erste Aufgabe ist die manuelle Aufgabe „Rechnung registrieren“. Dazu wird als Eingang das Datenobjekt „Rechnung“ benötigt. Da das Datenobjekt nur gelesen wird, ist es über eine einseitige Datenverbindung (Pfeil zeigt auf das Aufgabensymbol – Datenfluss geht vom Datenobjekt zur Aufgabe) mit der Aufgabe verbunden. Die zweite Aufgabe im Prozessdurchlauf ist die manuelle Aufgabe „Rechnung prüfen“, die von der Kreditorenbuchhaltung ausgeführt wird. Auch hier wird wie oben als Datenobjekt die „Rechnung“ benötigt. Das Ergebnis von „Rechnung prüfen“ ist entweder „Rechnung ok = Nein“ oder „Rechnung ok = Ja“. Diese Verzweigung wird über ein Gateway modelliert, das hier vom Typ „exklusiv“ sein muss, da der Prozess eine Entweder-oder-Entscheidung benötigt.

Wenn die Rechnung nicht in Ordnung ist, geht sie zurück an die Poststelle und wird dort von der Poststelle über die manuelle Aufgabe „Rechnung zurückschicken“ bearbeitet. Dazu wird die Rechnung auch hier als Datenobjekt benötigt. Nach Abschluss dieser Aufgabe endet der Prozess mit dem Endereignis „Rechnung zurückgeschickt“.

Wenn die Rechnung in Ordnung ist, wird sie an das Zahlungswesen weitergeleitet und dort über die Benutzeraufgabe „Rechnung bezahlen“ bezahlt. Die Aufgabe ist vom Typ „Benutzer“, da sie zusammen mit einem System ausgeführt wird. Das Datenobjekt „Rechnung“ ist zur Erfüllung der Aufgabe notwendig und hat dazu eine ausgehende Datenverbindung zur Aufgabe. Zusätzlich wird das System „Onlinebanking“ benötigt, das eine eingehende Verbindung von der Aufgabe kommend hat, da für die Überweisung Daten geschrieben werden. Da BPMN kein „System“ als Objekttyp zur Verfügung stellt, wird der Objekttyp „Datenspeicher“ verwendet. Nach Abschluss dieser Aufgabe endet der Prozess mit dem Endereignis „Rechnung bezahlt“.

Der hier modellierte Geschäftsprozess hat zwei Geschäftsvorfälle, „Rechnung ok“ und „Rechnung nicht ok“, und demzufolge zwei Instanzen.

Häufig wird die Frage gestellt, ob die Datenrichtung zu Systemen aus Benutzersicht nicht immer zweiseitig ist und ob das nicht auch so modelliert werden muss. Das ist nicht der Fall. Bei der BPMN liegt der Fokus auf Daten, daher kommt es darauf an, ob durch die Aufgabe eine schreibende oder lesende Transaktion im System ausgelöst wird. Das ist auch der Grund, warum es kein Element „System“ im Standard gibt.

Prozessebene

Prozessebenen entstehen bei der Hierarchisierung durch den Einsatz von Unterprozessen. Der Prozess besteht aus einem Hauptprozess, der einen Unterprozess aufruft, der eine neue Prozessebene bildet. Unterprozesse können geschachtelt werden. Die

Anzahl der Prozessebenen ist gemäß Spezifikation nicht beschränkt, sie sollte aber in der Modellierungspraxis gezielt eingesetzt werden, um die Übersichtlichkeit nicht zu verlieren. Durch Prozessebenen können auch unterschiedliche Detaillierungsgrade für unterschiedliche Zielgruppen modelliert werden.

R

Reduzierter/Erweiterter Unterprozess

Ein Unterprozess kann in reduzierter *(collapsed)* und erweiterter *(expanded)* Form genutzt werden. In der Regel wird die reduzierte Form für die hierarchische Modellierung zur weiteren Detaillierung des übergeordneten Prozesses genutzt. In der erweiterten Form ist es üblich, den Detailablauf nicht zu „verstecken“, sondern innerhalb des erweiterten Unterprozesses darzustellen. Um eine kompakte Darstellung zu ermöglichen, werden die Start-/Endereignisse in der Regel weggelassen. Diese Art der Unterprozessmodellierung ist auch als Inline-Darstellung bekannt. Häufig wird in der deutschsprachigen Literatur auch von aufgeklapptem Unterprozess (erweiterte Form mit Inline-Darstellung) und zugeklapptem (reduziertem) Unterprozess gesprochen.

Beispiel: Logistikprozess in mehreren Varianten

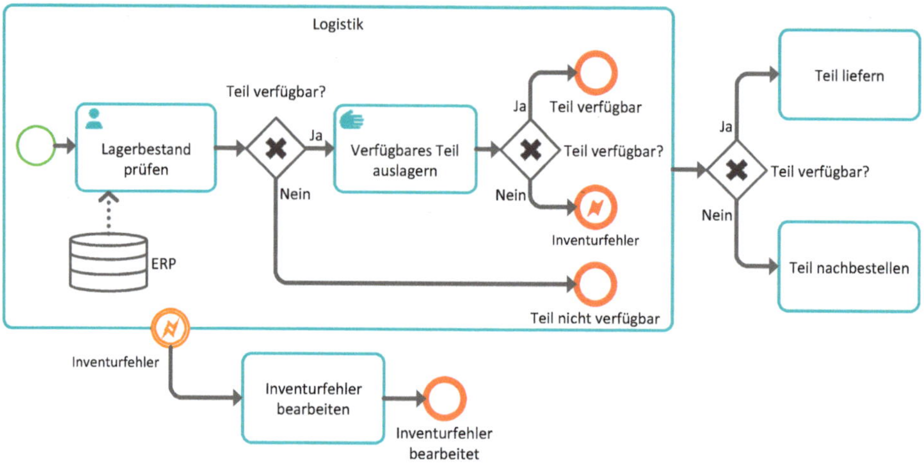

Bild 121 Erweiterter Unterprozess mit Inline-Darstellung

Der Beispielprozess wird in Bild 121 mit einem Unterprozess „Logistik" in erweiterter Form mit Inline-Darstellung gezeigt.

Der Sequenzfluss des aufrufenden Prozesses darf die Grenzen des erweiterten Unterprozesses „Logistik" nicht überschreiten, weder eingehend zum Startereignis, noch ausgehend von den Endereignissen. Um den weiteren Ablauf nach dem Unterprozess eindeutig zu dokumentieren, wird das letzte Gateway „Teil verfügbar?" im aufrufenden Prozess wiederholt. Es können dadurch die Folgeaufgaben „Teil liefern" und „Teil nachbestellen" eindeutig den beiden Endereignissen des Unterprozesses „Teil verfügbar", „Teil nicht verfügbar" zugeordnet werden. Das dritte Endereignis vom Typ „Fehler" wird durch ein angeheftetes Ereignis „Inventurfehler" abgefangen. Der am Zwischenereignis angebundene Sequenzfluss führt zur Aufgabe „Inventurfehler beheben", da Systembestand und physischer Bestand nicht übereinstimmen.

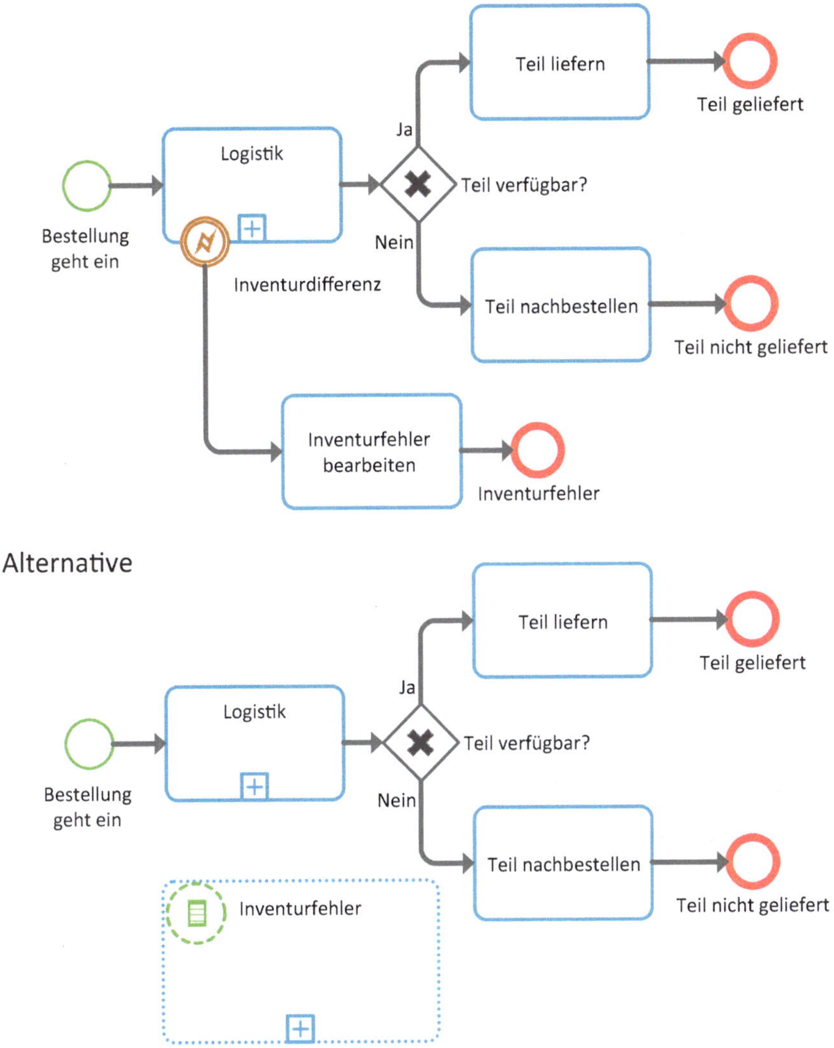

Bild 122 Reduzierter Unterprozess mit Inventurfehlerbearbeitung in zwei Alternativen

In Bild 122 ist der Prozess mit der kompakten Form des reduzierten Unterprozesses zu sehen. Oben die normale Variante mit dem angehefteten Zwischenereignis zur Modellierung des Prozessverhaltens bei Inventurfehlern, unten mit der eher „exotischen" Alternative eines nicht unterbrechenden Ereignis-Unterprozesses, wobei in dem Unterprozess „Logistik" der Inventurfehler nicht modelliert wird, sondern nur in dem Ereignis-Unterprozess. Der Ereignis-Unterprozess ist in seiner reduzierten Form dargestellt, bei der das Startereignis oben links im Symbol angezeigt wird.

Repository

Das Repository ist ein Verzeichnis aller BPMN-Elemente (Objekte) und aller Modelle in einem datenbankgestützten Modellierungstool.

Das Verzeichnis der Elemente dient dazu, diese zur Wiederverwendbarkeit in mehreren Modellen bereitzustellen. Damit werden gleichartige Elemente mit gleicher Semantik und gleichartigen Attributen nur einmal gespeichert. In den Modellen und deren Diagrammen erfolgt eine Referenzierung (Verweis) auf dieses Element. Der Vorteil ist, dass Änderungen an diesem Element nur einmal erfolgen und dann für alle Modelle gültig sind. In manchen Tools spricht man bei der Referenzierung von einer Ausprägungskopie, im Gegensatz zur Definitionskopie, wenn es sich um eine „echte" Kopie des Elements in der Datenbank handelt

Insbesondere, wenn Elemente im Rahmen der Modellierung mit einer weitergehenden Dokumentation von zum Beispiel Inhalten, Verantwortlichkeiten, Risiken, Durchlaufzeiten und sonstigen Kennziffern verwaltet werden, ist es sinnvoll, diese nur einmal zu speichern und in unterschiedlichen Modellen aufzurufen.

Da in den BPMN-Modellen die Elemente über den Namen identifiziert werden, wird dringend empfohlen, nur einmal vorkommenden Elementen einen unterscheidbaren Namen zu geben. Dies ist zwar nicht zwingend gefordert, da die Elemente durch einen eindeutigen Schlüssel in der Datenbank unterscheidbar sind, ist aber aufgrund der besseren Lesbarkeit und Unterscheidbarkeit im Repository sinnvoll.

Beispiel: Wiederverwendung eines Elements aus einem Repository

Ein Beispiel für eine Wiederverwendbarkeit von Elementen (Bild 123) stammt aus einem Modellierungsprojekt zur Modellierung der Prozesse in einem Buchladen. Es gibt mehrere Prozesse, u. a. „Kundenberatung" mit Verkauf im Buchladen und „Telefonverkauf" mit Bestellung per Telefon. In beiden Prozessen muss die Aufgabe „Buchverfügbarkeit prüfen" durchgeführt werden. Die Hauptverantwortlichen werden über die Lane modelliert und können unterschiedlich sein (im Beispiel „Hotline" und „Verkauf"). Aber die über die RACI-Attribute definierten zusätzlichen Beteiligten Geschäftsführung (I), Leitung Logistik (R) und Administration (U) sowie die Schwachstelle/das Risiko („Buch nicht verfügbar") sind aufgabenspezifisch und damit identisch in beiden Prozessen. Auch die Schwachstellenanalyse wird hier einmalig dokumentiert. Die Attribute werden toolspezifisch teilweise auch als Symbole ausgegeben.

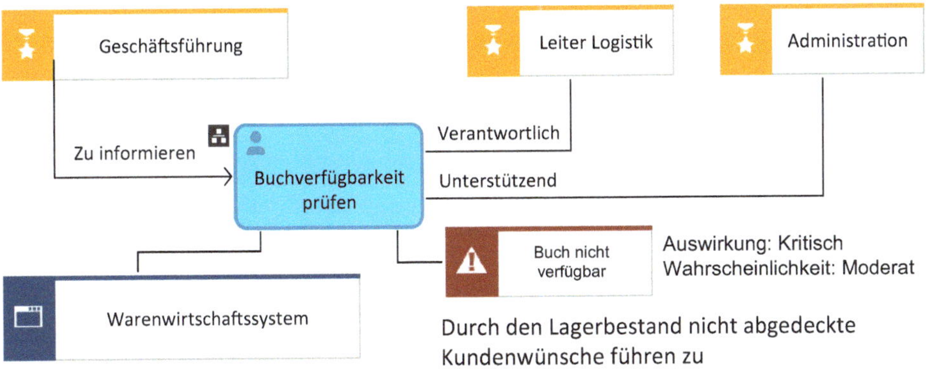

Die Verfügbarkeit des Buches im Lager wird mithilfe eines Warenwirtschaftssystems geprüft.

Durch den Lagerbestand nicht abgedeckte Kundenwünsche führen zu Kundenunzufriedenheit und ggfls. zum Kauf beim Wettbewerber oder zum Onlinekauf im Versandhandel.

Mögliche Lösung: Weitere Beobachtung der Kundenwünsche und ggfls. Überarbeitung der Einkaufsstrategie und des im Laden verfügbaren Buchangebots. Sinnvoll ist auch eine Umfeldanalyse, um das Buchangebot an die örtlichen Gegebenheiten (Kiezbuchladen? Fachbuchsortiment? Gehobene Literatur?) anzupassen.

Verfasser: K. Hauk

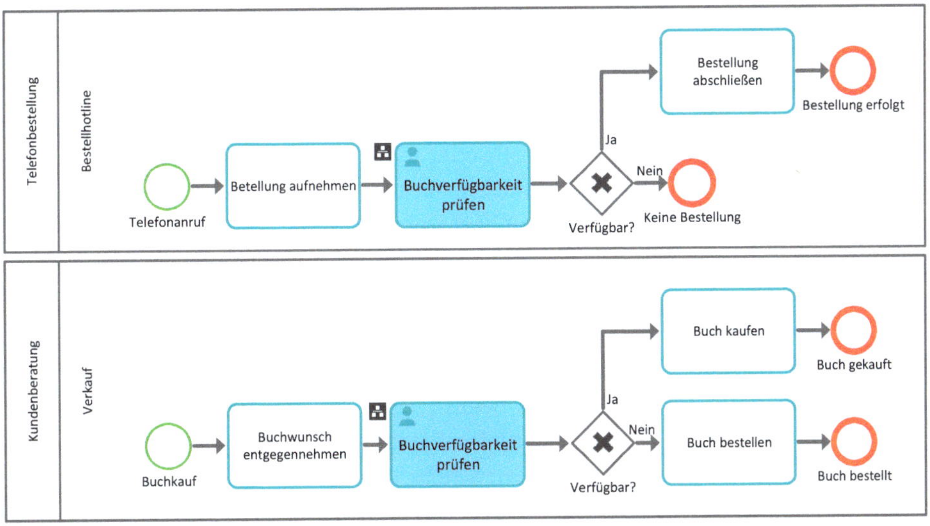

Bild 123 Beispiel für die Wiederverwendbarkeit eines Elements mit mehreren Attributen aus einem Repository

S

Schleife

Schleifen innerhalb eines Prozesses ermöglichen es, Aktivitäten und Sequenzflüsse bei der Instanziierung mehrfach durchlaufen zu lassen, bis eine definierte Endebedingung erreicht wird. Dies wird oft durch ein exklusives Gateway realisiert. Ob die Endebedingung vorher über eine Aufgabe abgefragt wird oder Daten im Prozess sowieso verfügbar sind, hängt davon ab, ob eine solche Aufgabe im Prozess auch tatsächlich existiert. In Bild 124 oben wird davon ausgegangen, dass die Anzahl Teile auf der Palette dem Prozess bekannt ist. Es besteht auch die Möglichkeit, den Abbruch durch ein angeheftetes Ereignis (Bild 124 unten) oder ein Terminierungs-Endereignis zu erzwingen. Wie bei der Programmierung können auch Fehler entstehen, wenn die Abbruchbedingung an der falschen Stelle oder inhaltlich falsch definiert ist. Es kann auch zu Dauerschleifen führen. Dies muss insbesondere bei der Nutzung der Modellierung für ausführbare Prozesse verhindert werden.

Bild 124 zeigt drei Varianten einer Schleifenmodellierung mit einer Prüfung von Teilen, die auf einer Palette angeliefert wurden. In den beiden oberen Prozessen sieht man den klassischen Fall der Modellierung über Gateways. Im ersten Prozess heißt das Gateway „Alle Teile geprüft?“ und ist nach der Aufgabe „Teil prüfen“ platziert. Es wird hier unterstellt, dass der Prozess „weiß“, wenn alle Teile geprüft worden sind. Eine Aufgabe „Palette prüfen, ob Palette leer“ wäre trivial und wird normalerweise bei der Modellierung weggelassen. Es wird außerdem davon ausgegangen, dass mindestens ein Teil auf der Palette liegt.

Im zweiten Fall wird die Schleifenbedingung bereits nach der Aufgabe „Teil von der Palette nehmen“ mit dem Gateway „Letztes Teil?“ geprüft. Damit ist der Fall abgefangen, dass die Palette auch leer sein kann. Unten wird der Prozess über das angeheftete Bedingungs-Ereignis „Palette leer“ abgebrochen. Das ist eleganter, es deckt auch den Fall einer leeren Palette ab, ist aber für ungeübte Leser möglicherweise nicht so verständlich.

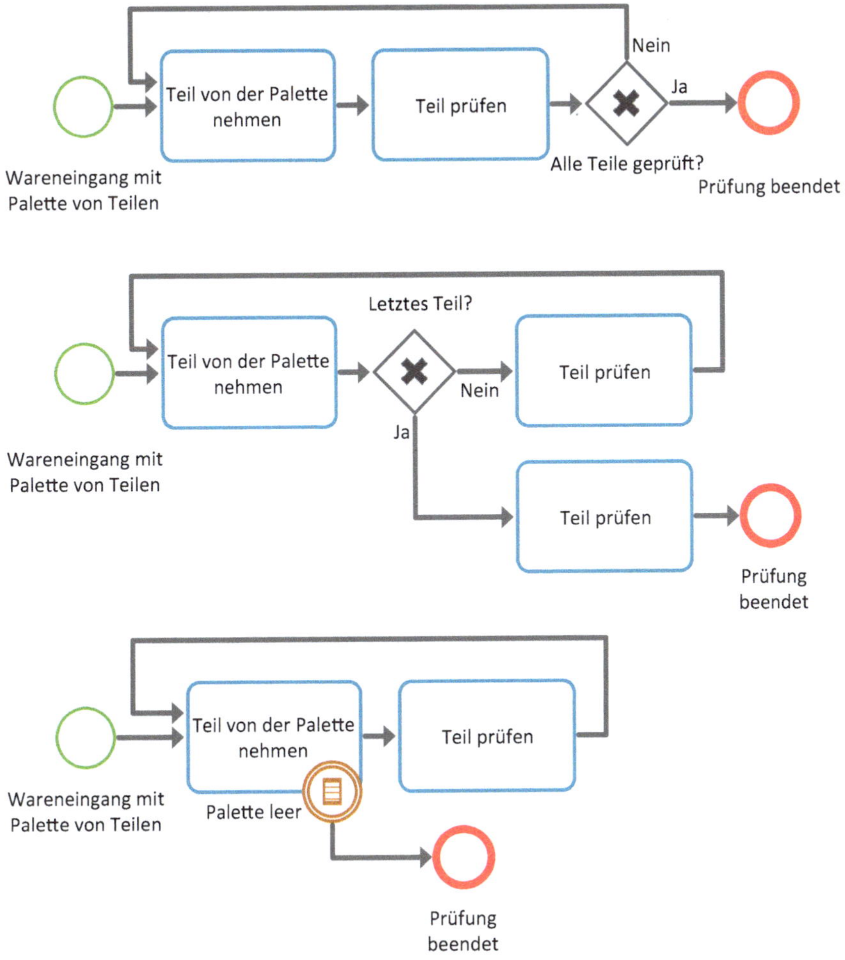

Bild 124 Modellierung einer Schleife (drei Varianten)

Bild 125 zeigt zum tiefergehenden Verständnis zwei weitere Alternativen: Oben erfolgt eine Modellierung mit einem Unterprozess mit einer Markierung für eine Wiederholung. Generell ist die Nutzung von Schleifenaktivitäten und Mehrfachaktivitäten, wie unter Markierung von Aktivitäten beschrieben, häufig eine elegante Möglichkeit, um Schleifen über Sequenzflüsse zu vermeiden.

Unten wird auf eine Schleife verzichtet. Anstelle einer Schleifenmodellierung innerhalb einer Instanz sollte immer geprüft werden, ob der Fall nicht durch mehrfachen Aufruf des Prozesses abgedeckt werden kann. Die Schleife wird in Bild 125 unten durch eine mehrfache Instanziierung durch die Teile der Palette über das Startereignis „Teileprüfung" ersetzt. Semantisch gibt es allerdings häufig im Detail Unterschiede. Erstens ist hier das Ende nicht explizit modelliert. Es wird unterstellt, dass der Prozess nicht mehr aufgerufen wird, wenn kein Teil mehr auf der Palette liegt. Zweitens könnten Instanzen des Prozesses auch überlappend laufen. Während Teil 1 noch geprüft wird, wird bereits die nächste Instanz mit Teil 2 mit der Aufgabe „Teil von der Palette nehmen" gestartet. Das würde dann der Prozessrealität entsprechen, wenn mehrere Bearbeiter gleichzeitig die Qualitätsprüfung vornehmen.

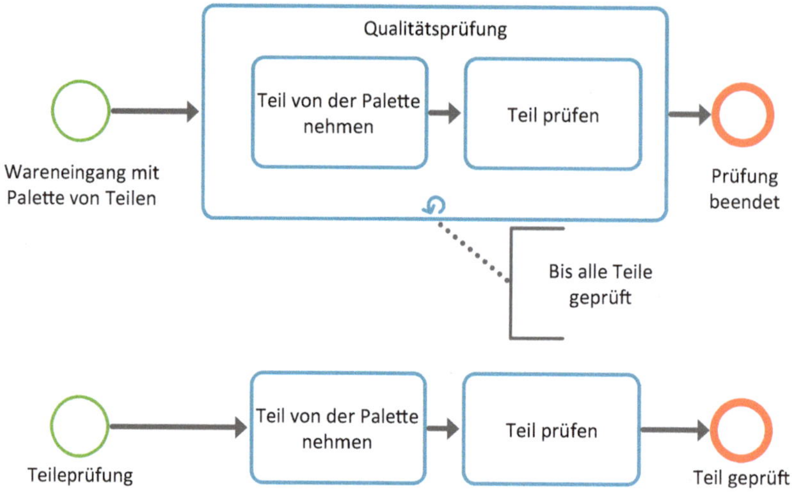

Bild 125 Alternativen einer Schleifenmodellierung

Semantik

Die Semantik eines Prozessmodells ist …

… der **Inhalt**, der die Wirklichkeit entsprechend den Vorgaben der Zielgruppe des Modells möglichst korrekt und vollständig beschreiben sollte.

… die **Bedeutung** der Elemente der BPMN-Spezifikation.

Insgesamt heißt richtige semantische Modellierung, die Elemente entsprechend ihrer Bedeutung so miteinander zu kombinieren, dass ein inhaltlich der Wirklichkeit entsprechendes Prozessmodell entsteht.

Im Gegensatz dazu legt die Syntax die Symbolik und die Modellierungsregeln fest, die der Modellierer beachten muss. Zur Modellierung stehen BPM-Tools zur Verfügung, die zwar die Syntax und die Regeln, aber nicht die Inhalte prüfen können. Ansätze mit KI-unterstützten Verfahren dem Modellierer Hilfestellung zu leisten und inhaltliche Optimierungen oder Abläufe auf Basis von textuellen Beschreibungen anzubieten, stecken 2024 noch in den Kinderschuhen.

Die Definitionen, auf die man sich in der BPMN-Spezifikation geeinigt hat, sind die Voraussetzung dafür, dass der Leser versteht, wie der Prozess funktioniert. Ob der so modellierte Prozess der Wirklichkeit entspricht, können Regeln nicht garantieren. Ein Prozessmodell kann demnach syntaktisch richtig, aber semantisch falsch oder unvollständig sein.

Im Beispiel in Bild 126 war die Absicht des Modellierers, den Prozess Rechnungsprüfung in zwei Varianten zu modellieren. Beide Ansätze sind inhaltlich falsch, auch wenn die Syntax in Ordnung ist und die Tool-Validierung keinen Fehler auswirft.

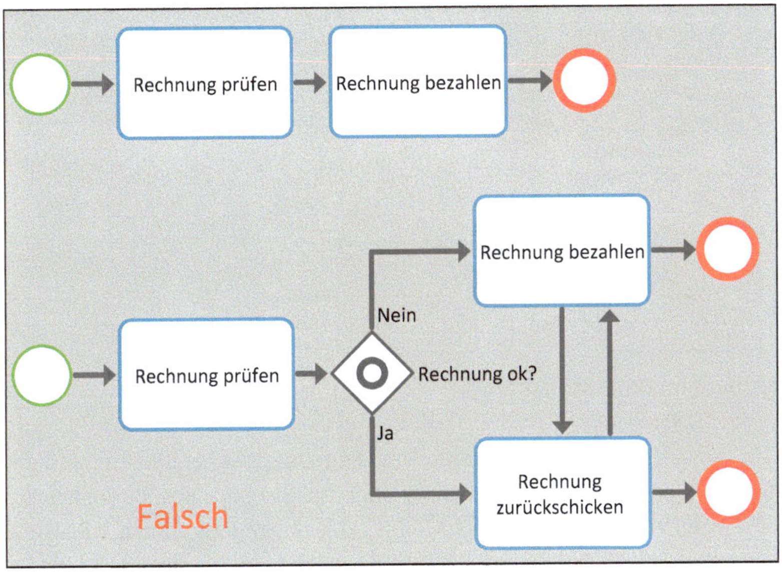

Bild 126 Semantisch falsche Prozessmodellierungen

Im oberen Prozess in Bild 126 wird die Rechnung ohne Prüfung bezahlt (falsche Reihenfolge der Aufgaben). Wenn der Ist-Prozess tatsächlich so sein sollte, muss der Modellierer das durch einen Textzusatz explizit anmerken, damit der Leser nicht von einem inhaltlichen Fehler ausgeht. Im zweiten Schritt soll das Modell verfeinert werden und zusätzlich eine Fallunterscheidung modelliert werden, was bei richtiger und falscher Rechnung passiert. Hier wird zunächst ein falsches Gateway (inklusiv statt exklusiv) eingesetzt, denn beide Fälle können nie wahr sein. Die Kantenbezeichnungen sind vertauscht. Darüber hinaus sind die Aufgaben „Rechnung bezahlen“ und „Rechnung zurückschicken“ nochmals bidirektional verbunden worden. Das ist syntaktisch kein Problem, heißt aber, dass nach „Rechnung bezahlen“ zusätzlich die Rechnung zurückgeschickt wird und nach „Rechnung zurückschicken“ auch noch die Rechnung bezahlt wird.

Sequenzfluss

Der Sequenzfluss *(sequence flow)* gehört mit dem Nachrichtenfluss, der Datenverbindung und der Verbindung zu den verbindenden Objekten eines BPMN-Diagramms.

Er ist das verbindende Element zwischen Flussobjekten, also Aktivitäten, Ereignissen und Gateways. Dadurch wird der zeitliche Ablauf innerhalb eines Prozessdiagramms oder innerhalb eines Kollaborationsdiagramms dargestellt.

Das Symbol ist im einfachen Fall eine durchgezogene Linie mit einem Pfeil für die Flussrichtung (gerichtete Kante) (Bild 127). Die Symbolik kann um eine kleine Raute oder um einen umgekehrten Schrägstrich *(backslash)* am Anfang der Linie erweitert werden. Es handelt sich dann um einen bedingten Sequenzfluss oder um einen Standardsequenzfluss. Dies wird unter dem Stichwort Typen von Sequenzflüssen im Einzelnen erklärt.

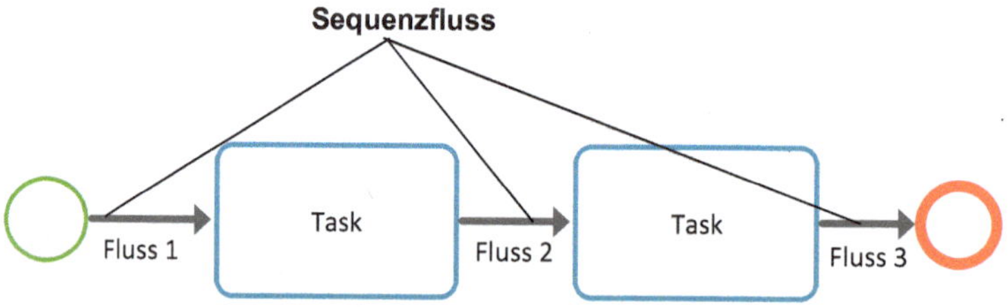

Bild 127 Sequenzfluss im Prozessdiagramm

- Aktivitäten haben in der Regel mindestens einen Sequenzfluss als Eingang und als Ausgang. Mehrere Sequenzflüsse als Eingang oder Ausgang können Gateways ersetzen. Stilistisch wird empfohlen, diese Möglichkeit eher nicht oder nur in Sonderfällen zu nutzen. Häufig ist auch die Semantik dann nicht eindeutig. Besser ist immer die konsequente Anwendung von Gateways (s. a. Einsatz von Gateways und Stil)
- Aktivitäten **ohne** Sequenzfluss als Eingang starten (instanziieren) den Prozess. Der Prozess hat dann kein Startereignis und darf dann auch kein Endereignis haben. Endet der Prozess mit einer Aktivität, hat diese keinen Sequenzfluss als Ausgang.
- Startereignisse haben nur ausgehende Sequenzflüsse.
- Zwischenereignisse haben einen Sequenzfluss als Eingang und als Ausgang (es können in besonderen Fällen auch mehrere sein).
- Endereignisse haben nur eingehende Sequenzflüsse.
- Gateways haben eingehende und ausgehende Sequenzflüsse. Dort teilt *(split)* sich der Sequenzfluss in mehrere Sequenzflüsse (die Bezeichnungen Pfade/Zweige

(branch) sind auch üblich) auf, oder es werden mehrere Sequenzflüsse wieder zusammengeführt *(join, merge)*. Stilistisch wird empfohlen, ein Gateway entweder nur als Aufteilung (d. h. ein eingehender Sequenzfluss und mehrere ausgehende Sequenzflüsse) oder nur als Zusammenführung (d. h. mehrere eingehende Sequenzflüsse und ein ausgehender Sequenzfluss) zu nutzen. Die BPMN-Spezifikation erlaubt allerdings auch, beides zu kombinieren (s. a. Einsatz von Gateways)

Sequenzflüsse dürfen die Grenzen von Lanes, aber nicht von Pools überschreiten. Sie dürfen auch nicht direkt mit dem Prozess in Unterprozessen, die in der erweiterten Form den Prozess inline darstellen, verbunden werden.

Hinweis: Der Sequenzfluss ist nicht mit dem Prozessdurchlauf (Instanziierung) zu verwechseln. Der Sequenzfluss ist ein Element wie die Aktivität. In Bild 127 sind drei Sequenzflüsse „Fluss 1", „Fluss 2" und „Fluss 3" vorhanden. Der Prozessdurchlauf ist der Weg des Prozesses (oder des Token) im Prozess und nutzt dazu das Element „Sequenzfluss". Der Begriff „Kontrollfluss" wird hier nicht verwendet, da er zu leicht mit dem „kontrollierten Fluss" *(controlled flow)* verwechselt werden kann. Der kontrollierte Fluss ist ein über Gateways oder Bedingungen gesteuerter Sequenzfluss (siehe Typen von Sequenzflüssen).

Signal

Ein Signal *(signal)* ist der Inhalt einer Kommunikation, die im Gegensatz zur Nachricht nicht an spezifische Partner gerichtet ist, sondern prozessübergreifend für alle gilt. Daher kann ein Signal auch nicht durch einen Nachrichtenfluss dargestellt werden, sondern nur indirekt durch das sendende Signal-Startereignis, durch sendende bzw. empfangende Signal-Zwischenereignisse oder durch ein sendendes Signal-Endereignis. Ein Beispielfall ist in Bild 128 modelliert.

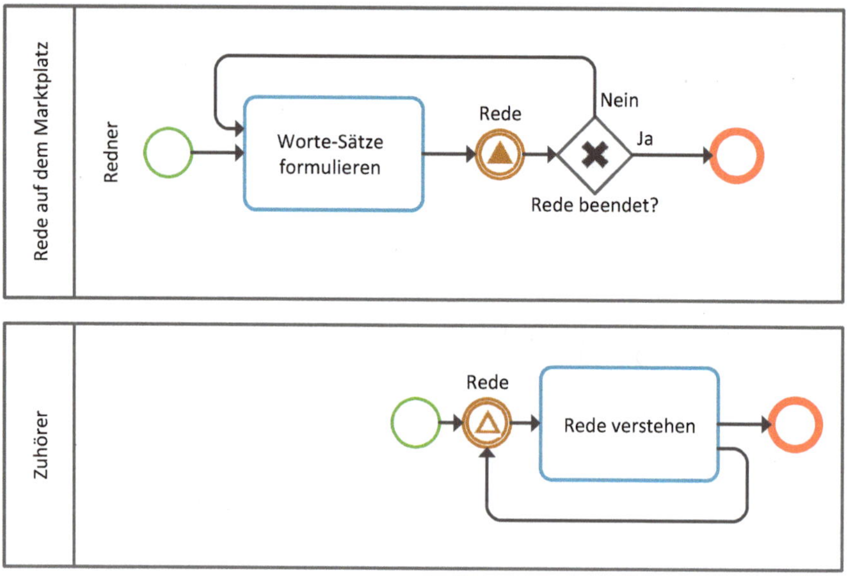

Bild 128 Einsatz von Signalen in einem Prozess

Startereignis

Ein Prozess beginnt mit einem oder mehreren Startereignis(sen) *(start event)*. Startereignisse haben nur ausgehende und keine eingehenden Sequenzflüsse. Prozessbeginn heißt genauer gesagt, dass eine Instanziierung ausgelöst wird. Das Ereignis kann eine auslösende Aktion (z. B. eine Uhrzeit) oder ein Geschäftsvorfall (z. B. Monatsabschlussarbeiten) oder ein Dokument (z. B. eine Rechnung) sein. Zum Verständnis ist hier das Token-Konzept hilfreich. Ein Startereignis generiert einen Token, der durch den Prozess läuft.

Wenn es mehrere Bedingungen für den Start des Prozessses gibt, können mehrere Startereignisse modelliert werden. Es werden je nach Geschäftsvorfall unterschiedliche Instanziierungen ausgelöst, die nicht zusammenhängen (nicht korreliert sind). Der Zusammenhang kann auch nicht durch ein paralleles Gateway erzwungen werden. In Bild 130 werden Beispielprozesse gezeigt.

Ein Startereignis hat einen oder in Sonderfällen auch mehrere ausgehende Sequenzflüsse. Mehrere ausgehende Sequenzflüsse heißt, dass alle Pfade parallel gestartet werden. Diese Art der Modellierung ist aber kein guter Stil (s. a. Einsatz von Ereignissen).

Startereignisse können typisiert werden (siehe Bild 129 mit der Liste der Typen von Startereignissen).

Bild 129
Symbol für das Startereignis (zeigt hier ein unbestimmtes Startereignis) mit der Liste der möglichen Typen

Die ausgegrauten Typen „Compensation", „Error" und „Escalation" sind nur als Start eines Ereignis-Unterprozesses erlaubt. Bei einem eingebetteten Unterprozess, dessen Prozess bei der erweiterten Form dargestellt wird, startet der Unterprozess ohne Startereignis oder mit einem Startereignis vom Typ „None".

Zur „best practice"-Nutzung von Startereignissen siehe auch Einsatz von Ereignissen.

In Bild 130 werden Beispielprozesse gezeigt. Im Prozess oben kann die Reportgenerierung unter zwei voneinander unabhängigen Ereignissen gestartet werden, um 22:00 Uhr (Nachrichten-Startereignis) oder wenn der Wunsch nach einem Sonderlauf besteht (Bedingungs-Startereignis). In Bild 130, Mitte, werden zwei Bedingungen für den Prozessstart durch ein paralleles Gateway zusammengeführt. Das hat aber nicht den gewünschten Effekt, dass die Lampe angeht, wenn eine Bewegung erkannt wurde (Signal-Startereignis) und es dunkel ist (Bedingungs-Startereignis). Die beiden Ereignisse lösen zwei Instanzen aus, die nicht zusammengehören, nicht korreliert sind. Am parallelen Gateway kommt immer nur ein Token an und der Prozess läuft nie weiter. Eine mögliche Lösung ist der Prozess unten in Bild 130 mit einem Parallel-Mehrfach-Startereignis (siehe Typen von Startereignissen).

Hinweis: Es sind auch Prozesse ohne Startereignis im grafischen Modell erlaubt. Sie haben aber im Prozessmodell implizit ein Startereignis, auch wenn es optisch nicht dargestellt wird. Eine Aktivität oder Aktivitäten ohne eingehenden Sequenzfluss sind dann der Beginn des Prozesses. Wenn im grafischen Modell ein Startereignis modelliert wurde, muss auch mindestens ein Endereignis modelliert werden. Prozesse ohne Start- und Endereignis werden häufig in erweiterten Unterprozessen genutzt, die den Prozess innerhalb der Grenzen des Unterprozesses zeigen (Inline-Darstellung).

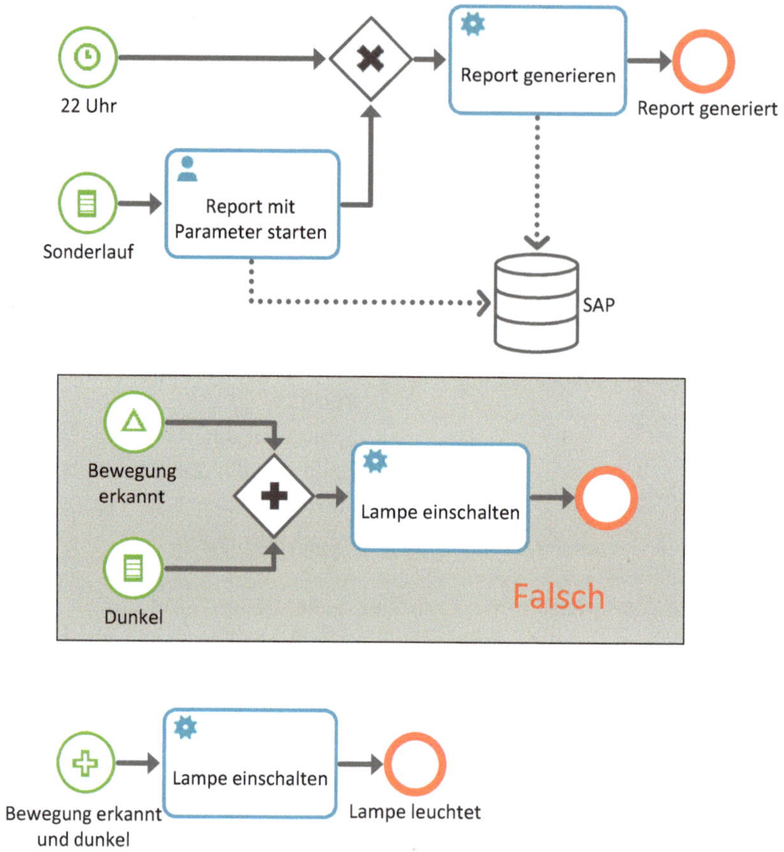

Bild 130 Beispielprozesse für den Einsatz von Startereignissen

Stil

Stil einer BPMN ist die Art und Weise, wie die Elemente grafisch eingesetzt werden, um einen Prozess abzubilden. Die BPMN-Spezifikation legt fest, welche Elemente es gibt, wie sie definiert werden (Symbolik, Regeln und Daten) und welche Bedeutung sie haben. Sie macht keine Aussagen zum Stil. Silver (siehe Literaturhinweis unten) hat sich damit ausführlich beschäftigt und neben Stil auch die Methodik hervorgehoben. Guter Stil ist nach seiner Definition, wenn gilt: „Die Prozesslogik muss aus dem Diagramm eindeutig hervorgehen" ([1] S. 81).

Bei der natürlichen Sprache kennen wir die Rechtschreibung und die Grammatik und die Bedeutung der Worte und den Stil, wie Sprache zum Einsatz kommt. Es gibt Fachbücher, Romane, Gedichte und vieles mehr, bei denen der Stil gut oder schlecht ist. In der Analogie kann die BPMN methodisch korrekt aber stilistisch gut oder schlecht eingesetzt werden. Guter Stil ist wie beim Einsatz der Sprache ein Garant für erfolgreiche Modellierungsprojekte. Guter Stil unterstützt die Verständlichkeit und Lesbarkeit der Modelle, um das primäre Ziel der BPMN-Ziele zu erreichen, dass IT, Organisationsabteilung und Fachabteilung dieselbe Sprache sprechen.

Nachfolgend einige empfehlenswerte **Stilregeln**:

- Möglichst konsequent horizontal modellieren (von links nach rechts).
- Kanten von Sequenzflüssen möglichst immer an der kurzen Seite der Aufgabe und des Unterprozesses ansetzen.
- Beim aufteilenden (Split-)Gateway Eingangskante links ansetzen.
- Beim zusammenführenden (Join-/Merge-)Gateway Ausgangskante rechts ansetzen.
- Überschneidungen von Sequenzflüssen und Überschneidungen von Nachrichtenflüssen vermeiden.
- Einheitliche Abstände zwischen den grafischen Elementen einhalten (im Tool am Raster ausrichten).
- Formatierung der Symbole innerhalb eines Diagramms bzw. innerhalb eines Modellierungsprojekts nicht ändern (Farbe, Größe ...). Es wird empfohlen, den Standard des Toolherstellers beizubehalten, sodass auch erfahrene, aber im Unternehmen neue Anwender (Modellierer, Fachabteilung) sich einfacher zurechtfinden.
- Prozess auch bei inhaltlich gleichem Endstatus nicht zwangsweise auf ein gemeinsames Endereignis führen, insbesondere nicht, wenn dadurch überschneidende Sequenzflüsse oder Gateway-Verknüpfungen vermieden werden können.
- Datenobjekte zur Entzerrung und Verhinderung von Überschneidungen zwischen Sequenzflüssen und Datenverbindungen bzw. der Datenverbindungen untereinander mehrfach platzieren (Name bleibt gleich/Nutzung des Repository, soweit im Tool vorhanden).
- Elemente vollständig und möglichst sprechend und eindeutig benennen (Defaultname wie „Gateway" ersetzen), insbesondere wenn mit einem Verzeichnis der Elemente *(Repository)* gearbeitet wird.
- Auch wenn bei Ausgabe von Daten (z. B. „Rechnung" als Name des Datenobjekts) in der Grafik ein optisch „unschöner" Umbruch auftritt, diesen nicht durch einen „harten" Trennstrich korrigieren. Das führt dazu, dass im Beispiel der Name nicht mehr „Rechnung", sondern „Rech-nung" heißt, was eine korrekte Datenauswertung ausschließt bzw. zumindest unnötig erschwert.

- Aufgaben werden ausgeführt und mit Subjekt-Prädikat benannt: „Rechnung prüfen".
- Ereignisse sind passiv und führen nichts aus und werden mit Subjekt-Prädikat im Perfekt benannt: „Rechnung ist eingegangen".
- Unterprozesse zur Unterscheidung von Aufgaben mit einem Substantiv benennen: „Rechnungsprüfung".
- Inhalte der Verzweigungspfade nach Gateways durch Annotationen oder sprechende Benennung der Kanten definieren.
- Elemente unterschiedlich benennen, wenn sie unterschiedliche Sachverhalte beschreiben.
- Die Verwendung von Gateways zur Aufspaltung in mehrere Sequenzflüsse (Prozesspfade) bzw. Zusammenführung von mehreren Sequenzflüssen ist syntaktisch nicht immer zwingend, aber gute Praxis, um die Logik des Ablaufs eindeutig zu dokumentieren.
- Gateways in der Regel nicht gleichzeitig zur Aufspaltung und zur Zusammenführung nutzen.
- Kompakte BPMN-Modelle erhält man mit bedingten Sequenzflüssen als Ersatz für Gateways, deren Bedeutung dann aber über Textzusätze oder Namen erklärt werden muss.
- Angeheftete Zwischenereignisse sind ein hervorragendes Mittel, um Ausnahmen zu modellieren. Sie sind aber häufig nicht selbsterklärend gegenüber einer Modellierung mit Gateways und sollten entsprechend den BPMN-Kenntnissen der Zielgruppe eingesetzt werden.
- Kompensationen eignen sich sehr gut dazu, um innerhalb eines Prozesses zu modellieren, was passiert, wenn Aufgaben rückgängig gemacht werden müssen. Sie sind aber häufig nicht selbsterklärend und sollten entsprechend den BPMN-Kenntnissen der Zielgruppe eingesetzt werden. Alternativ kann man in manchen Fällen das Rückgängigmachung (Stornierung) durch einen separaten Prozess modellieren.
- Bei der Modellierung methodisch vorgehen unter Nutzung der Unterprozesstechnik mit hierarchisch aufgebauten Prozessebenen, sodass eine Ebene noch lesbar im DIN-A4-Format ausgegeben werden kann.

Insbesondere bei größeren Modellierungsprojekten mit mehreren Modellierern ist es essenziell, Stilregeln und wichtige Modellierungsregeln vor dem Start des Modellierungsprojekts zu definieren und in einem Modellierungshandbuch zu dokumentieren. Damit ist nicht nur ein guter Stil, sondern vor allen Dingen auch Einheitlichkeit gewährleistet. Die Akzeptanz eines Modellierungsprojekts steigt wesentlich, wenn alle Diagramme in einem einheitlichen Stil modelliert worden sind.

Literaturhinweis: [1] Silver, Bruce, BPMN Methode und Stil, Cody-Cassidy Press, 2. Auflage, 2012, S. 83 ff.

Swimlanes

Swimlanes sind eine Kategorie der BPMN-Elemente, durch die der Modelltyp Kollaborationsdiagramm beschrieben wird.

Die Elemente sind

- Pool vom Objekttyp Teilnehmer *(participant)* und
- Lane vom Objekttyp Lane.

Pools und Lanes sind rechteckige Bereiche, innerhalb derer der Prozess modelliert wird.

Hinweis: Der englische Begriff „Swimlane" wird genauso wie „Pool" und „Lane" in der deutschen Literatur üblicherweise nicht übersetzt.

Syntax

Syntax ist die Symbolik und umfasst die Modellierungsregeln, die der Modellierer bei der Erstellung eines Diagramms beachten muss. Die BPMN-Spezifikation legt fest, wie die Elemente regelkonform (syntaktisch korrekt) und entsprechend ihrer Bedeutung eingesetzt werden. Zur Modellierung stehen BPM-Tools zur Verfügung, die je nach Umfang ihrer Funktionalität eine mehr oder minder regelkonforme Modellierung erzwingen. Dies erfolgt durch kontinuierliche Prüfung während der grafischen Modellierung und durch ein nachgelagertes, separat aufzurufendes Validierungsprogramm, das neben der Syntax auch den Einsatz der Elemente entsprechend ihrer Bedeutung prüft.

In diesem Zusammenhang wird „Bedeutung" häufig mit Semantik gleichgesetzt und damit der Unterschied zwischen Syntax und Semantik erklärt. Es geht aber in der BPMN-Spezifikation nur darum, die Bedeutung einzelner Elemente zu erklären und nicht deren inhaltlichen Zusammenhang.

Im erweiterten Sinne ist die Semantik eines Prozessmodells aber der Inhalt des Prozesses, wobei ein Modell dann semantisch korrekt ist, wenn es die Wirklichkeit entsprechend dem gewünschten Detaillierungsgrad korrekt beschreibt.

Die Definitionen, auf die man sich in der BPMN-Spezifikation geeinigt hat, sind die Voraussetzung dafür, dass die lesende Person versteht, wie der Prozess funktioniert. Ob der so modellierte Prozess der Wirklichkeit entspricht, können die Regeln nicht garantieren.

In Bild 131 sind drei Prozesse mit Syntaxfehlern modelliert.

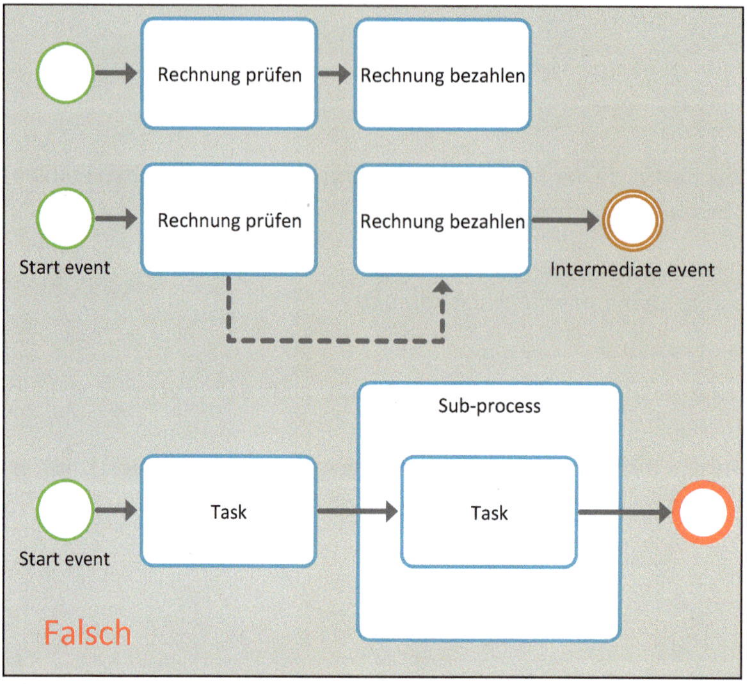

Bild 131 Syntaktisch fehlerhafte Prozesse

Im oberen Fall in Bild 131 fehlt das Endereignis, im mittleren Fall fehlt der Sequenzfluss zwischen den Aufgaben, der Nachrichtenfluss ist innerhalb eines Prozesses als „Ersatz“ modelliert worden, und der Prozess endet mit einem Zwischenereignis bzw. das Endereignis fehlt. Im unteren Fall ist der Sequenzfluss direkt mit Aufgaben innerhalb eines Unterprozesses verbunden worden. Dies ist nicht erlaubt, Sequenzflüsse müssen am Rand des Unterprozesses enden oder vom Rand ausgehen.

T

Teilnehmer

Teilnehmer *(participants)* sind die Beteiligten in einem Zusammenspiel mehrerer Prozesse. Um dieses „Zusammenspiel" *(collaboration)* abzubilden, stehen die Kollaborationsdiagramme zur Verfügung. Teilnehmer können dabei Partnerfirmen oder auch Partnerrollen (Kunde, Lieferant) sein. Die Teilnehmer werden durch einen Pool grafisch repräsentiert.

Formal ausgedrückt hat das BPMN-Element Pool den Objekttyp „Teilnehmer" *(participant).*

Der Pool kann, muss aber nicht, einen Prozess beinhalten. Ein leerer Pool ohne Prozess ist ein Blackbox Pool. Ein Pool mit einem Prozess ist ein Whitebox Pool.

Textzusatz

Der Textzusatz *(text annotation)* gehört zu den Elementen der Kategorie Artefakte. Er ist ein beschreibender Text, der ergänzende Informationen zu anderen Elementen wie zum Beispiel den Flussobjekten Aktivitäten, Ereignissen und den Gateways enthält. Textzusätze können aber auch den Inhalt von Sequenzflüssen beschreiben. Der Bezug zu dem Element wird über eine Verbindung (gestrichelte Linie) hergestellt. Es ist sinnvoll, diese Verbindung auch zu modellieren und nicht wegzulassen, da alleine die grafische Zuordnung datentechnisch nicht auswertbar und demzufolge für ein vollständiges Prozessmodell nicht ausreichend ist.

In Bild 132 werden verschiedene Einsatzmöglichkeiten von Textzusätzen dargestellt. Im Fall oben wird beschrieben, unter welchen Bedingungen die wiederholende Aufgabe beendet wird. In der Mitte sind die Bedingungen nach einem Gateway dokumentiert und im Fall unten finden sich in den Textzusätzen weitergehende Anmerkungen zu Ereignissen.

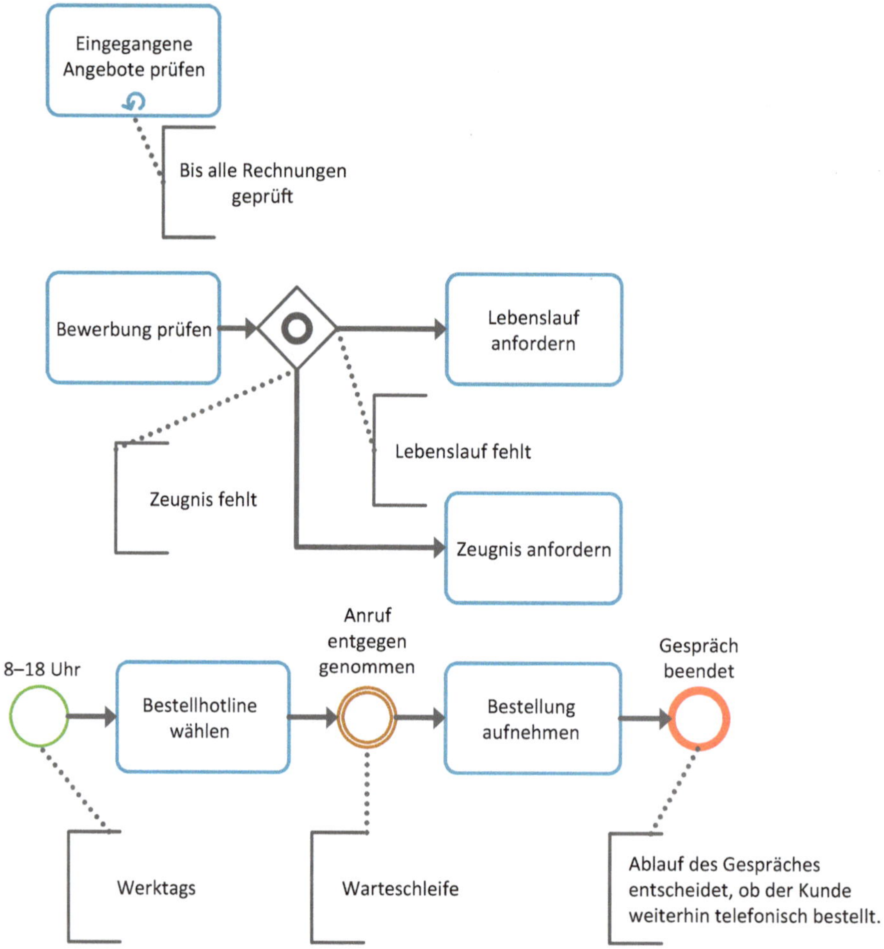

Bild 132 Einsatzmöglichkeiten von Textzusätzen

Anstelle von Textzusätzen gibt es alternativ auch die Möglichkeit, Sequenzflüsse direkt zu benennen oder auch einer Schleifenbedingung einen Namen zu geben.

Token

Token (in Deutsch auch Marke genannt) stellen zur Simulation von Prozessdurchläufen den auslösenden Geschäftsvorfall dar. Sie helfen damit, das Konzept der Prozessdiagramme zu verstehen.

Ein Prozessdurchlauf (Instanziierung) wird durch einen Geschäftsvorfall ausgelöst, er beginnt beim Startereignis und endet an einem oder mehreren Endereignissen. Durch das Startereignis wird ein Token generiert, der über den Sequenzfluss zur Aktivität läuft, dort bis zum Ende der Ausführung wartet, danach weiterläuft zur nächsten Aktivität oder gegebenenfalls auch zum Gateway und dort verzweigt.

Am aufteilenden, parallelen Gateway werden entsprechend der Anzahl Ausgänge weitere Token generiert, die beim Zusammenfassen wieder verschmelzen. Der Geschäftsvorfall wird dann parallel bearbeitet.

Der gleiche Ablauf kann am inklusiven Gateway passieren, wenn die Fortsetzung des Prozessdurchlaufs über mehrere Ausgänge erfolgt. Die Simulation des Prozessdurchlaufs ist beendet, wenn alle generierten Token durch ein oder mehrere Endereignisse konsumiert worden sind.

Das Konzept wird auch unter dem Begriff Instanziierung beschrieben.

Transaktions-Unterprozess

Ein Transaktions-Unterprozess oder auch nur Transaktion *(transaction)* genannt, enthält wie der eingebettete Unterprozess einen zwar eigenständigen, aber vom aufrufenden Prozess abhängigen Prozess. Das Symbol ist in Bild 133 in der reduzierten und erweiterten Form zu sehen. Wichtige Ereignisse zur Transaktionssteuerung sind mit dem Abbruch-Endereignis *(cancel end event)* und dem Abbruch-Zwischenereignis *(cancel intermediate event)* in Bild 134 dargestellt.

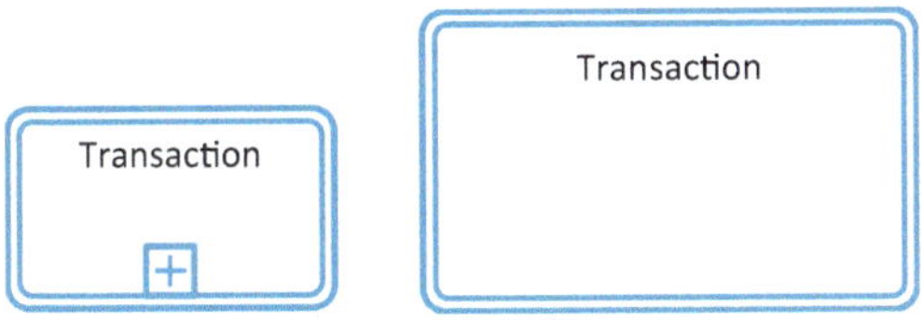

Bild 133
Symbol für die Transaktion, reduziert (links) und erweitert (rechts)

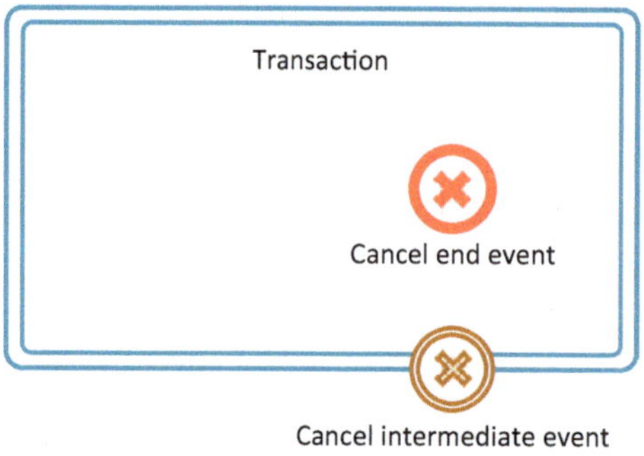

Bild 134
Abbruch-Endereignis und Abbruch-Zwischenereignis in einer Transaktion

Der Unterschied zum Unterprozess ist, dass der Prozess entweder vollständig fehlerfrei ausgeführt oder der Zustand vor Beginn der Transaktion wieder hergestellt werden muss. Es kann sich dabei um technische Transaktionen analog dem Transaktionsbegriff beim Datenbankupdate handeln (Stichworte: Begin transaction – End transaction, Commit, Rollback, Undo Log) oder um geschäftliche Transaktionen, die inhaltlich zusammengehören, wie z. B. eine Banktransaktion. Für das tiefergehende Verständis ist relevant, dass die Transaktion ein Transaktionsprotokoll führt.

Die Regeln bei der Modellierung einer Transaktion mit BPMN sind:

- Sobald eine Abbruchbedingung *(failed completion)* vorliegt, müssen alle bis dahin schon erfolgreich ausgeführten Aktivitäten wieder zurückgesetzt werden *(rollback)*.
- Eine Abbruchbedingung liegt bei Erreichen eines Abbruch-Endereignisses vor. Auslöser könnte beispielsweise eine Nachricht, eine Bedingung oder ein Zeitereignis sein, das über ein Zwischenereignis aktiviert wird und in der Folge den Prozess zum Abbruch-Endereignis führt. Sie könnte aber auch durch eine Abbruchnachricht über das Transaktionsprotokoll entstehen. Solche Abbruchnachrichten sind Fehler in den einzelnen Aufgaben oder eine durch die Ausführungsumgebung ausgelöste Unterbrechung bei ausführbaren Prozessen.
- Um ausgeführte Aufgaben wieder rückgängig zu machen, muss für alle Aufgaben eine Kompensation in Form von kompensierenden Aufgaben modelliert werden. Als Beispiel muss zu „Rechnung buchen“ die Aufgabe „Rechnung stornieren“ zugeordnet werden.
- Bei einem Abbruch, wie oben definiert, wird die Kompensation bei allen bereits abschließend bearbeiteten Aufgaben ausgelöst.
- Es werden alle bereits abschließend bearbeiteten Aufgaben in der entgegengesetzten Reihenfolge ihrer ursprünglichen Bearbeitung wieder zurückgesetzt, es sei denn, es ist ein Kompensations-Ereignis-Unterprozess definiert, der spezielle Aktionen bereitstellt.

- Über ein angeheftetes Abbruch-Zwischenereignis wird nach Abbruch und erfolgter Kompensation zum aufrufenden Prozess zurückgekehrt.
- Wenn keine Abbruchbedingung auftritt, wird am Prozessende geprüft, ob alle Aktivitäten erfolgreich waren, bevor über das normale Transaktionsende in den aufrufenden Prozess zurückgekehrt wird (nur relevant bei ausführbaren Prozessen).
- Wenn die Transaktion als Mehrfachaktivität definiert ist, gelten die Kompensationsregeln pro Instanz. Der Transaktions-Unterprozess wird für jede zu kompensierende Instanz über das Abbruch-Zwischenereignis verlassen (Bild 135).
- Kompensationen werden nicht ausgelöst, wenn nachfolgende Fälle auftreten:
  - Der Prozess endet mit einem Terminierungs-Endereignis innerhalb der Transaktion.
  - Der Prozess endet mit einem Fehler-Endereignis oder es sind unterbrechende Zwischenereignisse definiert.
  - Es treten in der Transaktion „ungesteuerte“ Fehlerbedingungen *(hazard)* auf und irgendetwas lief falsch *(„something went terribly wrong and that a normal success or cancel is not possible“ [6] S. 178).* Dieser Zustand muss über ein Fehler-Zwischenereignis abgefangen werden.

Die Funktionsweise der Ereignisse wird auch unter dem Stichwort Typen von Endereignissen und Typen von Zwischenereignissen beschrieben.

1. Beispiel: Transaktions-Unterprozess als Banktransaktion

Das Beispiel in Bild 135 zeigt den Einsatz einer klassischen Banktransaktion, die intern aus mehreren Schritten besteht: Abbuchen des Betrages, Transfer des Betrages, Zubuchung des Betrages. Sie ist als Transaktions-Unterprozess unter dem Namen „Überweisung“ modelliert. Da vom davorliegenden Zahllauf „Fällige Zahlungen selektieren“ mehrere Zahlungen zu überweisen sind, ist auch der Transaktions-Unterprozess als sequenzielle Mehrfachaktivität definiert. Wenn intern bei einer Überweisung (Instanz) ein Fehler auftritt, der zu einem Rücksetzen der Transaktion führt (die Kompensation ist hier im Einzelnen nicht zu sehen), wird das Abbruch-Zwischenereignis ausgelöst und der Fehler protokolliert. Der Unterprozess läuft weiter, bis alle Überweisungen abgearbeitet wurden. Das Abbruch-Zwischenereignis ist immer „unterbrechend“, es wird aber im Gegensatz zu allen anderen unterbrechenden Zwischenereignissen (siehe auch angeheftetes Zwischenereignis) nur die Instanz und nicht der gesamte Unterprozess abgebrochen.

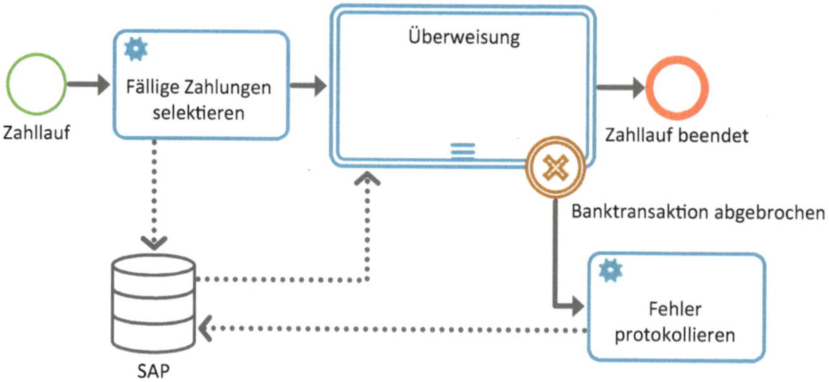

Bild 135 Einsatz eines Transaktions-Unterprozesses als Banktransaktion

Hinweis: Im Beispiel in Bild 135 wird von der Regel Gebrauch gemacht, dass bei einem Startereignis mindestens auch ein Endereignis vorhanden sein muss und andere Endereignisse im Diagramm weggelassen werden können. Das logisch nach der Serviceaufgabe „Fehler protokollieren" folgende Endereignis ist weggelassen worden, damit der Leser nicht irrtümlich auf die Idee kommt, der Prozess sei danach zu Ende.

2. Beispiel: Speichern von Kundendaten als Transaktion

Der in Bild 136 gezeigte Beispielprozess ist eine technische Transaktion, die beim Speichern von Kundendaten in einem IT-System abläuft.

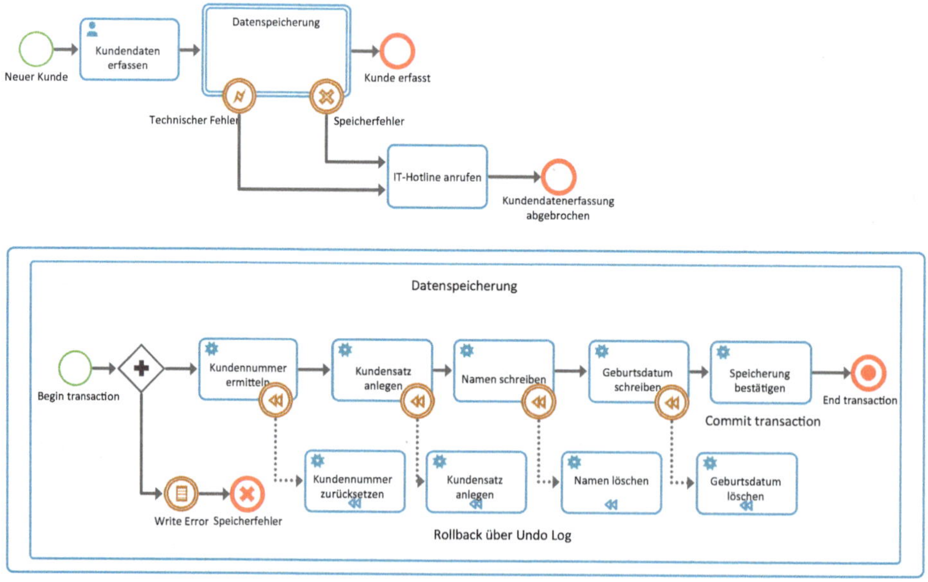

Bild 136 Speichern von Kundendaten als Transaktion

Die Kundendaten werden erfasst und anschließend durch eine Transaktion „Datenspeicherung“ gespeichert. Die Kundendaten bestehen aus einer eindeutigen Kundennummer, die automatisch ermittelt wird, und dem Speichern der Felder Name und Geburtsdatum. Technisch vereinfacht beschrieben wird nach Ermittlung der Kundennummer in der Datenbank ein leerer Satz mit der Kundennummer als Primärschlüssel angelegt und ein Feld nach dem anderen geschrieben. Wenn das erfolgreich verläuft, wird die Transaktion durch endgültiges Sichern des Satzes abgeschlossen (technisch durch einen Datenbank-„Commit“) und läuft auf das Endereignis „Kunde erfasst“. Wenn beim Anlegen des Satzes oder Schreiben der Felder ein Fehler z. B. in Form eines Speicherfehlers *(„Write Error“)* auftritt, hier modelliert als Bedingungs-Zwischenereignis, läuft der Prozess auf das Abbruch-Endereignis „Speicherfehler“. Dieses Endereignis löst die Kompensation aus und alle bisherigen Operationen werden durch Löschen der bereits geschriebenen Felder, Löschen des Satzes und Rücksetzen der Kundennummer rückgängig gemacht (technisch durch ein Rollback auf Basis eines Undo Logs). Die Transaktion wird über das Abbruch-Zwischenereignis „Speicherfehler“ verlassen, um im aufrufende Prozess im weiteren Ablauf die IT-Hotline anzurufen. Jegliche andere Art von Fehlern *(hazard)* wird durch das Fehler-Zwischenereignis abgefangen.

Der Pfad mit dem Zwischenereignis „Write Error“ müsste streng genommen nicht modelliert werden, er dient aber zur besseren Verständlichkeit des Modells. Ausreichend wäre das angeheftete Abbruch-Zwischenereignis, das dann „Write Error“ heißen sollte. Es muss der lesenden Person dann bewusst sein, dass Fehler in den Aufgaben einen Abbruch über das Transaktionsprotokoll auslösen.

Hinweis: Es ist hier ein technisches Beispiel gewählt worden, weil in diesem Szenario die Modellierung des Unterprozesses als Transaktion am meisten Sinn macht. Geschäftliche Anwendungsprozesse wie eine Reisebuchung mit Hotel und Flug sollte man eher mit einfachen Unterprozessen modellieren (siehe dazu das Beispiel „Urlaubsplanung mit Unterprozessen“ unter dem Stichwort Kompensation).

Typen von Aufgaben

Die Aufgaben können durch nachfolgende Typen genauer beschrieben werden:

1. Typ „Benutzer“ *(User)*
2. Typ „Empfangen“ *(Receive)*
3. Typ „Geschäftsregel“ *(Business Rule)*
4. Typ „Manuell“ *(Manual)*
5. Typ „Senden“ *(Send)*

6. Typ „Service“
7. Typ „Skript“ *(Script)*
8. Typ „Unbestimmt“ *(Abstract)*

1. Benutzer *(User)*

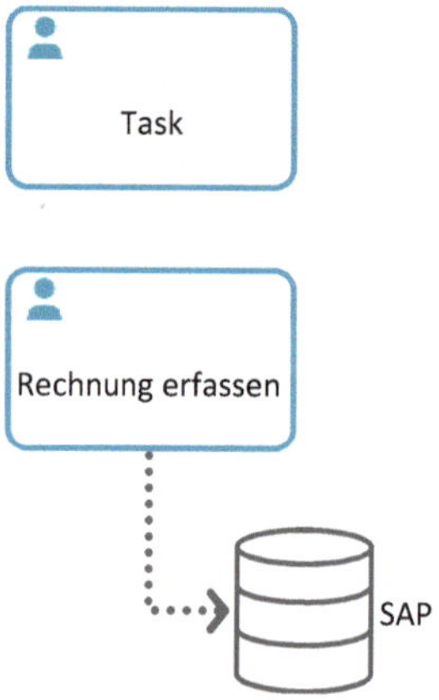

Bild 137
Aufgabe vom Typ „Benutzer“

Die Aufgabe vom Typ „Benutzer“ wird von einem Menschen ausgeführt, der zur Aufgabenerfüllung ein IT-System einsetzt. Es ist guter Stil, aber nicht zwingend, eine Benutzeraufgabe mit einem System, modelliert als Datenspeicher, zu verbinden. Bild 137 zeigt einen Prozess, in dem eine Rechnung in SAP erfasst wird.

2. Empfangen *(Receive)*

Die Aufgabe vom Typ „Empfangen“ modelliert das Empfangen einer Nachricht. Sie hat in einem Kollaborationsdiagramm in der Regel neben den ein- und ausgehenden Sequenzflüssen auch einen Nachrichtenfluss als Eingang. In Bild 138 sendet der Lieferant eine Rechnung, die nach Empfang geprüft wird.

Die Aufgabe wird automatisch ausgeführt, also ohne menschlichen Eingriff. Sie wartet so lange, bis die Nachricht eintrifft. Soll der Empfang einer Nachricht als Tätigkeit eines Menschen dargestellt werden, muss die Benutzeraufgabe oder eine manuelle Aufgabe eingesetzt werden. Statt einer Aufgabe könnte hier auch ein empfangendes Nachrichten-Zwischenereignis genutzt werden. Im Gegensatz dazu ist eine Aufgabe aber flexibler, das heißt es kann ein Fehlerhandling durch ein angeheftetes Ereignis oder eine Mehrfachaktivität durch Markierung von Aktivitäten dargestellt werden.

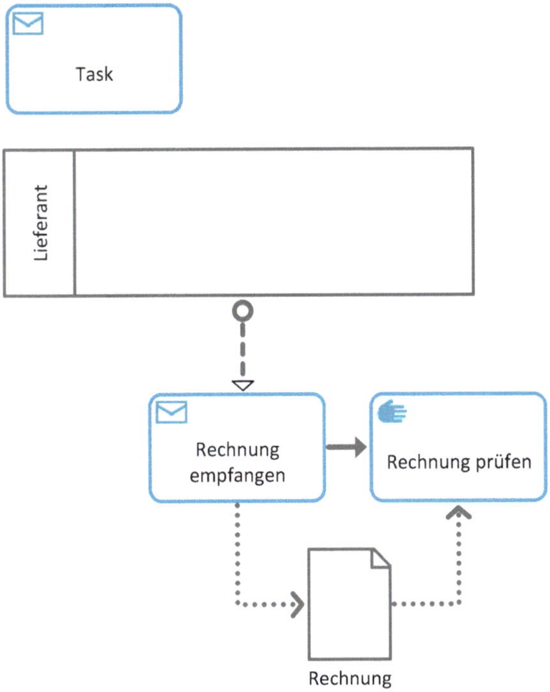

Bild 138
Aufgabe vom Typ „Empfangen"

3. Geschäftsregel *(Business Rule)*

Bild 139
Aufgabe vom Typ „Geschäftsregel"

Die Aufgabe vom Typ „Geschäftsregel" (Symbol in Bild 139) führt Geschäftsregeln aus. Geschäftsregeln werden oftmals definiert über die DMN = **D**ecision **M**odel and **N**otation. Die Aufgabe wird automatisch durch eine Ausführungsumgebung für Geschäftsregeln *(business rule engine)* bearbeitet, also ohne menschlichen Eingriff.

4. Manuell *(Manual)*

Bild 140
Aufgabe vom Typ „Manuell"

Die Aufgabe vom Typ „Manuell“ (Symbol in Bild 140) wird von einem Menschen ausgeführt, der einen manuellen Auftrag bekommen hat, diese Aufgabe zu erfüllen. Es kommt kein IT-System zum Einsatz.

5. Senden *(Send)*

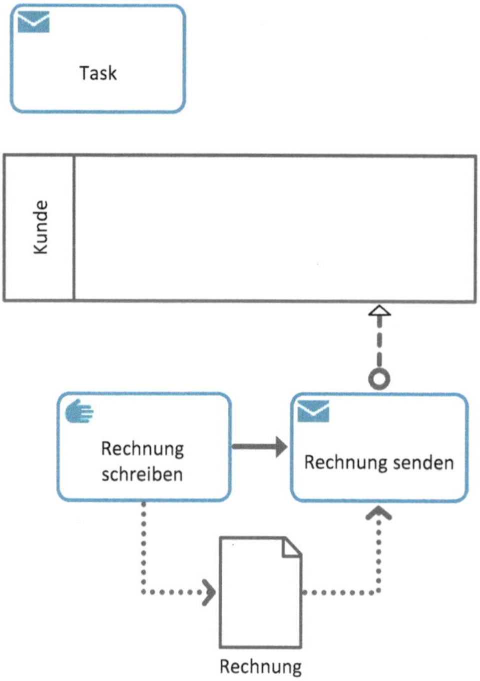

Bild 141
Aufgabe vom Typ „Senden“

Die Aufgabe vom Typ „Senden“ modelliert das Senden einer Nachricht. Sie hat in einem Kollaborationsdiagramm in der Regel neben den ein- und ausgehenden Sequenzflüssen auch einen Nachrichtenfluss als Ausgang. In Bild 141 wird eine Rechnung an den Kunden versandt.

Die Aufgabe wird wie beim Typ „Empfangen“ automatisch ausgeführt, also ohne menschlichen Eingriff. Sie versendet die Nachricht und wird direkt fortgesetzt. Soll das Versenden einer Nachricht als Tätigkeit eines Menschen dargestellt werden, muss die Benutzeraufgabe oder manuelle Aufgabe eingesetzt werden. Statt einer Aufgabe könnte hier auch ein sendendes Nachrichten-Zwischenereignis genutzt werden. Im Gegensatz dazu ist eine Aufgabe aber flexibler, das heißt es kann ein Fehlerhandling durch ein angeheftetes Ereignis oder eine Mehrfachaktivität durch Markierung von Aktivitäten dargestellt werden.

6. Service

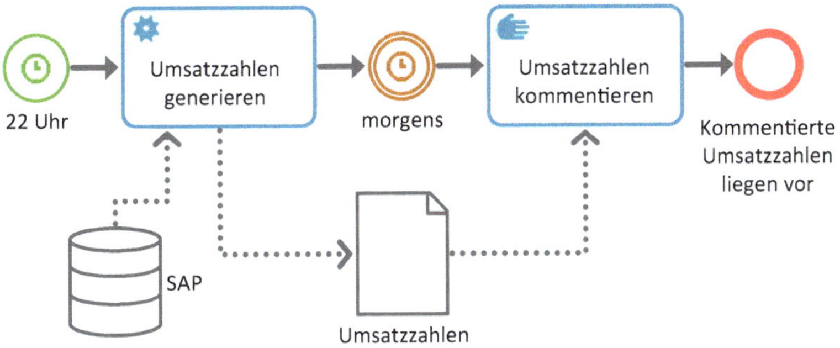

Bild 142 Aufgabe vom Typ „Service“

Die Aufgabe vom Typ „Service“ wird ohne menschlichen Eingriff automatisch durch ein IT-System ausgeführt. Es sind z. B. Programme, die im Hintergrund laufen oder zu bestimmten Zeitpunkten periodisch gestartet werden. Wird das Programm von einem Benutzer angestoßen, muss die Benutzeraufgabe verwendet werden. In Bild 142 wird automatisch um 22:00 Uhr ein SAP-Report gestartet, der die Umsatzzahlen generiert. Die manuelle Auswertung erfolgt morgens.

7. Skript *(Script)*

Bild 143
Aufgabe vom Typ „Skript“

Die Aufgabe vom Typ „Skript“ (Symbol in Bild 143) dient zur Ausführung von Programmen innerhalb einer Ausführungsumgebung *(business process engine)*, die BPMN-Modelle automatisiert ablaufen lässt. Das Skript muss in einer Programmiersprache geschrieben werden, die die Ausführungsumgebung interpretieren kann. Das Element kommt bei einer Modellierung ohne Ausführung (siehe BPMN-Konformität) nicht zum Einsatz.

Die Skriptaufgabe ist nicht mit der Serviceaufgabe zu verwechseln, deren Programm von einem im Modell zu definierenden IT-System ausgeführt wird.

8. Unbestimmt *(Abstract)*

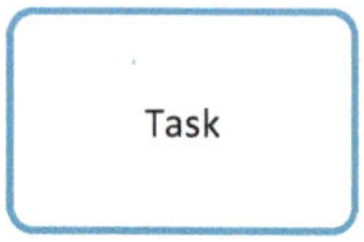

Bild 144
Aufgabe vom Typ „Unbestimmt"

Die Aufgabe ohne weitere Typisierung (Symbol in Bild 144), sollte in der Regel nicht zum Einsatz kommen, es sei denn der Fokus der Modellierung liegt auf dem Ablauf (z. B. auf dem zeitlichen Ablauf) und nicht auf dem Inhalt. Statt „unbestimmt" findet man auch manchmal die wörtlichere Übersetzung „abstrakt".

Hinweis: In den hier dargestellten Beispielprozessen werden häufiger unbestimmte Aufgaben eingesetzt, um den Fokus nicht vom eigentlichen Inhalt der Beispiele abzulenken.

Typen von Endereignissen

Die Endereignisse können durch nachfolgende Typen genauer beschrieben werden:

1. Typ „Abbruch" *(Cancel)*
2. Typ „Eskalation" *(Escalation)*
3. Typ „Fehler" *(Error)*
4. Typ „Kompensation" *(Compensation)*
5. Typ „Mehrfach" *(Multiple)*
6. Typ „Nachricht" *(Message)*
7. Typ „Signal"
8. Typ „Terminierung" *(Terminate)*
9. Typ „Unbestimmt" *(None)*

Ein Prozess wird durch das Erreichen eines oder mehrerer Endereignisse *(end event)* beendet. Bei einem Endereignis vom Typ Fehler oder Terminierung wird der Prozess in jedem Fall vollständig beendet.

Einige Beispiele zum Einsatz von Endereignissen sind nachstehend zu finden.

1. Abbruch *(Cancel)*

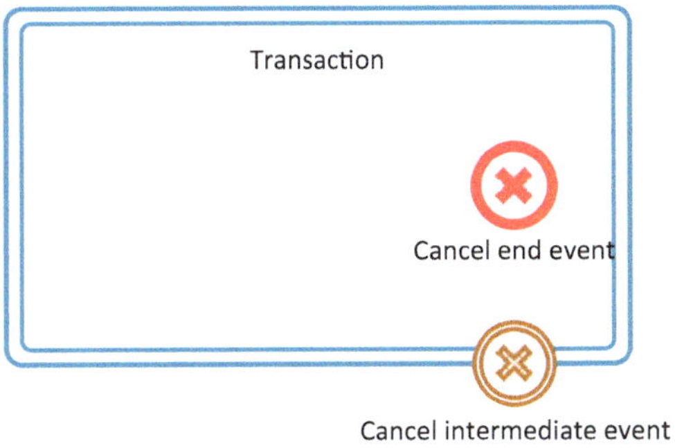

Bild 145
Endereignis vom Typ „Abbruch" innerhalb eines Transaktions-Unterprozesses

Das Abbruch-Endereignis (Symbol in Bild 145) ist nur in Transaktions-Unterprozessen erlaubt. Es beendet den Unterprozess vollständig und löst dort die Kompensationen aus, um alle bereits beendeten Aktivitäten wieder rückgängig zu machen. Der Prozess wird über über das angeheftete Abbruch-Zwischenereignis nach dem Ende aller Kompensationen fortgesetzt. Bei Mehrfach-Transaktionen wird nur die laufende Instanz abgebrochen (siehe Transaktions-Unterprozess). Das Abbruch-Zwischenereignis kann mehrfach ausgelöst werden.

2. Eskalation *(Escalation)*

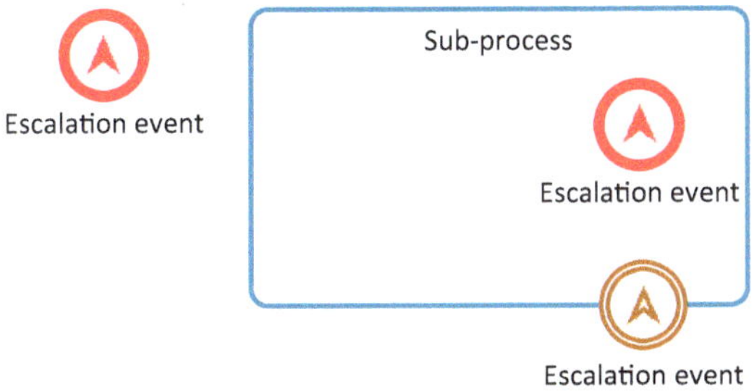

Bild 146
Endereignis vom Typ „Eskalation"

Das Eskalations-Endereignis (Symbol in Bild 146) bedeutet, dass der Prozessdurchlauf mit einem Status endet, der eine Eskalation an höhere Verantwortlichkeitsstufen erfordert. Befindet sich das Endereignis innerhalb eines Unterprozesses mit einem angehefteten Zwischenereignis gleichen Typs, wird der Prozess dort fortgesetzt.

Durch einheitliche Benennung von Endereignis und angeheftetem Zwischenereignis können auch mehrere Fälle unterschiedlicher Endereignisse unterschieden werden.

Ohne angeheftete Zwischenereignisse muss über den Namen des Endereignisses als Folgeprozess ein Ereignis-Unterprozess aufgerufen werden.

3. Fehler *(Error)*

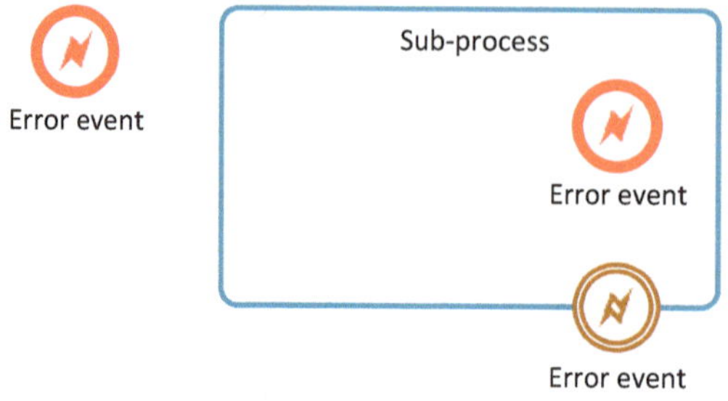

Bild 147 Endereignis vom Typ „Fehler“

Das Fehler-Endereignis (Symbol in Bild 147) ist in der Regel nur in Unterprozessen sinnvoll einsetzbar. Es bedeutet, dass der Unterprozess mit einem Fehler beendet wurde. Mit einem angehefteten Zwischenereignis gleichen Typs kann außerhalb des Unterprozesses auf diesen Fehler reagiert werden.

Durch einheitliche Benennung von Endereignis und angeheftetem Zwischenereignis können auch mehrere unterschiedliche Fehlerfälle mit unterschiedlichen Abläufen unterschieden werden.

Ohne angeheftete Zwischenereignisse muss über den Namen des Endereignisses als Folgeprozess ein Ereignis-Unterprozess aufgerufen werden. Dies kann eine zentrale Fehlerroutine sein.

4. Kompensation *(Compensation)*

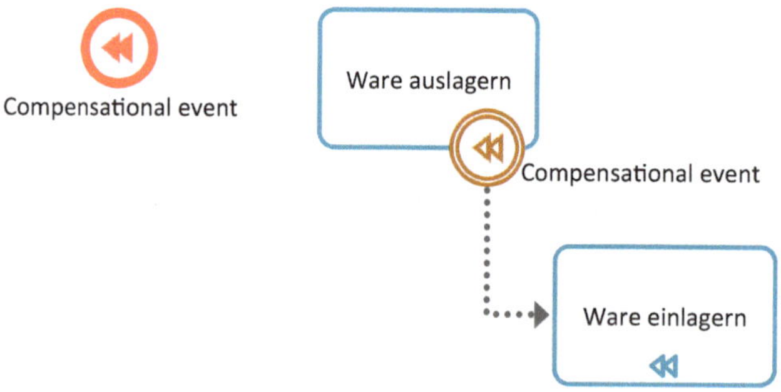

Bild 148 Endereignis vom Typ „Kompensation“

Das Kompensations-Endereignis (Symbol in Bild 148) bedeutet, dass durch eine Kompensation das Rückgängigmachen von Aufgaben erfolgen soll. Dies gilt für bereits abgeschlossene Aufgaben, die über ein angeheftetes Ereignis vom Typ Kompensation verfügen. An diesem Zwischenereignis ist die kompensierende Aufgabe definiert. Die zu kompensierenden Aufgaben liegen auf der Prozessebene des Endereignisses oder innerhalb eines Unterprozesses. In Bild 148 wird die Aufgabe „Ware auslagern“ beim Auslösen der Kompensation durch die Aufgabe „Ware einlagern“ rückgängig gemacht. Bei mehreren zu kompensierenden Aufgaben erfolgt die Kompensation der Aufgaben in der umgekehrten Reihenfolge ihrer Bearbeitungszeitpunkte. Die Kompensation kann auch über einen Kompensations-Ereignis-Unterprozess, der durch ein Kompensations-Startereignis gekennzeichnet ist, modelliert werden. Dies ist sinnvoll, wenn neben dem Rückgängigmachen der Aufgaben noch zusätzliche Aktionen erfolgen sollen.

5. Mehrfach *(Multiple)*

Bild 149
Endereignis vom Typ „Mehrfach“

Mit dem Mehrfach-Endereignis (Symbol in Bild 149) wird modelliert, dass mehrere Ereignisse beim Beenden des Prozessdurchlaufs ausgelöst werden. Dies können zum Beispiel Nachrichten sein. Sie sind in einem Symbol zusammengefasst und sollten durch einen Textzusatz beschrieben werden.

6. Nachricht *(Message)*

Bild 150
Endereignis vom Typ „Nachricht“

Mit dem auslösenden Nachrichten-Endereignis (Symbol in Bild 150) endet der Prozess mit dem Senden einer Nachricht (Daten/Papierbeleg). Die Nachricht geht zu einem anderen Teilnehmer eines anderes Prozesses. Dies kann durch einen ausgehenden Nachrichtenfluss, der zu einem anderen Pool geht, modelliert werden. Der Name des Nachrichtenflusses beschreibt den Inhalt der Nachricht. Diese Modellierung ist optional, die Nachricht kann auch nur durch den Namen des Endereignisses oder durch einen Textzusatz beschrieben werden. Das Nachrichten-Endereignis kann außerdem durch eine eingehende Datenverbindung mit einem Datenobjekt oder durch eine ausgehende Datenverbindung mit einer Datenschnittstelle (Datenausgang) verbunden werden, um die Nachricht selbst visuell zu modellieren (Bild 151). Die ausgehende Datenverbindung zur Datenschnittstelle ist hier toolspezifisch nur ungerichtet dargestellt.

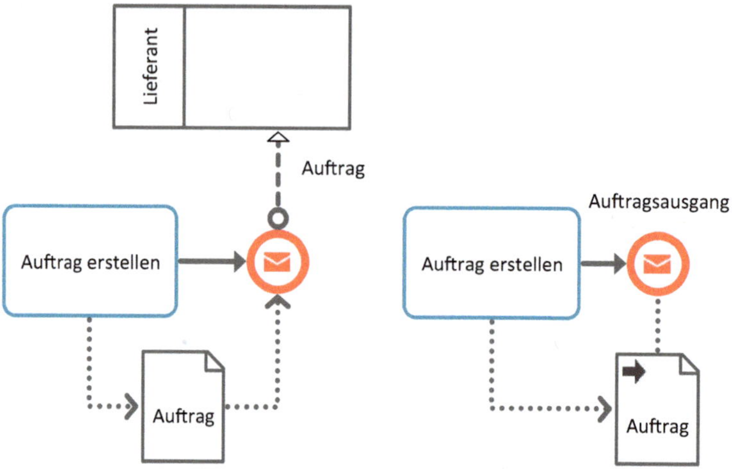

Bild 151 Endereignis verbunden mit einem Pool und einem Datenobjekt (links) und alternativ verbunden mit einem Datenausgang (rechts)

7. Signal

Bild 152
Endereignis vom Typ „Signal"

Mit dem auslösenden Signal-Endereignis (Symbol in Bild 152) endet der Prozess mit dem Senden eines Signals als ungerichtete Information, das für andere Prozesse empfangbar ist, aber nicht empfangen werden muss. Das Signal-Endereignis darf keinen ausgehenden Nachrichtenfluss haben. Das Signal wird durch den Namen des Endereignisses oder durch einen Textzusatz beschrieben.

8. Terminierung *(Terminate)*

Bild 153
Endereignis vom Typ „Terminierung"

Mithilfe des Terminierungs-Endereignisses (Symbol in Bild 153) wird der Prozess oder der Unterprozess beendet, d. h. es werden alle Aktivitäten und noch aktiven Sequenzflüsse abgebrochen (alle Token konsumiert). Beim Unterprozess ist der aufrufende Prozess davon nicht betroffen, er läuft weiter.

Ein Beispiel ist ein Rechnungsprüfungsprozess entsprechend Bild 154.

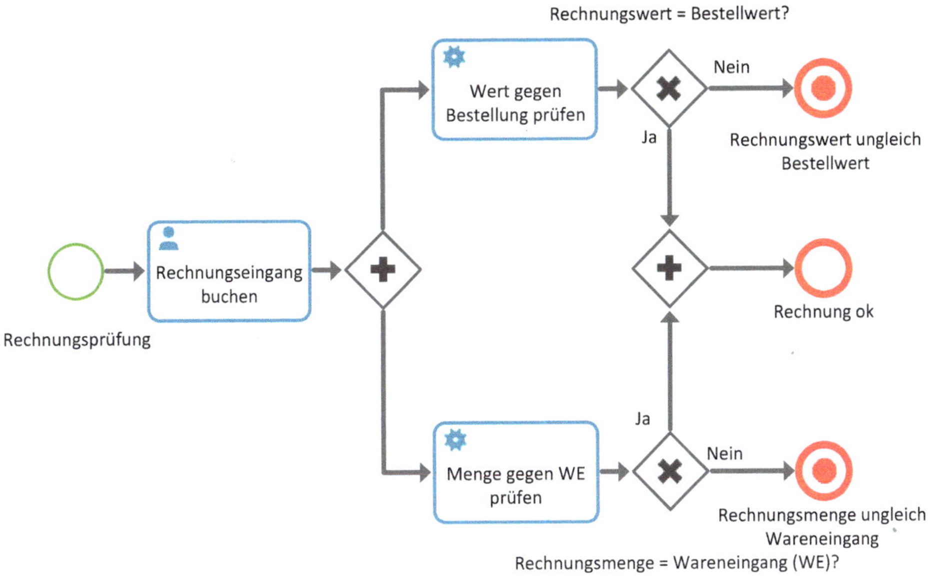

Bild 154 Rechnungsprüfungsprozess mit dem Terminierungs-Endereignis

Im Rechnungsprüfungsprozess werden zwei parallele Durchläufe durch das erste UND-Gateway ausgelöst. Nur im Fall einer positiven Prüfung der Rechnung bzgl. Wert und Menge kommen beide Durchläufe (Token) am zusammenführenden zweiten UND-Gateway an und der Prozess endet mit dem Endereignis „Rechnung ok".

In den anderen Fällen werden die Endereignisse „Rechnungswert ungleich Bestellwert" oder „Rechnungsmenge ungleich Wareneingang" erreicht. Es sind hier terminierende Endereignisse modelliert, die ein Prozessende erzwingen *(abnormally terminated)* und alle noch offenen Sequenzflüsse und Aktivitäten abbrechen. Wenn z. B. „Rechnungswert = Bestellwert?" = Nein ist, wird die Aufgabe „Menge gegen WE prüfen", soweit sie noch nicht begonnen wurde, nicht mehr begonnen. Sie wird unterbrochen, wenn sie schon begonnen wurde. Falls sie bereits durchgeführt wurde und die „Rechnungsmenge = Wareneingang (WE)?" = Ja gilt, wird der am UND-Gateway wartende Sequenzfluss abgebrochen. Dieses Beispiel geht davon aus, dass der Prozess nach der Rechnungseingangsbuchung automatisch ausgeführt wird. Relevant ist beispielsweise der Fall, dass Bestellung und Rechnung vorliegen, aber noch kein Wareneingang. Wenn schon der Rechnungswert nicht mit dem Bestellwert übereinstimmt, muss nicht mehr auf den Wareneingang gewartet werden, bevor die Rechnung ausgesteuert wird.

9. Unbestimmt *(None)*

End event

Bild 155
Endereignis vom Typ „Unbestimmt"

Das unspezifische (abstrakte) Endereignis (Symbol in Bild 155) hat keine Typisierung. Es wird nicht nur in eingebetteten Unterprozessen eingesetzt, sondern kann auch in Hauptprozessen genutzt werden. Für einen guten Stil ist es neben einer passenden Typisierung generell wichtiger, den Status des Prozesses durch einen aussagefähigen Namen des Endereignisses zu dokumentieren.

Typen von Sequenzflüssen

Der Sequenzfluss ist ein BPMN-Element und gehört zur Kategorie „Verbindende Objekte". Der Prozessdurchlauf (Instanz) setzt sich aus Flussobjekten und Sequenzflüssen zusammen. Bei den Sequenzflüssen lassen sich folgende Typen unterscheiden:

- Normaler Sequenzfluss *(normal flow)*
  - Kontrollierter Sequenzfluss *(controlled flow)*
  - Unkontrollierter Sequenzfluss *(uncontrolled flow)*
  - Bedingter Sequenzfluss *(conditional flow)*
  - Standardsequenzfluss *(default flow)*
- Ausnahmesequenzfluss *(exception flow)*

1. Normaler Sequenzfluss

Dies sind alle Sequenzflüsse, über die der Prozess im Normalfall läuft, also alle im Weiteren beschriebenen Sequenzflüsse unter 2. bis 5. Im Gegensatz dazu ist der Ausnahmesequenzfluss definiert, der von einem angehefteten Ereignis startet und nur in Ausnahmefällen durchlaufen wird.

2. Kontrollierter Sequenzfluss

Dies sind Sequenzflüsse, die über ein Gateway oder Ereignis kontrolliert werden. Bedingte Sequenzflüsse (siehe nachstehend) gehören ebenfalls dazu.

3. Unkontrollierter Sequenzfluss

Dies sind Sequenzflüsse als direkte Verbindungen von Aktivitäten, wobei es auch mehrere Verbindungen sein können, die ohne Gateway eine Aktivität verlassen oder zu einer Aktivität gehen.

4. Bedingter Sequenzfluss

Dies ist ein Sequenzfluss, der eine Bedingung hat, wobei die Bedingung (Regel) durch den Namen der Linie (Kantenrolle) oder einen Textzusatz formuliert wird. Dadurch wird ein Gateway ersetzt. Das Symbol ist die Linie mit einer kleinen Raute am Anfang (Bild 156).

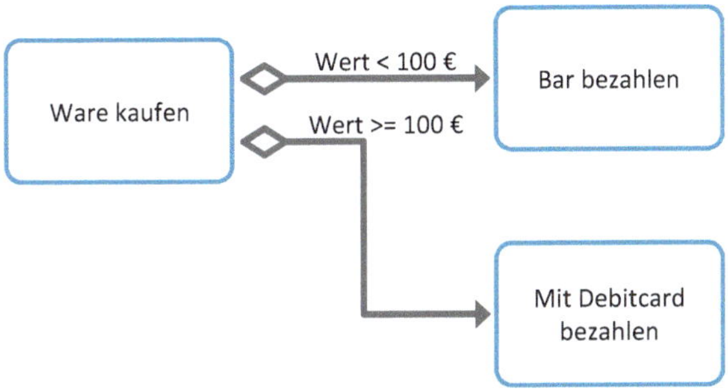

Bild 156
Bedingter Sequenzfluss

5. Standardsequenzfluss

Ein Standardsequenzfluss ist einer der Sequenzflüsse, der nach einem exklusiven, inklusiven oder komplexen Gateway durchlaufen wird, wenn die Bedingungen der anderen Sequenzflüsse nicht gültig sind. Der Standardsequenzfluss kann auch in Zusammenhang mit bedingten Sequenzflüssen eingesetzt werden. Das Symbol ist die Linie mit einem umgekehrten Schrägstrich *(backslash)* am Anfang (Bild 157).

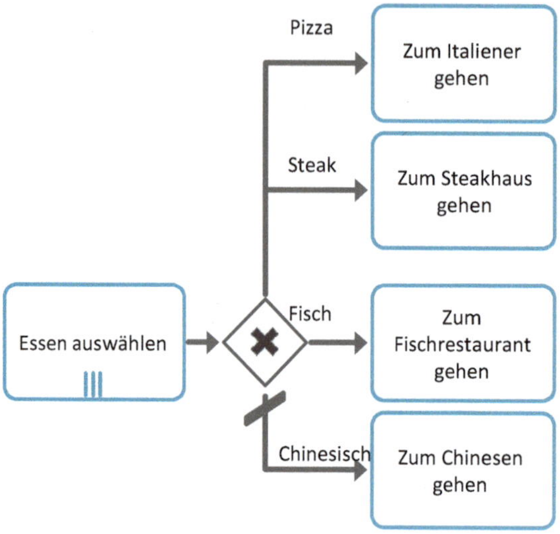

Bild 157
Standardsequenzfluss

Wenn bei dem in Bild 157 gezeigten Prozess der Freundeskreis bei der Essensauswahl sich nicht einigen kann, wird standardmäßig zum Chinesen gegangen.

Bild 158 zeigt ein weiteres Beispiel mit einem inklusiven Gateway.

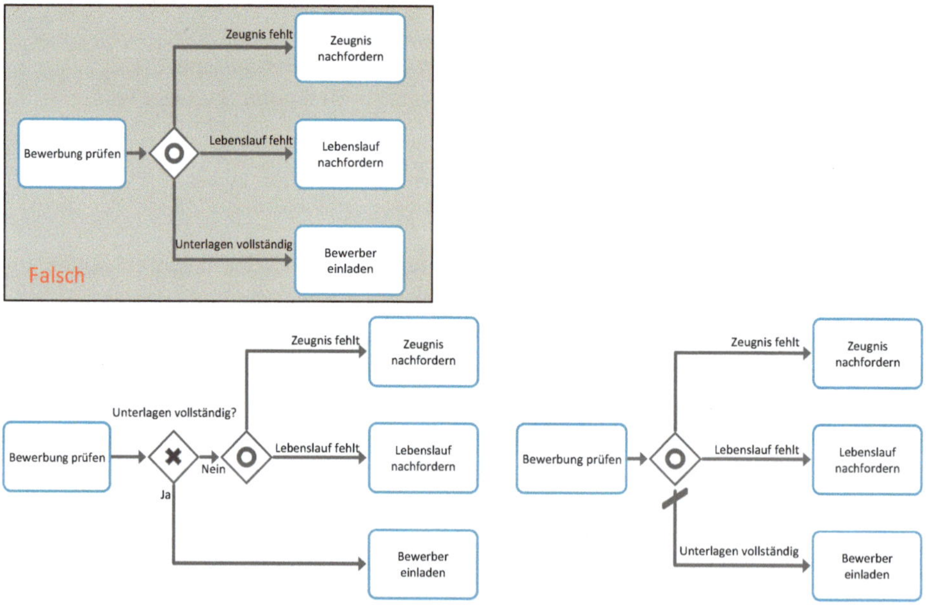

Bild 158 Bedingter Sequenzfluss mit inklusivem Gateway

Der Prozess in Bild 158 oben ist inhaltlich falsch, denn die Bedingungen „Unterlagen vollständig“ schließt fehlendes Zeugnis oder Lebenslauf aus. Die Logik des inklusiven Gateways ermöglicht aber diesen Fall. Ein exklusives Gateway kommt auch nicht infrage, da sowohl das Zeugnis als auch der Lebenslauf fehlen können. Daraus ergibt sich die Modellierung unten links. Statt der Verknüpfung von exklusivem und inklusivem Gateway lässt sich die Anforderung eleganter mit dem Standardsequenzfluss (Bild 158 unten rechts) lösen. „Unterlagen vollständig“ kann nie in der Kombination mit „Zeugnis fehlt“ und/oder „Lebenslauf fehlt“ gültig sein.

6. Ausnahmesequenzfluss

Der Ausnahmesequenzfluss ist die Verbindung zwischen angeheftetem Zwischenereignis und dem nächsten Element. Über den Ausnahmesequenzfluss wird ein paralleler Durchlauf gestartet, wenn das Zwischenereignis die Eigenschaft „nicht unterbrechend“ hat, oder ein alternativer Durchlauf bei einem unterbrechenden Zwischenereignis. Ein Beispiel zeigt Bild 159.

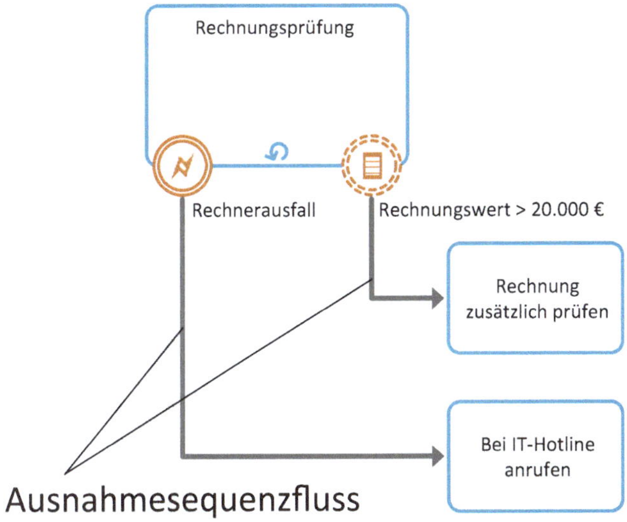

Bild 159 Ausnahmesequenzfluss mit angehefteten Ereignissen

Das Fehler-Zwischenereignis „Rechnerausfall“ ist immer unterbrechend, das Bedingungs-Zwischenereignis „Rechnungswert > 20 000 €“ ist in diesem Fall „nicht unterbrechend“ und beendet den Prozess nicht.

Typen von Startereignissen

Ein Startereignis startet einen Prozess, genauer gesagt, es löst eine Instanziierung aus. Die Startereignisse können durch nachfolgende Typen genauer beschrieben werden:

1. Typ „Bedingung" *(Conditional)*
2. Typ „Eskalation" *(Escalation)*
3. Typ „Fehler" *(Error)*
4. Typ „Kompensation" *(Compensation)*
5. Typ „Mehrfach" *(Multiple)*
6. Typ „Parallel-Mehrfach" *(Parallel Multiple)*
7. Typ „Nachricht" *(Message)*
8. Typ „Signal"
9. Typ „Timer"
10. Typ „Unbestimmt" *(None)*

1. Bedingung *(Conditional)*

Bild 160
Startereignis vom Typ „Bedingung"

Das Bedingungs-Startereignis (Symbol in Bild 160) stellt eine Bedingung dar, die eintreten muss, damit ein Prozess gestartet wird. Die Bedingung wird durch den Namen des Startereignisses oder durch einen Textzusatz beschrieben. Im Ereignis-Unterprozess muss zusätzlich festgelegt werden, ob beim Eintreten der Hauptprozess unterbrochen (durchgezogener Rand) oder nicht unterbrochen wird.

2. Eskalation *(Escalation)*

Bild 161
Startereignis vom Typ „Eskalation"

Als Startereignis ist die Eskalation nur im Ereignis-Unterprozess erlaubt (Symbol in Bild 161). Das Eskalations-Startereignis wird verwendet, wenn der Ereignis-Unterprozess den Ablauf beim Eintreten einer Eskalation an den nächsthöheren Verantwortlichen beschreibt. Der Unterprozess kann gegenüber dem parallel laufenden Hauptprozess als unterbrechend (durchgezogener Rand) oder als „nicht unterbrechend" definiert werden.

3. Fehler *(Error)*

Bild 162
Startereignis vom Typ „Fehler"

Das Fehler-Startereignis (Symbol in Bild 162) ist nur im Ereignis-Unterprozess erlaubt. Wenn ein Fehler auftritt, kann ein Ereignis-Unterprozess aufgerufen werden, der mit dem Fehler-Startereignis beginnt und weitere Aktionen beschreibt, die im Fehlerfall durchzuführen sind. Der Unterprozess unterbricht in jedem Fall den parallel laufenden Hauptprozess.

4. Kompensation *(Compensation)*

Bild 163
Startereignis vom Typ „Kompensation"

Das Kompensations-Startereignis (Symbol in Bild 163) ist nur im Ereignis-Unterprozess erlaubt. Wenn eine Kompensation zum Rücksetzen von bereits ausgeführten Aktivitäten ausgelöst wird, kann ein Ereignis-Unterprozess aufgerufen werden, der mit dem Kompensations-Startereignis beginnt und die Aktionen zum Rücksetzen der Aktivitäten beschreibt. Der Unterprozess unterbricht in jedem Fall den parallel laufenden Prozess. Wenn der Kompensations-Ereignis-Unterprozess Bestandteil eines „normalen“ Unterprozesses ist, wird dieser abgebrochen.

5. Mehrfach *(Multiple)*

Bild 164
Startereignis vom Typ „Mehrfach“

Mit dem Mehrfach-Startereignis (Symbol in Bild 164) können mehrere Startereignisse in einem Symbol zusammengefasst werden. Als eingetretenes Ereignis muss nur auf das Eintreten **eines** Ereignisses gewartet werden, um den Prozess zu starten. Die Ereignisse sollten über den Namen oder einen Textzusatz beschrieben werden. Bild 165 zeigt einen Beispielprozess mit zwei getrennten Startereignissen und alternativ einem Mehrfachstartereignis.

Im Ereignis-Unterprozess gibt es die unterbrechende (durchgezogener Rand) und die nicht unterbrechende (gestrichelter Rand) Variante, die entscheidet, ob der Hauptprozess beendet (unterbrochen) oder weitergeführt (nicht unterbrochen) wird.

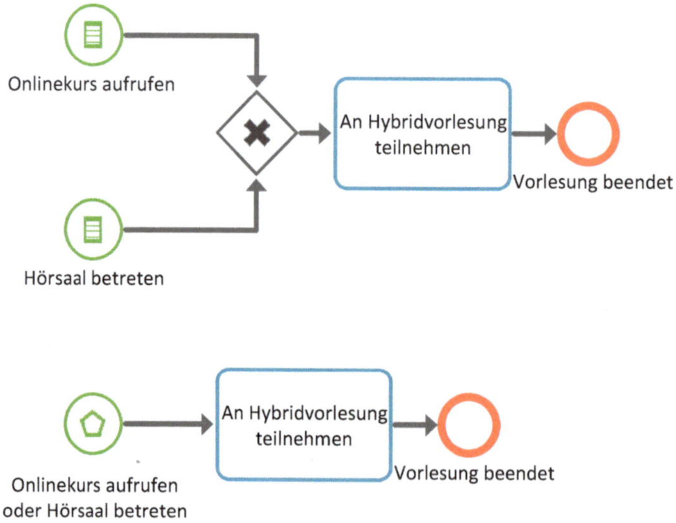

Bild 165 Beispielprozess oben mit einzelnen Startereignissen und unten die Alternative mit dem Mehrfach-Startereignis

6. Parallel-Mehrfach *(Parallel Multiple)*

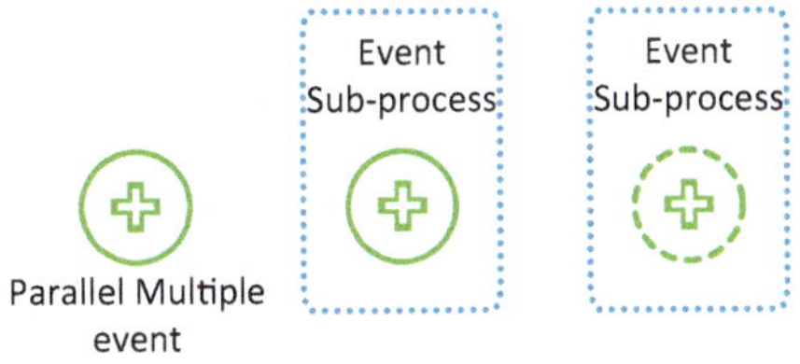

Bild 166
Startereignis vom Typ „Parallel-Mehrfach"

Mit dem Parallel-Mehrfach-Startereignis (Symbol in Bild 166) können mehrere Ereignisse in einem Symbol zusammengefasst werden. Es muss auf das Eintreten **aller** zugehöriger Ereignisse gewartet werden, um den Prozess zu starten. Die Ereignisse sollten über den Namen oder einen Textzusatz beschrieben werden. Bild 167 zeigt einen Beispielprozess einer Warenlieferung und der anschließenden Rechnungsprüfung. Die Rechnung kann erst geprüft werden, wenn Ware und Rechnung eingetroffen ist.

Im Ereignis-Unterprozess gibt es die unterbrechende (durchgezogener Rand) und die nicht unterbrechende (gestrichelter Rand) Variante, die entscheidet ob der Hauptprozess beendet (unterbrochen) oder weitergeführt (nicht unterbrochen) wird.

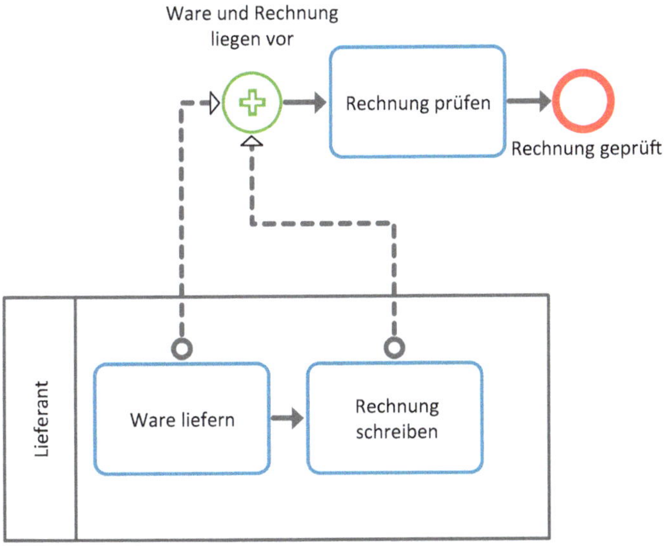

Bild 167 Einsatz des Parallel-Mehrfach-Startereignisses bei einem Rechnungsprüfungsprozess

7. Nachricht *(Message)*

Bild 168
Startereignis vom Typ „Nachricht"

Mit dem empfangenden Nachrichten-Startereignis (Symbol in Bild 168) wird der Prozess durch eine Nachricht (Daten/Papierbelege) ausgelöst. Die Nachricht kommt von einem Teilnehmer eines anderen Prozesses. Dies kann durch einen eingehenden Nachrichtenfluss, der von einem anderen Pool kommt, modelliert werden. Der Name des Nachrichtenflusses sollte den Inhalt der Nachricht beschreiben. Diese Modellierung ist optional, die Nachricht kann auch nur durch den Namen des Startereignisses oder durch einen Textzusatz beschrieben werden. Das Nachrichten-Startereignis kann außerdem durch eine ausgehende Datenverbindung mit einem Datenobjekt oder durch eine eingehende Datenverbindung mit einer Datenschnittstelle (Dateneingang) verbunden werden, um die Nachricht selbst visuell zu modellieren (Bild 169). Die eingehende Datenverbindung zur Datenschnittstelle ist hier toolspezifisch nur ungerichtet dargestellt.

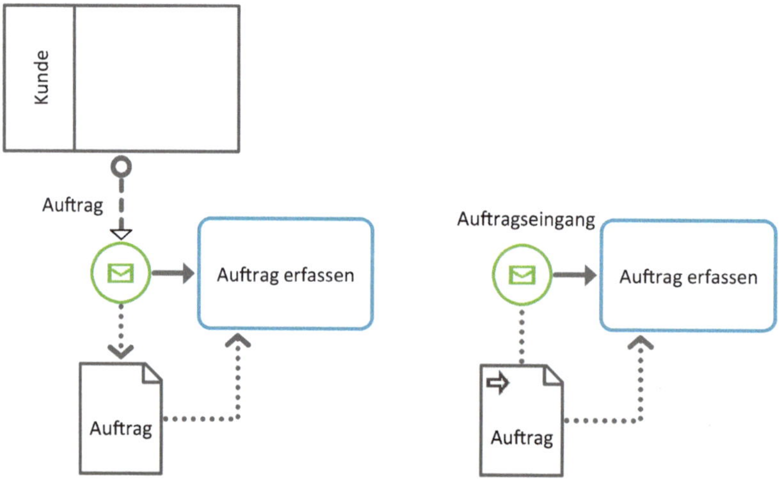

Bild 169 Startereignis verbunden mit einem Pool und einem Datenobjekt (links) und alternativ verbunden mit einem Dateneingang (rechts)

8. Signal

Bild 170
Startereignis vom Typ „Signal"

Mit dem empfangenden Signal-Startereignis (Symbol in Bild 170) wird der Prozess durch eine ungerichtete Information ausgelöst. Das Signal wird durch den Namen des Startereignisses oder durch einen Textzusatz beschrieben. Signal-Startereignisse dürfen im Gegensatz zu Nachrichtenstartereignissen keine eingehenden Nachrichtenflüsse haben.

9. Timer

Timer event

Bild 171
Startereignis vom Typ „Timer“

Das Timer-Startereignis (Symbol in Bild 171) gibt Zeitpunkte, Zeitspannen oder zeitliche Ereignisse an, die den Prozess starten.

10. Unbestimmt *(None)*

Start event

Bild 172
Startereignis vom Typ „Unbestimmt“

Das unbestimmte (abstrakte) Startereignis (Symbol in Bild 172) hat keine Typisierung. In der Regel sollten für „gute“ BPMNs typisierte Startereignisse genutzt werden. Eine Ausnahme ist der Start von eingebetteten Unterprozessen, die entweder nur ohne Startereignis oder mit einem unbestimmten Startereignis begonnen werden dürfen.

Typen von Zwischenereignissen

Zwischenereignisse stellen einen Zustand innerhalb eines Prozesses dar, sie warten auf eine Aktion (z. B. externe Nachricht) oder sind Auslöser für weitere Aktionen (senden z. B. eine Nachricht). Es sind zwei Einsatzfälle zu unterscheiden:

- Das Zwischenereignis ist innerhalb des Prozessdurchlaufs angeordnet.
- Das Zwischenereignis ist ein angeheftetes Ereignis von Aufgaben oder Unterprozessen.

Die Zwischenereignisse können durch nachfolgende Typen genauer beschrieben werden:

1. Typ „Abbruch“ *(Cancel)*
2. Typ „Bedingung“ *(Conditional)*
3. Typ „Eskalation“ *(Escalation)*
4. Typ „Fehler“ *(Error)*
5. Typ „Kompensation“ *(Compensation)*
6. Typ „Link“
7. Typ „Mehrfach“ *(Multiple)*
8. Typ „Nachricht“ *(Message)*
9. Typ „Parallel-Mehrfach“ *(Parallel Multiple)*
10. Typ „Signal“
11. Typ „Timer“
12. Typ „Unbestimmt“ *(None)*

Zwischenereignisse, die innerhalb des Prozessdurchlaufs stehen, haben mindestens einen eingehenden und ausgehenden Sequenzfluss (Ausnahme sind die Link-Zwischenereignisse). Der Prozess wartet, wenn sie als „empfangend“ *(catching)* definiert sind. Wenn sie als „auslösend“ *(throwing)* definiert sind, triggern sie den Auslöser (z. B. eine Nachricht) und der Prozess läuft unmittelbar weiter.

Als Eingang können Zwischenereignisse auch mehrere Sequenzflüsse haben. Es wird aber empfohlen, auf diese Möglichkeit bei der Modellierung zu verzichten, da dadurch neue, undefinierte Instanzen entstehen können. Es kann dabei zu sogenannten unkontrollierten Abläufen kommen. Zusammenführungen sollten möglichst immer über Gateways erfolgen.

Auch als Ausgang können Zwischenereignisse mehrere Sequenzflüsse haben. Das Verhalten ist dann wie bei einem aufteilenden parallelen Gateway, d. h. alle Sequenzflüsse werden aktiv (es werden entsprechend der Anzahl ausgehender Sequenzflüsse Token generiert).

In Kollaborationsdiagrammen können Zwischenereignisse neben den Sequenzflüssen als Eingang oder Ausgang zusätzlich Nachrichtenflüsse haben.

Angeheftete Zwischenereignisse sind immer „empfangend“, sie können aber „unterbrechend“ *(interrupting)* oder nicht unterbrechend *(non interrupting)* sein.

In der Übersicht in Bild 173 werden alle Zwischenereignisse mit ihren Einsatzbedingungen gezeigt.

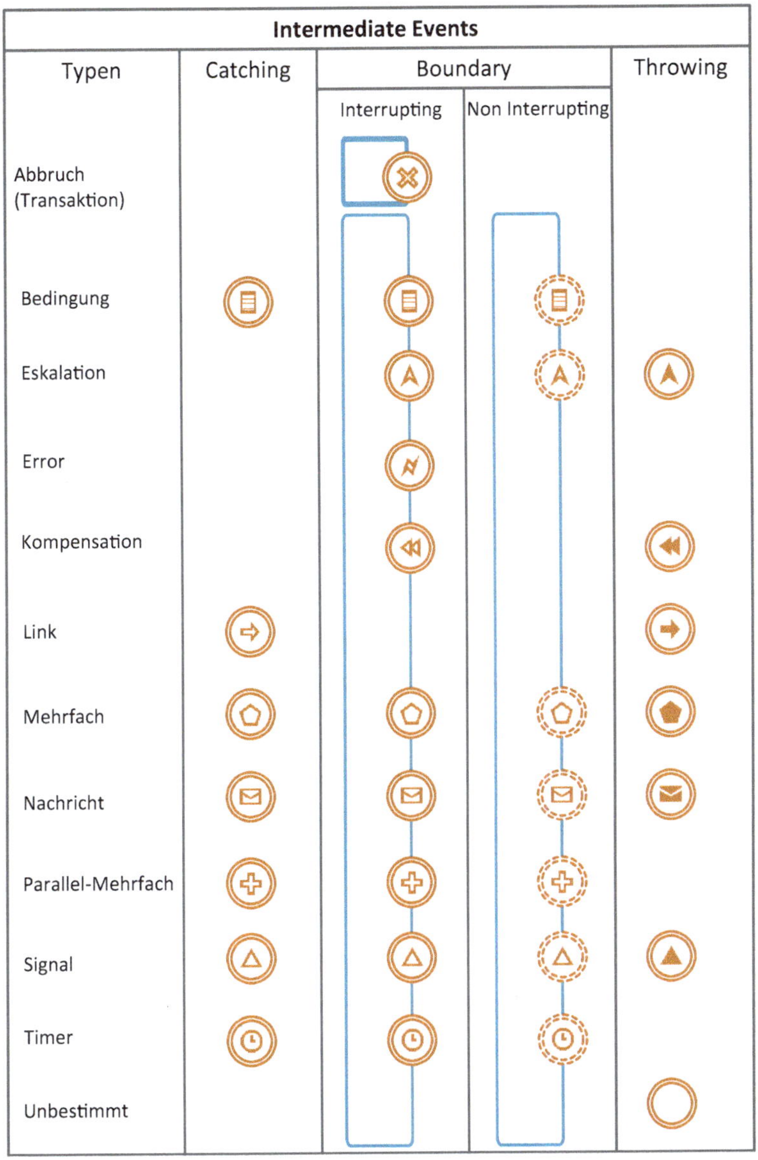

Bild 173 Typen von Zwischenereignissen und ihre Einsatzbedingungen

1. Abbruch *(Cancel)*

Das angeheftete Abbruch-Zwischenereignis kommt nur in Transaktions-Unterprozessen vor und ist Beginn des Sequenzflusses, der die Bedingungen modelliert, die beim Abbruch ausgeführt werden sollen.

2. Bedingung *(Conditional)*

Das Bedingungs-Zwischenereignis stellt jene Bedingung dar, die eintreten muss, damit der Prozess fortgesetzt wird. Als angeheftetes Zwischenereignis muss zusätzlich festgelegt werden, ob beim Eintreten die Aktivität unterbrochen (durchgezogener Rand) oder weitergeführt wird (gestrichelter Rand). In Bild 175 ist ein Beispiel mit der Bedingung „Nach 10 Versuchen“ zu sehen.

3. Eskalation *(Escalation)*

Das Zwischenereignis löst eine Meldung an höhere Verantwortlichkeitsstufen aus. Als angeheftetes Zwischenereignis muss zusätzlich festgelegt werden, ob beim Eintreten die Aktivität unterbrochen (durchgezogener Rand) oder weitergeführt wird (gestrichelter Rand). Dies zeigt der Beispielprozess in Bild 174.

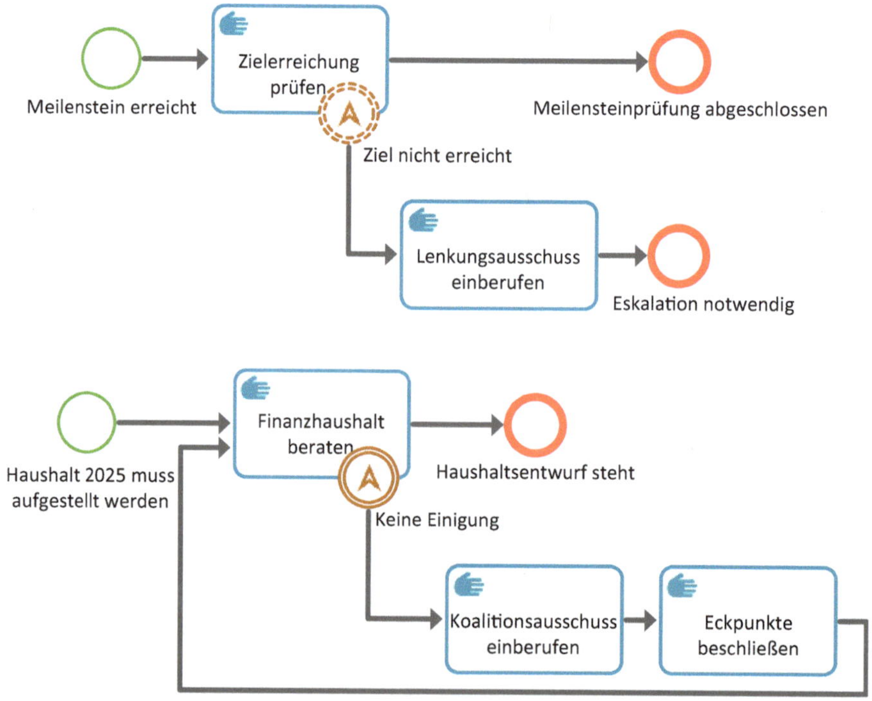

Bild 174 Zwei Prozesse mit nicht unterbrechendem Eskalations-Zwischenereignis (oben) und unterbrechendem Eskalations-Zwischenereignis (unten)

Das Beispiel oben in Bild 174 zeigt eine Prüfung der Ziele, wenn im Projekt ein Meilenstein erreicht wird. Wenn Ziele nicht erreicht werden, wird über ein Eskalations-Zwischenereignis zusätzlich zum Prüfungsprozess eine Eskalation mit Einberufung des Lenkungsausschusses initiiert. Der untere Fall zeigt den Einsatz eines unterbrechenden Eskalations-Zwischenereignisses. Wir stellen uns hier den Prozess der Aufstellung des Haushaltsentwurfs in der Regierung vor. Bei den Fachberatungen kommt es zu keiner Einigung. Die Beratungen werden abgebrochen und der Koalitionsausschuss wird einberufen, der nach Einigung zu den finanziellen Eckpunkten die weitere Arbeit wieder an die Fachberatung zurücküberweist.

4. Fehler *(Error)*

Mithilfe des angehefteten Fehler-Zwischenereignisses wird auf eine Fehlerbedingung innerhalb der Aufgabe oder innerhalb des Unterprozesses reagiert. Die Aktivitäten werden immer unterbrochen (der Rand des Symbols ist durchgezogen). Prozesse können im normalen Durchlauf keine Fehler-Zwischenereignisse haben. Die Aktivitäten sind dabei in der Regel Programme (Serviceaufgaben), die durch Fehler abgebrochen werden. Wie in Bild 175 gezeigt, können auch mehrere Zwischenereignisse angeheftet werden, die unterschiedliche Reaktionen auslösen.

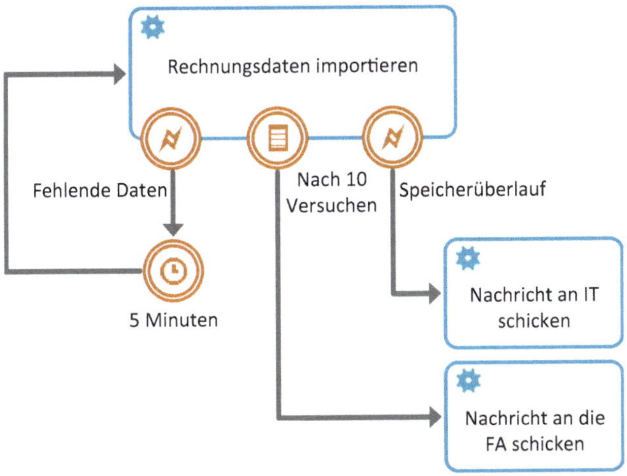

Bild 175
Mehrere angeheftete Fehler-Zwischenereignisse

In Bild 175 ist eine Schnittstelle modelliert, in der das Programm „Rechnungsdaten importieren“ Daten importiert. Mehrere Ausnahmebedingungen können auftreten: Das Programm bricht wegen eines Speicherüberlaufs ab. Aufgrund des Fehlerstatus wird durch eine weitere Serviceaufgabe eine Nachricht an die IT geschickt. Der andere Fall ist, genauer gesagt, kein Fehlerfall. Das Programm stellt fest, dass keine Daten für den Import vorliegen. Es bricht mit dem Zwischenereignis „Fehlende Daten“ ab, und es wird fünf Minuten (Timer-Zwischenereignis) gewartet, bis das Programm nochmals aufgerufen wird. Diese Schleife wird wiederholt, bis Daten vorliegen –

dann wird das Programm normal beendet. Wenn beim zehnten Durchlauf wieder keine Daten gefunden wurden, bricht das Programm endgültig ab (unterbrechendes Bedingungs-Zwischenereignis).

5. Kompensation *(Compensation)*

Mit dem Kompensations-Zwischenereignis werden Bedingungen definiert, die das Rückgängigmachen von Aktivitäten ermöglichen. Es ist ein angeheftetes Zwischenereignis, die ausgehende Linie (Kante) mit Pfeil ist aber kein Sequenzfluss, sondern nur eine gerichtete Verbindung (siehe Kompensation). Es gibt daher per Definition auch keine unterbrechende oder nicht unterbrechende Version.

6. Link

Zwischenereignisse als Links werden zur alternativen Modellierung von Sequenzflüssen verwendet. Ein Prozess wird mit dem auslösenden Link-Zwischenereignis unterbrochen und wird beim ankommenden Link-Zwischenereignis fortgesetzt. Bei mehreren über Links realisierten Sequenzflüssen erfolgt die Zuordnung über den Namen. Der Einsatz ist bei längeren Schleifen *(go to connector)* oder beim Aufteilen von Prozessen zum Druck *(off-page connector)* über mehrere Seiten (Bild 176) üblich. Es gibt entsprechend der Semantik keine angeheftete Version.

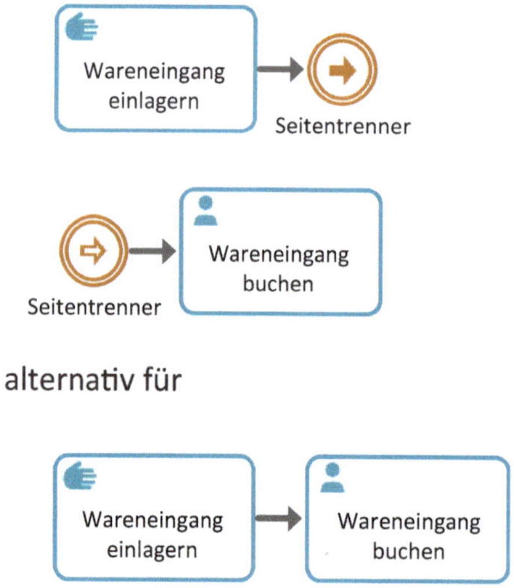

Bild 176
Link-Zwischenereignis als Beispiel für Seitentrennung

7. Mehrfach *(Multiple)*

Das empfangende Mehrfach-Zwischenereignis wartet auf mehrere Ereignisse *(trigger)*, wobei mindestens **ein** Ereignis eintreffen muss, damit der Prozess fortgesetzt wird. Das sendende Mehrfach-Zwischenereignis löst alle definierten Aktionen aus und setzt den Prozess fort. Es wird in der Spezifikation keine Aussage gemacht, ob es sich um externe Trigger im Rahmen einer Kollaboration oder um prozessinterne Trigger handelt. Alternativ sollte immer überlegt werden, ob nicht Signal- oder Nachrichten-Zwischenereignis infrage kommen. Bei angehefteten Mehrfach-Zwischenereignissen muss festgelegt werden, ob beim Eintreten die Aktivität unterbrochen (durchgezogener Rand) oder weitergeführt wird (gestrichelter Rand).

Die Nutzung wird nur bedingt empfohlen, da die Semantik in der Regel nur über den erklärenden Text verständlich ist (siehe auch Stilfragen unter Einsatz von Ereignissen).

8. Nachricht *(Message)*

Nachrichten-Zwischenereignisse empfangen Nachrichten oder senden Nachrichten und können zusätzlich Nachrichtenflüsse als Eingang oder Ausgang haben. Sie bilden die Basis für die Kommunikation zwischen separaten Prozessen. Es ist guter Stil, die Nachrichtenflüsse von einem anderen Pool kommend oder zum anderen Pool gehend im Rahmen eines Kollaborationsdiagramms zu modellieren.

Beim empfangenden Nachrichten-Zwischenereignis (Briefumschlagsymbol nicht ausgefüllt) wartet der Prozess so lange, bis er eine Nachricht empfängt. Der Ablauf des Prozesses wird dadurch von dem externen Prozess gesteuert.

Das sendende Nachrichten-Zwischenereignis (Briefumschlagsymbol ausgefüllt) löst die Nachricht aus und steuert damit umgekehrt den externen Prozess. Nach Senden der Nachricht wird der Prozess unmittelbar fortgesetzt (Bild 177).

Bei angehefteten Nachrichten-Zwischenereignissen muss festgelegt werden, ob beim Eintreten die Aktivität unterbrochen (durchgezogener Rand) oder weitergeführt wird (gestrichelter Rand).

Die Nachricht wird durch den Namen des Zwischenereignisses, durch den Namen des Nachrichtenflusses oder durch einen Textzusatz beschrieben.

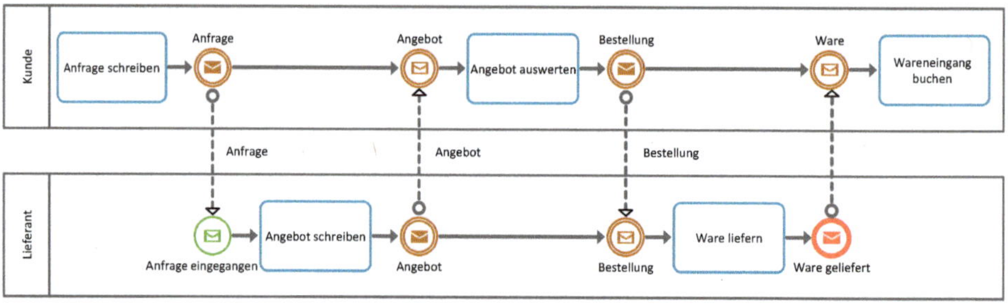

Bild 177 Sendende und empfangende Nachrichten-Zwischenereignisse

9. Parallel-Mehrfach *(Parallel Multiple)*

Das Parallel-Mehrfach-Zwischenereignis entspricht dem Mehrfach-Zwischenereignis, wobei in der empfangenden Version **alle** Ereignisse eintreffen müssen, damit der Prozess fortgesetzt wird. Auch hier gibt es die angeheftete Variante, die die Aktivität unterbricht (durchgezogener Rand) oder nicht (gestrichelter Rand).

Die Nutzung wird nur bedingt empfohlen, da die Semantik in der Regel nur über den erklärenden Text verständlich ist (siehe auch Stilfragen unter Einsatz von Ereignissen).

10. Signal

Signal-Zwischenereignisse reagieren auf ungerichtete Informationen, wenn sie „empfangend" sind oder sie senden Informationen. Da das Signal keinen spezifischen Partner als Sender oder Empfänger hat, kann das Signal auch nicht direkt als Nachrichtenfluss dargestellt werden.

Beim empfangenden Signal-Zwischenereignis wartet der Prozess so lange, bis er die ungerichtete Information empfangen hat. Beim sendenden Signal-Zwischenereignis wird nach Senden des Signals der Prozess unmittelbar fortgesetzt. Bei angehefteten Signal-Zwischenereignissen muss festgelegt werden, ob beim Eintreten die Aktivität unterbrochen (durchgezogener Rand) oder weitergeführt wird (gestrichelter Rand).

Das Signal wird durch den Namen des Zwischenereignisses oder durch einen Textzusatz beschrieben.

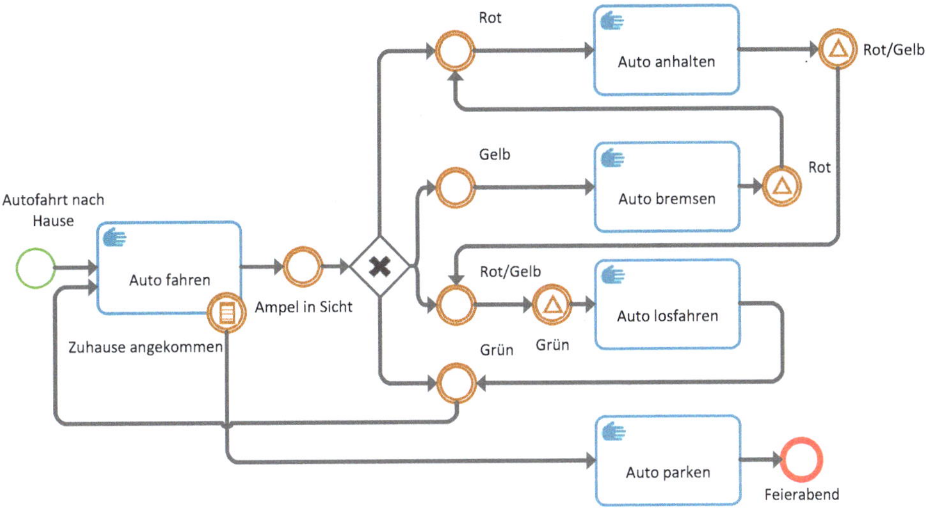

Bild 178 Modell einer Autofahrt modelliert mit Signal-Zwischenereignissen

Der Prozess in Bild 178 zeigt einen typischen Einsatz von Signal-Zwischenereignissen. Es ist eine Autofahrt nach Hause mit „Feierabend“ als Endereignis modelliert. Die Ampel sendet farbige „Lichtzeichen“, die nicht speziell an eine Person gerichtet sind. Das Signal-Zwischenereignis ist hier empfangend. Sobald die Person das Signal empfängt (zur Kenntnis nimmt), läuft der Prozess weiter. Die unbestimmten Zwischenereignisse dokumentieren das aktuelle Signal der Ampel und lassen den Prozess unmittelbar weiterlaufen. Der Prozess endet über das angeheftete Bedingungs-Zwischenereignis „Zuhause angekommen“.

11. Timer

Das Timer-Zwischenereignis gibt Zeitpunkte, Zeitspannen oder zeitliche Ereignisse an, die in einem Prozess auftreten können. Beim Eintreffen wird der Prozess fortgesetzt. Durch den Namen oder durch einen Textzusatz wird beschrieben, was das Timer-Zwischenereignis abbilden soll. Ein Beispiel für die Nutzung eines Timer-Zwischenereignisses ist in Bild 179 zu sehen. Als angeheftete Version sind sie gut geeignet, um eine Aktivität unter bestimmten zeitlichen Bedingungen abzubrechen (Symbol mit durchgezogenem Rand) oder weitere parallel laufende Aktionen im nicht unterbrechenden Fall festzulegen. In Bild 179 wird die Aufgabe „Hotline anrufen“ nach 20 Minuten abgebrochen.

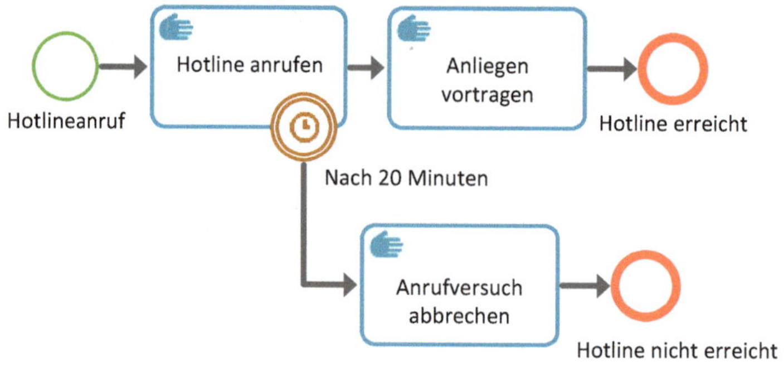

Bild 179 Timer-Zwischenereignis als Abbruch einer Aufgabe

12. Unbestimmt *(None)*

Beim unbestimmten (abstrakten) Zwischenereignis wird ein Status dargestellt, der durch den Namen oder einen Textzusatz beschrieben wird. Der Prozess wartet nicht. Es sind wenige Einsatzmöglichkeiten sinnvoll, um durch unbestimmte Zwischenereignisse im Prozessdurchlauf die Lesbarkeit des Modells zu verbessern, da der Status normalerweise durch die Abfolge der Aktivitäten klar ist. Bei komplexeren Modellen mit vielen sich verzweigenden Pfaden können sie genutzt werden, um den Status explizit zu beschreiben, wie in Bild 178 die Farbe der Ampel.

U

Unkontrollierte Abläufe

Unkontrollierte Abläufe – nicht zu verwechseln mit „unkontrollierten Flüssen", beschrieben in Typen von Verbindungen – entstehen, wenn der Prozessablauf durch Fehler in der Modellierung nicht mehr eindeutig definiert ist:

1. Durch das Entstehen neuer Instanzen innerhalb des Prozessablaufs bei instanziierenden Zwischenereignissen (Bild 180)

2. Durch nicht beabsichtigte Mehrfachausführung von Aktivitäten durch fehlende Gateways (Bild 181)

Beispiel zu 1:

Es war in Bild 180 oben die Absicht des Modellierers, die Funktionalität abzubilden, dass mit dem sendenden Nachrichtenereignis Artikel und Rechnung, die vorher parallel erstellt wurden, zusammen versendet werden. Ein Zwischenereignis mit mehreren Sequenzflüssen als Eingang hat aber keine synchronisierende Wirkung. Je nachdem, welcher Parallelpfad schneller ausgeführt wird, wird entweder der Artikel versandt oder die Rechnung. Wenn der Prozessdurchlauf (der Token) über den langsameren Pfad das Nachrichtenereignis zum zweiten Mal erreicht, wird eine neue Instanz erzeugt. Diese Instanz ist undefiniert, d. h. sie hat nicht die Bestellnummer, wie die mit dem Startereignis erzeugte Instanz. Richtig ist es, vor dem Nachrichtenereignis ein synchronisierendes paralleles Gateway zu modellieren, wie in Bild 180 unten gezeigt.

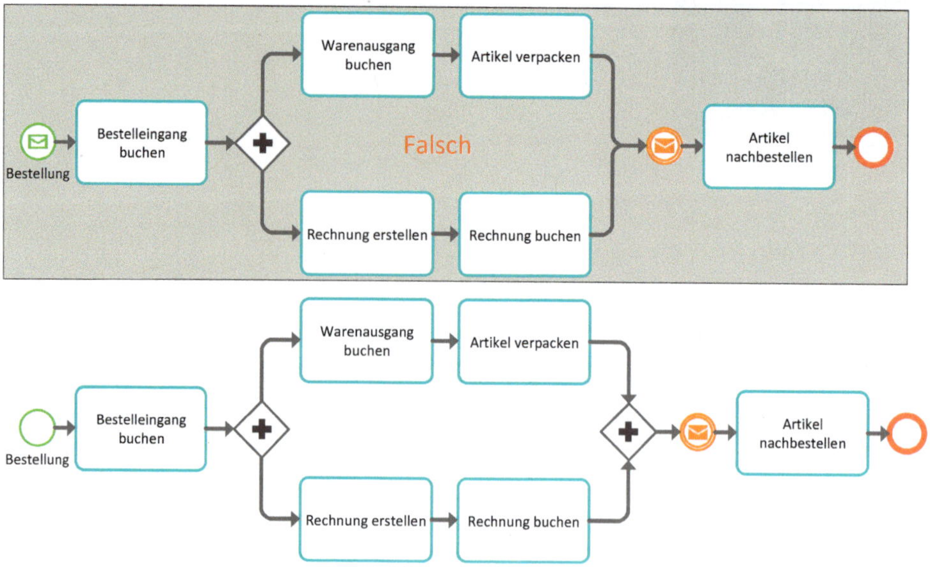

Bild 180 Unkontrollierter Ablauf durch neue, nicht korrelierte Instanzen

Beispiel zu 2:

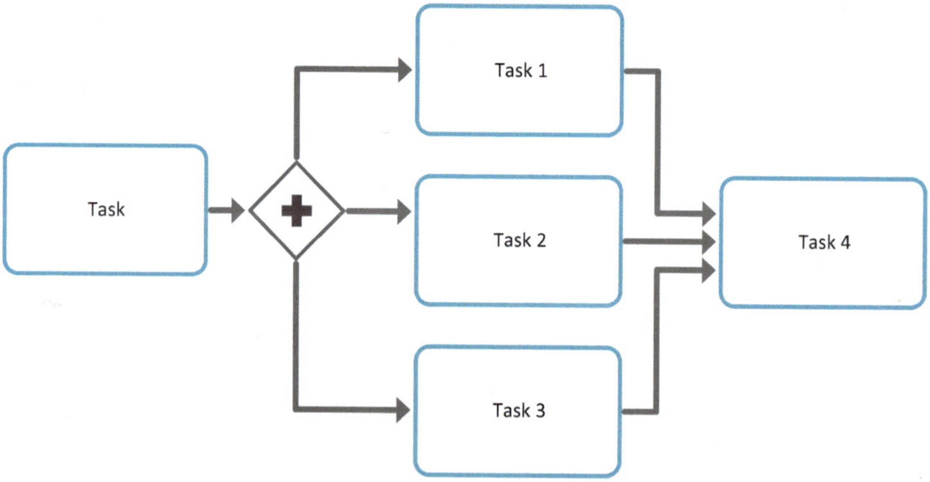

Bild 181 Unkontrollierter Ablauf durch nicht beabsichtigte Mehrfachausführung einer Aufgabe

Bei der in Bild 181 gezeigten Konfiguration wird Task 4 dreimal hintereinander ausgeführt, da das synchronisierende parallele Gateway fehlt. Dies ist wahrscheinlich nicht das, was der Modellierer modellieren wollte.

Unterprozess

Ein Unterprozess ist eine Aktivität, in der weitere Aktivitäten (Aufgaben und Unterprozesse) zur Detaillierung des Prozesses modelliert sind. Sie haben wie eine Aufgabe im aufrufenden Prozess einen eingehenden und einen ausgehenden Sequenzfluss. Eine Ausnahme sind die Ereignis-Unterprozesse bzw. Kompensations-Ereignis-Unterprozesse, die nicht von anderen Prozessen aufgerufen werden, sondern durch ein Ereignis.

Es werden die in Bild 182 gezeigten Symbole verwendet, wobei zwischen erweitertem und reduziertem Unterprozess unterschieden wird. Der reduzierte Unterprozess hat unten im Symbol ein „+“ als Markierung.

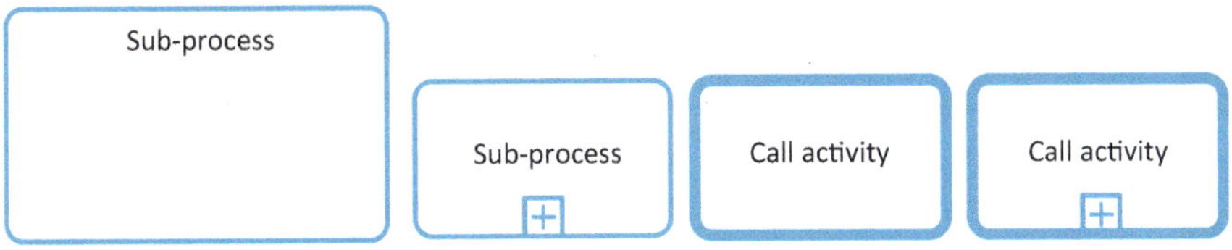

Bild 182: Symbole für verschiedene Typen von Unterprozessen in erweiterter und reduzierter Form

Unterprozesse werden eingesetzt, um ...

... Modelle zu hierarchisieren (siehe Stichwort Hierarchisierung). Wenn in einem Unterprozess wiederum ein Unterprozess aufgerufen wird, handelt es sich um eine mehrstufige Hierarchie.

... Abläufe zusammenzufassen (zu gruppieren), für die eine gemeinsame Ausnahmebehandlung über angeheftete Ereignisse gilt.

... Abläufe zusammenzufassen, für die gemeinsame Eigenschaften gelten, wie z. B. Wiederholungen (siehe Markierung von Aktivitäten).

... auf Ereignisse zu reagieren.

... sich wiederholende Abläufe für mehrere Prozesse nutzbar zu machen.

Die BPMN-Spezifikation unterscheidet bei den Unterprozessen folgende Typen:

- Eingebetteter Unterprozess *(embedded sub-process)*
- Wiederverwendbarer Unterprozess *(reusable sub-process, call activity)*
- Ereignis-Unterprozess *(event sub-process)*
- Kompensations-Ereignis-Unterprozess *(compensation event sub-process)*
- Transaktions-Unterprozess *(transaction)*
- Adhoc-Unterprozess *(ad-hoc subprocess)*

Generell gilt: Unterprozesse enthalten eigenständige Prozesse mit Start- und Endereignis. Soweit es sich nicht um ereignisgesteuerte Unterprozesse handelt, muss es zum Startereignis des Unterprozesses einen eindeutigen Bezug zum aufrufenden Prozess geben. Ebenso muss vom Endereignis oder von den Endereignissen des Unterprozesses ausgehend der weitere Ablauf im aufrufenden Prozess eindeutig sein. Dazu dürfen aber Sequenzflüsse die Grenze des Unterprozesses nicht überschreiten. Bei mehreren Endereignissen mit unterschiedlichem Status im Unterprozess müssen Elemente im aufrufenden Prozess wiederholt werden, um die notwendige Eindeutigkeit zu erreichen. Dieser Fall ist in Bild 183 veranschaulicht. Dort wird der Unterprozess in der erweiterten Version mit dem internen Prozess (Inline-Darstellung) gezeigt. Der Unterprozess endet mit zwei Endereignissen A und B. Es wäre falsch, im aufrufenden Prozess zwei Ausgänge zu modellieren, da der inhaltliche Zusammenhang ohne Kenntnis des Ablaufs im Unterprozess verborgen bliebe. Stattdessen wird das letzte inklusive Gateway mit dem Status A,B im aufrufenden Prozess wiederholt.

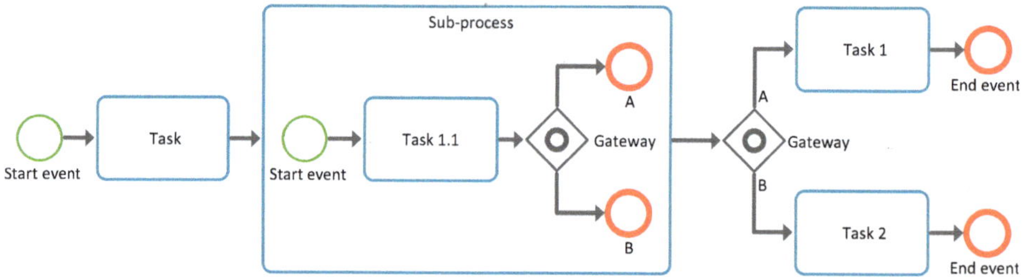

Bild 183 Beispiel für die Verbindung zwischen Hauptprozess und eingebettetem Prozess

Wie anfangs beschrieben, können innerhalb von Unterprozessen wiederum Unterprozesse aufgerufen werden. Dadurch entstehen mehrere Prozessebenen. Auch wenn es hier keine direkten Grenzen der Mehrstufigkeit gibt, sollte aus Gründen der Übersichtlichkeit diese Möglichkeit begrenzt eingesetzt werden (s. a. Hierarchisierung). Zum Beispiel könnten in einem Unterprozess technische Details modelliert werden, die aus IT-Sicht für den technischen Ablauf wichtig sind, die aber aus Sicht der Fachabteilung für das Verständnis keine Rolle spielen.

Unterprozess-Nachrichten

Der Nachrichtenfluss von Nachrichten zwischen Unterprozess und Kollaborationspartner (Pool) endet oder beginnt am Rand des Unterprozesses. Nachrichtenverbindungen zu Aktivitäten oder Ereignissen innerhalb des Unterprozesses sind nicht erlaubt. In Bild 184 sind die erlaubten und nicht erlaubten (rot) Nachrichtenflüsse dargestellt. Erlaubt ist auch die Weitergabe von Nachrichten über ein angeheftetes Ereignis – unterbrechend oder nicht unterbrechend. Der Fall unten in Bild 184 zeigt die Weitergabe der Nachricht A über ein nicht unterbrechendes Ereignis an die Task 2.

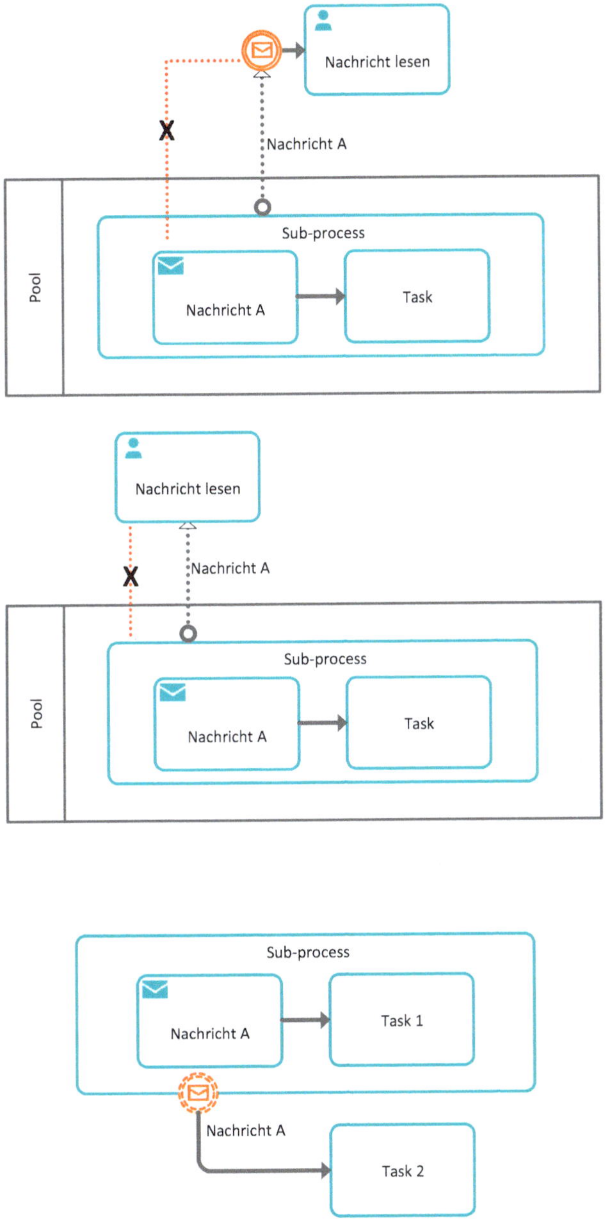

Bild 184 Nachrichtenflüsse und Unterprozesse

V

Verbindende Objekte

Verbindende Objekte *(connecting objects)* ist eine Kategorie der BPMN-Elemente, durch die der Modelltyp Kollaborationsdiagramm beschrieben wird.

Folgende verbindende Objekte werden unterschieden (Bild 185):

- Sequenzfluss *(sequence flow)*
- Nachrichtenfluss *(message flow)*
- Datenverbindung *(data association)*
- Verbindung *(association)*

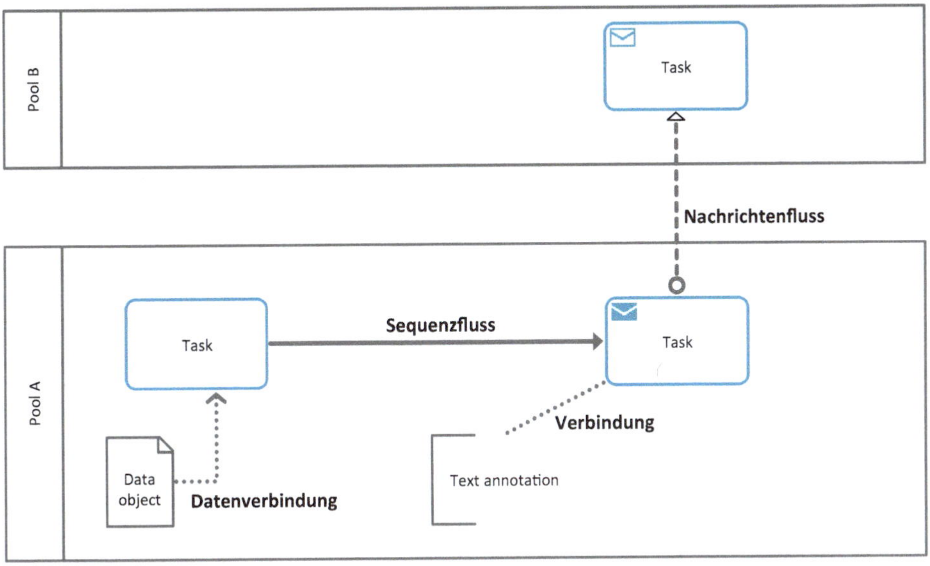

Bild 185 Übersicht über die verbindenden Objekte in BPMN

Verbindung

Die Verbindung *(association)* gehört mit dem Sequenzfluss, dem Nachrichtenfluss und der Datenverbindung zu den BPMN-Elementen der Kategorie verbindende Objekte eines BPMN-Diagramms. Sie ist eine Verbindung zwischen Textzusatz und zu beschreibenden Flussobjekten. Eine weitergehende Bedeutung hat sie nicht, insbesondere kommt die Version mit Pfeil als gerichtete Verbindung nicht mehr vor. Sie ist aktuell noch in der BPMN-Spezifikation enthalten, da in der BPMN 1.2 Datenobjekte Artefakte waren und die Datenflussrichtung durch gerichtete Verbindungen angezeigt wurde. Bild 186 zeigt den Einsatz zusammen mit dem Textzusatz zu einer Aufgabe.

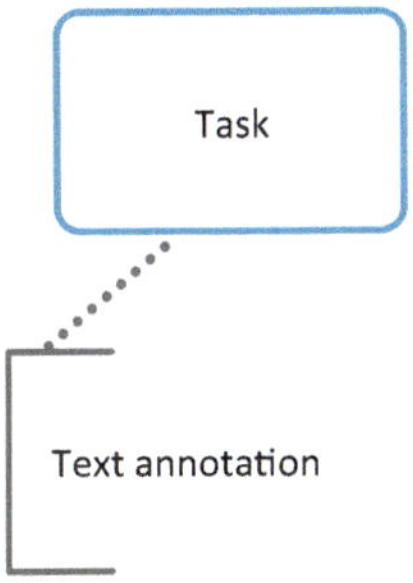

Bild 186
Verbindung zwischen Textzusatz und Element

W

Whitebox Pool

Ein Whitebox Pool ist ein Pool, der einen Prozess enthält. Man unterscheidet zwischen

- privatem *(private)* Prozess und
- öffentlichem *(public)* Prozess.

Der **private** Prozess enthält alle detaillierten Abläufe der Organisation. Der **öffentliche** Prozess enthält nur die Elemente, die für das Verständnis der Kollaboration notwendig sind. Er interagiert in der Regel mit einem privaten Prozess. Oft reicht es auch aus, dass der Prozess des Kollaborationspartners gar nicht gezeigt wird und der Pool leer bleibt. Es handelt sich dann um einen Blackbox Pool.

Ein Beispiel für einen Whitebox Pool wird unter dem Stichwort Kollaborationsdiagramm gezeigt.

Wiederverwendbarer Unterprozess

Der wiederverwendbare Unterprozess (BPMN 1.2: *reusable sub-process* genannt) ist ein globaler Prozess, der über eine Aufrufaktivität *(call activity)* aufgerufen wird. Er ist ein völlig unabhängiger, eigenständiger Prozess, der von beliebigen anderen Prozessen aufgerufen werden kann. Beim Aufruf wird die Kontrolle an den aufgerufenen Prozess übergeben. Sein Symbol ist in Bild 187 in erweiterter und reduzierter Form zu sehen.

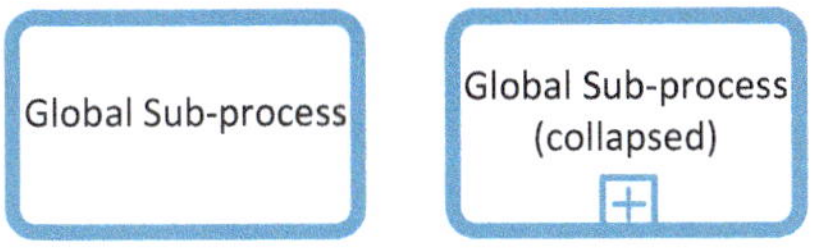

Bild 187
Symbol für den wiederverwendbaren Unterprozess (erweitert bzw. reduziert)

Er hat damit bei Modellierungsprojekten die Funktion eines globalen Unterprogramms, wie man es bei Programmierprojekten kennt. Er fasst Aktivitäten zusammen, die in sich abgeschlossen sind und die demnach an anderen Stellen wiederverwendbar sind. Der wiederverwendbare Unterprozess ist im Gegensatz zum eingebetteten Unterprozess vom aufrufenden Prozess unabhängig und kann zusätzliche Lanes und Pools enthalten. In Bild 188 ist (oben) die unabhängige Verwendung im Gegensatz zur abhängigen Version des eingebetteten Unterprozesses (unten) gezeigt.

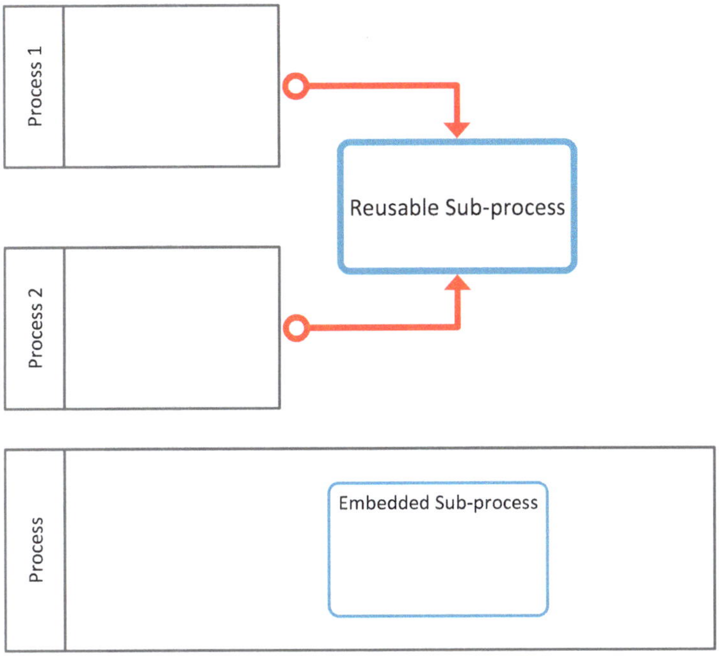

Bild 188 Wiederverwendbarer und eingebetteter Unterprozess im Vergleich

Wenn der wiederverwendbare Unterprozess mit einem oder mehreren expliziten Startereignissen beginnt, sollte ein Startereignis vom Typ „unbestimmt“ *(none)* sein. Dies ist der Startpunkt für den Aufruf des Prozesses über eine Aufrufaktivität. Die BPMN-Spezifikation ermöglicht es, dass auch mehrere Startereignisse modelliert werden können, da der globale Prozess auch ein Prozess der obersten Ebene *(top level process)* sein kann. Alle typisierten Startereignisse werden beim Aufruf über eine Aufrufaktivität ignoriert. Es wird dringend empfohlen, auch wenn das erlaubt ist, nicht mehrere untypisierte Startereignisse zu modellieren, damit beim Aufruf aus einem anderen Prozess der Startpunkt (Übergabepunkt des Token) eindeutig ist.

Der wiederverwendbare Prozess kennt nicht die Daten (Attribute) des aufrufenden Prozesses. Daten müssen daher, soweit notwendig, über Datenobjekte oder die Datenschnittstelle übergeben oder zurückgegeben werden. Verglichen mit Softwarearchitekturen sind dies die Input- bzw. Output-Parameter, mit denen das Unterprogramm aufgerufen wird. Die Datenobjekte sind über Datenverbindungen mit den Grenzen der Aufrufaktivität verbunden. In Bild 189 wird dies im Prozess oben gezeigt.

Alternativ können notwendige Daten über permanente Speicher oder Systeme (modelliert als Datenspeicher) im Prozess gelesen werden (siehe Bild 189 unten). Die Bestellung wird in den SAP-Tabellen erfasst und innerhalb des wiederverwendbaren Unterprozesses „Logistik" über die SAP-Tabellen gelesen. Das Ergebnis der „Logistik" ist der Lieferschein, der von SAP angelegt wird. In der Aufgabe „Rechnung schreiben" wird auf Basis des Lieferscheins in SAP die Rechnung generiert. Um zu visualisieren, dass die „Logistik" mit SAP arbeitet, könnte SAP optional als Datenspeicher auch mit dem wiederverwendbaren Unterprozess „Logistik" verbunden werden.

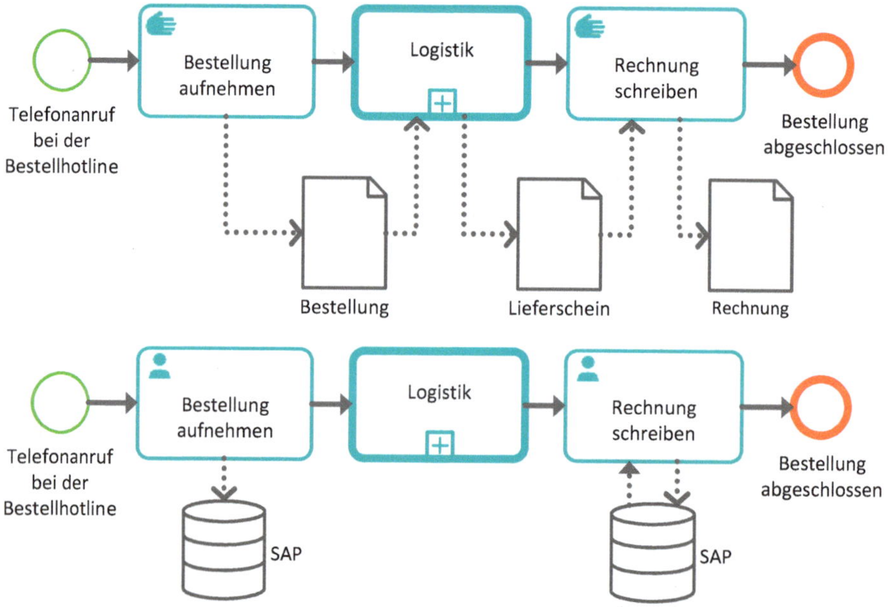

Bild 189 Datenübergabe an wiederverwendbare Prozesse über Datenobjekte (oben) oder Datenspeicher (unten)

Z

Zwischenereignis

Zwischenereignisse stellen einen Zustand innerhalb eines Prozesses dar, sie warten auf eine Aktion oder sind Auslöser für weitere Aktionen. Es sind zwei Einsatzfälle zu unterscheiden:

- Zwischenereignisse sind innerhalb des Prozessdurchlaufs angeordnet.
- Zwischenereignisse sind an Aktivitäten angeheftet.

Zwischenereignisse, die innerhalb des normalen Prozessablaufs angeordnet sind, haben mindestens einen eingehenden und einen ausgehenden Sequenzfluss. Sie stellen einen Zustand dar, warten auf eine Aktivierung *(catching)* oder lösen eine Aktion aus *(throwing)*. Die Aktivierung kann ein zeitliches Ereignis (Zeitpunkt, Dauer) oder eine von außen kommende Nachricht sein. Nach Aktivierung wird der Prozess fortgesetzt. Beispiel für das Auslösen einer Aktion könnte eine Nachricht sein, die gesendet wird, oder eine Eskalation.

Als angeheftetes Ereignis, das am Rand einer Aufgabe oder eines Unterprozesses „angeheftet" ist, steuert es Ausnahmebehandlungen oder ist Ausgangspunkt für die Definition einer Aktion, die im Fall einer Kompensation die Aktivität rückgängig macht.

Zwischenereignisse können typisiert werden (siehe Bild 190 mit der Liste der Typen von Zwischenereignissen).

Bild 190
Symbol für das Zwischenereignis (zeigt hier ein abstraktes Zwischenereignis) mit der Liste der möglichen Typen

Bestimmte Typen sind nur in definierten Zusammenhängen erlaubt (siehe Typen von Zwischenereignissen).

Weitere durch die Symbolik dargestellte Sonderfälle, die je nach Typ und Einsatzort erlaubt sind:

- Doppelrand durchgehend: nicht unterbrechend *(non interrupting)*
- Doppelrand gestrichelt: unterbrechend *(interrupting)*
- Internes Symbol ausgefüllt: auslösend *(throwing)*
- Internes Symbol nicht ausgefüllt: empfangend *(catching)*

In Bild 191 wird ein Beispiel für den Einsatz von Zwischenereignissen gezeigt und zwar als Zwischenereignisse im Verlauf des Prozessdurchlaufs und als angeheftetes Zwischenereignis, das eine Aufgabe unterbricht.

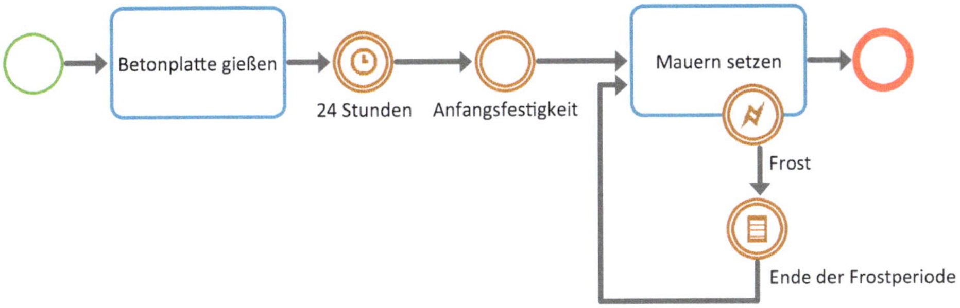

Bild 191 Einsatz von Zwischenereignissen bei einem Prozess im Baugewerbe

Der Prozess beginnt mit der Aufgabe „Betonplatte gießen". Nach dem erfolgreichen Gießen der Betonplatte wird 24 Stunden gewartet (Timer-Zwischenereignis), bis die Anfangsfestigkeit (unbestimmtes Zwischenereignis als Zustand) erreicht ist und die Mauerarbeiten mit der Aufgabe „Mauern setzen" beginnen können. Wenn Frost auftritt (angeheftetes Fehler-Zwischenereignis) werden die Mauerarbeiten unterbrochen und erst nach Ende der Frostperiode (Warten am Bedingungs-Zwischenereignis) fortgesetzt.

Literatur

Weiterführende Literatur zum BPMN-Lexikon finden Sie in der nachfolgenden Liste.

[1] Silver, Bruce, BPMN Methode und Stil, Cody-Cassidy Press, 2. Auflage, 2012

[2] Allweyer, Thomas, BPMN 2.0, Business Process and Model Notation, BOD, Books on demand, Norderstedt, 4. Auflage 2020

[3] Seidlmeier, Heinrich, Prozessmodellierung mit ARIS, Springer Vieweg, 5. Auflage, 2019

[4] Gadatsch, Andreas, Grundkurs Geschäftsprozessmanagement, Springer Vieweg, 8. Auflage 2017

[5] Freund, Jakob; Rücker, Bernd, Praxishandbuch BPMN, Carl Hanser Verlag München, 6. Auflage 2019

[6] Object Management Group, Business Process Model and Notation (BPMN), Version 2.0.2, December 2013

[7] BPMN 2.0 by Example, Version 1.0 (non-normative), OMG Document Number: dtc/2010-06-02

[8] Object Management Group, Decision Model and Notation, Version 1.4, December 2021

Hinweis: [6]/[7]/[8] sind über https://www.omg.org/spec kostenfrei abrufbar.

ARIS-Dokumentation (ARIS 10) im Internet: https://documentation.softwareag.com/aris/aris10.htm

ARIS Community im Internet: https://www.ariscommunity.com

Soweit Bilder oder Texte übernommen wurden, ist dies durch entsprechende Literaturverweise gekennzeichnet worden. Es ist aber nicht ausgeschlossen, dass sich in den Veröffentlichungen als Bücher oder im Internet BPMN-Beispiele wiederfinden, die im BPMN-Lexikon in ähnlicher Form verwendet werden, ohne dass dies bewusst erfolgt ist. Eine Ähnlichkeit lässt sich bei allgemeingültigen, häufig verwendeten Prozessen nicht immer ausschließen.

Teil 2
Übungen und Lösungen

Übungen

Einleitung zum Übungsteil

Eine Sprache lernt man bekanntlich durch ihre Anwendung. In der Schule, in Sprachkursen, im Studium lernen wir einen grundlegenden Wortschatz, die inhaltliche Bedeutung der Wörter, die Aussprache und wie Wörter zu grammatikalisch richtigen Sätzen und Texten zusammengeführt werden. Texte können unterschiedliche Stilrichtungen abdecken, von der Umgangsssprache bis hin zu Weltliteratur. Von den ersten Vokabeln bis hin zum flüssigen Umgang mit der Sprache ist ein weiter Weg und ein wichtiger Schritt dorthin ist, die Sprache einzusetzen, mit Muttersprachlern zu reden, an besten dort, wo sie als Landessprache eingesetzt wird.

Was heißt das für die BPMN? Auch BPMN ist eine Sprache – eine Sprache, spezialisiert auf die Modellierung von Geschäftsprozessen. In Teil 1 haben wir den Wortschatz, die Elemente und deren Bedeutung (Semantik) und korrekte Anwendung (Syntax) kennengelernt. In Teil 2, dem Übungsteil, geht es jetzt darum, BPMN anzuwenden. Der Idealfall wäre, dass Sie Teil eines Teams von Business-Analysten und Modellierern in einem Unternehmen sind, das BPMN im Geschäftsprozessmanagement einsetzt, und Sie könnten im Rahmen ihrer ersten Prozessmodellierungen von den Erfahrungen des Teams profitieren. Um im Bild zu bleiben: So wie die Austauschschülerin, die ein Austauschjahr in Australien macht, um ihre Englischkenntnisse zu perfektionieren. Wir können hier diesen Fall nur in Form von Übungsaufgaben simulieren, die versuchen, reale Szenarien abzudecken, allerdings auf einem Level, den jede Person unabhängig von spezifischen Branchenkenntnissen versteht.

Übungsteil und Lösungsteil mit den Musterprozessen sind getrennt, sodass Sie diesen Teil auch zum Selbststudium nutzen können. Die Musterprozesse sind nicht komplett verbal beschrieben, sondern es werden jeweils die Besonderheiten kommentiert:

- Wir starten mit Übungsaufgaben rund um das Thema Rechnungsprüfung vom einfachen Prozess mit einigen Grundelementen, bis hin zum „Three way match" und Vieraugenprinzip schon unter Einsatz der hierarchischen Modellierung.
- Es folgt das Szenario „Versandhandel" zunächst als einfacher Ablauf mit Kunde und Webshop und dann als erweiterter Ablauf mit komplexeren Backofficeprozessen im Unternehmen. Als weiteres Beispiel gilt es, zu modellieren, wenn in einem Webshop mit dem Warenkorb der Zahlungsvorgang durchgeführt wird.
- Bei der dritten Übung geht es um die Beantragung einer Dienstreise, wobei hier von einem papiergesteuerten Prozess ausgegangen wird. Die Prozessaufnahme erfolgt durch Interviews.
- Bei der nächsten Übung „Beherbergungsvertrag" sollen die Aktivitäten zwischen Gast und Hotel, angefangen von der Hotelbuchung im Internet bis hin zum Check-in und Check-out modelliert werden. Es wird hier auch ein technisches Thema behandelt, nämlich die unzureichende Integration zwischen Reiseportal im Internet und dem Hotelsystem.
- Abschließend folgt ein Fallbeispiel eines Buchladens, aufgebaut als kleines Projekt zur Geschäftsprozessoptimierung. Es werden die Schritte des Geschäftsprozessmanagements nachvollzogen: Schritt 1 die Ist-Analyse über mehrere Stufen mit Übersichtsdiagrammen und Detaildiagrammen ausgewählter Kern- und Unterstützungsprozesse. Schritt 2 die Schwachstellenanalyse und als Schritt 3 die Entwicklung eines Soll-Konzepts. Auch hier liegt der Schwerpunkt auf der eigentlichen BPMN-Modellierung, also weniger auf der Methodik der Analyse und Neukonzeption.

Die Übungsaufgaben sind anfangs sehr konkret beschrieben, werden aber zunehmend weniger spezifisch, sodass Freiräume zur Interpretation bleiben. Das entspricht auch der Realität. Oftmals müssen bei der Modellierung Annahmen gemacht werden, die aber in jedem Fall mit den Prozessverantwortlichen und Prozessbeteiligten verifiziert werden müssen.

Die Herausforderung bei der Entwicklung von Übungsaufgaben ist es, zum einen Themen zu finden, die jeder aus seinem privaten und beruflichen Umfeld kennt, und die zum anderen einen Komplexitätsgrad haben, der nicht zu trivial, aber auch nicht zu kompliziert und damit zu schwer nachvollziehbar ist. Es sollten außerdem möglichst viele Konstrukte der BPMN zum Einsatz kommen. Bei einem Buch kommt noch eine weitere Herausforderung hinzu: Die Diagramme müssen der Seitengröße angepasst werden und die Beschriftung muss noch lesbar sein. Was sich am ultrabreiten 34-Zoll-4K-Bildschirm noch hervorragend darstellen lässt, ist für den Buchdruck nicht unbedingt geeignet. Das zwang zu einer strikten Hierarchisierung der Modelle, aber auch zu der einen oder anderen Vereinfachung. Dies galt auch für die Beschriftungen der Elemente. Hier musste aus Layoutgründen manchmal mehr gekürzt werden, als es der dokumentationsfreudige Modellierer gewohnt ist. Auf das Setzen von harten

Trennstrichen aus optischen Gründen wurde aber trotzdem verzichtet, da dies ein absolutes „No-Go" ist und nicht als Beispiel vorgeführt werden sollte. Namen von Elementen sind Schlüssel des Objektverzeichnisses, daher sollten sie eindeutig, sprechend und ohne harte Trennstriche sein. Es konnte auch nicht immer strikt horizontal modelliert werden, da eine Aktivitätenanordnung mit vertikalen Sequenzflüssen Platz in der Breite spart. Es ist hoffentlich unter allen genannten Einschränkungen ein akzeptabler Kompromiss gefunden worden.

Die Diagramme wurden mit BPM-Tools der ARIS-Familie der Software AG modelliert. Die Icons an den Unterprozessen, die einen Baum symbolisieren, haben hier keine Bedeutung. Sie stellen im Tool eine Verlinkung zu den Inhalten des Unterprozesses bereit.

Die Musterlösungen sind Vorschläge, über die man inhaltlich und an der einen oder anderen Stelle vielleicht auch syntaktisch diskutieren kann. Es kommen auch unterschiedliche Stile zum Einsatz, um die Bandbreite der BPMN zu zeigen. Vielleicht haben Sie völlig andere Ansätze gefunden, die genauso gut oder auch besser als die Musterlösungen sind. Um zurück zu unserem Anfangsvergleich mit der natürlichen Sprache zu kommen: Jeder Schriftsteller bzw. Modellierer hat bei seinem Buchprojekt bzw. Modellierungsprojekt seinen eigenen Stil. Er sollte sich an den Regeln der Sprache orientieren, konsistent sein und so sein, dass der Leser oder die Leserin den Inhalt versteht und das Buch bzw. Modell nicht als unnütz zur Seite legt. Nicht nur ein Krimi kann spannend sein, auch ein visualisierter Prozess kann zu spannenden Diskussionen in der Organisation führen.

Rechnungsprüfung

Übung 1: Einfache Rechnungsprüfung

Nach Eingang der Rechnung wird diese geprüft. Wenn die Rechnung in Ordnung ist, wird die Rechnung bezahlt, wenn nicht, wird sie an den Lieferanten zurückgeschickt. Erstellen Sie das BPMN-Modell mit den Elementen Ereignis, Aufgabe (unbestimmt) und Gateway.

Übung 2: Einfache Rechnungsprüfung mit Verantwortlichen und Dokumenten

Ergänzen Sie das Prozessmodell um die Rechnung als Dokument mit den entsprechenden Datenverbindungen. Führen Sie die zuständigen Abteilungen ein: Kreditorenabteilung, die die Rechnung prüft, Abteilung Zahlungswesen, die die Rechnung bezahlt, und die Abteilung Administration, die die Rechnung zurückschickt, wenn sie nicht in Ordnung ist.

Erstellen Sie das BPMN-Modell unter Nutzung des Datenobjekts für Dokumente und von Lanes für die Abteilungen. Kennzeichnen Sie die Aufgaben als manuelle Tätigkeiten.

Übung 3: Erweiterte Rechnungsprüfung – Three way match

Nach Eingang der Rechnung wird durch die Rolle „Sachbearbeitung Kreditor" geprüft, ob der Rechnungswert mit dem Bestellpreis übereinstimmt. Parallel wird durch die Abteilung Logistik geprüft, ob die in Rechnung gestellt Menge mit dem Wareneingang übereinstimmt. Diese Prüfung nennt man „Three way match". Die Prüfergebnisse werden in einer zentralen Excel-Tabelle abgelegt. Diese wird von der Sachbearbeitung Kreditor ausgewertet. Wenn die Rechnung nicht vollständig in Ordnung ist, wird sie an die Administration weitergeleitet, die die Rechnung mit einem Anschreiben an den Lieferanten zurückschickt. Dazu hat sie Zugriff auf die zentrale Excel-Tabelle. Wenn die Rechnung in Ordnung ist (beide parallelen Prüfungen sind in Ordnung), wird sie einer zusätzlichen Rechnungskontrolle unterzogen. Dazu wird sie von der Sachbearbeitung Kreditor weitergeleitet, und zwar bei einem Rechnungswert > 10 000 € an die Rolle „Niederlassungsleitung", ansonsten an die Rolle „Abteilungsleitung". Diese weitere Kontrolle nennt man auch „Vieraugenprinzip", d. h. nach der ersten Rechnungsprüfung wird sie zum zweiten Mal geprüft. Zur Kontrolle liegt den Freigebern neben der Rechnung als weitere Dokumente die Bestellung und der Wareneingangsbeleg vor. Wenn auch hier die Kontrollprüfung in Ordnung ist, wird die Rechnung zur Zahlung endgültig freigegeben, womit der Prozess endet. Wenn nicht, wird sie an die Administration mit einem Kommentar auf der Rechnung, warum die Freigabe nicht erfolgte, zurückgegeben, die die Rechnung dann an den Lieferanten mit einem Anschreiben zurückschickt.

3.1 Ohne Unterprozesse

Erstellen Sie das BPMN-Modell mit Lanes für Abteilungen und Rollen und einem separatem Blackbox Pool für den Lieferanten mit den Nachrichtenflüssen. Beachten Sie die für die Erledigung der Aufgaben notwendigen Systeme und Dokumente mit den Datenverbindungen. Berücksichtigen Sie bei der Typisierung der Aufgaben, welche Aufgaben manuell sind und bei welchen Aufgaben auf eine Software zugeriffen wird.

Hinweis: Modellieren Sie keine gesonderten internen Weiterleitungen von Daten oder Informationen.

Konkret: Sie müssen in dieser Aufgabe und auch in allen weiteren Übungen, soweit nicht anders ausdrücklich vorgegeben, nicht modellieren, auf welchem Weg die Rechnung oder ein anderes Datenobjekt intern von Rolle zu Rolle, von Abteilung zu Abteilung weitergeleitet wird. Dieser Detaillierungsgrad überfrachtet in der Regel die Prozessdiagramme ohne nutzbaren Informationswert. Die BPMN geht – wenn nicht explizit modelliert – davon aus, dass die Informationen, etwas zu tun, mit den dazugehörenden Daten über die Sequenzflüsse an die Aktivitäten weitergegeben werden.

3.2 Mit wiederverwendbarem Unterprozess

Nutzen Sie alternativ zu 3.1 die Unterprozesstechnik. Modellieren Sie die zusätzliche Rechnungskontrolle „Vieraugenprinzip" der Abteilungs- und Niederlassungsleitung und sinnvolle weitere Elemente als wiederverwendbaren Unterprozess („Aufrufaktivität"). Welche Lanes können im aufrufenden Prozess entfallen? Der aufrufende Prozess sollte schlanker und leichter lesbar sein als in der Variante 3.1.

3.3 Mit Unterprozessen

Nutzen Sie alternativ zu 3.1 die Unterprozesstechnik mit eingebetteten Unterprozessen. Modellieren Sie die zusätzliche Rechnungskontrolle der Abteilungs- und Niederlassungsleitung mit eingebetteten Unterprozessen. Was heißt das für die Lanes im aufrufenden Prozess?

Übung 4: Rechnungsprüfung mit Stapelverarbeitung und Schleifen

Erweitern Sie die BPMN nach Übung 1 und 2.

Die Rechnungen werden von der Abteilung Administration aus der Tagespost gesammelt und zu einem Stapel zusammengefasst. Die Rechnungen werden danach stapelweise geprüft. Fehlerhafte Rechnungen werden an den Lieferanten zurückgeschickt. Fehlerfreie Rechnungen werden wiederum zunächst auf einem Stapel zusammengefasst und nach vollständiger Bearbeitung des Rechnungseingangsstapels an das Zahlungswesen zur Bezahlung weitergeleitet. Realisieren Sie das Prozessmodell in mehreren Varianten. Ein Lieferantenpool muss nicht modelliert werden.

4.1 Mit Markierungen

Erstellen Sie das BPMN-Modell unter Nutzung der Schleifenmarkierung von Aufgaben und Datenobjekten als Sammlung. Modellieren Sie zunächst eine Variante, bei der auch die fehlerhaften Rechnungen als Stapel verarbeitet werden.

4.2 Mit Schleife

Erstellen Sie das BPMN-Modell unter Einsatz einer Schleife aus Sequenzflüssen. Eine fehlerhafte Rechnung soll sofort an die Administration zur Rücksendung an den Lieferanten weitergeleitet werden.

4.3 Mit angeheftetem Ereignis

Erstellen Sie das BPMN-Modell, wobei eine fehlerhafte Rechnung sofort an die Administration zum Rückversand an den Lieferanten weitergeleitet werden soll. Nutzen Sie ausschließlich Schleifenmarkierungen der Aufgaben und keine Schleife über Sequenzflüsse. Wie kann ein angeheftetes Ereignis sinnvoll zur Aussteuerung fehlerhafter Rechnungen eingesetzt werden?

Versandhandel

Übung 5: Einfacher Ablauf

Eine Bestellung geht bei dem Versandhandel Nozama ein. Nozama ist ein kleines Start-up, das im Wesentlichen noch alle Aktivitäten manuell abwickelt.

Es wird von der Rolle „SB Lager“ im Lager geprüft, ob die Ware vorrätig ist. „SB“ ist hier und im Weiteren die Abkürzung für „Sachbearbeitung“. Sind genügend Waren vorhanden, werden sie in einem parallelen Prozess zu einer Rechnung an den Kunden geschickt (Rollen „SB Versand“/„SB Finanzen“). Die Bestellung ist damit abgeschlossen. Falls nicht genug Waren im Lager sind, wird der Kunde über eine spätere Lieferung (Verzug) per E-Mail über Outlook informiert. Dafür ist die Rolle „SB Vertrieb“ zuständig. Dann soll der Prozess auch als abgeschlossen betrachtet werden. Erstellen Sie das BPMN-Modell mit Pools und Lanes (Kunde, SB Vertrieb, SB Lager, SB Versand, SB Finanzen). Im Kundenpool soll nur das Auslösen der Bestellung als öffentlicher Prozess modelliert werden.

Übung 6: Erweiterter Ablauf

Der Versandhandel Nozama ist in den letzten Jahren stark gewachsen. Sie haben jetzt zwei IT-Systeme im Einsatz, die allerdings nicht integriert sind: Einen Webshop für Bestellungen im Internet und SAP als Backofficesystem für die Bestellabwicklung, Logistik und Faktura.

Eine Bestellung kann auf zwei verschiedenen Wegen erfolgen. Der übliche Weg ist die Bestellung über das Internet im Webshop. Der Kunde wählt die Ware aus einem Katalog zur Bestellung aus. Beim ersten Mal muss der Kunde dazu einen Account mit seinen Daten im Webshop anlegen. Zweitens kann die Ware telefonisch bestellt werden. Die Bestellung wird beim Telefonat vom Vertrieb direkt in SAP erfasst.

Für die Übertragung der Daten vom Webshop nach SAP wurde eine in einer Schleife laufende automatische Schnittstelle installiert. Sie überträgt die Stammdaten, wenn der Kunde erstmalig einen Account angelegt hat, und den Warenkorb mit der Bestellung, sodass im Backoffice alle notwendigen Daten in SAP verfügbar sind und die gesamte Abwicklung papierlos erfolgen kann.

Bei der weiteren Bestellabwicklung gibt es einen Unterprozess „Logistik" und einen Unterprozess „Lieferung".

Die logistischen Aktivitäten werden durch die Abteilungen „Lager" und „Einkauf" ausgeführt. Es wird durch das Lager geprüft, ob genug Waren vorrätig sind. Wenn nicht, wird durch den Einkauf beim Lieferanten eine Bestellung ausgelöst. Nach Wareneingang wird durch das Lager die Ware eingelagert und der Wareneingang gebucht. Es kommt auch vor, dass der Lieferant eine Lieferabsage sendet und demnach die Ware nicht verfügbar ist. Im aufrufenden Prozess gilt dies als „Fehler", wird dort abgefangen und der Kunde über die Nichtlieferung durch eine Bestellabsage per Outlook informiert. Für alle Aktivitäten in der Logistik steht SAP als System zur Verfügung.

Im Unterprozess Lieferung ist ebenfalls das Lager und zusätzlich der Vetrieb beteiligt. In einem parallelen Prozess wird durch den Vertrieb die Rechnung basierend auf den Daten in SAP erstellt und über Outlook an den Kunden versandt. Das Lager bucht den Warenausgang, erstellt die Versandpapiere und verpackt und versendet die Ware an den Kunden.Die Bestellung ist damit abgeschlossen.

Modellieren Sie das beschriebene Szenario als übergeordnete Prozesse mit drei Pools und zwei Unterprozessen Logistik und Lieferung. Teilnehmer der drei Pools auf der obersten Ebene sind der Kunde, das Backoffice und als technischer „Teilnehmer" SAP. Im SAP-Pool wird die technische Schnittstelle als Serviceaufgabe modelliert. Realisieren Sie die Unterprozesse als wiederverwendbare Unterprozesse („Aufrufaktivität"). Die jeweilige Kommunikation mit dem Kunden bzw. dem Lieferanten wird dort in Form von Nachrichtenflüssen zu Blackbox Pools modelliert.

Übung 7: Kassenvorgang

Modellieren Sie einen Prozess, der die Abläufe innerhalb eines Webshops beim Bezahlen des Warenkorbs beschreibt. Es können nach Prüfung des Warenkorbs inhaltliche Änderungen (Versandanschrift, Zahlungsart, Artikelmenge ändern oder Artikel löschen) vorgenommen werden und auch neue Artikel aus dem Warenkatalog hinzugefügt werden. Nutzen Sie die Unterprozesstechnik für die Warenkorbändernungen und das Hinzufügen zusätzlicher Artikel. Der Prozess sollte so flexibel sein, dass dies auch mehrfach erfolgen kann.

Bei Änderung der Versandanschrift ist zu berücksichtigen, dass je nach Inhalt des Warenkorbs Änderungen nicht erlaubt sind. Bestimmte Waren können zum Beispiel nicht an Adressen außerhalb der Europäischen Union versandt werden. Diese Prüfung kann erst nach erfolgter Anschriftsänderung erfolgen. Überlegen Sie, welches BPMN-Konstrukt verfügbar ist, um Aufgaben nachträglich rückgängig zu machen.

Die eigentliche Zahlung erfolgt in drei Schritten: Zahlungsvorgang auslösen, Zahlung durchführen und Zahlung speichern. Bei „Zahlung durchführen" können Fehler auftreten, wenn z. B. die Kreditkarte nicht mehr gültig ist. Als ein Sonderfall für eine Zahlungsart soll der Fall eines Zahlungsdienstleisters iPay dargestellt werden. iPay hat eine eigene Website, auf die der Kunde geleitet wird, um die Zahlung zu bestätigen. Wenn der Kunde nicht bestätigt, oder Fehler, Internetabbrüche usw. auftreten, kann die Zahlung im Webshop nicht gespeichert werden. Überlegen Sie, wie Sie den Prozess so modellieren, dass auch nach Fehlern der Kassenvorgang weitergeführt wird.

Dienstreise

Übung 8: Dienstreiseantrag

Zu Vorbereitung der Einführung einer neuen Software zur Verwaltung und Freigabe von Dienstreisen führt das für die Prozessmodellierung gebildete Team Interviews mit den Prozessbeteiligten. Es sollen zunächst die Ist-Prozesse aufgenommen werden

Aussage von Herrn Sonntag: „Wenn eine Dienstreise erforderlich ist, stelle ich einen Dienstreiseantrag, den ich im Sekretariat der Geschäftsführung zur Bewilligung abgebe. In der Regel wird dieser nach einer gewissen Weile von der Geschäftsführung genehmigt und landet dann wieder in meinem Postfach. Dann frage ich nach, ob unser Dienstwagen verfügbar ist. Wenn ja, reserviere ich ihn, ansonsten bestelle ich einen Leihwagen. Ist das Datum der Dienstreise erreicht, wird diese angetreten. Wird eine Dienstreise nicht genehmigt, überprüfe ich, ob ich die Dienstreise verwerfen soll. Ansonsten überarbeite ich insbesondere den Begründungsteil und reiche den überarbeiteten Antrag erneut im Sekretariat ein."

Erstellen Sie das BPMN-Modell mit Lanes für die Verantwortlichen. Sie können mit unbestimmten Aufgaben modellieren. Verallgemeinern Sie insoweit, als dass Herr Sonntag als Rolle „Reisender" modelliert wird.

Übung 9: Dienstreiseantrag mit erweiterter Administration

Nachdem Herr Sonntag dem Team seine Sicht der Dinge geschildert hat, wurde ein vorläufiges Prozessmodell erstellt. Im Nachhinein erfuhr das Team, dass ein Herr Montag als Assistenz der Geschäftsführung in der Rolle als „Reiseassistenz" auch an dem Prozess beteiligt ist. Das bedeutet, der Prozess muss weiter verfeinert werden. Dazu wird ein weiteres Interview benötigt.

Aussage von Herrn Montag: „Wenn ein Mitarbeitender eine Dienstreise einreicht, überprüfe ich zunächst, ob die Dienstreise den Bestimmungen für Dienstreisen der Firma entspricht. Auch wenn die Firmenrichtlinien nicht eingehalten werden, heißt das nicht, dass die Dienstreise von mir abgelehnt werden kann. Mit einem entsprechenden Vermerk reiche ich den Antrag dann bei der Geschäftsführung ein. Nur wenn die Dienstreise dann genehmigt wurde, vermerke ich Mitarbeitenden und Zeitraum der Dienstreise in dem Anwesenheitskalender. Den bewilligten oder den abgelehnten Antrag lege ich dann in das Fach des Mitarbeitenden, um ihn über den Status des Antrags zu informieren."

Ergänzen Sie das im ersten Teil der Übung erstellte Prozessmodell durch die von Herrn Montag neu in Erfahrung gebrachten Sachverhalte. Erstellen Sie ein BPMN-Modell unter Nutzung eines wiederverwendbaren Unterprozesses („Aufrufaktivität"). Überlegen Sie vorher, welche Aufgaben man dort sinnvoll zusammenfassen kann, um zu übersichtlichen Diagrammen zu kommen.

Beherbergungsvertrag

Fallbeschreibung

Bei diesen Übungen geht es um die Aktivitäten zwischen Gast und Hotel im Rahmen einer Hotelbuchung, beim Abschluss eines Beherbergungsvertrages, beim Check-in und beim Check-out. Technische Fehler (Internet fällt aus, Portal steht nicht zur Verfügung usw.) sollen nicht berücksichtigt werden.

Übung 10: Hotelbuchung

Modellieren Sie zunächst die Aktivitäten des Gastes im Rahmen der Hotelsuche und der Hotelbuchung. Das Hotel soll über ein Reiseportal im Internet gebucht werden. Modellieren Sie ein Übersichtsdiagramm *(big picture)* mit drei Unterprozessen „Hotelsuche", „Portalanmeldung" und „Zimmerbuchung". Jeder Unterprozess hat zwei Endebedingungen, die einen erfolgreichen oder nicht erfolgreichen Abschluss repräsentieren. Demzufolge kann der Prozess erfolgreich mit einem gebuchten Zimmer enden oder ohne Zimmerbuchung abgeschlossen werden. Nutzen Sie die Schleifenaktivität für die Hotelsuche und für die Zimmerbuchung, um mehrere Hotels zu prüfen oder mehrere Zimmer im ausgesuchten Hotel zu buchen, kombiniert mit angehefteten Ereignissen für den Abbruch. Bei der Portalanmeldung gibt es zwei Endereignisse: eine erfolgreiche und eine nicht erfolgreiche Anmeldung.

Unterprozess „Hotelsuche“

Die Auswahl des Hotels im Internet erfolgt zunächst nach den Wunschkriterien des Gastes, danach nach Verfügbarkeit eines Zimmers zum gewünschten Termin. Es können mehrere Hotels geprüft werden, wenn das ausgewählte Hotel zum Beispiel zum Termin nicht verfügbar ist. Auch ein Abbruch ist möglich, wenn nichts Passendes gefunden wurde.

Unterprozess „Portalanmeldung“

Wenn das Wunschhotel zum Termin gefunden worden ist, erfolgt die Portalanmeldung. Falls der Gast noch keinen Account bei diesem Portalanbieter hat, muss er in jedem Fall zunächst einen Account anlegen. Dies soll vereinfacht als eine Aufgabe ohne Fehlerbedingungen modelliert werden. Danach kann er sich am Reiseportal mit User/Passwort anmelden. Gegebenenfalls hat er auch mehrere Versuche. Wenn er das Passwort vergessen hat, kann er es zurücksetzen lassen. Wenn der Gast seinen User-Namen vergessen hat, muss er einen neuen Account anlegen. Vielleicht bricht er auch die Buchung entnervt ab, da die Anmeldung nicht klappt.

Unterprozess „Zimmerbuchung“

Nach erfolgreicher Anmeldung will der Gast das Hotelzimmer verbindlich buchen. Dazu werden ihm jetzt Zimmer und Optionen angezeigt, aus denen er das Passende auswählt. Danach prüft er die Zahlungsmodalitäten. Bei erwünschter Vorkasse führt er die Zahlung mithilfe eines Zahlungsproviders durch (Fehlerfälle sollen hier nicht modelliert werden), anderenfalls bestätigt er die Reservierung. Er bekommt eine Bestätigung oder Absage per E-Mail vom Hotel. Falls eine Absage erfolgt, sucht er ein anderes Zimmer aus oder verlässt das Portal ohne Zimmerbuchung. Er kann auch mehrere Zimmer buchen.

Übung 11: Erweiterte Hotelbuchung

Um das Modell realistischer zu machen, sollen Sie zwei Dinge berücksichtigen:

- Der Gast kann sich auch vor Beginn der Suche beim Portal anmelden.
- Bei der Hotelsuche geht der Gast unterschiedlich vor: Manchmal gibt er zunächst den Termin ein und sucht dann in der Anzahl der zu diesem Termin im gewünschten Ort verfügbaren Hotels entsprechend unterschiedlichen Kriterien. Manchmal hat er spezielle Wünsche an das Hotel, und er ist beim Termin flexibel.

Ändern Sie das Übersichtsdiagramm und modellieren Sie den Unterprozess „Hotelsuche“ als erweiterter Unterprozess mit Inline-Darstellung. Welcher Unterprozesstyp kommt infrage, wenn die Reihenfolge der Aktivitäten nicht feststeht?

Übung 12: Hotelsystem und Check-in

Während des Buchungsvorgangs auf der Seite des Gasts werden Daten zwischen Reiseportal und Hotelsystem ausgetauscht. Bei der Buchung über das Reiseportal durch den Gast wird die Zimmerverfügbarkeit zusätzlich im Hotelsystem geprüft, da es zu Kollisionen zwischen manuellen Buchungen und Internetbuchungen kommen kann. Dies erfolgt automatisch über eine Aufgabe vom Typ „Service". Der Gast erhält per Mail eine Bestätigung oder Absage. Modellieren Sie dazu neben einem Blackbox Pool für den Gast einen weiteren Pool für den technischen Teilnehmer „Hotelsystem". Modellieren Sie in einem dritten Pool „Hotelrezeption" die Aktivitäten beim Check-in des Gastes, die durch das Hotelpersonal erfolgen. Die Hotelbuchung wird im Hotelsystem aufgerufen und geprüft. Wenn die Hotelpolicy eine Vorauszahlung der Übernachtungskosten verlangt und diese bei der Buchung noch nicht erfolgt ist, wird die Zahlung abgewickelt und eine entsprechende Rechnung ausgestellt. Abschließend wird der Zimmerschlüssel ausgehändigt.

Übung 13: Check-out

Am Abreisetag erfolgt der Check-out mit der Rechnungserstellung und Bezahlung. Falls keine Vorauszahlung erfolgte, muss jetzt das Zimmer bezahlt werden und Zusatzleistungen, wie Frühstück, Minibar oder Parkhausmiete, soweit angefallen. Die Rechnung wird erstellt und die Zahlung durchgeführt. Eine weitere Detaillierung ist nicht notwendig.

Modellieren Sie die Aktivitäten in einem Pool „Hotel" mit der Lane „Rezeption".

Buchhandlung

Fallbeschreibung

Der Buchladen ist eine Institution im Friedenauer Kiez in Berlin und wird schon in der dritten Generation geführt. Der Senior gibt die Geschäftsführung an seine Tochter weiter, die bereits ihre Ausbildung in dem Buchladen gemacht hat und jetzt ihr Studium mit dem Master in Wirtschaftsinformatik abgeschlossen hat. Motiviert durch den Informatikanteil im Studium und der öffentlichen Diskussion zum Thema „Digitalisierung" möchte sie den Buchladen modernisieren und digitale Prozesse einführen.

Der Buchladen hat fünf Mitarbeitende im Verkauf, die beraten und anschließend kassieren. Weiterhin gibt es eine Hotline für externe Bestellungen (ein Mitarbeitender).

Das Backoffice ist mit drei Mitarbeitenden für die Logistik, Buchhaltung und IT besetzt. Die Stelle Logistik ist für die Lagerführung, Nachbestellungen (Disposition) und Versand zuständig.

Die IT ist eine heterogene historisch gewachsene Systemlandschaft. Sie besteht aus drei nicht integrierten Systemen, einem Buchhaltungssystem, einem Warenwirtschaftssystem und einem Kassensystem. Darüber hinaus ist der Buchladen an einem Großhandelsportal angeschlossen, über das Bücher in einer zentralen Datenbank gesucht, bestellt und – soweit verfügbar – innerhalb von 24 Stunden geliefert werden können. Das Portal verfügt zwar über eine Schnittstelle, die die Ausgangsrechnungen elektronisch bereitstellt. Diese wird aber nicht genutzt, sodass die Papierrechnung manuell gebucht und geprüft werden muss. Auch die Bestellung ist nicht im Buchhaltungssystem. Das Portal würde sogar eine integrierte Warenwirtschaft anbieten.

Der Buchladen bietet auch telefonische Bestellungen an. Die Bestellung wird im Kundengespräch aufgenommen, bei Neukunden werden die Stammdaten erfasst. Dies erfolgt über Papierbelege. Die Bestellabwicklung erfolgt in der Logistik. Es ist ein Lager verfügbar. Wenn Bücher nicht gelagert sind, wird über das externe Großhandelsportal nachbestellt.

1. Wertschöpfungskette „Ladenverkauf"

Eine erste Ist-Prozess-Analyse hat beim stationären Ladenverkauf die nachfolgenden Aufgaben ergeben (alphabetisch sortiert):

- Bar zahlen (K)
- Bargeldlos zahlen (K)
- Bestelltes Buch abholen (V)
- Buch bestellen (V)
- Buch empfehlen (V)
- Buch im Regal suchen (V)
- Buch verpacken (K)
- Kunde nach Wunsch fragen (V)
- Preis nennen (K)
- Verfügbarkeit Buch prüfen (V)

Im Buchladen gibt es die Rollen „Verkauf" (V) und „Kasse" (K).

Erstellen Sie ein vereinfachtes Prozessmodell als Wertschöpfungskette mithilfe von BPMN, in der nur Aufgaben und das exklusive Gateway für die Aufteilung erlaubt sind.

2. Wertschöpfungskette „Telefonische Bestellung"

Eine erste Ist-Prozess-Analyse hat bei der telefonischen Bestellung die nachfolgenden Aufgaben ergeben (alphabetisch sortiert):

- Buch im Portal bestellen (L)
- Buch versenden (L)
- Kundenbestellung aufnehmen (H)
- Lagerbestand prüfen (L)
- Rechnung schreiben und versenden (B)
- Rechnungszahlung verarbeiten (B)
- Stammdaten verwalten (H)
- Warenausgang buchen (L)
- Wareneingang buchen (L)

Bei der telefonischen Bestellung gibt es die Rollen „Hotline" (H), „Logistik" (L) und „Buchhaltung" (B).

Erstellen Sie ein vereinfachtes Prozessmodell als Wertschöpfungskette mithilfe von BPMN, in der nur Aufgaben und das exklusive Gateway für die Aufteilung erlaubt sind.

3. Prozess „Telefonische Bestellung"

Eine detailliertere Nachfrage des Ist-Prozesses „Telefonische Bestellung" ergab Folgendes:

Die Bestellung wird von der Hotline auf einem Formblatt (Kundenbeleg) erfasst. Es können auch mehrere Artikel bestellt werden. Es steht während des Telefonats kein System zur Verfügung. Wenn der Kunde zum ersten Mal bestellt, werden die Kundenstammdaten auf dem Kundenbeleg erfasst. Leider ist es offensichtlich in der Praxis so, dass Kunden zu jeder Zeit das Telefongespräch abbrechen, und es so zu keiner Bestellung kommt.

Die Hotline hat nach dem Telefonat einen Zugang zum Buchhaltungssystem, um die Kundendaten zu prüfen bzw. zu erfassen. Die Bestellung selbst kann nicht im Buchhaltungssystem erfasst werden. Daher erstellt die Hotline einen Auftrag pro Artikel (Buch) für die weitere Bearbeitung durch die Logistik. In der Logistik wird die Bestellung auf Basis der Aufträge bearbeitet: Prüfen, ob Buch vorrätig, und wenn nicht, extern im Portal bestellen.

Der Wareneingang, falls extern bestellt, die Buchung des Warenausgangs und der Versand an den Kunden wird durch die Logistik gemacht. Für die Rechnungslegung wird von der Logistik eine Versandanzeige geschrieben.

Die Rechnung wird dann wieder von der Hotline auf Basis der Versandanzeige geschrieben und dem Kunden getrennt übersandt. Die Buchhaltung verarbeitet die Rechnungszahlungen vom Kunden.

Erstellen Sie das BPMN-Modell als Kollaborationsdiagramm mit den Pools „Kunde“, „Telefonverkauf“, „Lieferant“. Kunde und Lieferant sind Blackbox Pools. Überlegen Sie, welche Verantwortliche es im Prozess gibt, um so die Lanes auszuwählen. Um das Modell übersichtlich zu gestalten, sollen eingebettete Unterprozesse „Telefongespräch“, „Nachbearbeitung“, „Logistik“, „Versand“ und „Faktura“ angelegt werden. Überlegen Sie sich dazu, welche Aufgaben sinnvoll zusammengefasst werden können. Eine wichtige Rolle spielen die Datenobjekte. Welche gibt es? Der Belegfluss sollte im Hauptprozess mit den Eingangs- und Ausgangsbelegen der Unterprozesse deutlich werden. Überlegen Sie auch, wo das Datenobjekt als Sammlung sinnvoll eingesetzt werden kann (Hinweis: Es können auch mehrere Bücher bestellt werden) und wie die relevanten Aufgaben dann zu markieren sind.

4. Prozess „Ladenverkauf“

Eine detaillierte Nachfrage des Ist-Prozesses im stationären Buchladen hat folgende Beschreibung durch einen Verkäufer ergeben:

Kunden haben unterschiedliche Wünsche: Viele Kunden suchen selbst im Regal. Andere wollen ein bestelltes Buch abholen. Andere Kunden wissen, welches Buch sie kaufen wollen und bitten das Verkaufspersonal, das Buch aus dem Regal zu holen. Es gibt auch Fälle, bei denen der Kunde unschlüssig ist und eine Buchempfehlung haben möchte. Nicht jedes Buch ist im Laden verfügbar, manche müssen aus dem Lager geholt oder über ein Portal bestellt werden. Es kann sein, dass der Kunde mehrere Dinge vorhat. Zum Beispiel ein bestelltes Buch abholen und ein weiteres suchen. Auch kann es sein, dass der Kunde zunächst selbst sucht, dann aber doch eine Beratung wünscht. Wenn ein oder mehrere Bücher ausgewählt worden sind, geht der Kunde zur Kasse. Es kann auch sein, dass der Kunde ohne Kauf den Laden verlässt.

Erstellen Sie das BPMN-Modell. Um das Modell übersichtlich zu gestalten, sollen zwei eingebettete Unterprozesse „Kassieren“ und „Administration“ genutzt werden. Die Details im Unterprozess „Kassieren“ sollen zunächst nicht modelliert werden (siehe 6. Unterprozess „Kassieren“). Der Unterprozess „Administration“ fasst die Lagersuche und eine mögliche externe Bestellung zusammen. Versuchen Sie alle Varianten aus den genannten vier Fällen (Buch selbst suchen, Buch abholen, um Buchempfehlung bitten, bestimmtes Buch kaufen) so zu berücksichtigen, dass der Kunde auch mehreres tun kann (Hinweis: ODER-Verknüpfung) und Entscheidungswege über Schleifen entstehen. Am Ende hat er mehrere Bücher, mit denen er zur Kasse geht. Berücksichtigen Sie auch Ausnahmen wie bestelltes Buch nicht da oder bestimmte Buchwünsche können nicht erfüllt werden (Hinweis: Angeheftete Ereignisse).

Modellieren Sie den Prozess in einem Pool mit den Lanes „Kunde" und „Verkauf". Da der Kunde integraler Teil des Prozesses „Ladenverkauf" ist, sollte hier auf einen separaten Kunden-Pool verzichtet werden.

5. IT-Prozesse mit Systemen und Buchhaltung

Wie in der Fallbeschreibung dargestellt, stehen in dem Buchladen für die Geschäftsprozesse drei Systeme zur Verfügung: ein Buchhaltungssystem, ein Warenwirtschaftssystem und ein Kassensystem.

Im Buchhaltungssystem werden die Lieferanten- und Kundenstammdaten sowie die Kassenbelege, Eingangs- und Ausgangsrechnungen und bewerteten Bestände verwaltet. Dafür stehen die klassischen Module Hauptbuch, Debitorenbuchhaltung und Kreditorenbuchhaltung zur Verfügung.

Das Warenwirtschaftssystem wird für die Bestandsführung (Artikel, Preis, Menge, Zugang, Abgang) genutzt.

Das Kassensystem verwaltet alle Kassenbelege und ist an diverse Zahlungssysteme angeschlossen. Alle drei Systeme sind nicht integriert, verfügen aber über Excel-Schnittstellen zum Datenaustausch. Unter der Verantwortung der Buchhaltung laufen drei regelmäßige Prozesse:

- Über die Excel-Schnittstelle des Kassensystems werden einmal täglich (in der Regel abends nach Verkaufsschluss) die Einnahmen als Belege exportiert und über eine universelle Excel-Schnittstelle in das Buchhaltungssystem importiert (Artikel, Menge, Preis). Die Kassenstände müssen parallel manuell erfasst werden.
- Über die Excel-Schnittstelle des Warenwirtschaftssystems werden einmal monatlich zum Monatsabschluss die Bestände in das Buchhaltungssystem importiert (Artikel, Menge, Preis).
- Einmal wöchentlich werden die über die Rechnungsprüfung freigegebenen Rechnungen zur Zahlung im Buchhaltungssystem erfasst.

Weitere Prozesse sollen hier nicht berücksichtigt werden. Modellieren Sie den Prozess mit drei Startereignissen innerhalb von zwei Lanes „System" und „Buchhaltung". In der Lane „System" platzieren Sie alle Systeme mit den Datenverbindungen zu den Buchhaltungsaktivitäten. Die Rechnungsprüfung soll als Unterprozess ohne Details modelliert werden.

6. Unterprozess „Kassieren"

Modellieren Sie den Ablauf im Unterprozess „Kassieren". Führen Sie sich dazu die Hauptaktivitäten an der Kasse in einem Buchladen vor Augen: Preis einscannen (gegebenenfalls auch mehrere Bücher), nach Kundenkarte fragen, Preisreduktion mit Kundenkarte bei einer möglichen Rabattaktion, Zahlungsart bar oder bargeldlos. Gehen Sie mehrstufig vor und rufen Sie innerhalb des Unterprozesses weitere Unterprozesse „Kundenkarte" und „Zahlungsvorgang" auf. Beim Zahlungsvorgang ist die bargeldlose Zahlung als Unterprozess „Bargeldlos" ohne weitere Details zu modellieren. Denken Sie an Ausnahmen, dass der bargeldlose Zahlungsvorgang nicht klappt, der Kunde nicht bar zahlen kann und der Verkauf nicht zustande kommt. Um welche Art von Unterprozess handelt es sich beim bargeldlosen Zahlungsverkehr?

7. Schwachstellenanalyse und Soll-Prozess

Führen Sie eine Schwachstellenanalyse durch. Bei Nutzung von BPM-Systemen wie ARIS besteht in der Regel die Möglichkeit, Risiken und Schwachstellen (eine Differenzierung wird hier nicht gemacht) direkt als Daten zur Aufgabe im Ist-Prozess zu erfassen, dort zu beschreiben, zu bewerten und zu klassifizieren und bereits Maßnahmen zur Behebung zu beschreiben. Sie können aber auch eine Excel-Liste erstellen mit folgenden Spalten: Risiko, Risikobeschreibung, Auswirkung, Eintrittswahrscheinlichkeit, Lösungsansatz, Priorität, Komplexität, Kosten. Das Konzept sieht vor, dass ein neues IT-System eingeführt werden soll, das alle Prozesse integrativ unterstützt. Zusätzlich sind organisatorische Maßnahmen erforderlich. Alle erkannten relevanten Schwachstellen sollten damit beseitigt werden und neue innovative Lösungen zum Einsatz kommen.

Erstellen Sie ein Soll-Konzept basierend auf der Schwachstellenanalyse und entwerfen Sie das Soll-Prozess-Modell für den Kernprozess eines neu organisierten Telefonverkaufs und für die Unterstützungsprozesse in der Logistik und in der Buchhaltung. Kern der Verbesserung soll ein neues integriertes IT-System sein, das wir hier ERP nennen wollen. Berücksichtigen Sie dabei die Fragen der Geschäftsprozessoptimierung: Weglassen? Auslagern? Zusammenfassen? Parallelisieren? Verlagern? Beschleunigen? Schleifen vermeiden? Ergänzen?

Bemerkung: In dieser Übung geht es um eine klassische Geschäftsprozessoptimierung mit Verbesserung bestehender Abläufe. Ein Business Process Reengineering mit disruptiven Ansätzen unter Einbeziehung der Künstlichen Intelligenz (KI; Chatbots, RFID-Preisauszeichnung, automatisches Scannen und Bezahlen, visuelle Überwachung des Buchbestands im Geschäft, visuelle Erkennung des Kunden beim Betreten des Ladens, KI-gestützte Datenanalyse des Kaufverhaltens, automatisches Lagersystem usw.) soll hier nicht das Thema sein.

Lösungen

Lösung Rechnungsprüfung

Übung 1: Einfache Rechnungsprüfung

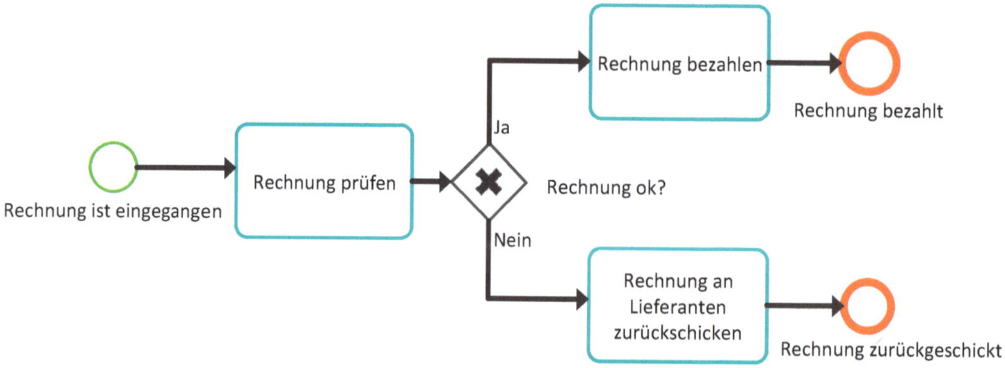

Bild 1 Einfache Rechnungsprüfung

Übung 2: Einfache Rechnungsprüfung mit Verantwortlichen und Dokumenten

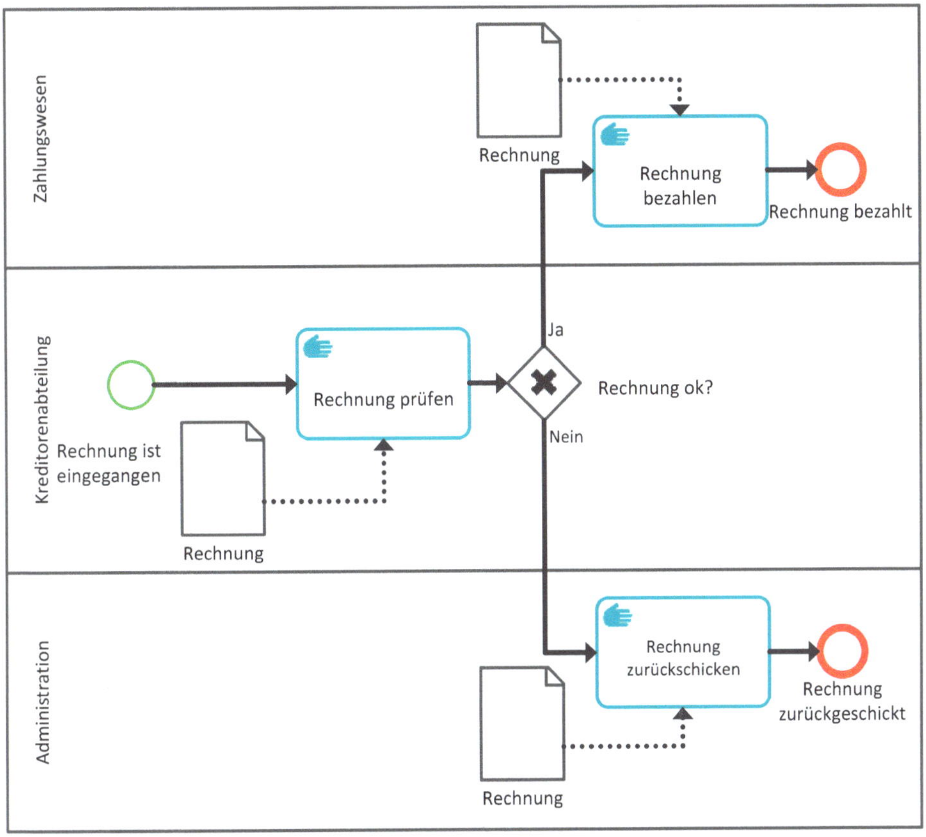

Bild 2 Einfache Rechnungsprüfung mit Verantwortlichen und Dokumenten

Hinweise zu Bild 2: Das Beispiel zeigt, dass Lanes auch ohne Pool in Prozessdiagrammen erlaubt sind. Die Lanes sollten so angeordnet sein, dass die Elemente und Pfade übersichtlich angeordnet werden können. Die Anordnung von Elementen, die keinen Verantwortlichen haben (Ereignisse, Gateways), kann in beliebigen Lanes erfolgen. Es ist aber auf gute Lesbarkeit zu achten, d. h. ein Gateway ist direkt hinter der Aktivität zu platzieren, das die Entscheidung trifft.

Übung 3: Erweiterte Rechnungsprüfung – Three way match

3.1 Ohne Unterprozesse

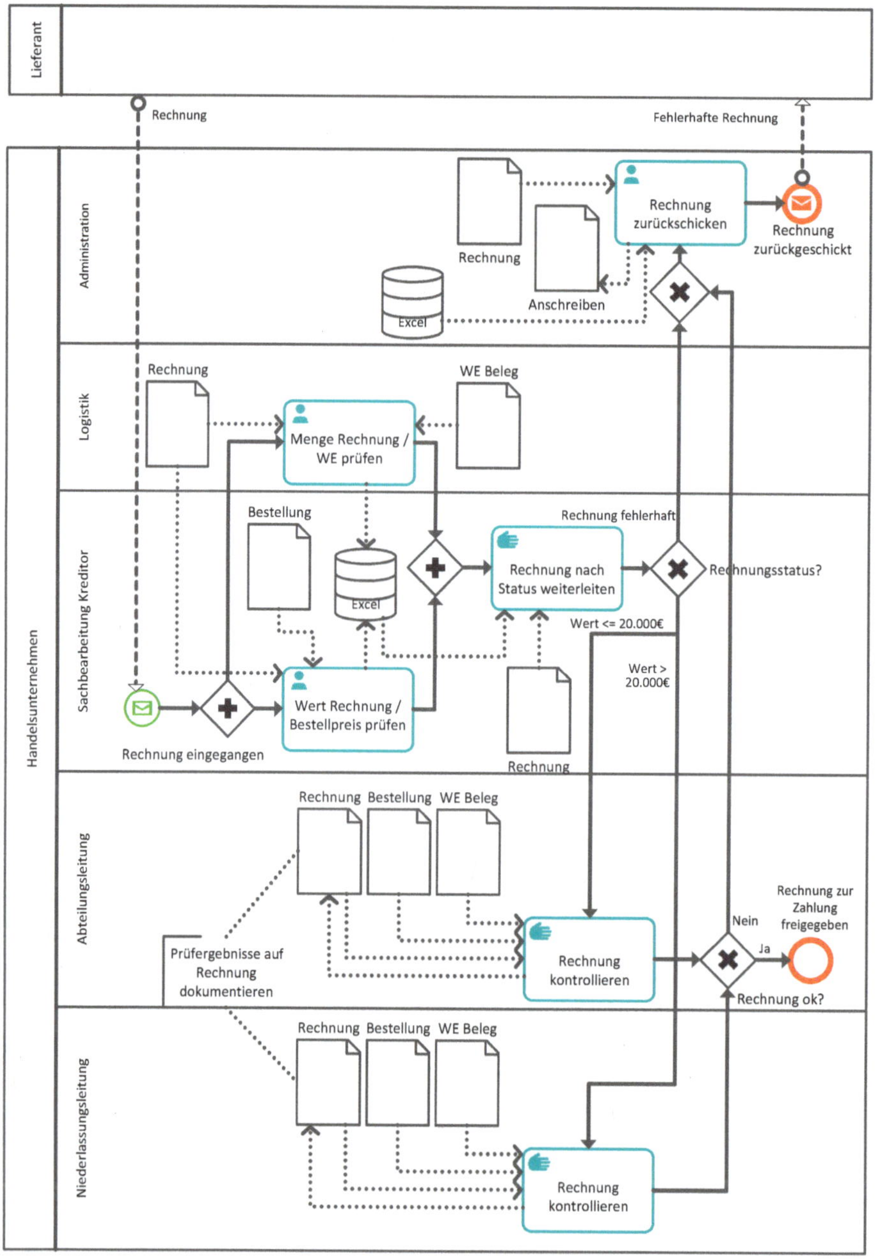

Bild 3 Erweiterte Rechnungsprüfung (Three way match) mit zusätzlicher Kontrolle ohne Unterprozesse

Hinweise zu Bild 3: Durch die Modellierung der Datenobjekte, wie in Bild 3 zu sehen, können Prozesse manchmal unübersichtlich wirken. Sie sind aber wesentlicher Bestandteil zum Prozessverständnis, insbesondere bei papiergetriebenen Prozessen, und dürfen nicht weggelassen werden. Dadurch wird auch der Verbesserungsbedarf deutlich.

Eine Besonderheit ist das exklusive Gateway in der Lane „Abteilungsleitung" unten rechts. Das Gateway hat hier die Doppelfunktion als zusammenführendes und aufteilendes Gateway. Diese Art der Nutzung sollte nicht die Regel sein, ist aber hier übersichtlicher als eine Trennung in mehrere Gateways.

3.2 Mit wiederverwendbarem Unterprozess

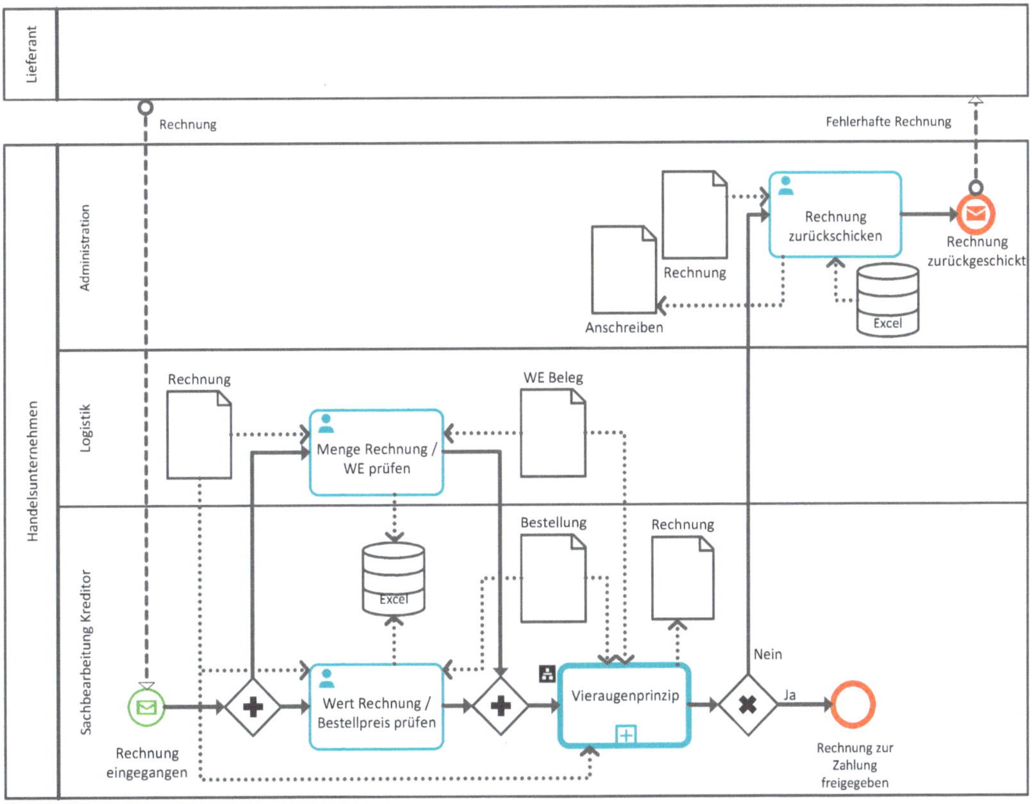

Bild 4 Erweiterte Rechnungsprüfung (Three way match) mit zusätzlicher Kontrolle mit einem wiederverwendbaren Unterprozess

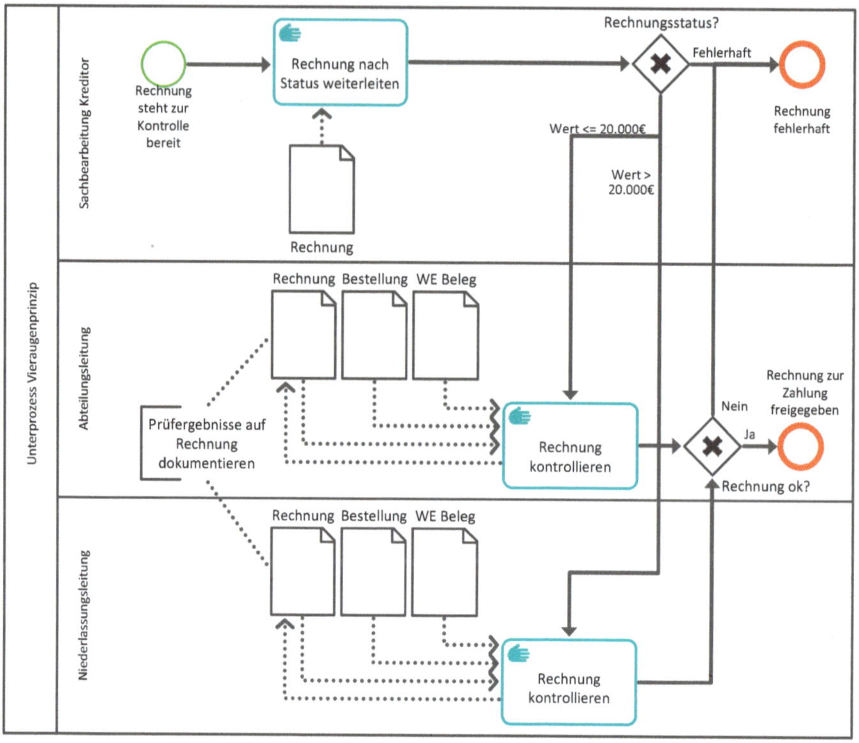

Bild 5 Der wiederverwendbare Unterprozess „Vieraugenprinzip" aus Bild 4

Hinweise zu Bild 4 und Bild 5: Der wiederverwendbare Unterprozess in Bild 5 ist hier zu verwenden, weil er zusätzliche Verantwortliche – modelliert in Lanes – hat. Er wird über eine Aufrufaktivität vom Hauptprozess in Bild 4 aufgerufen und ist von diesem unabhängig. Der Vorteil der Hierarchisierung wird hier schon deutlich. Der Hauptprozess ist übersichtlicher als der inhaltlich identische Prozess ohne Unterprozess in Bild 3. Die notwendigen Datenobjekte – hier die Rechnung, die Bestellung und der WE-Beleg (WE = Wareneingang) – müssen übergeben werden, da der wiederverwendbare Unterprozess die Daten des aufrufenden Prozesses nicht kennt. Das Gleiche gilt für im Unterprozess erstellte Dokumente. Diese müssen an den aufrufenden Prozess zurückgegeben werden. Dies ist hier die Rechnung, auf der das Prüfergebnis notiert wird.

3.3 Mit Unterprozessen

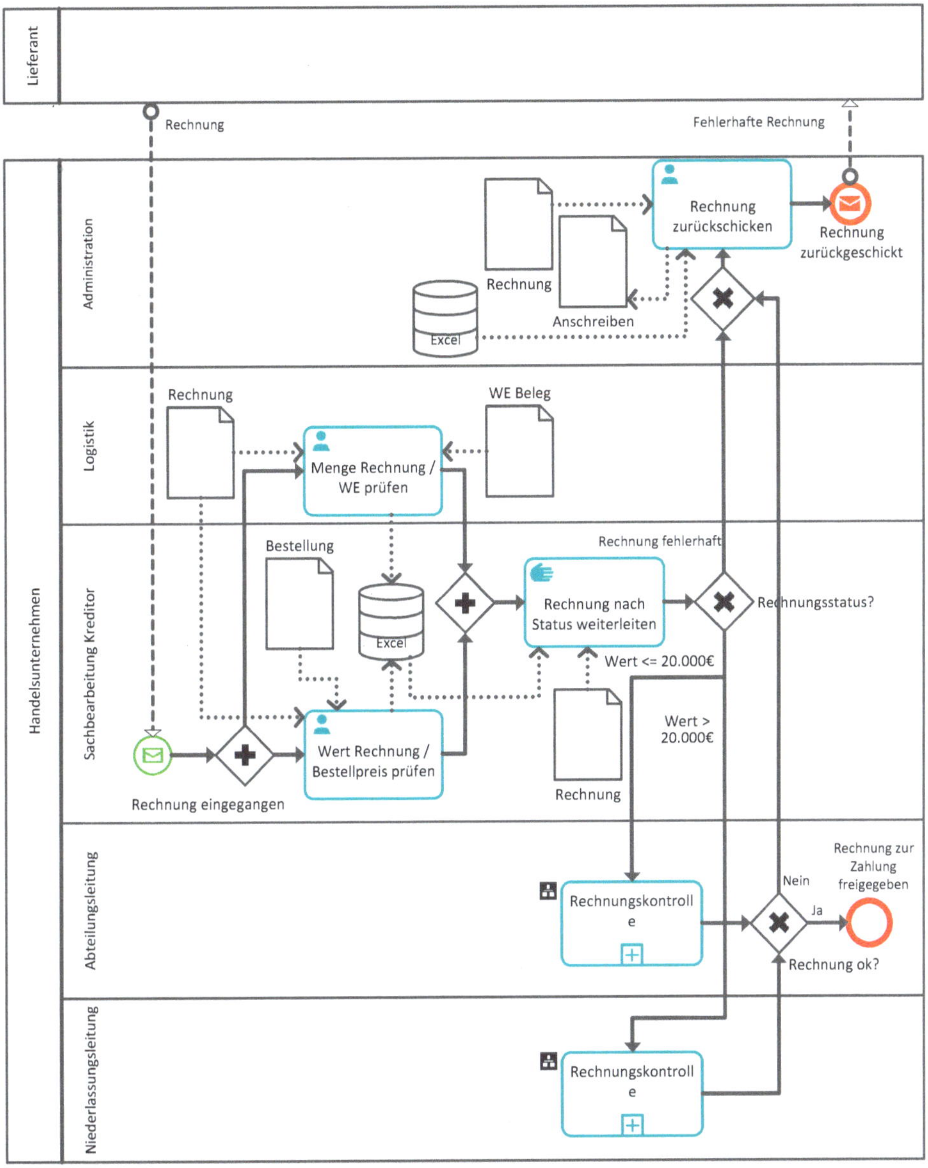

Bild 6 Erweiterte Rechnungsprüfung (Three way match) mit zusätzlicher Kontrolle mit eingebetteten Unterprozessen

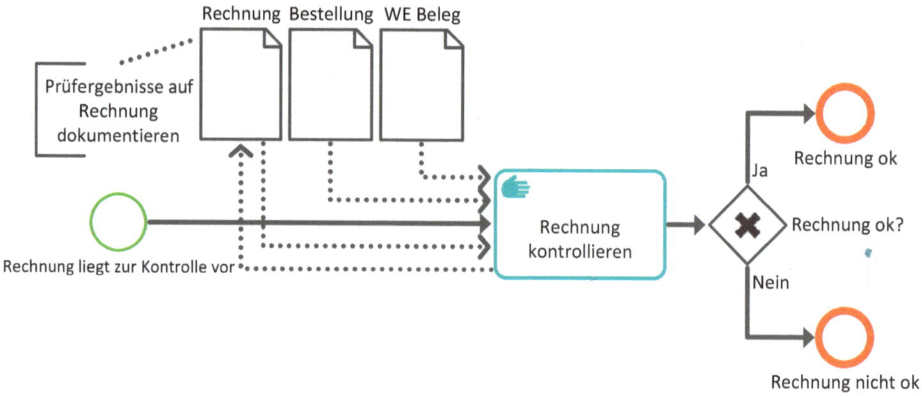

Bild 7 Der eingebettete Unterprozess „Rechnungskontrolle“ aus Bild 6

Hinweise zu Bild 6, Bild 7: In Bild 6 wird mit dem eingebetteten Unterprozess „Rechnungskontrolle“ gearbeitet. Eingebettete Unterprozesse erben die Eigenschaften des aufrufenden Prozesses, kennen dessen Daten und sind innerhalb einer Lane angeordnet. Sie können daher keine zusätzlichen Lanes oder Kollaborationspartner enthalten. Der Unterprozess „Rechnungskontrolle“ ist in Bild 7 zu sehen. Durch Vergleich mit Bild 4 wird der Unterschied deutlich. Es gibt hier noch einen Sonderfall: In der Regel ist ein eingebetteter Unterprozess nicht wiederverwendbar, da er nur im Kontext des aufrufenden Prozesses existieren kann und für die Hierarchisierung verwendet wird. In diesem in Bild 6 gezeigten Fall ist der Ablauf in den Lanes „Abteilungsleiter“ und „Niederlassungsleiter“ identisch, sodass der Unterprozess „Rechnungskontrolle“ in beiden Fällen eingebettet werden kann.

Übung 4: Rechnungsprüfung mit Stapelverarbeitung und Schleifen

4.1 Mit Markierungen

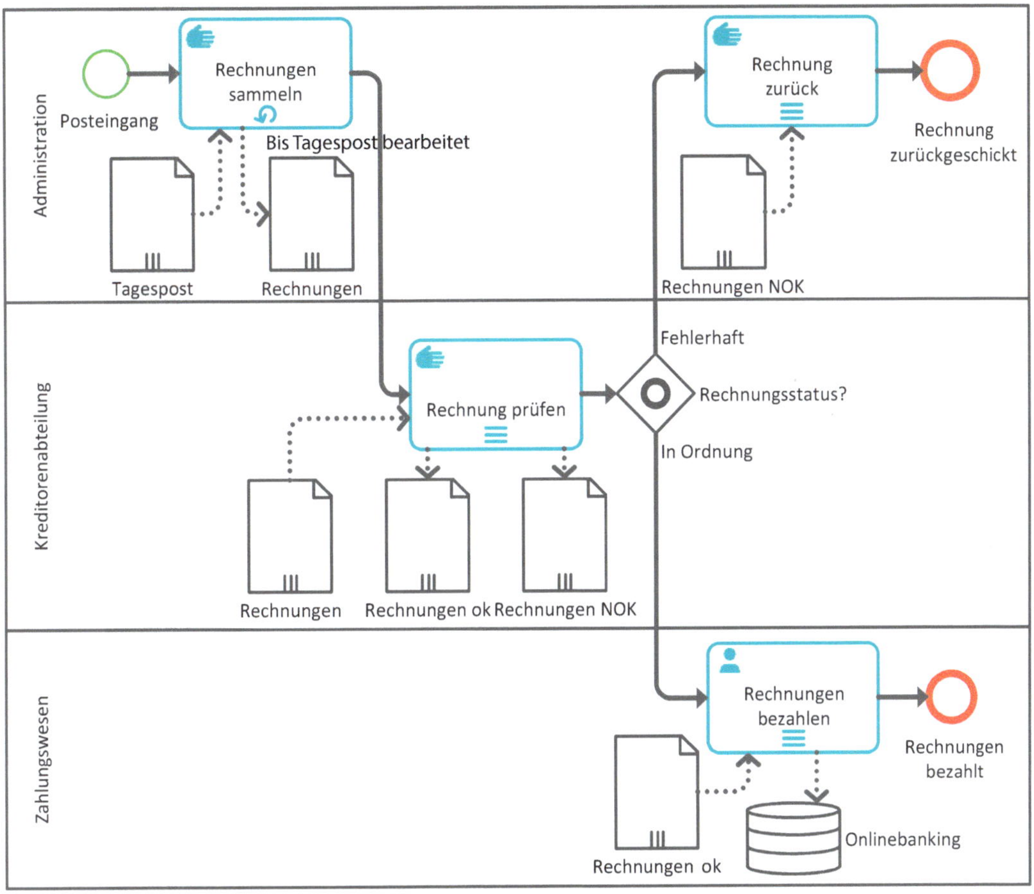

Bild 8 Rechnungsprüfung mit Stapelverarbeitung und Markierungen

Hinweise zu Bild 8: Im Prozess in Bild 8 wird davon ausgegangen, dass Stapel von Eingangsrechnungen – modelliert als Datenobjekt Sammlung – durch das Unternehmen laufen und eine stapelweise Verarbeitung erfolgt. Der auslösende Geschäftsvorfall ist also nicht, wie bisher, die einzelne Rechnung, sondern der Rechnungsstapel. Zur Modellierung bietet sich der Einsatz von Schleifenmarkierungen in den Aufgaben an. Bei „Rechnungen sammeln" ist die Anzahl der Rechnungen in der Tagespost unbekannt, sodass eine Standardschleife zum Einsatz kommt. Die Schleifenaufgabe wird so lange wiederholt, bis die Endebedingung „Bis Tagespost bearbeitet" erreicht ist. Die Endebedingung ist ein Attribut, das zusätzlich hier im Diagramm ausgegeben wird. Bei den anderen Schleifenaufgaben „Rechnung prüfen“ und „Rechnung bezahlen“ ist die Anzahl der Rechnungen und damit die Anzahl Ausführungszyklen bekannt, sodass hier eine sequenzielle Mehrfachaktivität modelliert wurde. Zu beachten ist hier weiterhin, dass das Gateway nach „Rechnung prüfen“ ein inklusives Gateway (ODER) ist, d. h. beide Prozesspfade werden durchlaufen, wenn es sowohl fehlerfreie als auch fehlerhafte Rechnungen gibt. Die ODER-Logik deckt auch die Fälle ab, dass es nur fehlerfreie oder nur fehlerhafte Rechnungen gibt. Noch ein Hinweis: Es ist hier entscheidend, dass es sich um einen Stapel von Rechnungen handelt, der sowohl fehlerfreie als auch fehlerhafte Rechnungen enthalten kann. Bei Einzelrechnungen müsste ein exklusives Gateway genutzt werden, da eine Rechnung nur entweder fehlerfrei oder fehlerhaft, aber nicht beides sein kann.

4.2 Mit Schleife

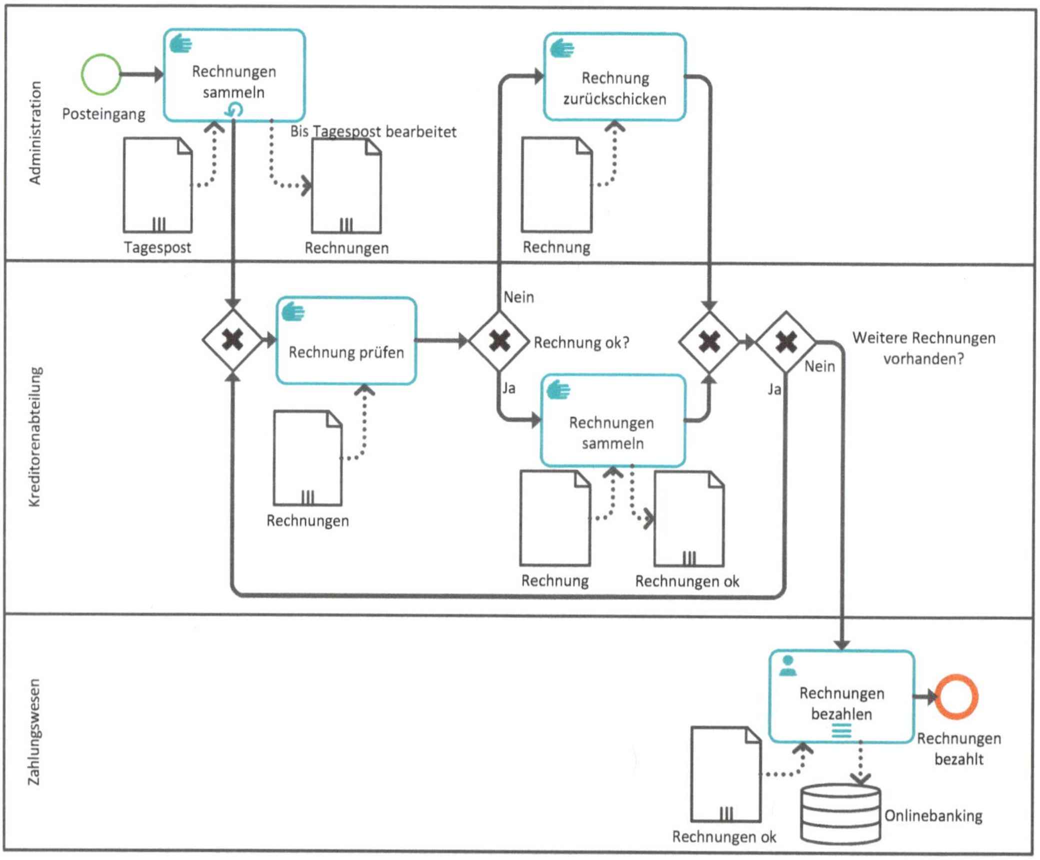

Bild 9 Rechnungsprüfung mit Einzelaussteuerung fehlerhafter Rechnungen mithilfe einer Schleife

Hinweise zu Bild 9: Das Beispiel zeigt eine Variante des Rechnungsprüfungsprozesses, bei dem fehlerhafte Rechnungen sofort ausgesteuert und an den Lieferanten zurückgeschickt werden, die fehlerfreien Rechnungen aber wiederum als Stapel an das Zahlungswesen übergeben werden. Hier kann bei der Prüfung nicht mehr mit Schleifenaktivitäten gearbeitet werden, sondern es wird eine Schleife aus Sequenzflüssen modelliert.

4.3 Mit angeheftetem Ereignis

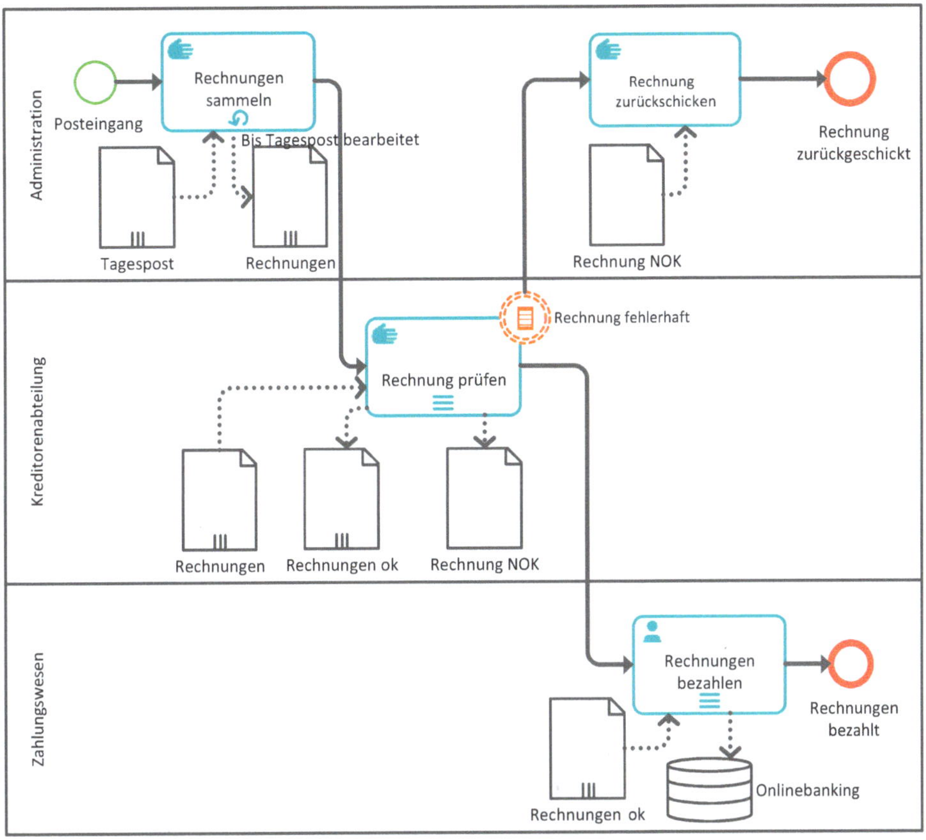

Bild 10 Rechnungsprüfung mit Einzelaussteuerung fehlerhafter Rechnungen mit angeheftetem Ereignis

Hinweise zu Bild 10: In Bild 10 ist eine elegante Version des in Bild 9 gezeigten Prozesses realisiert. Hier kann auf die Schleifenmodellierung durch Sequenzflüsse verzichtet werden und trotz der Einzelbehandlung fehlerhafter Rechnungen nur mit Schleifenaktivitäten gearbeitet werden. Die Aussteuerung der fehlerhaften Rechnung erfolgt durch ein angeheftetes, nicht unterbrechendes Ereignis „Rechnung fehlerhaft". Die Mehrfachinstanziierung der Aufgabe „Rechnung prüfen" läuft weiter, bis alle Rechnungen aus dem Stapel bearbeitet worden sind. Wichtig ist hier, dass mit Erreichen des Endereignisses „Rechnung zurückgeschickt" nicht der Prozess beendet ist, da sich noch weitere Rechnungen (Token) im Prozess befinden.

Lösung Versandhandel

Übung 5: Einfacher Ablauf

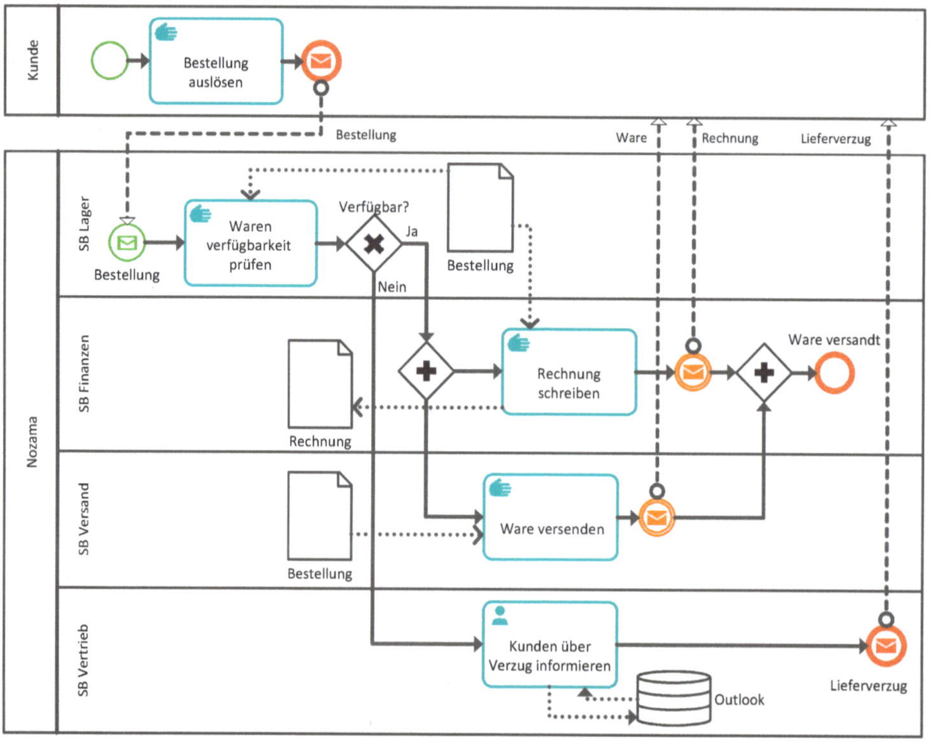

Bild 11 Versandhandel – einfacher Ablauf

Hinweise zu Bild 11: Der in Bild 11 gezeigte einfache Ablauf eines Versandhandels ist ein weitestgehender manueller, papiergesteuerter Prozess. Als System kommt nur Outlook zum Einsatz. Die Bestellung wird über den öffentlichen Prozess im Pool Kunde ausgelöst. Sie wird als Nachricht vom Nachrichten-Endereignis zum Nachrichten-Startereignis des Prozesses im Pool Nozama übertragen und wird bei Verfügbarkeit der Ware in einem parallelen Ablauf – modelliert durch das parallele Gateway (UND) – bearbeitet. Ware und Rechnung werden unabhängig voneinander an den

Kunden geschickt. Der Versand der Rechnung ist hier nicht als Aufgabe modelliert, das Medium – E-Mail, Brief – ist nicht bekannt. Die Ware wird auch durch eine Nachricht repräsentiert. Statt der Nachrichten-Zwischenereignisse hätten auch direkte Nachrichtenflüsse von den Aufgaben zum Kundenpool verwendet werden können, wie alternativ in Bild 13 gezeigt.

Übung 6: Erweiterter Ablauf

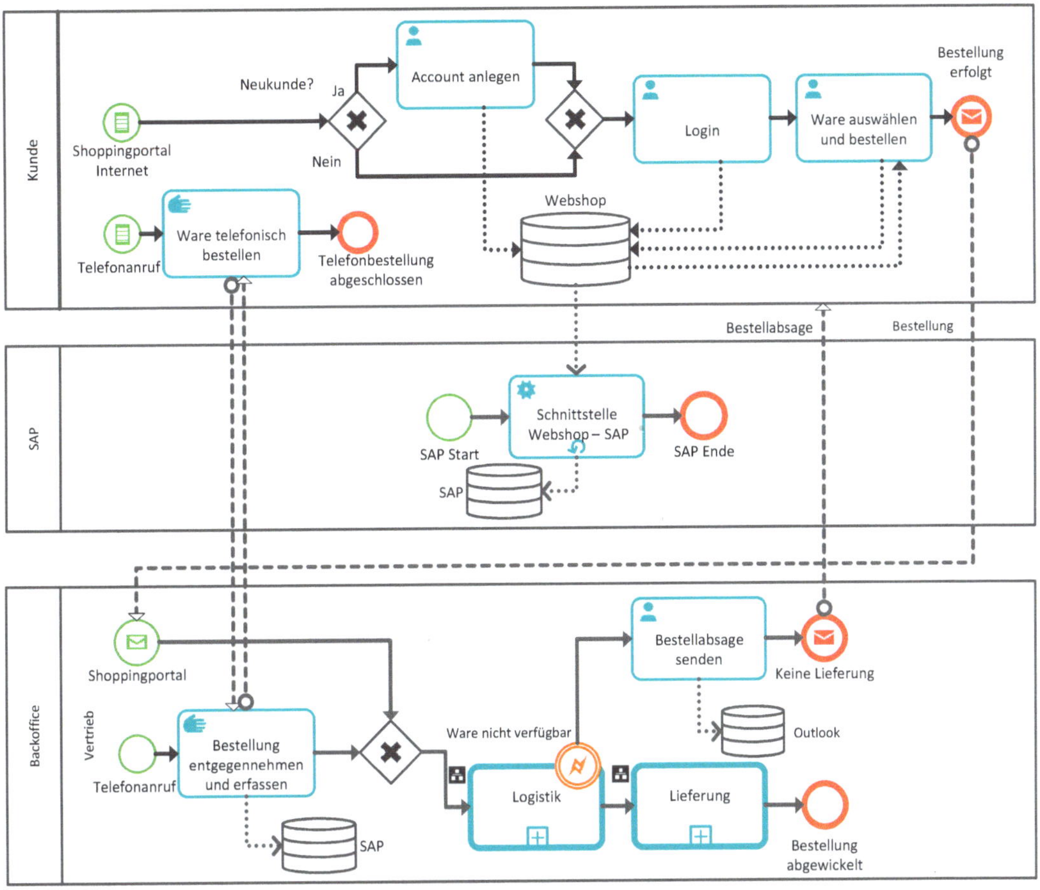

Bild 12 Versandhandel – erweiterter Ablauf

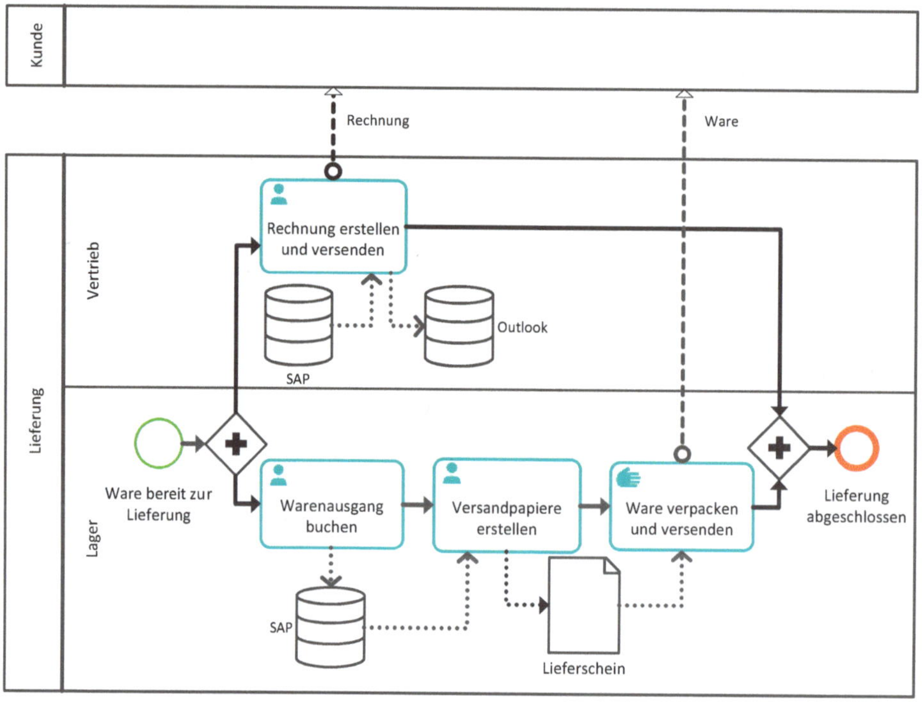

Bild 13 Der Unterprozess „Lieferung“

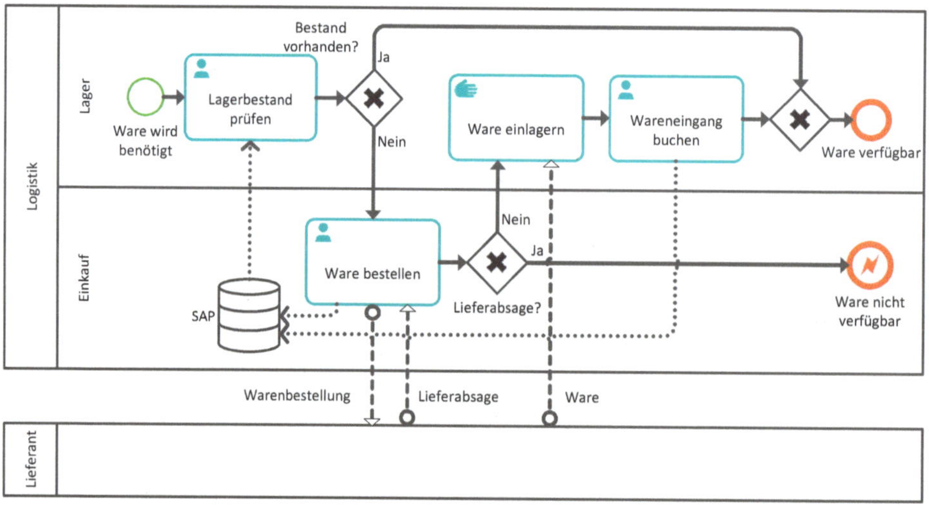

Bild 14 Der Unterprozess „Logistik“

Hinweise zu Bild 12, Bild 13 und Bild 14: In Bild 12, Bild 13 und Bild 14 wird ein hierarchisierter Prozess mit zwei Unterprozessen „Lieferung“ und „Logistik“ gezeigt. Der Hauptprozess bildet mit zwei Pools die Kollaboration zwischen Kunde und Backoffice ab. Es gibt zwei Systeme: „Webshop", über den der Kunde bestellt, und „SAP" als integrierte Lösung des Versandhandels. Die Schnittstelle zwischen diesen beiden Systemen ist im Pool „SAP" mit der Schleifenaufgabe „Schnittstelle Webshop – SAP" modelliert. Es handelt sich hier um eine Dauerschleife, zu Start-/Ende- oder Fehlerbedingungen wird in diesem Modell keine Aussage gemacht. Da es sich um eine Serviceaufgabe handelt, könnte auch die Schleifenmarkierung weggelassen werden. Die beiden Unterprozesse sind wiederverwendbare und demzufolge vom aufrufenden Prozess unabhängige Prozesse. Daten müssen nicht übergeben werden, da mit SAP ein global verfügbarer Datenspeicher vorhanden ist. Der Unterprozess „Lieferung" (Bild 13) zeigt wie beim einfachen Ablauf in Bild 11 parallele Pfade (paralleles Gateway) zur unabhängigen Bearbeitung von Rechnung und Warenlieferung. Im Logistik-Unterprozess (Bild 14) ist in Erweiterung zum einfachen Ablauf in Bild 11 eine Warenbestellung modelliert, wenn die Ware am Lager nicht verfügbar ist. Dies erfolgt über den Nachrichtenfluss „Warenbestellung" zum Pool des Teilnehmers „Lieferant" und mit der Ware – modelliert als Nachrichtenfluss „Ware" – zurück vom Lieferanten. Bei der Warenbestellung (Aufgabe „Ware bestellen") gibt es noch den Sonderfall der „Lieferabsage". Der Prozess läuft dann auf das Fehler-Endereignis „Ware nicht verfügbar". Dieser Fehlerfall wird im aufrufenden Prozess (Bild 12) durch ein angeheftetes Fehler-Zwischenereignis aufgenommen und führt zur Aufgabe „Bestellabsage senden" und zum Endereignis „Keine Lieferung" mit der gesendeten Nachricht „Bestellabsage".

Übung 7: Kassenvorgang

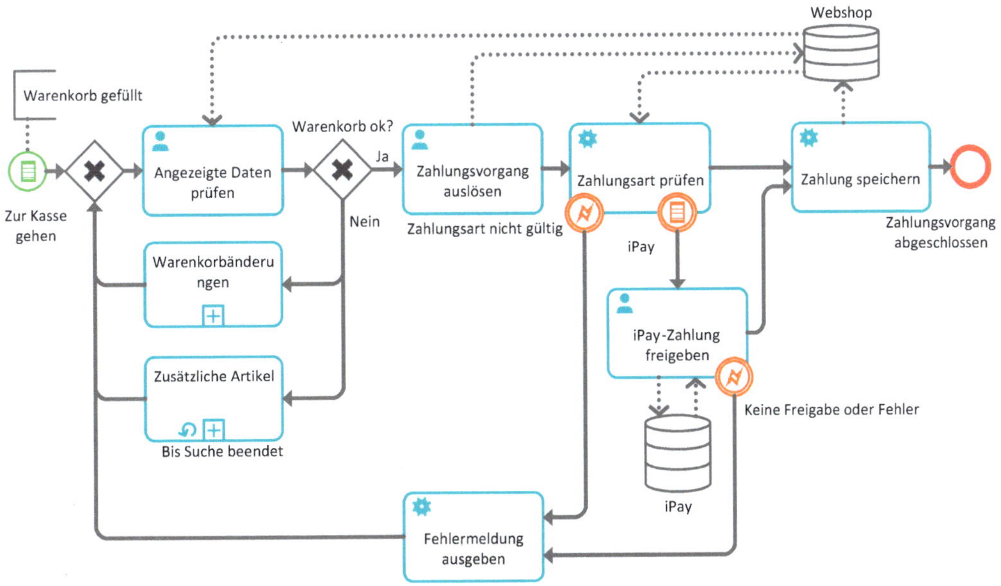

Bild 15 Prozess „Kassenvorgang"

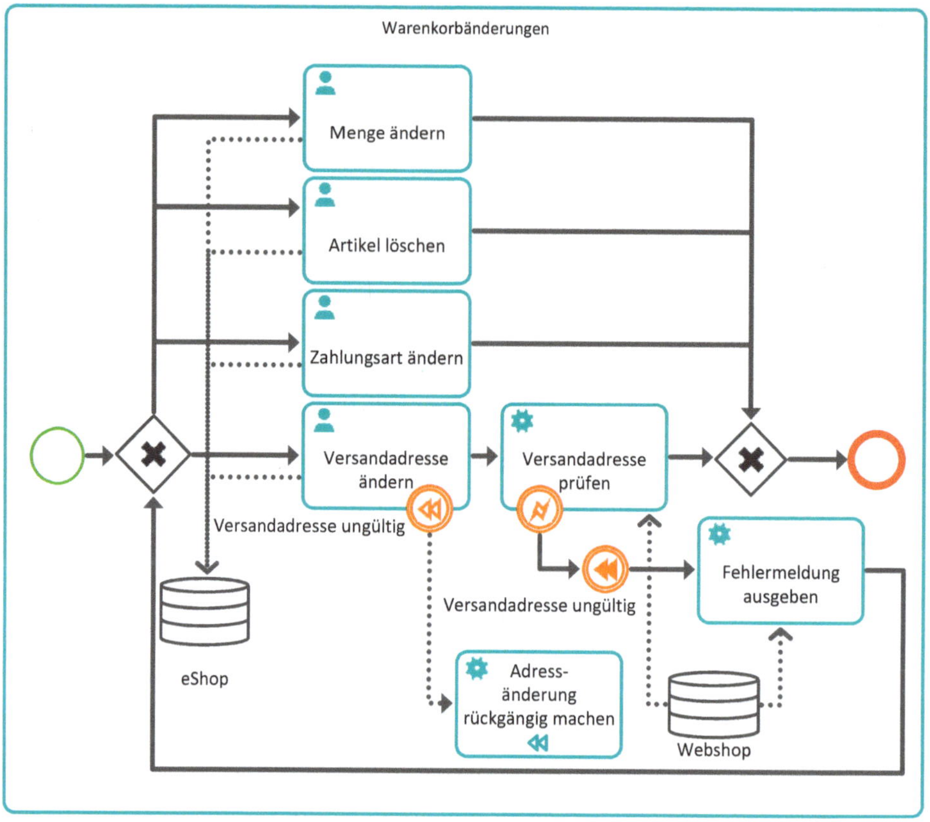

Bild 16 Der Unterprozess „Warenkorbänderungen"

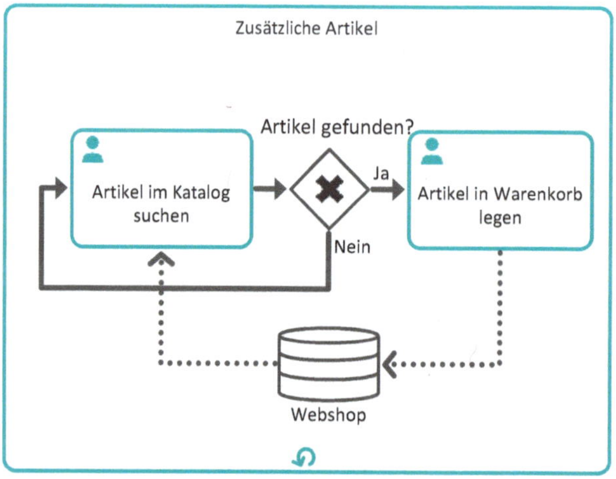

Bild 17 Der Unterprozess „Zusätzliche Artikel"

Hinweise zu Bild 15, Bild 16 und Bild 17: Der Hauptprozess „Kassenvorgang“ wird in Bild 15 gezeigt. Dort werden die eingebetteten Unterprozesse „Warenkorbänderungen“ (Bild 16) und „Zusätzliche Artikel“ (Bild 17) aufgerufen. Der Aufruf erfolgt in einer Schleife, die durch das exklusive Gateway „Warenkorb ok?“ = „Ja“ beendet werden kann. Eine zusätzliche Schleife ergibt sich durch die Mehrfachaktivität „Zusätzliche Artikel“. Dort können Artikel gesucht und in den Warenkorb gelegt werden, bis die Endebedingung der Schleife „Bis Suche beendet“ erreicht ist und der Prozess wieder im Kassenvorgang landet.

Im Unterprozess „Warenkorbänderungen“ gibt es die Besonderheit, dass eine Änderung der Versandadresse erst im Nachhinein entsprechend dem Warenkorbinhalt auf Gültigkeit geprüft werden kann. Dazu ist die kompensierende Aufgabe „Adressänderung rückgängig machen“ definiert. Im Fall einer ungültigen Adresse innerhalb der Aufgabe „Versandadresse prüfen“ wird die Aufgabe über ein angeheftetes, unterbrechendes Fehler-Ereignis unterbrochen, der Prozess läuft zum sendenden Kompensations-Zwischenereignis „Versandadresse ungültig“, das die Kompensation auslöst, also die Änderung der Versandadresse rückgängig macht. Nach Ausgabe einer Fehlermeldung wird innerhalb des Unterprozesses zurück an den Anfang gesprungen.

Der Unterprozess „Warenkorbänderungen“ ist ansonsten keine Mehrfachaktivität, da nach jeder Änderung der Warenkorb wieder angezeigt wird und über „Angezeigte Daten prüfen“ und über die Gatewaybedingung „Warenkorbänderung ok?“ = „Nein“ der Unterprozess für weitere Änderungen nochmals aufgerufen werden kann.

Der weitere normale Ablauf im Hauptprozess ist dann „Zahlungsvorgang auslösen“, „Zahlung durchführen“ und „Zahlung speichern“ mit dem Erreichen des Endereignisses, wenn keine Fehler auftreten.

„Zahlung durchführen“ kann aber auf einen Fehler laufen (z. B. Kreditkarte ungültig), der durch das angeheftete Fehler-Ereignis „Zahlungsart nicht gültig“ abgefangen wird. Nach Ausgabe einer Fehlermeldung wird durch einen rücklaufenden Sequenzfluss als Schleife der Prozess auf den Anfang zurückgeführt. Als Sonderfall ist hier die Zahlungsart iPay modelliert. Über ein unterbrechendes Bedingungs-Ereignis „iPay“ wird die Website von iPay zur Zahlungsfreigabe „iPay-Zahlung freigeben“ aufgerufen. Im Normalfall wird in den Webshop zurückgesprungen und die Aufgabe „Zahlung speichern“ ausgeführt. Im Fehlerfall oder bei nicht erfolgter Freigabe bei iPay wird über das angeheftete Fehler-Ereignis „Keine Freigabe oder Fehler“ in den Webshop zurückgesprungen, dort eine Fehlermeldung ausgegeben und der Prozess vom Anfang an wiederholt.

Lösung Dienstreise

Übung 8: Dienstreiseantrag

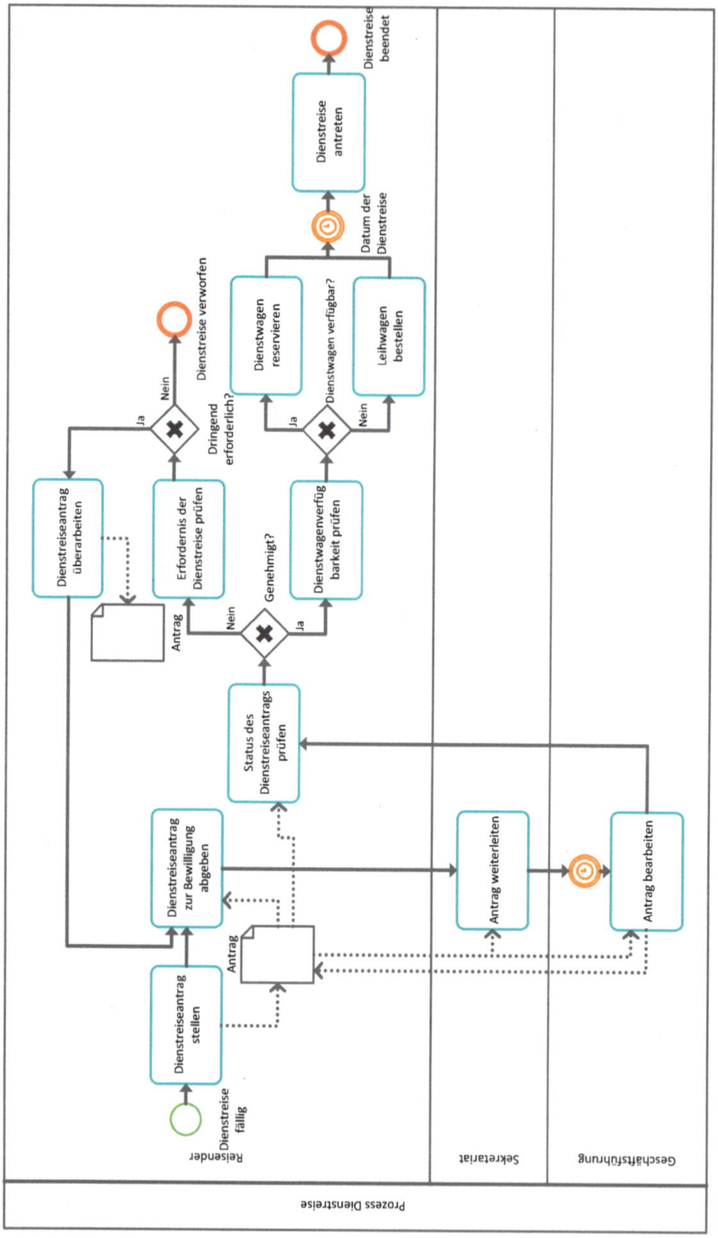

Bild 18 Dienstreiseantrag

Hinweise zu Bild 18: Besonderheiten an dem Modell sind der Einsatz der Timer-Zwischenereignisse zwischen „Antrag weiterleiten“ und „Antrag bearbeiten“ sowie vor „Dienstreise antreten“. Sie sind semantisch nicht notwendig, da eine generelle Eigenschaft von Sequenzflüssen ist, dass sie so lange warten, bis nachfolgende Aktivitäten begonnen werden können. Sie dienen aber hier zur besseren Veranschaulichung einer Schwachstelle im Prozess. Die Antragsbearbeitung kann verzögert sein, sodass es möglichweise zeitliche Konflikte zwischen Antragsbearbeitung und geplanter Dienstreise geben kann.

Übung 9: Dienstreiseantrag mit erweiterter Administration

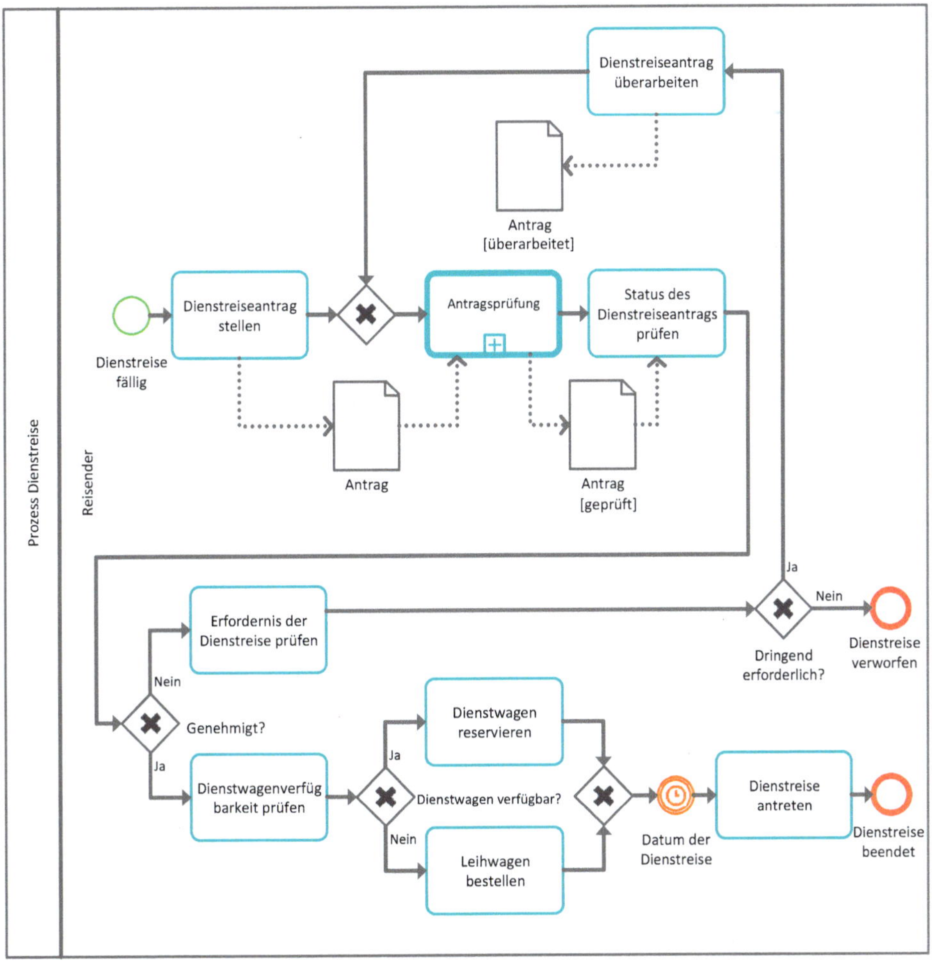

Bild 19 Dienstreiseantrag mit erweiterter Administration

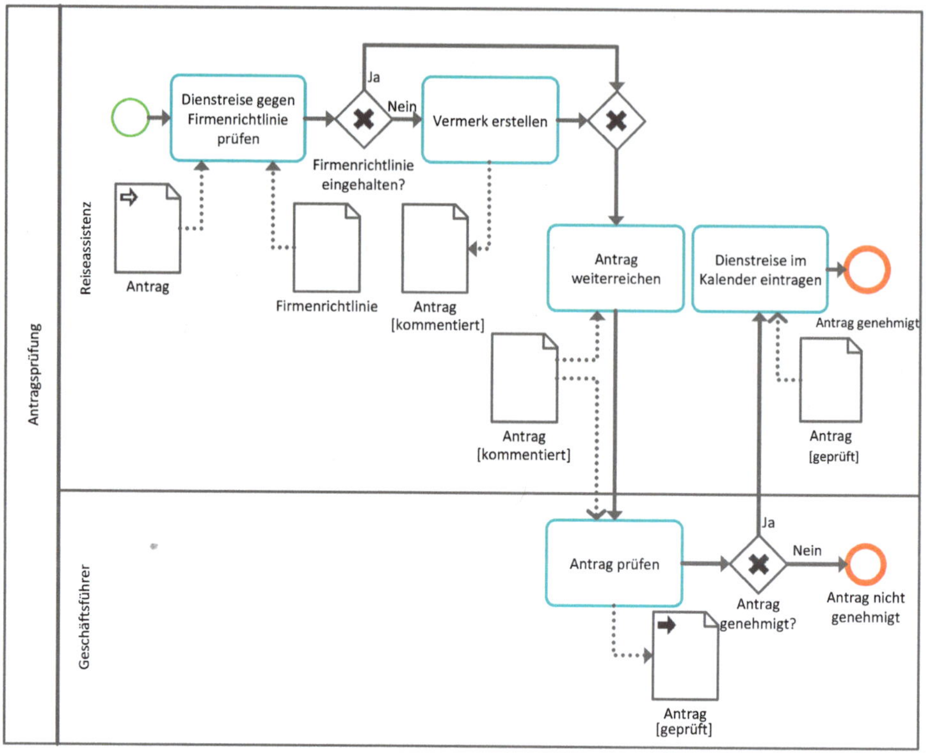

Bild 20 Der Unterprozess „Antragsprüfung" als Aufrufaktivität und damit als eigenständiger Prozess

Hinweise zu Bild 19, Bild 20: Es ist ein häufiger Verlauf in einem Analyseprozess, dass das Verhalten von Prozessen bei genauerem Hinsehen komplexer ist, als zunächst erwartet. Dieser Fall liegt hier vor. Der in Bild 18 gezeigte Prozess ist nur die „halbe Wahrheit". Bild 19 und Bild 20 zeigen den tatsächlichen Ablauf. Hier wurden die zusätzlichen Aufgaben in einem wiederverwendbaren Unterprozess „Antragsprüfung" gekapselt, um den Hauptprozess nicht zu unübersichtlich zu machen bzw. ihn sogar visuell zu vereinfachen. Der Unterprozess ist eine Aufrufaktivität und enthält Lanes für die Rollen „Reiseassistenz" und „Geschäftsführung". Da er wiederverwendbar ist, kennt er die Daten des aufrufenden Prozesses nicht. Daher muss der Antrag als Datenobjekt übergeben werden und am Unterprozessende als Antrag mit dem Prüfergebnis wieder zurückgegeben werden. Innerhalb des Unterprozesses ist dies mit eingehenden und ausgehenden Datenobjekten als Datenschnittstelle modelliert. Bei den Datenobjekten ist das Attribut „Dokumentenstatus" verwendet worden, um den jeweiligen Stand der Bearbeitung des Antrags zu dokumentieren.

Lösung Beherbergungsvertrag

Übung 10: Hotelbuchung

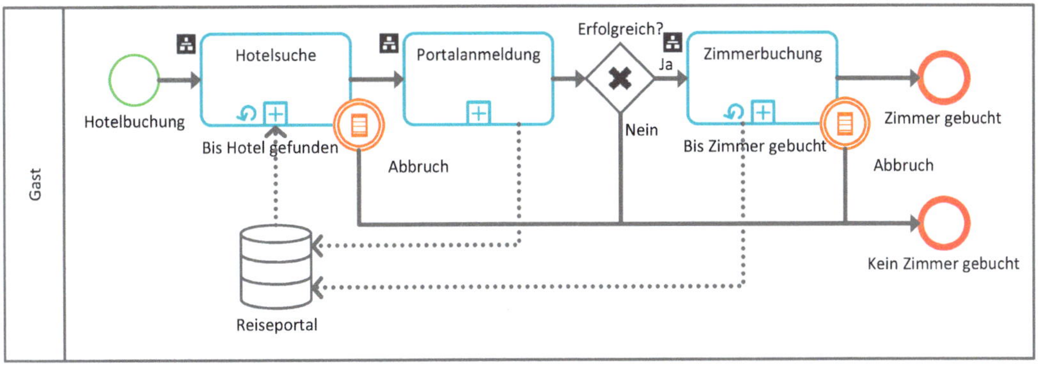

Bild 21 Hotelbuchung – Hauptprozess

Hinweise zu Bild 21: In Bild 21 ist ein klassisches Übersichtsdiagramm („big picture") abgebildet, als Einstieg in die Prozessmodellierung einer Hotelbuchung im Internet. Es zeigt die Hauptaktivitäten in Form von Unterprozessen, deren Abhängigkeiten und das genutzte System „Reiseportal". Die Unterprozesse „Hotelsuche" und „Zimmerbuchung" sind als Schleifenaktivität modelliert, sodass sie intern auch mehrfach durchlaufen (instanziiert) werden können, also bei der Hotelsuche mehrere Hotels geprüft werden können und bei der Zimmerbuchung auch Buchungsfehler (Buchung wird vom Hotel nicht bestätigt) berücksichtigt werden. Die Schleifenendebedingung ist „Bis Hotel gefunden" bzw. „Bis Zimmer gebucht". Zusätzlich kann es bei jedem Unterprozess einen Abbruch geben – Hotelsuche wird abgebrochen oder Zimmerbuchung wird abgebrochen. Der Prozess läuft dann über den Ausnahmesequenzfluss vom angehefteten Zwischenereignis vom Typ „Bedingung" zum Endereignis „Kein Zimmer gebucht". Der Unterprozess „Portalanmeldung" ist nicht als Mehrfachaktivität modelliert, sondern hat zwei Ausgangsereignisse, Portalanmeldung erfolgreich gleich ja oder nein, die über ein exklusives Gateway abgefragt werden.

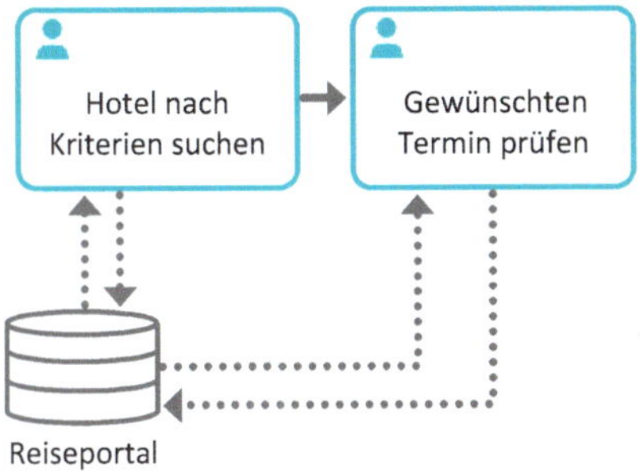

Bild 22
Der Unterprozess „Hotelsuche"

Hinweise zu Bild 22: Der Unterprozess „Hotelsuche" zeigt, wie durch die Ausnutzung der Schleifenaktivität mit einer Mehrfachinstanziierung (die Aufgabenfolge kann mehrfach durchlaufen werden) auch wiederholtes Suchen abgedeckt wird. Die einzige, wahrscheinlich eher unrealistische Einschränkung ist, dass immer zunächst das Hotel gesucht wird und danach die Verfügbarkeit zum gewünschten Termin geprüft wird. Beim Vertauschen der Reihenfolge der Aufgaben hätte man die Alternativvariante, erst Termineingabe und dann die Hotelsuche. Über eine vorgeschaltete Entscheidungsaufgabe mit Gateway könnte man dann noch beide Alternativen prozessual zulassen. Eine elegantere und ebenfalls flexible Variante wird in Bild 25 unter Verwendung eines Adhoc-Unterprozesses gezeigt.

Abbruchbedingungen müssen hier auch nicht modelliert werden, weil solche Fälle durch das angeheftete Zwischenereignis „Abbruch" im aufrufenden Prozess abgedeckt sind.

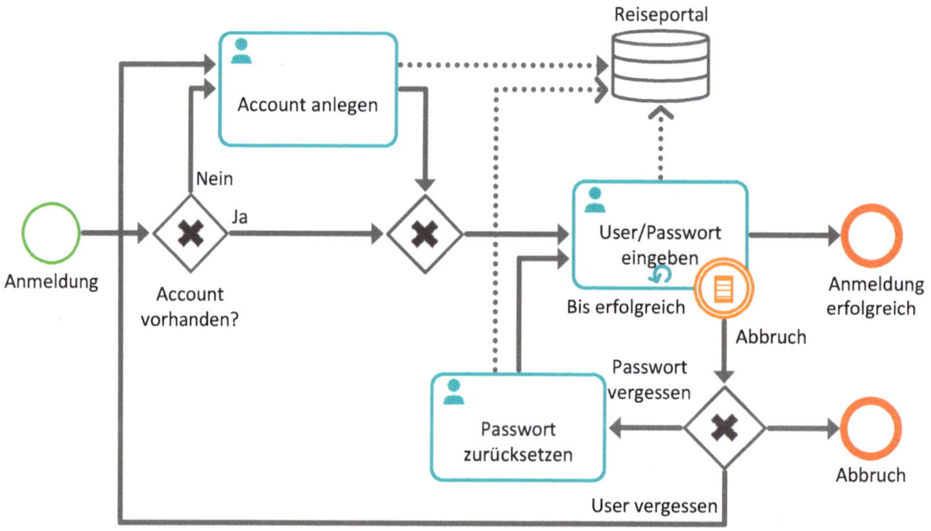

Bild 23 Der Unterprozess „Portalanmeldung"

Hinweise zu Bild 23: Im Unterprozess „Portalanmeldung" ist die Eingabe des User-Passwortes als Schleifenaufgabe modelliert, sodass auch mehrere Versuche abgedeckt sind. Durch das angeheftete Bedingungs-Zwischenereignis werden über den Ausnahmesequenzfluss auch die Fälle abgedeckt, dass das Passwort vergessen wurde oder der User nicht mehr bekannt ist.

Der Unterprozess endet alternativ mit zwei Endereignissen, die im aufrufenden Prozess über ein exklusives Gateway abgefangen werden müssen.

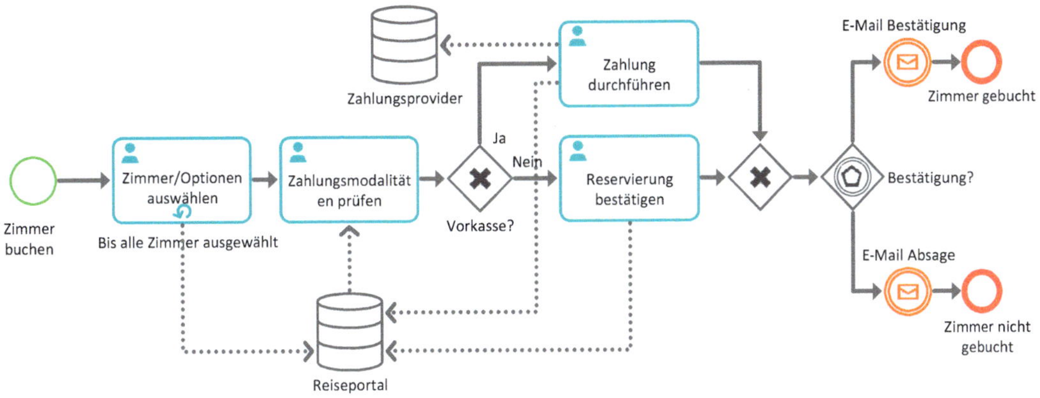

Bild 24 Der Unterprozess „Zimmerbuchung"

Hinweise zu Bild 24: Die Auswahl von mehreren Zimmern ist über die Mehrfachaufgabe „Zimmer/Optionen auswählen" modelliert.

Eine Besonderheit ist das ereignisgesteuerte exklusive Gateway „Bestätigung?". Der Prozess wartet auf das Eintreffen einer E-Mail mit einer Bestätigung oder einer Absage. Der Durchlauf wird am jeweils anderen Zwischenereignis beendet. Das Ergebnis ist entweder „Zimmer gebucht" oder „Zimmer nicht gebucht". Der Prozess könnte aber für eine Alternativbuchung bei einer Absage nochmals instanziiert werden, da er im aufrufenden Prozess als Schleifenaktivität definiert ist. Eine interne Sequenzflussschleife ist nicht erforderlich bzw. wäre doppelt. Fehler bei der Zimmerauswahl, Zahlungsdurchführung usw. werden im aufrufenden Prozess durch das angeheftete Zwischenereignis „Abbruch" abgefangen.

Übung 11: Erweiterte Hotelbuchung

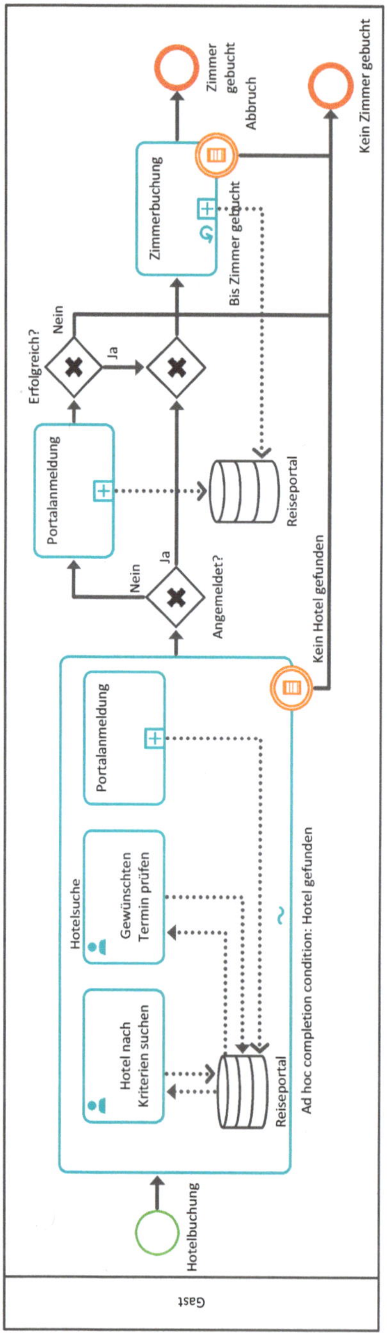

Bild 25 Erweiterte Hotelbuchung – Hauptprozess

Hinweise zu Bild 25: Im Prozess in Bild 25 wird die Hotelsuche über einen Adhoc-Unterprozess modelliert, der im Bild in der eingebetteten Form gezeigt wird. Durch dieses Konstrukt bleibt offen, ob zunächst das Hotel gesucht und danach der Termin geprüft wird, oder umgekehrt. Es kann (muss aber nicht) auch jederzeit eine Portalanmeldung erfolgen. Dazu kann im Unterprozess nochmals ein weiterer Unterprozess „Portalanmeldung" aufgerufen werden. Der Unterprozess „Hotelsuche" endet entweder mit der definierten Endebedingung „Hotel gefunden" oder über das angeheftete Zwischenereignis „Kein Hotel gefunden". Wenn ein Hotel gefunden wurde, muss im aufrufenden Prozess noch abgefragt werden, ob eine Portalanmeldung bereits erfolgt ist oder nicht. Wenn nein, muss der Unterprozess „Portalanmeldung" jetzt aufgerufen werden. Auch hier haben wir einen Fall, wie schon in der Übung zum Dienstreiseantrag, dass ein eingebetteter Unterprozess auch mehrfach aufgerufen werden kann, ohne dass er als Aufrufaktivität definiert wurde.

Übung 12: Hotelsystem und Check-in

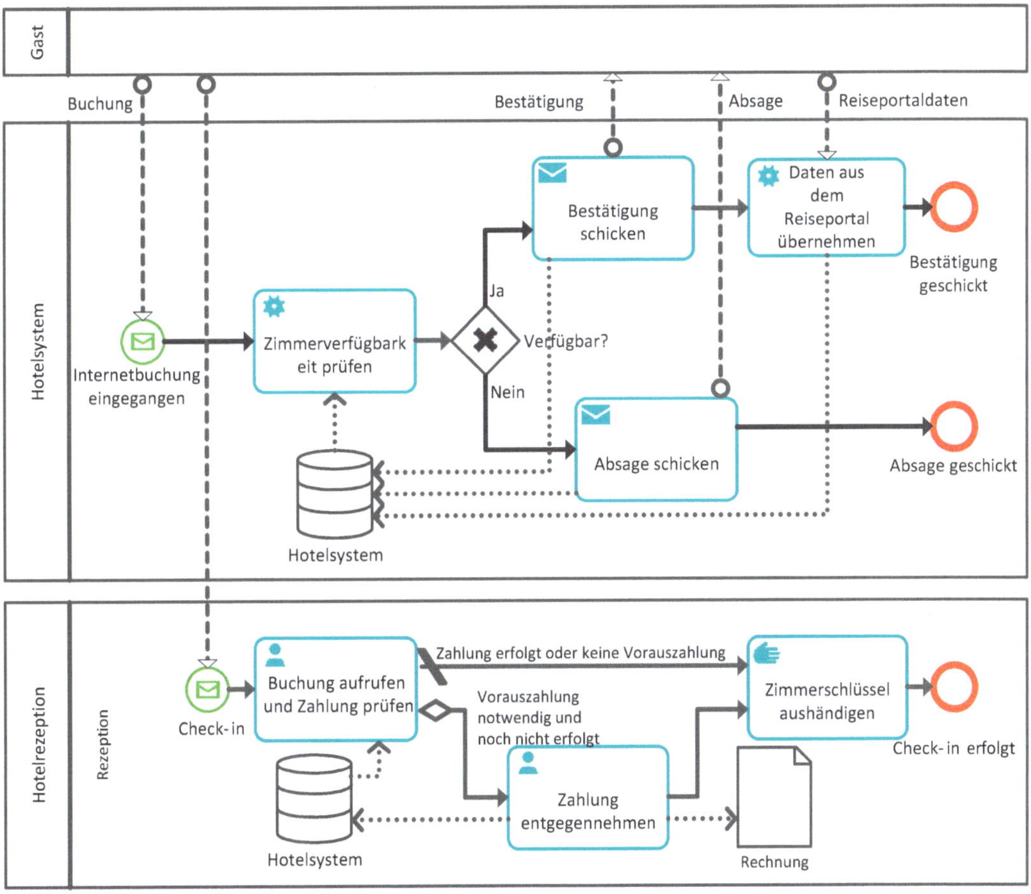

Bild 26 Hotelsystem und Check-in

Hinweise zu Bild 26: Es werden drei Pools gezeigt, ein Blackbox Pool für den Gast und zwei Pools mit privaten Prozessen für das Hotelsystem und die Hotelrezeption. Pools können auch als Teilnehmer ein technisches System haben. Dies ist hier der Pool „Hotelsystem“, in dem alle automatisch ausgeführten Aufgaben bei der Internetbuchung modelliert sind. Es sind hier die Service-Aufgaben „Zimmerverfügbarkeit prüfen“, „Daten aus dem Reiseportal übernehmen“ und die ebenfalls automatisch ausgeführten Nachrichtenaufgaben, die die Nachricht „Bestätigung“ oder „Absage“ über das Hotelsystem senden. Im Pool Hotelrezeption wird ein bedingter Sequenzfluss eingesetzt, um zur Zahlung zu verzweigen. Der Standardsequenzfluss „Zahlung erfolgt oder keine Zahlung notwendig“ führt direkt zu „Zimmerschlüssel aushändigen“. Wie in der Aufgabenstellung vorgegeben, werden hier nur die Aktivitäten der Rolle „Rezeption“ berücksichtigt und nicht die Aktivitäten des Gastes.

Übung 13: Check-out

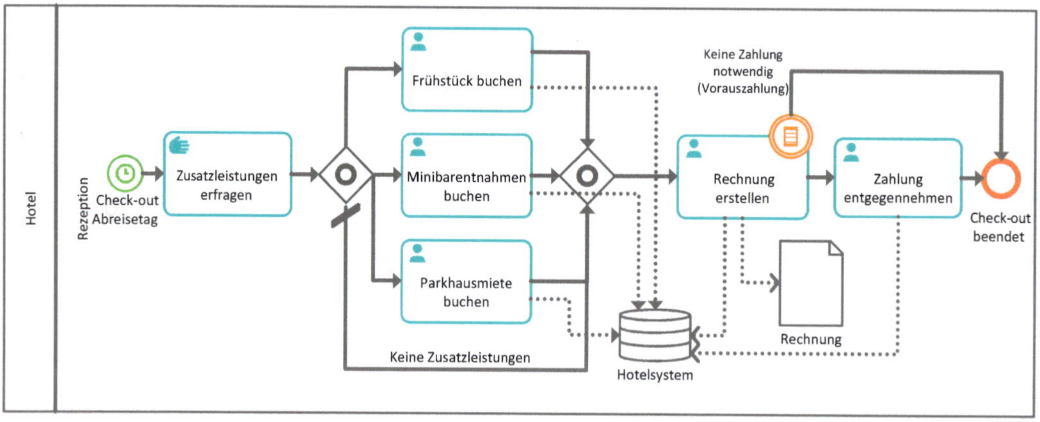

Bild 27 Check-out

Hinweise zu Bild 27: Der Check-out des Prozesses in Bild 27 beginnt mit einem Timer-Startereignis, um zu zeigen, dass der Check-out am Tag der Abreise erfolgt. Als Besonderheit wird hier ein inklusives Gateway (ODER) eingesetzt, um eine oder mehrere Zusatzleistungen abzufragen. Der Fall „Keine Zusatzleistung“ ist hier mit einem Standardsequenzfluss modelliert, der trotz ODER-Logik nicht zusammen mit den anderen Sequenzflüssen auftreten kann.

Lösung Buchhandlung

1. Wertschöpfungskette „Ladenverkauf“

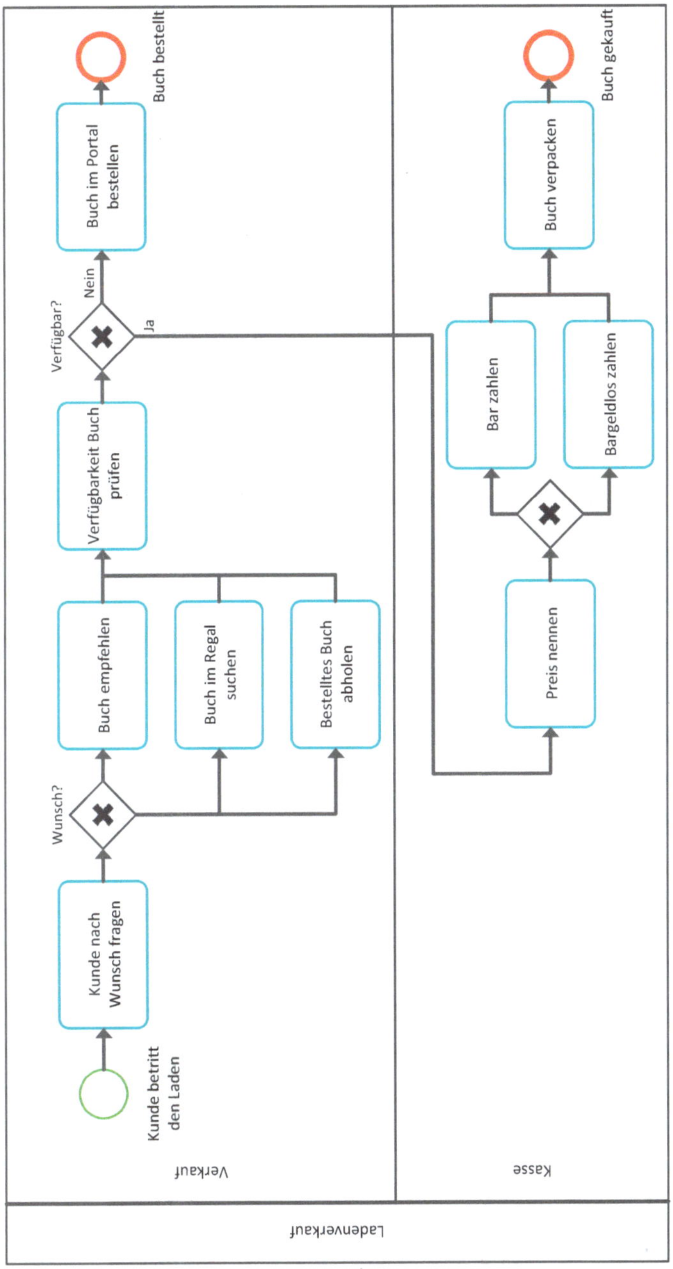

Bild 28 Übersichtsdiagramm zum Ladenverkauf

Hinweise zu Bild 28: Es handelt sich um eine Wertschöpfungskette des Kernprozesses „Ladenverkauf", modelliert mit einem Subset von BPMN-Elementen, ähnlich der „deskriptiven Unterklasse". Man kann Wertschöpfungsketten auch als Funktionsbaum oder als Prozesshierarchie modellieren. BPM-Toolhersteller bieten dafür in der Regel von BPMN unabhängige graphische Symbole und Kantentypen wie „ist prozessorientiert übergeordnet" oder „ist Vorgänger von" an. Diese Modelltypen haben den Nachteil, dass sie toolabhängig sind und die Modelle nicht ausgetauscht werden können. Deswegen ist die Empfehlung, auch Wertschöpfungsketten mit BPMN-Elementen zu modellieren, wie in Bild 28 gezeigt. Dabei werden bewusst Detailabläufe weggelassen wie z. B. der Fall, dass ein Kunde beim Betreten des Ladens mehrere Wünsche hat. Bei Wertschöpfungsketten liegt der Schwerpunkt auf den Funktionen und nicht auf dem Ablauf.

2. Wertschöpfungskette „Telefonische Bestellung"

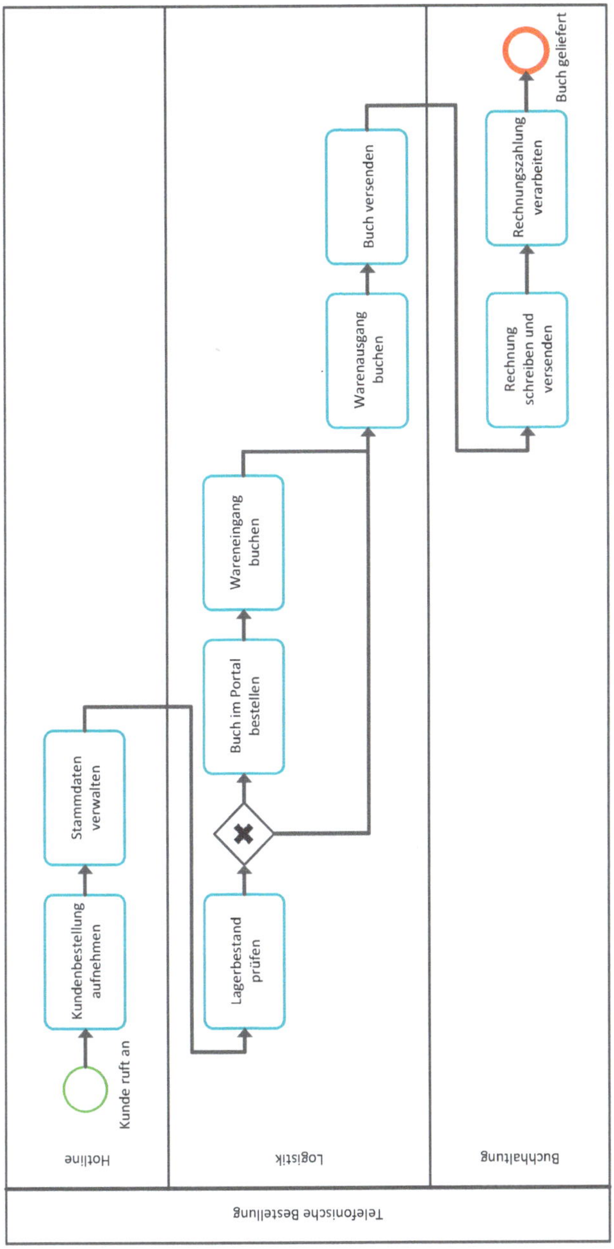

Bild 29 Übersichtsdiagramm zur telefonischen Bestellung

Hinweise zu Bild 29: Es handelt sich um eine Wertschöpfungskette des Kernprozesses „Telefonische Bestellung“, modelliert mit einem Subset von BPMN-Elementen, ähnlich der „deskriptiven Unterklasse“. Durch die Nutzung von BPMN ist die Interoperabilität, also der Modellaustausch toolübergreifend, gewährleistet.

3. Prozess „Telefonische Bestellung“

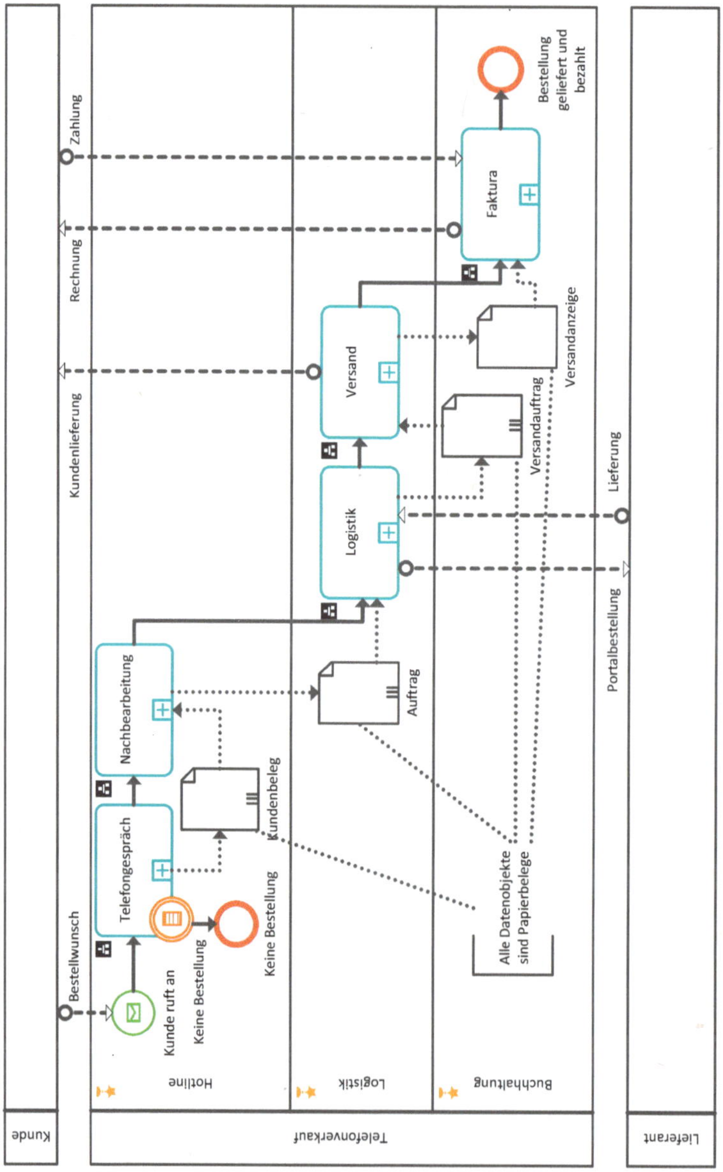

Bild 30 Telefonische Bestellung – Hauptprozess

Hinweise zu Bild 30: Der Prozess in Bild 30 ist der Hauptprozess der telefonischen Bestellung als Übersichtsdiagramm („big picture"). Er ist das Ergebnis der Ist-Analyse und zeigt die wesentlichen Abläufe und Aktivitäten als Unterprozesse. Diese müssen nicht deckungsgleich mit den Funktionen der Wertschöpfungskette sein, also nicht im Sinne einer weiteren Detaillierung. Wesentlich sind neben den Hauptaktivitäten die für die Funktionsfähigkeit des Prozesses notwendigen Belege, die im Prozessablauf gezeigt werden müssen. Aktivitäten produzieren hier Papierbelege, die zur Steuerung als Input des Folgeprozesses dienen. Die Aufgabe „Telefongespräch" hat als Ergebnis den Beleg „Kundenbeleg", der Input für die Aufgabe „Nachbearbeitung" ist. Diese wiederum erzeugt den Beleg „Auftrag", der die Logistik steuert. Ergebnis der Logistik ist der „Versandauftrag", der Auslöser für den Versand ist. Der Versand erzeugt den Beleg „Versandanzeige", der die Faktura auslöst. Solche Belegketten sind typisch für papiergesteuerte Prozesse. Nach BPMN-Semantik könnte es sich auch um elektronische Informationen (Daten) handeln, die durch ein integriertes System laufen. Da dies aus dem Modell nicht unmittelbar ersichtlich ist, wird es durch einen Textzusatz beschrieben. Den Einsatz eines integrierten Systems in einem Prozess kann man anhand des Soll-Prozesses in Bild 43 studieren. Auf der in Bild 30 gezeigten Prozessebene sind außerdem keine Systeme zu sehen, was bedeutet, dass es aktuell kein integriertes System gibt, das funktionsübergreifend zum Einsatz kommt. Das Übersichtsdiagramm zeigt auch die Nachrichtenflüsse zu den Kollaborationspartnern „Kunde" und „Lieferant", die jeweils als Blackbox Pool modelliert sind.

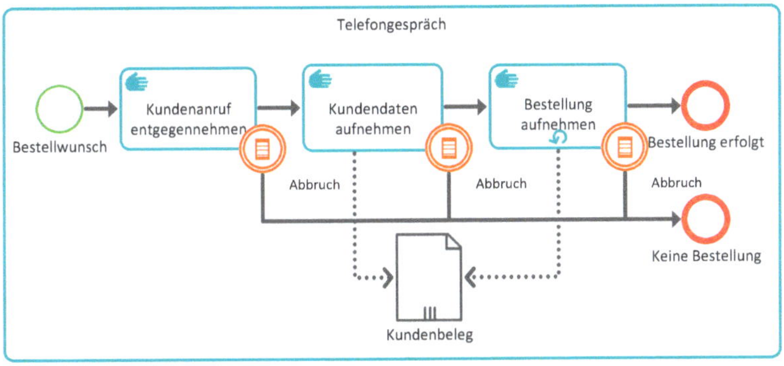

Bild 31 Der Unterprozess „Telefongespräch"

Hinweise zu Bild 31: Der Unterprozess „Telefongespräch" hat als Ergebnis zwei Endereignisse „Bestellung erfolgt" oder „Keine Bestellung". Im aufrufenden Prozess nach Bild 30 wird der Fall „Keine Bestellung" durch das angeheftete Bedingungs-Zwischenereignis mit gleichem Namen aufgefangen. Im Unterprozess ist diese Situation explizit durch angeheftete, unterbrechende Zwischenereignisse an allen drei Aufgaben dargestellt. Damit wird dokumentiert, dass das Telefongespräch an jeder Stelle, selbst nach Entgegennahme des Kundenanrufs (Kunde: „Jetzt habe ich in der Hotline 30 Minuten gewartet. Bei Ihnen werde ich nicht bestellen!“), beendet werden kann. Semantisch muss das nicht zwingend modelliert werden. Es würde das am Unterprozess angeheftete, unterbrechende Zwischenereignis „Keine Bestellung“ (Bild 30) ausreichen.

Es können auch mehrere Artikel bestellt werden. Dies ist durch die Schleifenaufgabe „Bestellung aufnehmen“ und durch das Datenobjekt „Kundenbeleg“ als Sammlung im Prozess aufgenommen worden.

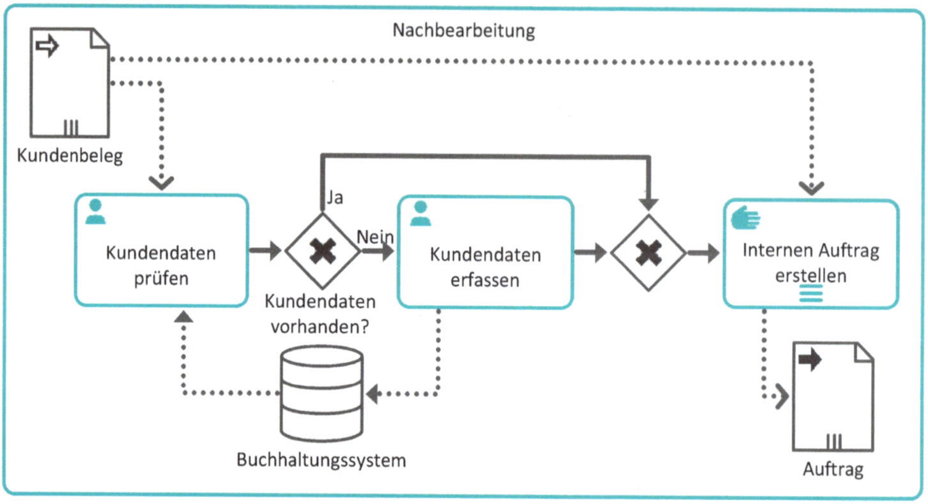

Bild 32 Der Unterprozess „Nachbearbeitung“

Hinweise zu Bild 32: Die Nachbearbeitung ist mit dem Konstrukt der BPMN-Datenschnittstelle modelliert, die nicht festlegt, ob es physische Papierbelege oder elektronische Daten sind. Auslöser ist der „Kundenbeleg“ als Dateneingang, markiert als Sammlung. Da jetzt die Anzahl der weiterzuverarbeitenden Artikel bekannt ist, ist die Aufgabe „Internen Auftrag erstellen“ eine sequenzielle Mehrfachaktivität, die nacheinander aus den Informationen des Kundenbelegs Aufträge erstellt. Ob es sich um ein Dokument mit mehreren Aufträgen oder um einen Papierstapel von Einzelaufträgen handelt, ist hier nicht ersichtlich, für den Ist-Prozess auch möglicherweise nicht relevant (sollte im Detail in der Fachabteilung nachgefragt werden). Der Auftrag ist der Datenausgang als Sammlung. In der Nachbearbeitung werden zusätzlich im Buchhaltungssystem manuell die Kundendaten für den späteren Fakturaprozess erfasst (Bild 35).

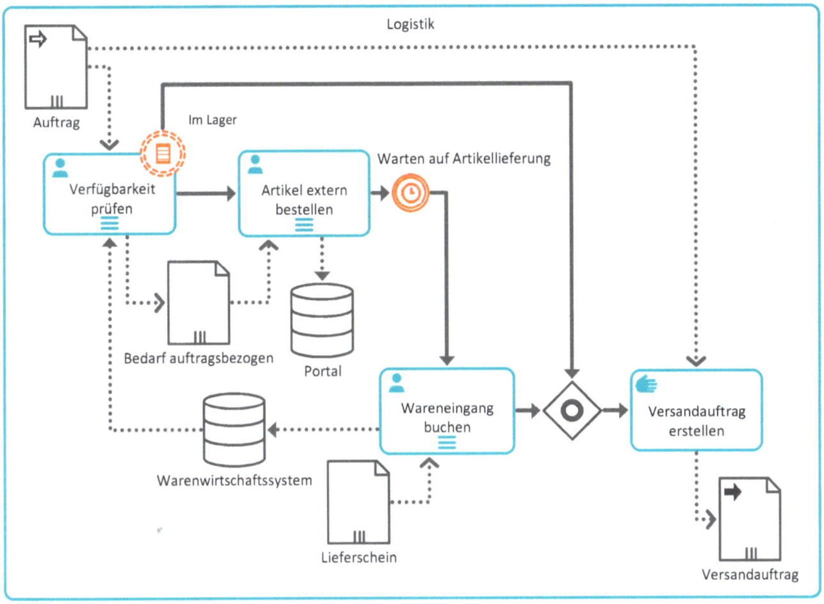

Bild 33 Der Unterprozess „Logistik“

Hinweise zu Bild 33: Auch hier wird wie im Unterprozess „Nachbearbeitung“ (Bild 32) mit der Datenschnittstelle gearbeitet. Dateneingang ist der Auftrag, Datenausgang der Versandauftrag, jeweils als Sammlung. Demzufolge sind die Aufgaben „Verfügbarkeit prüfen“, „Artikel extern bestellen“ und „Wareneingang buchen“ jeweils sequenzielle Mehrfachaktivitäten, da gegebenenfalls mehrere Artikel zu verarbeiten sind. Die Aufgabe „Versandauftrag erstellen“ ist eine manuelle Aktivität, in der der Versandauftrag als Beleg erstellt wird. Bei den Sequenzflüssen ist – ausgehend vom nicht unterbrechenden, angehefteten Bedingungsereignis – auf den Pfad hinzuweisen, der durchlaufen wird, wenn der Artikel (auch mehrere möglich) im Lager verfügbar ist. Wenn die Artikel nicht verfügbar sind, werden sie über das Portal bestellt und der Prozess stoppt am inklusiven Gateway, bis die Lieferung erfolgt ist und der Wareneingang gebucht ist. Hier wird von der Synchronisationsfunktion des inklusiven Gateways Gebrauch gemacht. Im Ergebnis heißt das, dass die Lieferung an den Kunden erst weiterverarbeitet wird, bis alle gewünschten Artikel vorhanden sind. Teillieferungen sind nicht vorgesehen. Die Nachrichtenflüsse zum bzw. vom Lieferantenpool „Portalbestellung“ und „Lieferung“ dürfen nicht über die Unterprozessgrenzen zu den jeweiligen Aufgaben durchgezogen werden. Sie beginnen bzw. enden an den Unterprozessgrenzen, zu sehen im Hauptprozess (Bild 30).

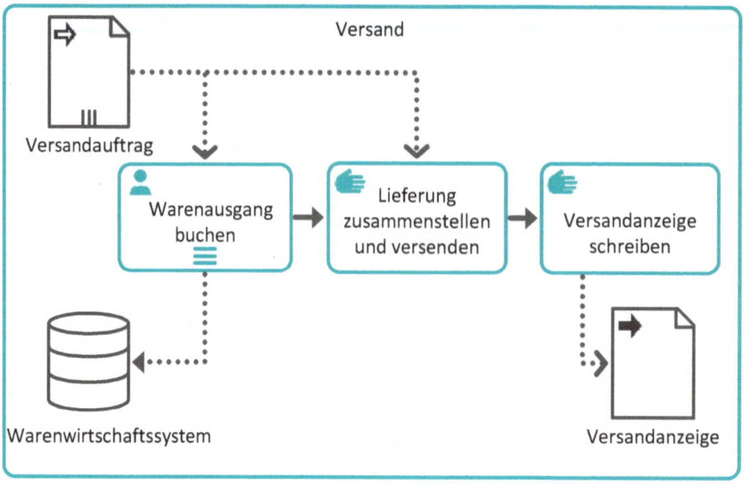

Bild 34 Der Unterprozess „Versand"

Hinweise zu Bild 34: Dateneingang des Unterprozesses „Versand" ist der Versandauftrag als Sammlung (mehrere Artikel möglich), Datenausgang die „Versandanzeige". Die eigentliche Lieferung erfolgt durch die Aufgabe „Lieferung zusammenstellen und versenden". Ein ausgehender Nachrichtenfluss über die Grenzen des Unterprozesses zum Kundenpool ist nicht erlaubt. Im aufrufenden Hauptprozess (Bild 30) ist dazu ein Nachrichtenfluss „Kundenlieferung", ausgehend von der Grenze des Unterprozesses, vorgesehen.

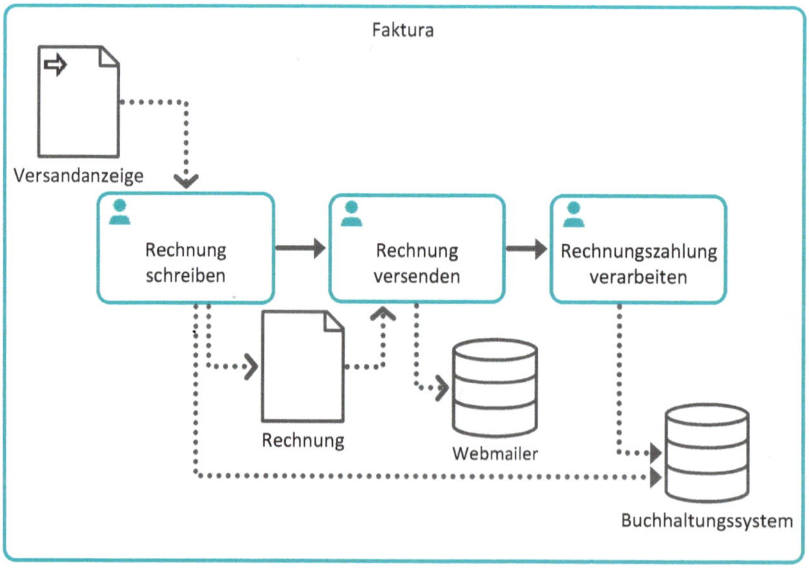

Bild 35 Der Unterprozess „Faktura"

Hinweise zu Bild 35: Dateneingang des Unterprozesses „Faktura“ ist die Versandanzeige. Die Rechnung wird unabhängig von der Lieferung (Unterprozess „Versand“, Bild 34) versendet. Der Prozess bleibt so lange stehen, bis auch die Zahlung vom Kunden erfolgt ist und die Rechnungszahlung verarbeitet wurde. Die Nachrichtenflüsse „Rechnung“ und „Zahlung“ dürfen nicht an den jeweiligen Aufgaben angeheftet werden, sondern beginnen bzw. enden an den Unterprozessgrenzen, wie bereits in den Hinweisen zu Bild 33 und Bild 34 beschrieben. Sonderfälle, wie Mahnungen bei nicht erfolgter oder unvollständiger Zahlung, sind hier nicht berücksichtigt.

4. Prozess „Ladenverkauf“

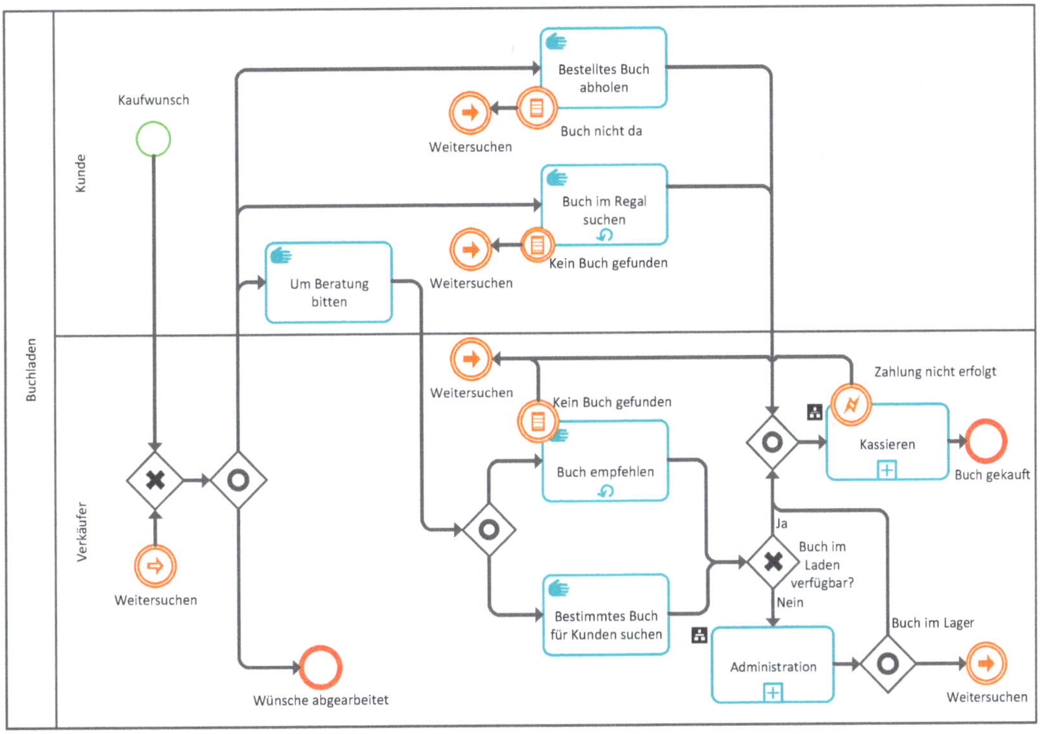

Bild 36 Ladenverkauf – Hauptprozess

Hinweise zu Bild 36: Der Hauptprozess „Ladenverkauf“ in Bild 36 ist kein klassisches Übersichtsdiagramm, da viele manuelle Aufgaben bereits im Hauptprozess modelliert sind. Er ruft die Unterprozesse „Kassieren“ und „Administration“ auf. Letzterer behandelt alle Abläufe, wenn ein Buch im Laden nicht verfügbar ist. Kennzeichen des Modells ist das inklusive Gateway zu Beginn, das auch mehrere Kundenwünsche gleichzeitig erlaubt. Das Gateway und die Kanten sind nicht benannt, da sich die Bedeutung aus den folgenden Aufgaben eindeutig ergibt. Das inklusive Gateway vor dem Unterprozess „Kassieren“ hat eine synchronisierende Wirkung, d. h. es wartet auf alle am Anfang parallel ausgelösten Abläufe, bevor der Kassiervorgang aufgerufen wird. Beispielsweise kann der Kunde ein bestelltes Buch abholen, selbst noch ein Buch im Regal suchen und sich noch ein Buch aus dem Lager holen lassen, das ihm vielleicht empfohlen wurde. Mit allen Büchern geht er dann zur Kasse.

Eine weitere Besonderheit ist die Schleife bzw. sind die Rücksprünge, die hier wegen der besseren Übersichtlichkeit über Link-Zwischenereignisse realisiert worden sind. Die Aufgaben „Bestelltes Buch abholen“, „Buch im Regal suchen“, „Buch empfehlen“ können über angeheftete Zwischenereignisse abgebrochen werden, weil z. B. das bestellte Buch nicht da ist, im Regal kein Buch gefunden wurde oder der Kunde die Buchempfehlung nicht annimmt. Die Ausnahmesequenzflüsse landen alle an einem sendenden Link-Zwischenereignis „Weitersuchen“. Außerdem kann auch im Unterprozess „Kassieren“ etwas passieren, das zum Abbruch – hier als angeheftetes Fehler-Zwischenereignis modelliert – führt, mit einem Ausnahmesequenzfluss zum Link-Zwischenereignis „Weitersuchen“.

Nach dem Unterprozess „Administration“ kann es zwei Fälle geben, die gemäß ODER-Logik beide oder nur einzeln gültig sind. Das Buch war im Lager vorrätig, sodass zum Gateway vor dem Kassiervorgang verzweigt wird, und/oder das Buch war nicht im Lager, wurde bestellt oder nicht. Wenn der Kunde weitersuchen möchte, endet der Sequenzfluss ebenfalls am sendenden Link-Zwischenereignis „Weitersuchen“.

In allen Fällen wird der Prozess dann am empfangenden Link-Zwischenereignis gleichen Namens am Anfang des Prozesses fortgesetzt. Es folgen dann entweder über den neuen Schleifendurchlauf wiederum die Aufgaben mit der Bearbeitung der Kundenwünsche oder der Pfad endet mit dem Endereignis „Wünsche abgearbeitet“. Damit ist nicht zwangsläufig das Ende des Prozesses erreicht. Wenn noch offene Abläufe (Token) am inklusiven Gateway warten – der Kunde hat zum Beispiel ein Buch abgeholt – wird jetzt der Prozess mit dem Unterprozess „Kassieren“ fortgesetzt. Es kann auch sein, dass der Kunde nichts erfolgreich erledigen konnte, demzufolge auch nichts kassiert werden muss und in diesem Fall der gesamte Prozess über das Endereignis „Wünsche abgearbeitet“ beendet wird (keine wartenden Token am inklusiven Gateway). Wenn der Prozess über den Unterprozess „Kassieren“ normal am Endereignis „Buch gekauft“ beendet wird, wurde auch ein Buch gekauft.

In diesem Modell zeigt sich die Mächtigkeit der Semantik der Synchronisationsfunktion des inklusiven Gateways. Zugegebenermaßen ist das Modell nicht sofort verständlich und man muss sich „einlesen“. Die Vorgänge im Buchladen, wenn alle Varianten berücksichtigt werden sollen, sind aber auch komplexer als man denkt.

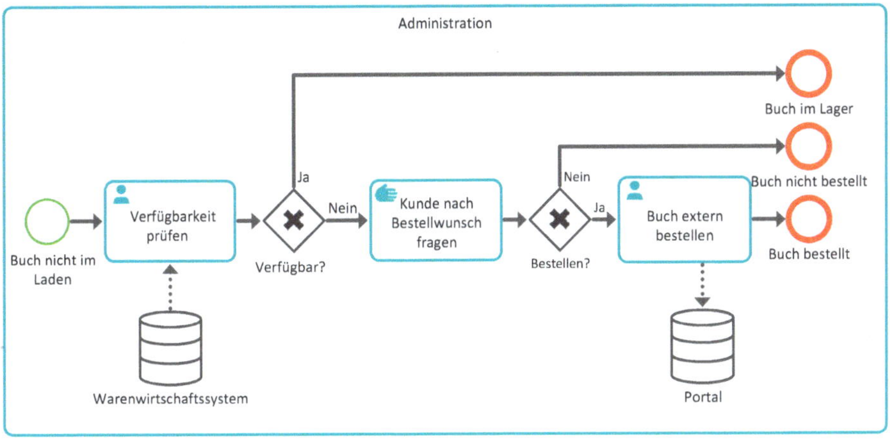

Bild 37 Der Unterprozess „Administration“

Hinweise zu Bild 37: Hier gibt es keine Besonderheiten. Der Unterprozess endet mit drei Zuständen. Wie im aufrufenden Prozess (Bild 36) zu sehen ist, wird nur das Endereignis „Buch im Lager“ explizit weitergeführt. Ob das Buch bestellt oder nicht bestellt wurde spielt für den Hauptprozess keine Rolle.

5. IT-Prozesse mit Systemen und Buchhaltung

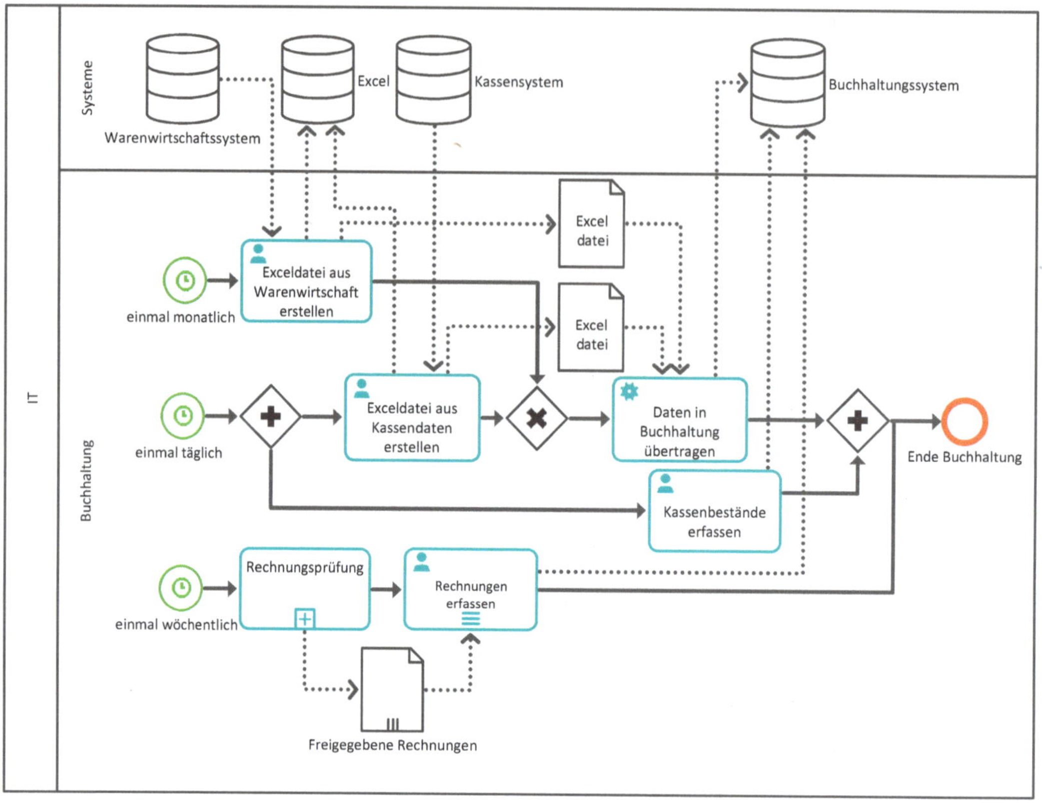

Bild 38 IT-Prozesse und Systeme im Backoffice

Hinweise zu Bild 38: In der Lane „Systeme" sind alle Systeme abgebildet. Schon hier sieht man die heterogene, nicht integrierte Systemlandschaft. Aufgrund der fehlenden Integration müssen unter der Verantwortung der Buchhaltung (Lane „Buchhaltung") regelmäßige Aktivitäten ausgeführt werden, die teilweise automatisch ablaufen. Der Prozess kann durch die Timer-Startereignisse „einmal monatlich", „einmal täglich" oder „einmal wöchentlich" instanziiert werden. Die Ist-Analyse geht hier davon aus, dass es einen flexiblen Excel-Upload „Daten in Buchhaltung übertragen" zum Buchhaltungssystem gibt. Dieser kann eine Excel-Importdatei (Datenobjekt „Exceldatei") verarbeiten, die entweder Daten aus der Warenwirtschaft bereitstellt mit der Aufgabe „Exceldatei aus Warenwirtschaft erstellen" oder aus dem Kassensystem mit der Aufgabe „Exceldatei aus Kassendaten erstellen". Die Inhalte sind in der Aufgabenstellung beschrieben. BPMN sieht hier keine besonderen Konstrukte vor, sondern verweist zur Strukturierung der Daten auf spezielle Datenmodelle. Theoretisch könnte man in Unterprozessen den Excel-Download explizit mit Datenobjekten pro Datenfeld modellieren, d. h. beim Kassensystem mit drei Datenobjekten „Artikel“, „Menge“, „Preis“. Damit wäre der wesentliche Inhalt auch visuell dokumentiert, für eine technische Implementierung des Downloads wäre dies aber nicht unbedingt ausreichend.

Bei der Übertragung der Daten aus dem Kassensystem ist die manuelle Erfassung der Kassenstände über einen parallelen Zweig mit einem aufteilenden und einem synchronisierenden parallelem Gateway modelliert.

Die Rechnungsprüfung wird einmal wöchentlich aufgerufen. Die Prüfung wird durch den Unterprozess „Rechnungsprüfung“ durchgeführt, die freigegebenen Rechnungen werden zur Zahlung manuell im Buchhaltungssystem erfasst.

6. Unterprozess „Kassieren“

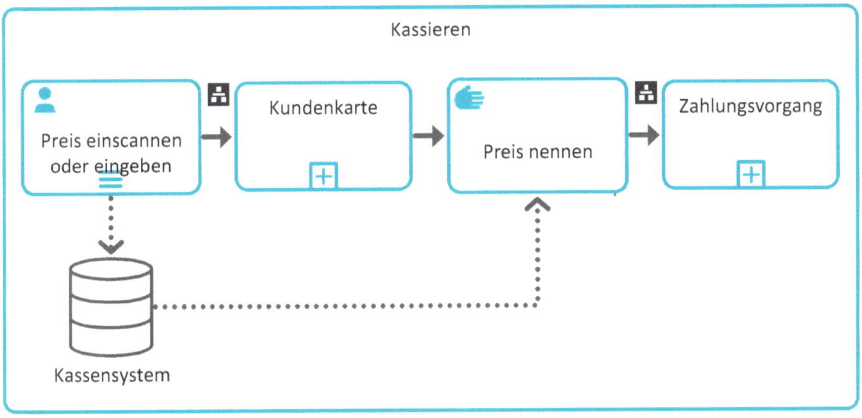

Bild 39 Der Unterprozess „Kassieren“

Hinweise zu Bild 39: Der Unterprozess „Kassieren“ arbeitet mit dem Kassensystem und ruft zwei weitere eingebettete Unterprozesse „Kundenkarte“ und „Zahlungsvorgang“ auf.

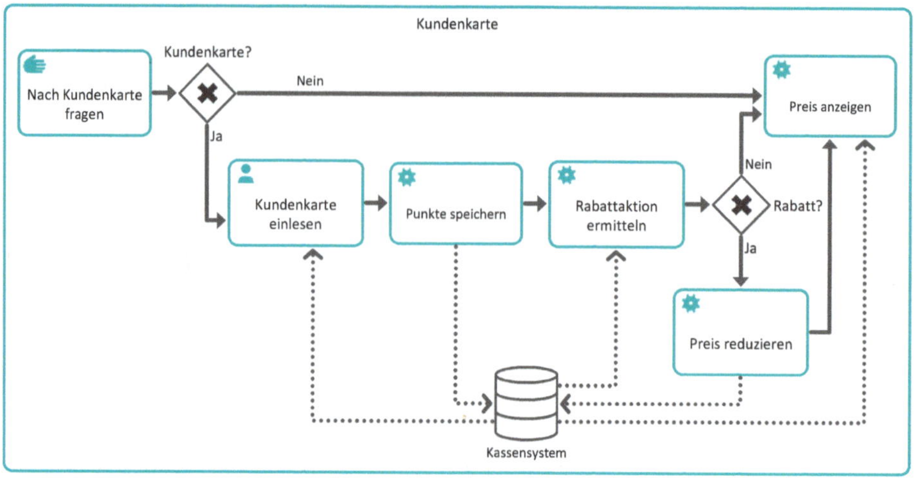

Bild 40 Der Unterprozess „Kundenkarte"

Hinweise zu Bild 40: Aus Gründen der Übersichtlichkeit wurde im Unterprozess „Kundenkarte" auf das zusammenführende exklusive Gateway vor der Service-Aufgabe „Preis anzeigen" verzichtet.

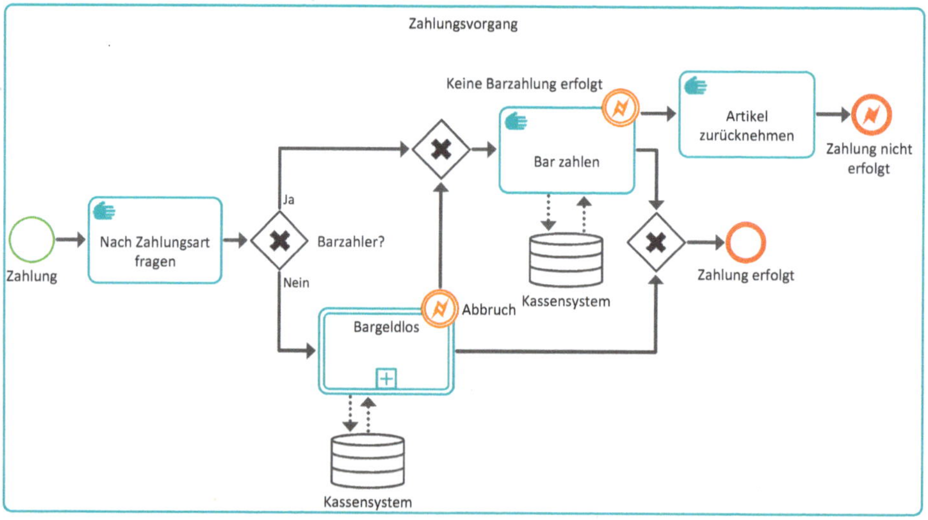

Bild 41 Der Unterprozess „Zahlungsvorgang"

Hinweise zu Bild 41: Der Unterprozess „Zahlungsvorgang" ruft einen weiteren Unterprozess „Bargeldlos" auf, der als Transaktion modelliert ist. Die Zahlung ist erfolgreich oder sie läuft auf einen Fehler „Abbruch" und wird auf den Anfangszustand zurückgesetzt. Zum Inhalt des Fehlers ist auf dieser Modellierungsebene nichts bekannt. Es könnte zum Beispiel eine nicht akzeptierte Karte sein. Details würde man in der Transaktion einschließlich der notwendigen Kompensationen im Fehlerfall modellieren. Dies war in der Übung nicht gefordert. Über das angeheftete Fehler-Zwischenereignis „Abbruch“, das immer unterbrechend ist, wird der Ausnahmesequenzfluss aktiviert, der über das zusammenführende exklusive Gateway zur Aufgabe „Bar zahlen“ führt. Auch diese kann nicht erfolgreich sein („Kunde hat kein Bargeld“). Nach dem angehefteten Fehler-Zwischenereignis „Keine Barzahlung erfolgt“ folgt über den Ausnahmesequenzfluss die Aufgabe „Artikel zurücknehmen“ mit dem Fehler-Endereignis „Zahlung nicht erfolgt“. Im Normalfall endet der Unterprozess mit dem Endereignis „Zahlung erfolgt“. Im Hauptprozess (Bild 36) wird auf der obersten Prozessebene der Fehlerfall durch ein angeheftetes Fehler-Zwischenereignis „Zahlung nicht erfolgt“ abgefangen. Diese Information wird ohne weitere Modellierung vom Unterprozess „Zahlungsvorgang“ über den aufrufenden Unterprozess „Kassieren“ an den Hauptprozess weitergegeben, da prozessuale Daten (Entscheidungen, Ereignisse, Nachrichtenflüsse) im gesamten Prozessmodell über alle Ebenen verfügbar sind.

Die Datenverbindungen zum Kassensystem sind hier ausnahmsweise bidirektional modelliert, um sowohl Datenerfassung während des Zahlvorgangs als auch Anzeigen der Kasse zu berücksichtigen.

Der Sonderfall, dass bei mehreren Artikeln einige Artikel bezahlt und andere zurückgegeben werden, ist hier nicht modelliert.

Lösung Buchhandlung Soll

7. Schwachstellenanalyse und Soll-Prozess

Risiko: Buch nicht verfügbar

Prozess: Ladenverkauf

Risikobeschreibung: Durch den Ladenbestand nicht abgedeckte Kundenwünsche führen zu Kundenunzufriedenheit und zum Onlinekauf im Versandhandel.

Lösung: Weitere Beobachtung der Kundenwünsche und gegebenenfalls Überarbeitung der Einkaufsstrategie und des im Laden verfügbaren Buchangebots. Sinnvoll ist auch eine Umfeldanalyse, um das Buchangebot an die örtlichen Gegebenheiten (Kiezbuchladen? Fachbuchsortiment? Bestseller?) anzupassen.

Risiko: Kasse und Verkauf nicht getrennt

Prozess: Ladenverkauf

Risikobeschreibung: Verkäufer (Kundenberater) ist auch für die Kasse zuständig. Dadurch können für den Verkäufer unnötige Leerzeiten entstehen, wenn die Kasse belegt ist. Auch der Kunde kann nicht schneller bedient werden.

Lösung: Reorganisation

Risiko: Keine Verfügbarkeit der Kundendaten aus dem Buchhaltungssystem im Portal

Prozess: Ladenverkauf

Risikobeschreibung: Wenn der Kunde ein Buch bestellt, das über das Portal beschafft wird, sind rudimentäre Kundendaten nur im Portal verfügbar. Es kann nicht auf den Kundenstamm im Buchhaltungssystem zugegriffen werden.

Lösung: Schnittstelle zu den Kundendaten im Buchhaltungssystem realisieren.

Risiko: Keine Integration Warenwirtschaftssystem und Portal

Prozess: Ladenverkauf

Risikobeschreibung: Aus der Suche im Warenwirtschaftssystem kann bei fehlendem Bestand nicht automatisch ein Bedarf im Portal angelegt werden. Dadurch entstehen unnötiger Aufwand und potenzielle Fehler.

Lösung: Da die Auswirkungen gering sind, wird zunächst keine Lösung angestrebt.

Risiko: Keine Integration Kassensystem und Buchhaltungssystem

Prozess: Kassieren

Risikobeschreibung: Kundendaten sind getrennt im Buchhaltungs- und Kassensystem vorhanden. Im Buchhaltungssystem liegen die Kundendaten nur vor, wenn der Kunde über eine Rechnung bestellt hat (z. B. bei einer telefonischen Bestellung). Im Kassensystem liegen die Kundendaten nur vor, wenn eine Kundenkarte ausgegeben wurde. Dadurch liegt keine umfangreiche Kundensicht vor. Kunde kann nicht optimal betreut werden.

Lösung: Alternative 1: Neue Schnittstelle Kassensystem – Buchhaltungssystem/Alternative 2: Integrierte Geschäftsprozessanwendung einführen.

Risiko: Keine Zahlungsdeckung

Prozess: Bargeldlos

Risikobeschreibung: Da die Kartenzahlung im Offline-Betrieb nicht direkt geprüft werden kann, besteht die Gefahr, dass die Karte keine Deckung hat.

Lösung: Versicherung abschließen.

Risiko: Telefonische Bestellung wird über Papierbelege ausgeführt.

Prozess: Telefonische Bestellung

Risikobeschreibung: Der Bestellprozess bei telefonischen Bestellungen ist ausschließlich papiergesteuert. Der von der Hotline erstellte Bestellbeleg wird zur Verfügbarkeitsprüfung und gegebenenfalls Bestellung im Portal an die Logistik weitergeleitet.

Lösung: Integrierte Geschäftsprozessanwendung einführen.

Risiko: Lange Lieferzeit

Prozess: Telefonische Bestellung

Risikobeschreibung: Wenn das Buch nicht im Lager oder nicht direkt beim Großhandel verfügbar ist, kann es zu längeren Lieferzeiten kommen. Kunde zieht Bestellung zurück, Kundenunzufriedenheit.

Lösung: Weitere Beobachtung der Kundenwünsche und gegebenenfalls Überarbeitung der Einkaufsstrategie und des im Laden verfügbaren Buchangebots. Sinnvoll ist auch eine Umfeldanalyse, um das Buchangebot an die örtlichen Gegebenheiten (Kiezbuchladen? Fachbuchsortiment? Bestseller?) anzupassen. Evtl. Direktlieferung durch den Portallieferanten.

Risiko: Keine Aussage zu Verfügbarkeit und Lieferzeit möglich.

Prozess: Telefonische Bestellung

Risikobeschreibung: Wenn das Buch nicht im Lager oder nicht direkt beim Großhandel verfügbar ist, kann es zu längeren Lieferzeiten kommen. Dies kann dem Kunden nicht mitgeteilt werden, da die Hotline keinen Zugriff auf das Warenwirtschaftssystem und das Portal hat. Das kann zu Kundenunzufriedenheit und Reklamationen führen.

Lösung: Integrierte Geschäftsprozessanwendung einführen.

Risiko: Prüfung der Kundendaten nach dem Telefonat auf Basis des Kundenbelegs und Erfassung bei Neukunden; fehlerhaft und ineffizient.

Prozess: Telefonische Bestellung

Risikobeschreibung: Dieser Schritt kann entfallen, wenn die Kundendaten bereits während des Kundengesprächs zur Verfügung stehen und bei Neukunden erfasst werden.

Lösung: Integrierte Geschäftsprozessanwendung einführen.

Risiko: Bestellbeleg manuell geschrieben

Prozess: Telefonische Bestellung

Risikobeschreibung: Es kann zu einem fehlerhaften oder unleserlichen Erfassen der Daten kommen, was wiederum zu weiteren manuellen Arbeiten mit weiteren möglichen Fehlern führen kann.

Lösung: Integrierte Geschäftsprozessanwendung einführen.

Risiko: Beim Wareneingang übersehen, dass es sich um eine Kundenbestellung handelt.

Prozess: Telefonische Bestellung

Risikobeschreibung: Beim Wareneingang muss zusätzlich über die vorliegenden Kundenbelege geprüft werden, ob es sich um eine Kundenbestellung handelt. Dies kann übersehen werden und der Kunde wird nicht beliefert.

Lösung: Buch direkt vom Portallieferanten an den Kunden liefern lassen. Erfordert aber das Vorliegen der Versanddaten des Kunden beim Großhändler.

Risiko: Versandanzeige manuell geschrieben

Prozess: Telefonische Bestellung

Risikobeschreibung: Es kann zu einem fehlerhaften oder unleserlichen Erfassen der Daten kommen, was wiederum zu weiteren manuellen Arbeiten mit weiteren möglichen Fehlern führen kann.

Lösung: Integrierte Geschäftsprozessanwendung einführen.

Risiko: Späte Faktura

Prozess: Telefonische Bestellung

Risikobeschreibung: Da die Rechnungslegung manuell gesteuert über die Versandanzeige erfolgt, ist die Dauer bis zur Erstellung der Faktura häufig zu lang. Das kann zu Cashflowproblemen führen.

Lösung: Integrierte Geschäftsprozessanwendung einführen.

Risiko: Keine Faktura

Prozess: Telefonische Bestellung

Risikobeschreibung: Da die Rechnungsschreibung durch die Versandanzeige gesteuert wird, kann es vorkommen, dass keine Rechnung geschrieben wird.

Lösung: Integrierte Geschäftsprozessanwendung einführen.

Risiko: Keine Integration Warenwirtschaftssystem und Buchhaltungssystem

Prozess: Allgemein

Risikobeschreibung: Durch die monatliche Übertragung der Daten aus dem Warenwirtschaftssystem in die Buchhaltung kann nur monatlich das aktuelle Ergebnis (Umsatz/Kosten) abgefragt werden. Kurzfristige Unternehmenssteuerung ist eingeschränkt.

Lösung: Integrierte Geschäftsprozessanwendung einführen.

Risiko: Keine Integration Warenwirtschaftssystem und Buchhaltungssystem: unnötige Aktivität, Medienbruch bei der Datenübertragung

Prozess: Allgemein

Risikobeschreibung: Durch die fehlende Integration von Warenwirtschaft und Buchhaltung muss eine manuelle Datenübertragung mit Medienbruch über eine Exceldatei erfolgen. Potenziell fehlerhaft.

Lösung: Integrierte Geschäftsprozessanwendung einführen.

Risiko: Keine Integration Kassensystem und Buchhaltungssystem: unnötige Aktivität, Medienbruch bei Datenübertragung

Prozess: Allgemein

Risikobeschreibung: Durch die fehlende Integration von Kassensystem und Buchhaltungssystem muss eine manuelle Datenübertragung mit Medienbruch über eine Exceldatei erfolgen. Potenziell fehlerhaft.

Lösung: Integrierte Geschäftsprozessanwendung einführen.

Risiko: Rechnungsprüfung manuell

Prozess: Allgemein

Risikobeschreibung: Der manuelle Prozess ist aufwendig und fehleranfällig. Skontoverluste durch lange Bearbeitungszeiten möglich.

Lösung: Elektronische Rechnungsschnittstelle des Portals in Betrieb nehmen. Elektronische Rechnungen direkt in der integrierten Geschäftsprozessanwendung über einen Workflow mit teilautomatischen Prozessen prüfen.

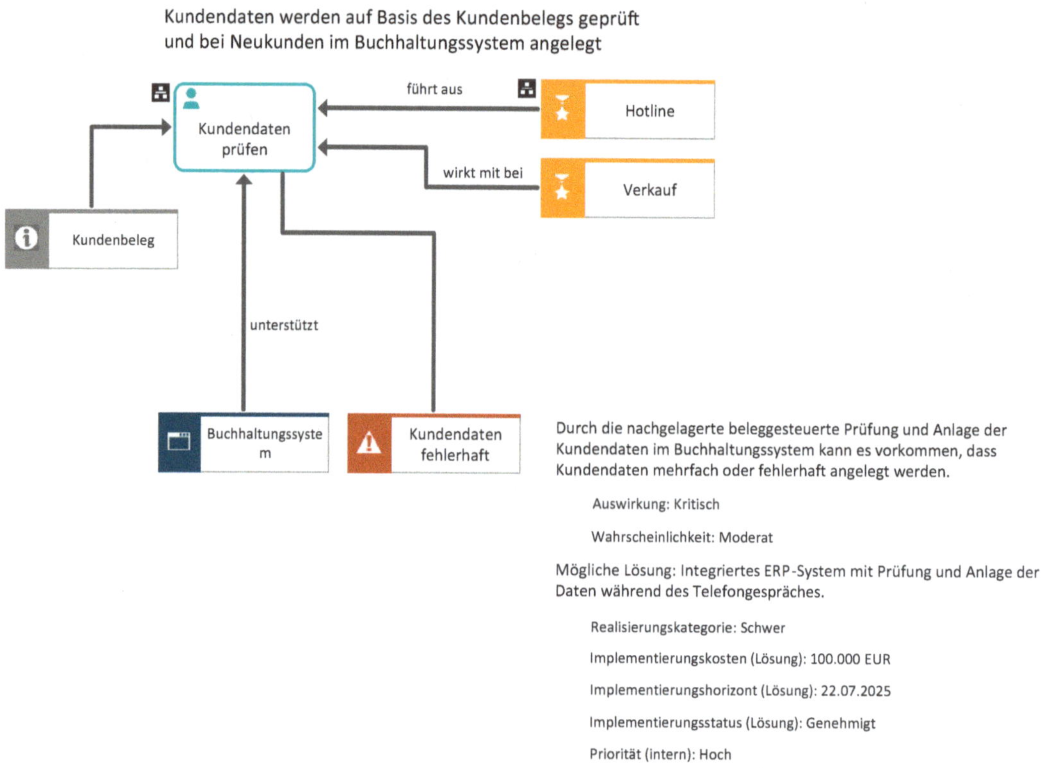

Bild 42 Schwachstellenanalyse mit beispielhaftem Diagramm zu Risiko: „Prüfung der Kundendaten nach dem Telefonat auf Basis des Kundenbelegs und Erfassung bei Neukunden; fehlerhaft und ineffizient"

Hinweise zu Schwachstellenanalyse: Die Schwachstellenanalyse mag für den einen oder anderen zu trivial oder zu oberflächlich sein. Da es hier schwerpunktmäßig um den Einsatz der BPMN für die Modellierung geht, soll hier nur das Prinzip aufgezeigt werden. Die genannten Inhalte sind als zusätzliche Attribute hinter den Aktivitäten im BPMN-Tool abgelegt und können per Report ausgewertet werden. Weitere Attribute könnten „Risk owner", „Risk impact", „Risk probability", „Risk priority", „Risk status", „Horizon", „Complexity", „Cost" sein, mit denen auch die Lösungsimplementierung im Tool verfolgt werden kann. Damit gibt es eine zentrale Stelle, an der alle Informationen verwaltet werden können.

Im Beispiel in Bild 42 wird die Aufgabe „Kundendaten prüfen" aus der Ist-Analyse Bild 32 (Unterprozess „Nachbearbeitung") mit zusätzlichen Attributen zum Risiko und zur Schwachstellenbehebung gezeigt.

Soll-Prozess

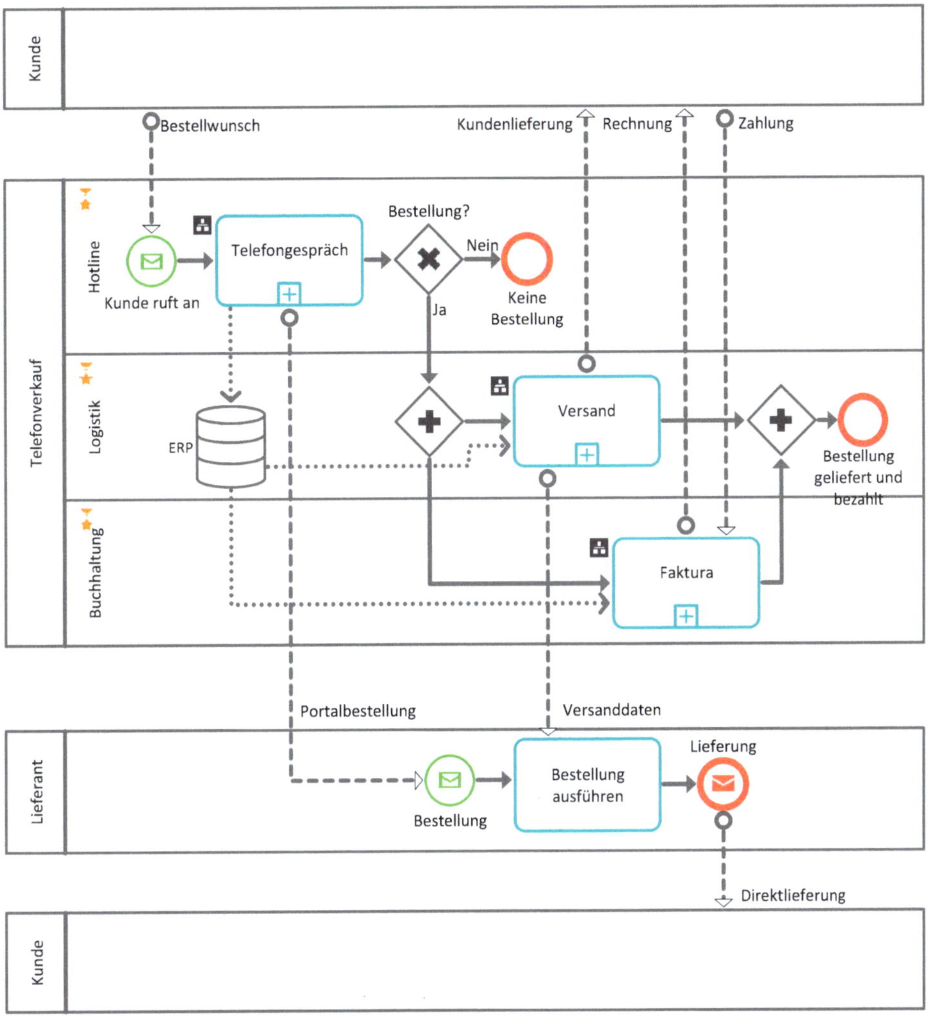

Bild 43 Soll-Prozess „Telefonische Bestellung" – Hauptprozess

Hinweise zu Bild 43: Der Soll-Prozess zeigt auf dieser Ebene den Einsatz des integrierten ERP-Systems. Es sind nur die Hauptdatenverbindungen modelliert. Weiterhin fällt der Wegfall der Unterprozesse „Nachbearbeitung" und „Logistik" auf. Der Lieferant kann bei einer Portalbestellung den Kunden direkt beliefern, um Zeit zu sparen. In der Modellierung ist ein zweiter Kundenpool angelegt, um diese Kollaboration direkt zu zeigen. Versand und Faktura laufen unabhängig voneinander parallel, modelliert über parallele Gateways. Die Nachrichtenflüsse zu den Kollaborationspartnern „Kunde" und „Lieferant" gehen direkt von den Grenzen der Unterprozesse aus bzw.

enden an den Grenzen der Unterprozesse. Innerhalb der Unterprozesse sind sie nicht erlaubt. Die Kundenpools sind Blackbox Pools ohne Prozesse. Der Lieferantenpool enthält einen öffentlichen Prozess, der die Bestellbearbeitung mit Direktlieferung zum Kunden zeigt. Die Aufgabe „Bestellung ausführen“ hat als Input einen Nachrichtenfluss mit den Versanddaten für die Direktlieferung.

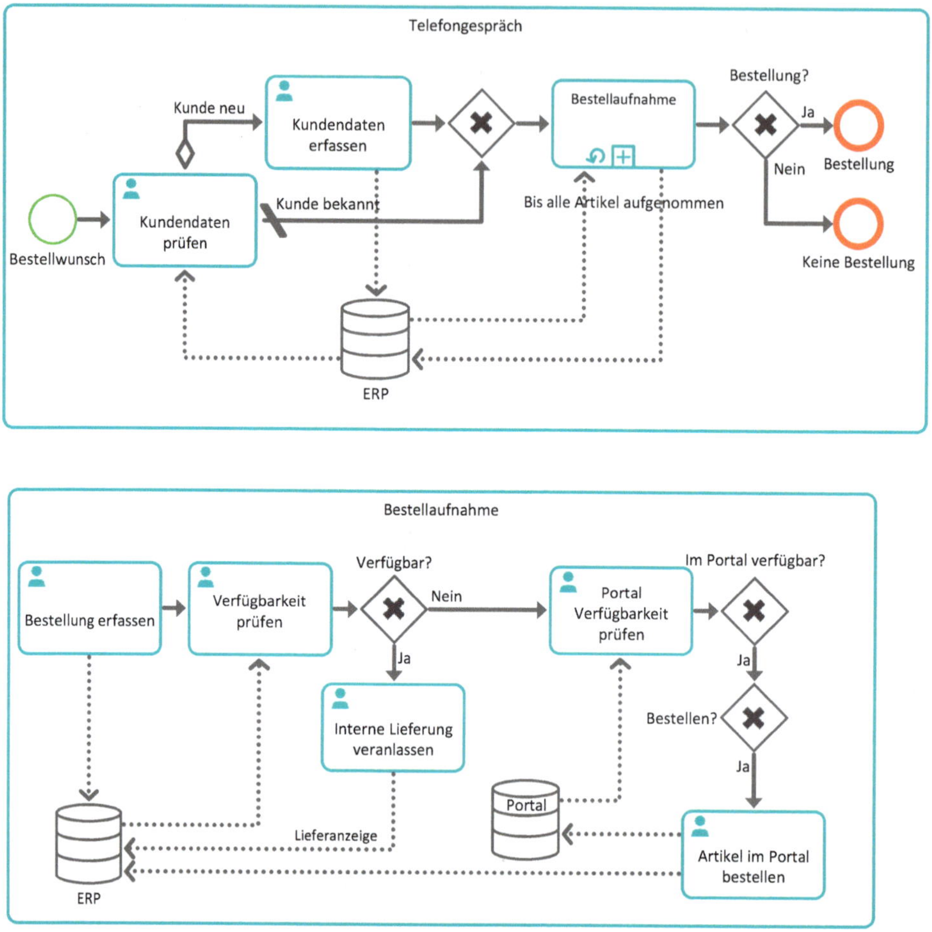

Bild 44 Der Unterprozess „Telefongespräch“ (Soll)

Hinweise zu Bild 44: Der Unterprozess „Telefongespräch“ ist gegenüber dem Ist-Prozess komplexer geworden, da jetzt die Kundendaten bei Neukunden direkt erfasst werden können. Auch die Bestellungen werden direkt erfasst und unmittelbar die Verfügbarkeit im Lager geprüft. Wenn der Artikel nicht am Lager ist, kann gleich entsprechend Kundenwunsch eine Portalbestellung beim Lieferanten ausgelöst werden, soweit dort der Artikel vorrätig ist. Die Bestellung wird zusätzlich im ERP für die Faktura (Bild 46) gespeichert.

Die Bestellabwicklung ist in einem Unterprozess „Bestellaufnahme“ gekapselt, der als Schleifenaktivität markiert ist. So können auch mehrere Artikel bestellt werden. Die Anordnung der Elemente in diesem Unterprozess ist etwas gewöhnungsbedürftig, da hier aus Layoutgründen von dem Prinzip der horizontalen Modellierung abgewichen wurde. Er hat mehrere implizite Endereignisse, die Nein-Optionen der Gateways „Portal verfügbar?“ und „Bestellen?“ sowie die Aufgaben „Interne Lieferung veranlassen“ und „Bestellung auslösen“. Trivialaktivitäten, wie Kunde informieren und befragen, wurden bewusst nicht modelliert. Da der Unterprozess eine Schleifenaktivität ist, wird er bei Erreichen der Endebedingung „Bis alle Artikel aufgenommen“ verlassen. Er hat zwei Endebedingungen „Bestellung“ oder „Keine Bestellung“, die außerhalb des Unterprozesses über ein exklusives Gateway abgefragt werden. Damit sind auch die beiden Endeoptionen des Unterprozesses „Telefongespräch“ definiert, die wiederum im Hauptprozess (Bild 43) über ein exklusives Gateway abgefragt werden.

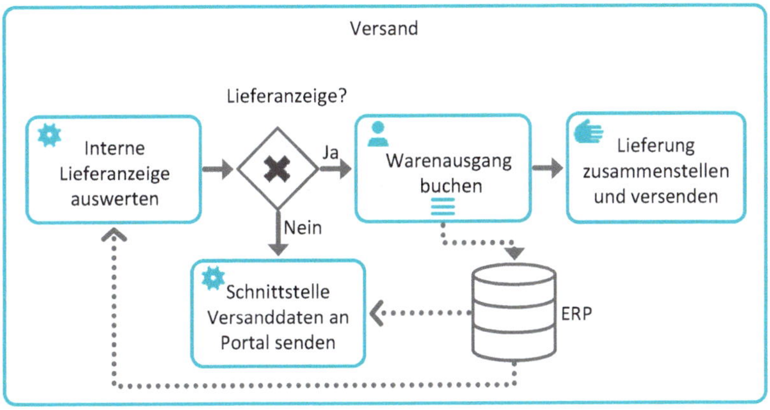

Bild 45 Der Unterprozess „Versand“ (Soll)

Hinweise zu Bild 45: Der Unterprozess „Versand“ ist sehr schlank. Es wird automatisch geprüft, ob eine Lieferanzeige vorliegt. Wenn dies der Fall ist, bucht der Verantwortliche (Lane „Logistik“ im Hauptprozess, Bild 43) im ERP die Warenausgänge – modelliert als sequenzielle Mehrfachaktivität, da der Kunde auch mehrere Artikel bestellen kann – und stellt die Lieferung zum Versand bereit. Er wird nicht aktiv, wenn keine Lieferanzeige vorliegt. Dies ist der Fall, wenn bei der telefonischen Bestellaufnahme nur eine Portalbestellung erfolgt ist, die per Direktlieferung an den Kunden geht. Dazu werden über eine Schnittstelle die Versanddaten automatisch an das Portal übertragen. Das Ende des Unterprozesses ist dann „Schnittstelle Versanddaten an Portal senden“. Im aufrufenden Prozess (Bild 43) müssen die beiden Fälle nicht abgefragt werden, weil sie für den weiteren Prozessverlauf nicht relevant sind.

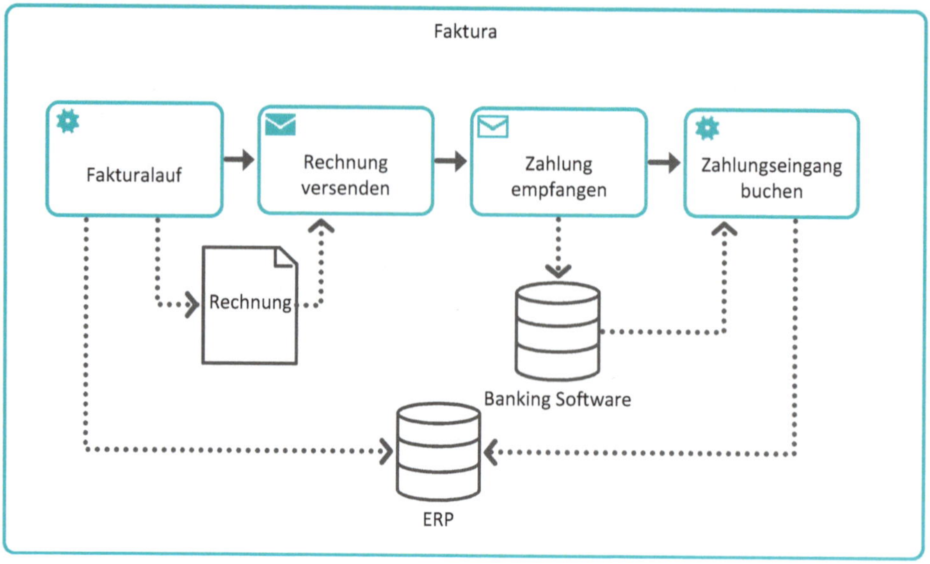

Bild 46 Der Unterprozess „Faktura" (Soll)

Hinweise zu Bild 46: Alle Aufgaben im Unterprozess „Faktura" in Bild 46 laufen automatisch. Alle notwendigen Daten sind im ERP verfügbar und die Rechnung kann automatisch erstellt und versandt werden. Zahlungseingänge werden über die Banking-Software mit Auszifferung im ERP ebenfalls automatisch verarbeitet.

Sonderfälle, wie z.B. Mahnungen bei nicht erfolgter oder unvollständiger Zahlung, sind hier nicht berücksichtigt.

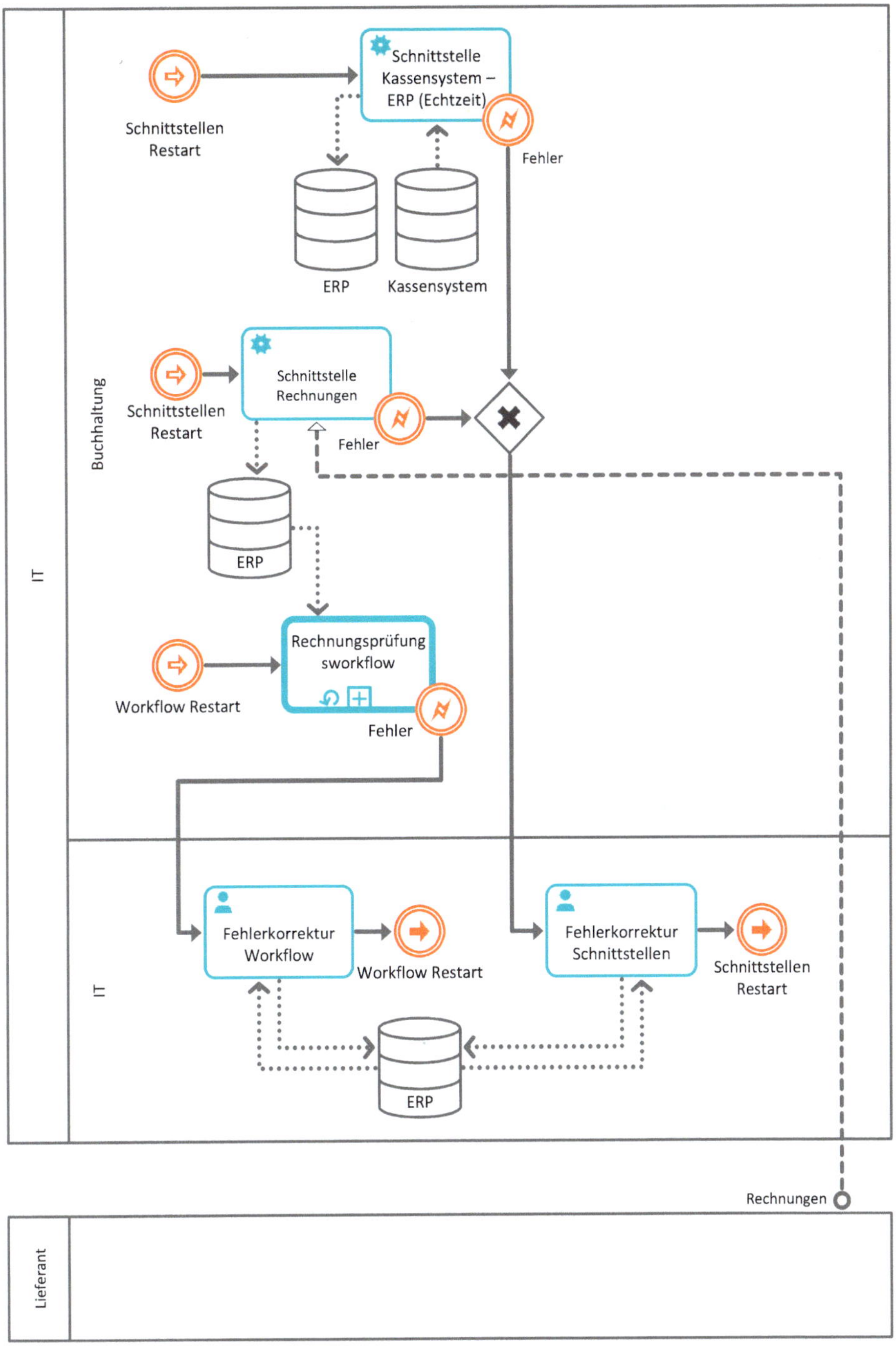

Bild 47 IT-Prozesse und Systeme im Backoffice (Soll)

Hinweise zu Bild 47: Der Start des Prozesses IT erfolgt an drei Stellen parallel mit den Aufgaben „Schnittstelle Kassensystem – ERP (Echtzeit)“, „Schnittstelle Rechnungen“ und „Rechnungsprüfungsworkflow“ als wiederverwendbarer Unterprozess (Aufrufaktivität). Alle Aktivitäten sind entweder Serviceaufgaben oder Mehrfachaktivitäten, deren Ende nicht definiert ist. Der Lieferant sendet elektronische Rechnungen, die über die „Schnittstelle Rechnungen“ in ERP als Belege gespeichert werden. In allen Aktivitäten können Fehler auftreten, die durch angeheftete Fehler-Ereignisse modelliert sind. In diesen Fällen greift die IT als verantwortliche Abteilung (Lane „IT“) ein, korrigiert den Fehler und startet die Schnittstelle bzw. den Rechnungsprüfungsworkflow neu.

Index

A

Abbruch
– angeheftetes Fehler-Zwischenereignis *257*
Account
– anlegen *211*
Adhoc-Unterprozesses *238*
Administration
– Unterprozess *252*
Aktivität
– manuelle *249*
Analyseprozess *236*
Angeheftete Ereignisse *216*
Angeheftetes Zwischenereignis *241*
Antragsprüfung
– Unterprozess, wiederverwendbarer 236
ARIS
– BPM-System *217*
Aufgabe
– manuelle *205*
Aufrufaktivität *236*
Ausnahmesequenzfluss *249, 252, 257*

B

Banking-Software *266*
Bargeldlos
– Unterporzess *256*
Bedingter Sequenzfluss *242*
Bedingungs-Zwischenereignis *238*
Bestellung
– telefonische *214*
Bestellung ausführen
– Aufgabe *264*
BPMN-Datenschnittstelle *248*
BPMN-Modell *204, 209, 215*
BPMN-Modellierung *203*
BPM-System *217*
Buchhaltung *216, 254*
Buchhaltungssystem *258*

C

Check-in *212*
Check-out *242*
– Übung *212*

D

Daten
– prozessuale *257*
Datenausgang *249*

Dateneingang *249*
Datenobjekte *215*
Datenschnittstelle *249*
Datenverbindungen *204*
Dauerschleife *231*
Debitorenbuchhaltung *216*
Detaildiagramm *203*
Dienstreiseantrag *209, 234*
Dokumentenstatus *236*

E

Einfacher Ablauf
– Übung *228*
Eingebetteter Unterprozess *241, 255*
Einzelaussteuerung *226*
Elektronische Rechnungen *261*
Endebedingung *241*
Ereignis
– angeheftetes *216, 227*
ERP-System *263*
Erweiterte Hotelbuchung
– Übung *211*
Erweiterter Ablauf
– Übung *229*
Erweiterte Rechnungsprüfung
– Übung *205*
Excel-Schnittstelle *216*
Exklusives Gateway *237*

F

Faktura
– Unterprozess *266*
Fehler-Ereignisse
– angeheftete *268*
Funktionsbaum *244*

G

Gateway
– exklusives *213, 237*
– inklusives *242*
– inklusives, Synchronisationsfunktion *249*
– paralleles *231*
Geschäftsprozessanwendung
– integrierte *258*
Geschäftsprozessoptimierung *217*

H

Hauptdatenverbindungen *263*
Hauptprozess *230, 247*
Hierarchisierter Prozess *230*
Hotelbuchung
– erweiterte, Übung *211*
– Übung *210*
Hotelsuche
– Unterprozess *211*
Hotelsystem *212*
Hotline *214*

I

Integriertes System *247*
Interoperabilität *246*
iPay *209*
Ist-Analyse *247*
IT-Prozesse *216*

K

Kassensystem *258*
Kassenvorgang
– Übung *208, 231*
Kassieren
– Unterprozess *217, 255*
Kernprozesses *244*
Kollaborationsdiagramm *215*
Kreditorenbuchhaltung *216*
Kundenkarte
– Unterprozess *256*

L

Ladenverkauf
– Wertschöpfungskette *213*
Lane *219, 254*
Lieferung
– Unterprozess *230*
Link-Zwischenereignis *252*
– sendendes *252*
Logistik
– Unterprozess *230*

M

Manuelle Aktivität *249*
Manuelle Aufgabe *205*
Markierungen *225*
Mehrfachaktivität
– sequenzielle *226, 248, 249*
Mehrfachinstanziierung *238*

N

Nachbearbeitung
– Unterprozess *248*
Nachrichtenaufgabe *242*

O

Objektverzeichnis *204*
ODER *242*
Outlook *207*

P

Papiergesteuerte Prozesse *247*
Pool *242*
Portalanmeldung
– Unterprozess *211*
Portalbestellung *263*
Portallieferanten *260*
Prozess
– aufrufender *222, 224*
– hierarchisierter *230*
– öffentlicher *207*
– papiergesteuerter *247*
– paralleler *207*
Prozessaufnahme *203*
Prozesshierarchie *244*
Prozessmodell *204*
– als Wertschöpfungskette *213*
Prozessmodellierung *209, 237*
Prozessuale Daten *257*

R

Rechnungen
– elektronische *261*
Rechnungsprüfung
– einfache, Übung *219*
– erweiterte, Übung *205, 220*
– mit Stapelverarbeitung *206*
– Übung *204*
Rechnungsschnittstelle
– elektronische *261*
Rücksprünge *252*

S

Sammlung *248*
– Datenobjekt *225*
SAP *207, 231*
Schleife *206, 225, 252*
Schleifenaktivität *238*
Schleifenmarkierung *206, 225*
Schwachstellenanalyse *217, 257, 262*
Schwachstellenbehebung *262*
Sequenzfluss *235*
– bedingter *242*
Service-Aufgaben *242*
Soll-Konzept *217*
Soll-Prozess *217, 247, 257*
Standardschleife *225*
Standardsequenzfluss *242*
Stapelverarbeitung *206, 225*
Suchen
– wiederholtes *238*

Synchronisationsfunktion *249*
System
– integriertes *247*

T

Telefongespräch
– Unterprozess *264*
Telefonische Bestellung *214*
– Prozess *214*
Three way match *205, 221*
Timer-Startereignis *242, 254*
Timer-Zwischenereignisse *235*
Trivialaktivitäten *265*

U

Übersichtsdiagramm *203, 210, 247, 251*
Umfeldanalyse *257*
Unterprozess
– eingebetteter *223, 241, 255*
– erweiterter *211*
– wiederverwendbarer *206, 222, 236*
Unterprozesse
– Prozessmodellierung *237*
Unterprozesstechnik *206*

V

Versand
– Unterprozess *265*
Versandauftrag *249*
Versandhandel *207, 228*
Vieraugenprinzip *205, 206*

W

Warenkorbänderungen
– Unterprozess *232*
Warenwirtschaftssystem *216, 258*
Webshop *207*
Wertschöpfungskette *213, 244*
Wiederholtes Suchen *238*
Wiederverwendbarer Unterprozess *206*

Z

Zahlungsverkehr
– bargeldloser *217*
Zahlungsvorgang
– Unterprozess *256*
Zimmerbuchung
– Unterprozess *211*
Zusätzliche Artikel
– Unterprozess *232*
Zwischenereignis
– angeheftetes *241, 252*